우리말의 통사 어찌씨 연구

2015년도 강원대학교 대학회계 학술연구조성비로 연구하였음(관리번호-520150367)

우리말의 통사 어찌씨 연구

한 길

역락

우리말 낱말 가운데 어찌씨에 관한 관심은 1983년 「정도 어찌씨에 관한 의미론적 연구」란 논문을 쓰면서 시작되었다. 우리말 어찌씨는 17,000 남짓 낱말로, 전체 낱말에서 4% 정도로 적은 수를 차지하지만 쓰임의 잦기에서는 아주 높은 편에 해당한다. 어찌씨는 월 짜임에서 뼈대 부분을 차지하지는 못하지만, 꾸밈말로 쓰여 말을 정확하고, 풍성하고, 다채롭게 꾸며 주는 일을 한다. 들온말의 어찌씨는 없으며, 한자말보다는 토박이말로 이루어진 어찌씨가 훨씬 많다는 점에서 관심을 가지게 되었다.

우리말 어찌씨는 토박이말로 이루어진 소리흉내말과 꼴흉내말이 풍부하게 발달되어 있다. 단일어찌씨인 흉내말을 밑말로 하고 같은 꼴이나 비슷한 꼴로 되풀이되는 방식에 의해 수많은 흉내말이 만들어지는 현상에 착안하여, 『우리말의 낱말 생성 되풀이법 연구』(2009), 『현대 우리말의 되풀이법 연구』(2009), 『우리말의 비슷한 꼴 되풀이법 연구』(2010)를 펴내게 되었다.

우리말 어찌씨의 형태적 짜임새가 어떻게 이루어졌는지에 초점을 두어, 우리말의 어찌씨는 과연 어떤 형태적 짜임새를 이루고 있는지를 밝히고자 하였다. 어찌씨마다 형태적 짜임새를 분석하고 이를 바탕으로 공통적 짜임새에 따라 유형화하여 『우리말 어찌씨의 짜임새 연구』(2014)를 펴낸 바 있다.

어찌씨에 관한 관심이 확대되면서, 대다수의 어찌씨가 꾸밈말로 쓰일 때 단순히 꾸밈 받는 말을 뜻에서 한정해 주는 단순 어찌씨이지만, 일부 어찌씨는 월을 짜 이루는 데에 직·간접적으로 관여하거나 말본 범주에 영향을 미치는 점에서 이들 어찌씨에 눈을 돌리게 되었다. 이와 같이 일부 어찌씨는 월 전체나 다른 월조각에 영향을 미치든가 말본 범주에 영향을 미치기 때문에 이와 같은 어찌씨를 '통사 어찌씨'란 갈말로 이름 짓고, 월에서 통사 어찌씨가 어떤 통사적 특성을 보이는가를 밝혀 『우리말의 통사 어찌씨 연구』란 이름으로 세상에 내놓게 되었다.

이 책에서는 통사 어찌씨를 기능에 따라 크게 두 갈래로 나누었다. 곧 월 짜임에 제약을 일으키는 것과 말본 범주에 제약을 일으키는 것으로 나누어 살폈다. 월 짜임에 제약을 일으키는 것을 '월 짜임 제약 어찌씨', 말본 범주에 제약을 일으키는 것을 '말본 범주 제약 어찌씨'란 갈말로 이름 짓고, 통사 어찌씨마다 지니고 있는 특성을 드러내고자 하였다.

'월 짜임 제약 어찌씨'로는, 제4장에서 정도 어찌씨 가운데 단지 부가말로서의 기능만을 수행하는 것이 아니라 통사적으로 부가말을 필요로 하는 '훨씬', '가장', '더/덜'에 관하여 논의하였다. 제5장에서는 월조각으로 특정의 부가말을 요구하는 어찌씨인 '더불어', '아울러', '하여금', '같이', '함께', '고사하고'의 통사적 특성을 규명하였다. 제6장에서는 겹월 가운데 이은월을 가려잡는 어찌씨의 통사 특성에 관하여 논의하였다.

'말본 범주 제약 어찌씨'로는, 부정법 제약 통사 어찌씨, 의향법 제약 통사 어찌씨, 높임법 제약 통사 어찌씨, 때매김법 제약 통사 어찌씨, 사동법 제약 통사 어찌씨의 특성에 관하여 논의하였다. 제7장에서는 부정 월을 가려잡는 월 짜임 필수 어찌씨의 특성, 부정 월을 가려잡는 기타 어찌씨의 특성, 부정 월을 가려잡는 '도' 결합 어찌말의 특성, 부정 월을 안 가려잡는 어찌씨의 특성을 규명하였다. 제8장에서는 의향법 제약 통사 어찌씨로, 서술월만 가려잡는 어찌씨, 물음월만 가려잡는 어찌씨, 시킴월과 일부 서술월만 가려잡는 어찌씨, 함께함월과 시킴월은 가려잡으나 서술월과 물음월은 가려잡지 않는 어찌씨, 움직씨 꾸밈 어찌씨 가운데 서술월과 물음월만 가려잡는 어찌씨로 갈라서 이들 어찌씨의 통사적 특성을 밝혔다. 제9장에서는 높임법에 제약을 일으키는 어찌씨를 가려 이들의 통사적 특성을 규명하였다. 제10장에서는 때매김법에 영향을 미쳐 특정의 때매김씨끝만 가려잡는 어찌씨에 관하여 논의하였다. 제11장에서는 사동법에 제약을 일으키는 어찌씨 '하여금'의 통사적 특성을 살펴보았다.

그 동안 여러 차례 역락(도서출판)에서 책을 펴낸 바 있다. 책을 펴낼 때마다 기꺼이 출판을 맡아 주시고, 이 책이 간행될 수 있도록 여러 모로 도움을 주신 이대현 사장님께 감사를 드린다. 아울러 이 책을 위해 애써 주신 편집부 최용환 님을 비롯한 관계자 여러분께도 고마운 마음을 전한다.

2016년 11월
지은이 적음

••• **차례**

제1부 ●
모두풀이

제1장

우리말 어찌씨의 특성

  우리말 낱말 가운데 어찌씨는 4%가 채 안 되지만[1], 말살이에서 자주 쓰이므로 쓰임의 잦기에서는 아주 높은 편에 해당한다. 어찌씨는 월에서 주로 어찌말로 쓰여 꾸밈 받는 말의 뜻을 한정하는 일을 맡는다. 서정수 (1994 : 665)에서 "대부분의 문장에 부사어가 나타나서 문장의 서술 내용을 다양하고 가멸지게 만드는 것이 예사다. 따라서 부사어는 주어, 서술어 및 관형어와 함께 문장의 중요한 구성 성분이 된다."라고 밝힌 바와 같이, 월에서 어찌씨는 어찌말로 쓰여 월의 뜻을 정밀하고 다채롭게 표현할 수 있게 하며, 월 짜임에서 대부분 필수 월조각은 아닐지라도 중요한 월조각으로 자리 잡는다.

  최현배(1971 : 587-590)는 "어찌씨(副詞)는 풀이씨(用言)의 앞에서 그 뒤의 풀이씨가 어떠하게(어찌) 들어남을 보이는 씨를 이름이니 : '어떠하게'(어찌) 하(되)느냐?의 물음에 대하여 그 내용을 대답하는 말에 해당하는 씨이니라."라 정의 하고, 풀이씨를 꾸미는 것 가운데 어찌씨만을 한정하고자 하였다.

  어찌씨의 기능으로, 최현배(1971 : 590-594)는 "어찌씨는 풀이씨의 앞에서 그 뒤의 풀이씨를 꾸밈이 그 주장되는 구실이지마는, 또 다른 꾸밈씨

---

1) 국립국어연구원 편(1999) 「표준국어대사전」에 실린 올림말 441,639 낱말 가운데 어찌씨는 17,956개로 4%가 채 안 된다.

- 매김씨, 어찌씨 앞에서 그것을 꾸미기도 하며, 또 어떤 경우에는 마디나 월을 꾸미기도 하느니라."라고 하고 보기를 들었다. 어찌씨가 월에서 어찌말이 되어 다른 말과의 꾸밈 관계를 드러내었다. 또한 월에서 어찌씨의 자리매김과 꼴에 관하여, "어찌씨는 반드시 그 꾸미어 지는 씨나 이은말이나 월의 앞에 가며 : 흔히는 제 홀로 꾸미는 일을 하되, 더러는 토씨의 도움을 입어 제구실을 하기도 하며 ; 또 그 말꼴(語形)은 고정(固定)하여 꼴바꿈(活用) 같은 달라짐은 없느니라."라고 한 바와 같이 꾸밈 받는 말의 앞에 놓이며, 뒤에 토씨가 놓일 수 있는 경우도 있고, 내부적으로 꼴이 변하지 않는 특성을 설명하였다.

서정수(1994 : 665)는 "부사(adverb)는 일반으로 체언이 아닌 여러 문장 성분을 수식하는 낱말을 말한다. 부사는 각 용언이나 동사구, 관형사나 관형사구, 딴 부사나 부사구, 그리고 절 또는 문장 전체를 수식 대상으로 하며 그것의 서술 내용을 여러 가지로 한정하는 수식어이다."라고 정의한 바와 같이, 어찌씨의 외부적 꾸밈 관계로 어찌씨를 한정하고자 하였다.

허웅(1995 : 409-411)은 어찌씨를 세 가지 특질 곧 꼴, 자격(구실), 뜻의 기준에 따라 한정하고자 하였다.

첫째, 꼴에서 "어찌씨는, 풀이씨와 달리, 그 자체로서는 어떠한 말본의 이유로 그 꼴을 바꾸는 일이 없다. 이 점 매김씨와 한가지이다. 다만 매김씨와 다른 점은, 매김씨에는 토씨를 붙일 수 없는데, 어찌씨에는 토씨를 붙일 수 있다."라고 하였다. 어찌씨는 어느 조건 아래에서도 내부적으로 꼴이 바뀌지 않고 고정되어 있으며, 어찌씨에 따라 토씨가 결합될 수 있는 형태적 특성을 가지고 있는 것으로 보았다.

둘째, 자격(구실)에서 "어찌씨는 주로 그 다음에 오는 풀이말의 뜻을 꾸미는 자격을 가지고 있다."고 하고, "때로는 다른 씨갈래를 꾸미는 일도 있다."고 하면서 다음 보기를 들었다.

(1) ㄱ. 매김씨를 꾸밈 : 저 책이 **가장 새** 책이다.

ㄴ. 어찌씨를 꾸밈 : 그 아이가 **매우 빨리** 달아난다.

ㄷ. 이름씨를 꾸밈 : 그는 **바로 이웃**에 삽니다.

ㄹ. 마디를 꾸밈 : 너는 **반드시 교육가가 되어라.**

ㅁ. 월을 꾸밈 : **불행히 그는 감옥에서 이 세상을 떠났소**

곧 어찌씨는 외부적 꾸밈 관계에서 주로 풀이말을 꾸미며, 매김씨, 어찌씨, 이름씨, 마디, 월을 꾸미기도 하는 것으로 보았다.

셋째, 뜻에서 "주로 풀이씨의 뜻을 꾸미는 것이 어찌씨이므로 어찌씨가 가지는 뜻은 다양하다. 그러므로 이 뜻을 한 마디로 줄여 말하기는 어려운 일이다."라고 하고 최현배(1971 : 594-601)에서 "때, 곳, 모양, 정도, 말재"의 다섯 가지의 뜻을 소개하였다. 어찌씨는 뜻에서 꾸밈을 받는 말의 뜻을 한정하는 역할을 하지만 그 뜻을 체계화 시키기는 쉬운 일이 아님을 간접적으로 나타내었다.

위에서 살핀 앞선 논의를 바탕으로 어찌씨의 특성을 정리하면, 어찌씨는 내부적으로 꼴바꿈이 없으며,[2] 일부 어찌씨에는 토씨가 결합되기도 하고, 외부적 관계에서 주로 풀이씨를 꾸미되, 때로 매김씨, 이름씨, 어찌씨, 마디, 월을 꾸미기도 하는 낱말이다.

어찌씨는 구실에서 뒤에 놓이는 낱말이나 마디, 월을 꾸미지만, 이 밖에도 어떤 어찌씨들은 (2)와 같이 월 짜임에 영향을 미치기도 한다. 이 은겹월의 짜임새를 요구하는 '어찌나'와 보충 낱말을 요구하는 '함께'를 보기로 들어 이들이 월 짜임에 어떤 역할을 하는지 살피기로 한다.

(2) ㄱ. 철수는 **어찌나** 말썽을 피우는지 누구의 말도 안 듣는다.

---

2) 어찌씨의 꼴과 관련하여, 어찌씨의 짜임새에 관한 체계적인 논의는 한길(2014)에서 이루어진 바 있다.

ㄴ. 철수는 입학과 **함께** 여러 동아리에 가입하였다.

(2ㄱ)에서 어찌씨 '어찌나'가 적절히 쓰이기 위해서는 이은겹월이어야 하고, 놓이는 위치는 앞마디이어야 하며, 이음씨끝은 '-는지'이어야 하는 통사적 제약이 따른다. 이 가운데 어느 하나라도 만족시키지 않으면 부적격한 월이 된다. 곧 '어찌나'가 이와 같은 통사적 제약을 일으키는 요인이 된다. 또한 '어찌나'가 생략되면 부적격한 월이 되기 때문에 월 짜임에서 꼭 필요한 요소가 된다. 따라서 '어찌씨'는 월 짜임에 관여하는 어찌씨에 해당한다. 이 글에서는 월 짜임에 관여하는 어찌씨를 통사 어찌씨라 하고[3] 이에 관한 논의를 하고자 한다.

(2ㄴ)에서 '함께'는 월 짜임에 반드시 필요한 요소는 아니지만, '함께'가 꾸밈말로 적절하게 쓰이기 위해서는 보충 낱말로 '입학과'가 반드시 필요하다. 이 보충 낱말이 없으면 부적격한 월이 되기 때문에 '함께'도 통사 어찌씨에 해당한다.

일부 어찌씨는 말본 범주에 영향을 미치기도 한다. 우리말의 말본 범주 가운데 의향법과 부정법에 영향을 미치는 어찌씨로, '어서'와 '별로'를 통해 말본 범주에 어떤 영향을 미치는지 살피기로 한다.

    (3) ㄱ. ***어서** 밥을 먹는다./***어서** 밥을 먹니?/**어서** 밥을 먹자./**어서** 밥을 먹어라.
        ㄴ. *날씨가 **별로** 춥다./날씨가 **별로** 춥지 않다.

(3ㄱ)에서 <지체 없이 빨리. 조금도 거리낌 없이>의 뜻을 지닌 '어서'는 풀이말을 꾸미는 구실만을 하는 것이 아니라 의향법에 영향을 미처

---

[3] 어찌씨 가운데 월 짜임이나 말본 범주에 영향을 미치는 통사 어찌씨의 특성에 관한 논의는 한길(2012, 2013)에서 이루어졌으며, '통사 부사'란 갈말로 쓰였다.

서술월과 물음월에서 꾸밈말로 쓰이면 부적격한 월이 된다. 함께함월과 시킴월에서 꾸밈말로 쓰이는 경우에 한하여 적격한 월이 된다. (3ㄱ)에서 '어서'가 삭제되면 모두 적격한 월이 되지만 '어서'가 꾸밈말로 쓰여 서술월과 물음월에서 부적격한 월이 되었기 때문에 '어서'가 의향법에 제약을 가하는 통사 어찌씨임이 드러난다. 곧 '어서'는 의향법에 제약을 가하는 통사 어찌씨로서 함께함월과 시킴월을 가려잡는다.

(3ㄴ)에서 <그다지. 보통과 다르게>의 뜻을 지닌 '별로'는 풀이말을 꾸미는 구실만을 하는 것이 아니라 부정법에 영향을 미쳐 긍정의 월에서 꾸밈말로 쓰이게 되면 부적격한 월이 되며, 반드시 부정의 월에서 꾸밈말로 쓰여야 적격한 월이 된다. (3ㄴ)에서 '별로'가 삭제되면 모두 적격한 월이 되지만, '별로'가 꾸밈말로 쓰여 긍정의 월이 부적격해졌기 때문에 '별로'가 부정법에 제약을 가하는 통사 어찌씨임이 드러난다. 곧 '별로'는 부정법에 제약을 가하는 통사 어찌씨로서 부정의 월만을 가려잡는다.

이와 같이 어찌씨 가운데 월 짜임에 영향을 미치거나 말본 범주에 제약을 가하는 것이 통사 어찌씨로, 이 글에서는 통사 어찌씨의 특성을 밝히기로 한다.

어찌씨 가운데 꾸밈말로 쓰인 월 안에서만 영향을 미치는 것이 아니라 월 밖의 다른 월에 영향을 미치는 것들도 있다. 월과 월 사이의 관계를 반영한다는 점에서 이들 어찌씨를 화용 어찌씨라고 하기로 한다.[4] 한길(2014 : 42)에서 화용 어찌씨는 "주로 이음 어찌씨로, 앞 월과 뒤 월을 의미적으로 이어 주면서 뒤의 월을 꾸미는 일을 맡는다. … 이음 어찌씨가 쓰인 월은 반드시 앞에 이음 어찌씨의 뜻과 관련이 있는 월이 놓여야 하는 제약이 따르기 때문에 화용론적 제약 관계를 맺게 된다."고 한 바

---

4) 어찌씨의 화용적 특성에 관한 논의로는 한길(2014 : 42-44)이 있다. 화용적 특성을 지니는 어찌씨를 화용 어찌씨라고 하기로 한다.

와 같이, 월의 얼안을 벗어나 앞에 놓인 월이나 앞선 상황과 관련을 맺는다.5)

　화용 어찌씨 가운데 '그래서'와 '그렇지만'이 앞에 놓인 월이나 앞선 상황과 관련을 맺고 있음을 보기를 통하여 살피기로 한다.

　　　(4) ㄱ. $6)**그래서** 철수가 감기에 걸렸다.
　　　　　ㄴ. $**그렇지만** 아직 단풍이 들지 않았다.

　앞선 발화나 전제된 상황이 없이 쓰인 (4) 자체만으로는 완전한 뜻을 드러내지 못한다. 이음 어찌씨인 '그래서'와 '그렇지만'이 삭제되면 적격한 월이 되지만, 이들 이음 어찌씨가 쓰여 의미적으로 불완전한 월이 되었다. 의미적으로 완전한 월이 되기 위해서는 '그래서'와 '그렇지만'의 의미 특성에 따라서, <그렇기 때문에. 그러한 이유에서>의 뜻을 지닌 '그래서'는 앞자리에 뒤의 내용의 원인이나 이유를 나타내는 월이나 전제 상황이 놓여야 완전한 월이 될 수 있다. 이를 보완하면 다음과 같다.

　　　(5) ㄱ. **날씨가 추워졌다. 그래서** 철수가 감기에 걸렸다.
　　　　　ㄴ. 가 : **날씨가 추워졌다.**
　　　　　　　나 : **그래서** 감기에 걸렸구나.

　(5ㄱ)에서는 '감기에 걸렸다'의 원인이 되는 월 '날씨가 추워졌다'가 앞에 놓였기 때문에 완전한 월이 되었다. (5ㄴ)에서는 '감기에 걸렸구나'의 원인이 되는 앞선 발화 곧, 전제 상황이 놓여 있기 때문에 완전한 월이

---

5) 최현배(1971 : 602)에서도 이음 어찌씨(接續副詞) 2가지 가운데 하나는 월의 첫머리에 서어서, 형식적으로는 분립하였으나, 뜻으로는 그 앞의 말의 뜻을 잇는 것이라 하여 화용적 쓰임을 간접적으로 드러내었다.
6) $는 의미적으로 완전하지 않음을 표시한다.

되었다. 따라서 '그래서'가 앞선 월이나 전제 상황을 요구하는 요인이 되기 때문에 화용 어찌씨에 해당된다.

<그것이 사실이지만. 그럼에도 불구하고>의 뜻을 지닌 (4ㄴ)의 '그렇지만'은 앞자리에 뒤의 내용과 대립 관계를 나타내는 월이나 전제 상황이 놓여야 완전한 월이 될 수 있다. 이를 보완하면 다음과 같다.

(6) ㄱ. **가을이 되었다. 그렇지만** 아직 단풍이 들지 않았다.
ㄴ. 가 : **가을이 되었다.**
나 : **그렇지만** 아직 단풍이 들지 않았다.

(6ㄱ)에서는 '아직 단풍이 들지 않았다'에 대립 관계에 놓이는 월 '가을이 되었다'가 앞에 놓였기 때문에 완전한 월이 되었다. (6ㄴ)에서는 '가'의 발화인 '아직 단풍이 들지 않았다'와 대립 관계에 놓이는 '나'의 앞선 발화 곧, 전제 상황이 놓여 있기 때문에 완전한 월이 되었다. 따라서 '그래서'가 앞선 월이나 전제 상황을 요구하는 요인이 되기 때문에 화용 어찌씨에 해당된다. 화용 어찌씨가 꾸밈말로 쓰인 월은 앞선 월이나 전제 상황을 요구하지만 이들과는 어떠한 통사적 짜임새를 이루지 않고 뜻에서 관련을 맺게 되어 어찌씨의 뜻에 따라 적절한 앞선 월이나 전제 상황과 이어질 수 있게 된다.

이와 같이 어찌씨는 꼴에서 어떠한 말본의 이유로 그 꼴을 바꾸는 일이 없으며, 어찌씨에 따라 극히 일부의 도움토씨가 결합될 수 있다. 구실에서 주로 풀이씨를 꾸미되, 때로 매김씨, 이름씨, 어찌씨, 마디, 월을 꾸미기도 한다. 어찌씨 가운데 월 짜임이나 말본 범주에 영향을 미치는 통사 어찌씨도 있으며, 월 밖의 다른 월에 영향을 미치는 화용 어찌씨도 있다. 이 글의 연구 대상은 통사 어찌씨이다. 통사 어찌씨를 선정하여 이들의 통사적 특성을 밝히기로 한다.

제2장

어찌씨의 갈래

우리말 어찌씨는 어찌씨가 지니고 있는 여러 특성 가운데 어떤 하나를 기준으로 삼아 체계화가 가능하다. 어찌씨에 관한 앞선 논의에서는 주로 의미 특성에 바탕을 두어 체계화를 꾀하였다. 최현배(1971 : 594)는 "어찌씨는, 그 뜻으로 보아, 때 어찌씨(時間副詞), 곳 어찌씨(處所副詞), 모양 어찌씨(狀態副詞), 정도 어찌씨(程度副詞), 말재 어찌씨(話式副詞), 이음 어찌씨(接續副詞)의 여섯 가지로 가르느니라."라고 하고, 여섯 가지로 가르는 차례를 다음과 같은 보기틀로 제시하였다.

어찌씨 – 비롯하는(始作的) – 바탈(屬性) – 때   – 때 어찌씨(時間副詞)
　　　　　　　　　　　　　　　 – 곳   – 곳 어찌씨(處所副詞)
　　　　　　　　　　　　　　　 – 모양 – 모양 어찌씨(狀態副詞)
　　　　　　　　　　　　　　　 – 정도 – 정도 어찌씨(程度副詞)
　　　　　　　　 – 말재(話式) – 말재 어찌씨(話式副詞)
　　　　　 – 잇는(接續的) ------------ 이음 어찌씨(接續副詞)

위와 같이 최현배(1971)는 어찌씨를 뜻에 따라 여섯 가지로 나눈 다음, 다시 각각 세부적으로 뜻에 따라 나누어 나갔다. 이를테면 곳 어찌씨(處所副詞)는 뜻에 따라 '곳(處), 쪽(方向), 뜨기(距離)로 나누고 다음과 같이 보기를 들었다.

곳 – 여기, 저기, 거기, 곳곳이, 집집이
쪽 – 이리, 저리, 그리
뜨기 – 멀리, 가까이

허웅(1995 : 412-414)도 어찌씨의 갈래는 "그 뜻에 따르는 수밖에 없다."
고 하고, 최현배(1971)를 토대로 하여, 어찌씨를 주로 월 전체의 말본뜻에
관여하는 것과 주로 낱말(풀이씨)의 뜻을 꾸미는 것으로 크게 두 가지로
나누었다.

첫째, 월 전체의 말본뜻에 관여하는 것
 1. 말재 어찌씨
   1) 단정을 요구하는 것
       – 세게 하는 것 : 과연, 과시, 딴은…
       – 틀림없음 : 단연코, 꼭, 반드시…
       – 비기는 것 : 마치, 똑…
       – 지우는(부정하는) 것 : 결코, 조금도, 털끝만큼도…
   2) 의혹이나 가설을 요구하는 것
       – 풀이말에 의심스러운 말을 요구하는 것 : 왜, 어찌, 설마…
       – 풀이말에 추측의 말을 요구하는 것 : 아마, 글쎄…
       – 풀이말에 가설적 조건을 보이는 것 : 만약, 설령, 비록…
   3) 바람을 보이는 것
       – 풀이말에 시킴이나, 가정을 요구하는 것 : 제발, 아무쪼록, 부디…
둘째, 주로 낱말을 꾸미는 데 쓰이는 것
 1. 시간[때]과 공간[곳]의 위치를 나타내는 것
    때 : 일찍, 이미, 벌써…
    곳 : 멀리, 가까이, 샅샅이…
 2. 견줌[정도]이나 함께함의 뜻을 나타내는 것
    더함 : 매우, 훨씬, 퍽…
    덜함 : 조금, 약간, 거의…
    함께함 : 함께, 같이
 3. 방편(수)을 나타내는 것 : 빨리, 깊이, 높이…

4. 지움(부정)을 나타내는 것 : 아니(안), 못
5. 상징 어찌씨(소리 흉내말, 짓 흉내말) : 붕붕, 멍멍, 덜커덩…

위와 같이 허웅(1995)에서는 어찌씨가 미치는 뜻의 범위에 따라 두 가지로 나누고 다시 뜻에 따라 세분화하였다. 어찌씨 가운데 말재 어찌씨는 말본의 풀이에 중요한 자리를 차지한다고 덧붙였다. 특히 말재 어찌씨와 풀이말과의 어울림 관계에 영향을 미치는 점에서 말본 풀이에 중요한 것으로 보았다.

어찌씨가 미치는 뜻의 범위에 따라, 특정 월조각의 뜻을 한정하는 월조각 꾸밈 어찌씨(성분부사)와 월 전체의 뜻을 한정하는 월 꾸밈 어찌씨(문장 수식 부사)로 가르기도 한다.

월조각 꾸밈 어찌씨 : 참, 아주, 매우, 빨리…
월 꾸밈 어찌씨 : 제발, 부디, 만일, 과연, 설마…

어찌씨를 가를 때 위와 같이 뜻의 기준이 적용되었으나, 여러 가지 다른 기준으로 가를 수도 있다. 어찌씨의 내부적 짜임새에 기준을 두어 가르기도 한다. 서정수(1994 : 669-674)에서는 형태론적 특징에 따라 세 가지로 갈랐다. 단일한 형태소로 이루어진 어찌씨를 "단순 부사 또는 순수 부사", 어찌씨들 또는 다른 낱말이나 어기 형태가 합성된 것을 "합성 부사", 그림씨나 이름씨 따위에 파생 가지가 덧붙어 이루어진 어찌씨를 "전성 부사"라고 하였다.

낱말을 형태적 짜임새에 따라 가르면, 주로 하나의 형태소로 이루어진 것이 단일 낱말이고 둘 이상의 형태소가 모여 이루어지 낱말이 복합 낱말이다. 복합 낱말은 뿌리끼리 결합한 것이 합성 낱말이고, 뿌리에 파생의 가지가 붙어 결합한 것이 파생 낱말이다. 어찌씨는 낱말의 한 갈래이기 때문에 낱말을 어찌씨로 바꾸면, 어찌씨는 형태적 짜임새에 따라[7] 단일 어찌씨와 복합 어찌씨로 가르고, 복합 어찌씨를 다시 합성 어찌씨, 파생 어찌씨로 가를 수 있다.[8]

> (7) 어찌씨 - 단일 어찌씨 : 잘, 아주, 가끔, 슬그머니…
> ─ 복합 어찌씨 : 합성 어찌씨 : 곧잘, 잘못, 달랑달랑…
> 파생 어찌씨 : 높이, 뚜렷이, 멀리…

어찌씨는 주로 풀이씨를 꾸미는데, 꾸밈 받는 낱말의 속성에 따라 어찌씨를 가를 수 있다. 어찌씨에 따라 풀이씨의 종류에 관계없이 꾸미는 것이 있고, 움직씨를 꾸미는 것, 그림씨를 꾸미는 것, 특정의 풀이씨만을 꾸미는 것들이 있다. 이를테면 '조금'은 (8)과 같이 움직씨와 그림씨를 꾸밀 수 있어 움직씨·그림씨 꾸밈 어찌씨에 해당한다.

> (8) ㄱ. 철수는 밥을 **조금 먹는다.**
> ㄴ. 철수는 요즘 **조금 바쁘다.**

'곧'은 (9)와 같이 움직씨를 꾸밀 수 있으며, 그림씨는 꾸밀 수 없다. 따라서 '곧'은 움직씨 꾸밈 어찌씨에 해당한다.

> (9) ㄱ. 철수는 밥을 **곧 먹는다.**
> ㄴ. *철수는 **곧 바쁘다.**

'매우'는 (10)과 같이 그림씨를 꾸밀 수 있으며, 움직씨는 꾸밀 수 없다. 따라서 '매우'는 그림씨 꾸밈 어찌씨에 해당한다.

---

7) 우리말 어찌씨의 형태적 짜임새에 관한 전반적 논의는 한길(2014)을 참조할 것.
8) 서정수(1994)의 "전성 부사"는 파생 어찌씨에 해당한다.

(10) ㄱ. *철수는 밥을 **매우 먹는다.**
    ㄴ. 철수는 **매우 바쁘다.**

'졸졸'은 (11)과 같이 풀이씨 가운데 '흐르다'와 '따라다니다'를 꾸미고 그 밖의 풀이씨는 꾸미지 않기 때문에 특정 풀이씨 꾸밈 어찌씨에 해당한다.

(11) ㄱ. 얼음장 밑으로 물이 **졸졸 흐른다.**
    ㄴ. 손녀가 할아버지를 **졸졸 따라다닌다.**

월에서 어찌씨는 어찌말로 쓰여 모두 꾸밈 받는 말을 꾸미는 역할을 한다. 어찌씨의 구실에 따라 가르면, 꾸밈 받는 말을 뜻에서 한정하는 역할만을 하는 것이 있고, 이와 아울러 월 짜임에 영향을 미치거나 말본 범주에 영향을 미치는 것이 있으며, 월의 얼안을 벗어나 다른 월이나 말이 쓰이는 환경에 영향을 미치는 것이 있다.

<어떤 상태나 성질, 느낌 따위가 보통을 훨씬 넘을 정도로>의 뜻을 지닌 '아주'는 (12)와 같이 뒤에 놓이는 그림씨나 어찌씨, 매김씨, '이름씨+이다'를 꾸미되, 월 짜임이나 말본 범주에는 영향을 미치지 않는다.

(12) ㄱ. 강아지가 **아주 귀엽다.**
    ㄴ. 그녀는 소주를 **아주 잘** 마신다.
    ㄷ. 그분은 **아주** 새 차를 샀다.
    ㄹ. 그 사람은 **아주 부자이다.**

'아주'의 꾸밈을 받는 낱말이 다양하지만 '아주'는 이들을 뜻에서 한정하기만 할 뿐이고 월 짜임이나 말본 범주에 영향을 미치지 않는다. 곧 '아주' 때문에 월 짜임이나 말본 범주가 달라지거나 월 밖의 다른 월이나 상황에 영향을 미치지 않는다. 따라서 '아주'는 <어떤 상태나 성질, 느낌 따위가 보통을 훨씬 넘을 정도로>의 뜻을 더할 뿐이기 때문에 (12)에서 '아주'가 삭제되더라도 이 뜻만 덜어질 뿐이고 모두 적격한 월이 된다. 어찌씨 가운데 이와 같은 어찌씨를 단순 어찌씨라고 하기로 한다.[9]

앞에서 살핀 바와 같이, '어찌나'와 '함께'는 꾸밈 받는 말을 뜻에서 한정하는 역할만을 하는 것이 아니라 '어찌나'는 이은겹월의 짜임새를 요구하는 통사적 제약을 지니며, '함께'는 보충 낱말을 요구하는 통사적 제약을 지닌다.

> (13) ㄱ. 가. 밭이 **어찌나** 넓은지 끝이 보이지 않는다.
> 　　　나. *밭이 **어찌나** 넓다.
> 　　　다. *밭이 넓은지 끝이 보이지 않는다.
> 　　ㄴ. 가. 나는 **그녀와 함께** 점심을 먹었다.
> 　　　나. #[10]나는 **함께** 점심을 먹었다.

(13)에서와 같이 '어찌나'는 겹월에서는 꾸밈말로 쓰일 수 있지만, 홑월에서는 쓰이지 않으며, '어찌나'가 삭제되면 부적격한 월이 되는 것으로 보아 '어찌나'는 월 짜임에 영향을 미치고 있음이 분명하다. '훨씬'은 '무엇과'라는 보충 낱말을 반드시 필요로 하며, 보충 낱말이 없으면 불완전한 월이 되는 것으로 보아 월 짜임에 영향을 미침이 확실하다.

앞에서 살핀 바와 같이, '어서'와 '별로'는 꾸밈 받는 말을 뜻에서 한정하는 역할과 아울러 말본 범주에 어떤 영향을 미친다. '어서'는 의향법에 영향을 미치며, '별로'는 부정법에 영향을 미치는 통사적 제약을 지닌다.

---

9) 연구 논저에 따라 하나의 형태소로 이루어진 어찌씨를 단순 어찌씨라고 하기도 하지만, 이 글에서는 이를 단일 어찌씨라 하고, 꾸밈 받는 말만 뜻에서 한정하는 구실을 하는 어찌씨를 단순 어찌씨라고 하기로 한다.
10) #는 실제 말살이에서 쓰이지만 통사적으로 완전한 월이 아님을 표시한다.

(14) ㄱ. ***어서** 집에 간다. ***어서** 집에 가니? **어서** 집에 가자. **어서** 집에
　　　가거라.
　　ㄴ. *기분이 **별로** 좋다./기분이 **별로** 좋지 않다.

　(14)에서 '어서'와 '별로'가 꾸밈말로 쓰이지 않으면 모두 적격한 월이
되지만, 이들이 수식어로 쓰여 '어서'는 함께함월과 시킴월만을 가려잡는
의향법 제약을 일으키고, '별로'는 부정의 월만을 가려잡는 부정법 제약
을 일으켰다.

　이와 같이 어찌씨 가운데 꾸밈 받는 말을 뜻에서 한정하는 역할과 아
울러 월 짜임에 제약을 가하거나 말본 범주에 제약을 가하는 것들이 통
사 어찌씨에 해당한다. 이 글에서는 우리말의 통사 어찌씨를 선정하고,
이들의 통사적 특성을 규명하고자 한다.

　어찌씨는 구실에서, 꾸밈 받는 말을 뜻에서 한정하는 역할을 하는 단
순 어찌씨, 꾸밈 받는 말을 뜻에서 한정하는 역할과 아울러 월 짜임에
제약을 가하거나 말본 범주에 제약을 가하는 통사 어찌씨와, 앞에서 살
핀 바와 같이, 월의 얼안을 벗어나 다른 월이나 말이 쓰이는 환경에 영
향을 미치는 화용 어찌씨가 있다. 주로 이음 어찌씨들이 화용 어찌씨에
해당한다.[11]

---

11) 이음어찌씨에는 월 이음어찌씨(그리고, 그러나 …)와 월조각 이음어찌씨(및, 또는
　　…)로 나뉘는데, 화용 어찌씨에 해당하는 것은 월 이음어찌씨이다.

제3장

통사 어찌씨의 특성

앞 장에서 어찌씨는 구실에서, 꾸밈 받는 말을 뜻에서 한정하는 역할을 하는 단순 어찌씨와 꾸밈 받는 말을 뜻에서 한정하는 역할과 아울러 월 짜임에 제약을 가하거나 말본 범주에 제약을 가하는 통사 어찌씨, 월의 얼안을 벗어나 다른 월이나 말이 쓰이는 환경에 영향을 미치는 화용 어찌씨가 있음을 밝힌 바 있다.

이 장에서는 통사 어찌씨에 관하여 그 특성을 살피기로 한다. 통사 어찌씨는 월 짜임에 제약을 가하는 것과 말본 범주에 제약을 가하는 것으로 나눌 수 있다. 월 짜임에 제약을 가하는 것을 월 짜임 제약 어찌씨라고 하고, 말본 범주에 제약을 가하는 것을 말본 범주 제약 어찌씨라고 한다.

3.1. 월 짜임 제약 어찌씨

통사 어찌씨 가운데 월 짜임 제약 어찌씨는 월을 짜 이루는 데에 직·간접적으로 영향을 미치는 특성을 지닌다. 월에서 꾸밈말로 쓰이기 위해서는 특정의 보충 낱말을 필요로 하는 어찌씨가 이에 해당하며, 월에서 꾸밈말로 적격하게 쓰이기 위해서는 이은겹월만을 요구하는 어찌씨도 이에 해당하다. 대다수의 어찌씨는 월 짜임의 필수 요소가 아니지만 극히 일부 어찌씨는 필수 요소로, 삭제되면 부적격한 월이 되는데, 이들 어찌씨도 월 짜임 제약 어찌씨에 포함된다. 곧 어찌씨 가운데 뒤에 놓이는 꾸밈 받는 말을 꾸미면서 월 짜임에도 영향을 미치는 어찌씨가 월 짜임 제약 어찌씨이다.

정도 어찌씨 '훨씬'은 월 짜임 제약 어찌씨로, 월에서 꾸밈말로 적격하게 쓰이기 위해서는 '비교'의 대상이 되는 보충 낱말이 반드시 필요하다.

(15) ㄱ. 철수가 똑똑하다.
ㄴ. #철수가 **훨씬** 똑똑하다.
ㄷ. 철수가 **영수보다 훨씬** 똑똑하다.
ㄹ. 철수가 영수보다 똑똑하다.

(15)에서 ㄱ은 적격한 월이다. ㄱ에 '똑똑하다'의 꾸밈말로 '훨씬'이 들어가면 ㄴ과 같이 불완전한 월이 된다. ㄴ이 완전한 월이 되기 위해서는 비교의 대상인 '○○보다'란 보충 낱말이 반드시 들어가야만 한다. 곧 '훨씬'이 꾸밈말로 쓰이기 위해서는 '○○보다'란 보충 낱말을 필요로 하기 때문에 '훨씬'은 월 짜임에 제약을 가하는 어찌씨에 해당한다. 그러나 '훨씬'이 월 짜임에 반드시 필요한 요소는 아니다. ㄷ에서 '훨씬'이 삭제되더라도 ㄹ과 같이 적격한 월이 되는 것으로 보아 '훨씬'은 월 짜임의 필수 요소는 아니다.[12]

<여럿이 서로 더불어>의 뜻을 지닌 '같이'도 월 짜임 제약 어찌씨로, 월에서 꾸밈말로 적격하게 쓰이기 위해서는 '함께함'의 대상이 되는 보충 낱말이 반드시 필요하다.

---

12) 정도 어찌씨 가운데 보충 낱말을 반드시 요구하는 통사 어찌씨들에 관한 자세한 논의는 제4장에서 하기로 한다.

(16) ㄱ. 집에 가거라.
　　ㄴ. #집에 **같이** 가거라.
　　ㄷ. 집에 **동생과 같이** 가거라.
　　ㄹ. #집에 **동생과** 가거라.

　(16)에서 ㄱ은 적격한 월이지만 '같이'가 꾸밈말로 들어간 ㄴ은 불완전한 월이 되었다. ㄴ이 실제 말살이에서 쓰이기도 하는데, '누구와' 함께인지 알 수 있는 경우에 '누구와'가 생략되어 쓰이는 것이고 그렇지 않으면 ㄷ과 같은 월 짜임으로 쓰여야 적격한 월이 된다. ㄷ에서 '같이'가 생략되면 불완전한 월이 되는 경우도 있고 완전한 월이 되기도 한다. '같이'도 '훨씬'과 마찬가지로 월에서 꾸밈말로 쓰이기 위해서는 '함께함'의 대상이 되는 보충 낱말이 반드시 필요하기 때문에 월 짜임 제약 어찌씨에 해당한다.[13]

　월 짜임에 제약을 가하는 통사 어찌씨 가운데 일부는 겹월만을 가려잡는 것들이 있다. 홑월에서는 꾸밈말로 쓰일 수 없으며, 겹월 중에서 이은겹월의 앞마디에만 꾸밈말로 쓰이는 것, 뒷마디에만 쓰이는 것, 앞마디 뒷마디를 가리지 않는 것 따위가 이에 속한다. 이 밖의 대다수 어찌씨들은 홑월이건 겹월이건 월의 종류에 관계없이 꾸밈말로 쓰일 수 있는 데 비하여 이들 어찌씨는 이은겹월만을 가려잡는 통사 특성을 지닌다.

　<아무리 그렇다고 할지라도>의 뜻을 나타내는 어찌씨 '비록'은 이은겹월의 앞마디에서만 꾸밈말로 쓰일 수 있다. 이은겹월의 뒷마디나 홑월에서는 꾸밈말로 쓰이지 않는 제약이 있다.

(17) ㄱ. 그는 지금 **비록** 갑부이지만, 유년시절은 가난했다.

---

13) 보충 낱말을 요구하는 통사 어찌씨에 관한 자세한 논의는 제5장에서 하기로 한다.

ㄴ. *유년시절은 가난했지만 그는 지금 **비록** 갑부이다.

ㄷ. *그는 지금 **비록** 갑부이다.

(17)에서 '비록'이 삭제되면 모두 적격한 월이 된다. '비록'이 꾸밈말로 쓰임으로 말미암아 이은겹월의 앞마디에 꾸밈말로 쓰인 ㄱ만이 적격한 월이 되었다. 이를 통해 '비록'이 월 짜임에 영향을 미쳐 이은겹월의 앞마디에 놓여야 하는 통사적 제약을 일으키는 요인임이 확인된다. 곧 '비록'이 월에서 꾸밈말로 적격하게 쓰이기 위해서는 이은겹월이어야 하며, 앞마디에 놓여야 하는 월 짜임 제약 어찌씨에 해당함을 알 수 있다.

<그럴 바에는 오히려>의 뜻을 지닌 어찌씨 '차라리'는 이은겹월의 뒷마디에서 꾸밈말로 쓰일 수 있다. 이은겹월의 앞마디나 홑월에서는 꾸밈말로 쓰이지 않는 제약이 있다.

(18) ㄱ. 적에게 굴복하느니 **차라리** 죽음을 택하겠다.

　　ㄴ. ***차라리** 죽음을 택하느니 적에게 굴복하겠다.

　　ㄷ. #나는 **차라리** 죽음을 택하겠다.

(18)에서 '차라리'가 삭제되면 모두 적격한 월이 된다. '차라리'가 꾸밈말로 쓰임으로 말미암아 이은겹월의 뒷마디에 꾸밈말로 쓰인 ㄱ만이 적격한 월이 되었으며, '차라리'가 앞마디에 놓인 ㄴ은 부적격한 월이 되었고, 홑월에서는 ㄷ과 같이 불완전한 월이 되었다. 이를 통해 '차라리'가 월 짜임에 영향을 미쳐 이은겹월의 뒷마디에 놓여야 하는 통사적 특성을 일으키는 요인임이 확인된다. '차라리'가 월에서 꾸밈말로 적격하게 쓰이기 위해서는 이은겹월의 뒷마디에 놓여야 하기 때문에 월 짜임 제약 어찌씨에 해당한다.

<얼마나. 어느 정도까지>의 뜻을 지닌 어찌씨 '오죽'은 이은겹월의 앞

마디나 뒷마디에서 꾸밈말로 쓰일 수 있다. 홑월에서는 꾸밈말로 쓰이지 않는 제약이 있다.

(19) ㄱ. 그가 **오죽** 힘들었<u>**으면**</u> 그런 말을 했을까?
　　ㄴ. 마음이라도 편하게 살<u>**면**</u> **오죽** 좋겠는가?
　　ㄷ. #그가 **오죽** 힘들었겠니?

(19)에서 '오죽'이 이은겹월의 앞마디에서 꾸밈말로 쓰인 ㄱ과 뒷마디에서 꾸밈말로 쓰인 ㄴ은 적격한 월이 되었지만, 홑월에서 쓰인 ㄷ은 불완전한 월이 되었다. 이를 통해 '오죽'은 이은겹월을 가려잡으며, 앞마디나 뒷마디에서 꾸밈말로 쓰이는 월 짜임 제약 어찌씨에 해당함을 알 수 있다.[14]

대다수의 어찌씨는 월에서 어찌말로 쓰이지만, 월 짜임에서 반드시 필요한 월조각은 아니다. 일부 어찌씨는 월에서 반드시 필요한 월조각으로 쓰여 삭제될 수 없는 특성을 지닌다. 이를테면, <조금 큰 것이 눈앞에 잠깐씩 나타났다가 사라지는 모양을 나타내는 말>의 뜻을 지닌 어찌씨 '얼씬'은 월에서 필수 월조각으로 쓰인다.

(20) ㄱ. 이곳에는 아무도 **얼씬** 못한다.
　　ㄴ. 이곳에 **얼씬** 마라.

(20)에서 '얼씬'은 어찌씨로 이루어진 어찌말이지만 필수 월조각으로, 삭제되면 (21)과 같이 부적격한 월이 된다.

(21) ㄱ. *이곳에는 아무도 못한다.
　　ㄴ. *이곳에 마라.

---

14) 월 짜임 제약 어찌씨에 관한 자세한 논의는 제6장에서 하기로 한다.

곧 '얼씬'은 월에서 필수 월조각으로 쓰여, 꾸밈을 받는 매인풀이씨와 통사적 짜임새를 이루어 풀이말의 기능을 보완해 주는 역할을 하는 통사 어찌씨에 해당한다.

<어지간한 정도로. 웬만한 정도로>의 뜻을 지닌 어찌씨 '여간'도 '얼씬'과 마찬가지로, 월에서 어찌말로 쓰이는데, 월 짜임에서 반드시 필요한 월조각이다. 대다수의 어찌씨는 월에서 반드시 필요한 월조각이 아니어서 삭제되더라도 월의 적격성에 영향을 미치지 않지만 '여간'이 꾸밈말로 쓰인 월에서 '여간'이 삭제되면 부적격한 월이 되는 것은 아니지만 의미가 달라져 삭제될 수 없는 특성을 지닌다.

(22) ㄱ. 오늘은 **여간** 추운 날씨가 아니다.
ㄴ. 방이 **여간** 어둡지 않다.

(22)는 형식상으로는 부정의 월이지만 내용적으로는 긍정의 월로 이해되어 그 뜻을 다시 쓰면 (23)과 같다.

(23) ㄱ. [오늘은 **아주** 추운 날씨이다.]
ㄴ. [방이 **아주** 어둡다.]

(22)에서 꾸밈말 '여간'을 삭제하면 부적격한 월이 되는 것은 아니지만, (23)과는 뜻에서 관계없는 부정의 월이 되어 삭제 전과 후의 월이 다른 월이 되고 만다. 따라서 (22)에서 '여간'은 월의 뜻을 유지하기 위한 필수 요소로 삭제될 수 없는 통사 어찌씨에 해당한다. '여간'이 꾸밈말로 쓰인 월에서 '여간'은 월 짜임의 필수 요소로 쓰여 다른 부정의 월에서 쓰이는 어찌씨와 차이를 보인다. 예컨대, '그다지'는 부정의 월에서 꾸밈말로 쓰이지만 삭제되더라도 월의 적격성에 영향을 미치지 않을 뿐

아니라 '그다지'의 뜻만 덜어질 뿐이다.

(24) ㄱ. 오늘은 **그다지** 추운 날씨가 아니다.
ㄴ. 오늘은 추운 날씨가 아니다.

(24)에서 ㄱ의 '그다지'는 삭제되더라도 ㄴ과 같이 '그다지'의 뜻만 덜어지지만, '여간'은 삭제되면 '여간'의 뜻만 덜어지는 것이 아니라 월 자체의 뜻이 달라지기 때문에 월 짜임에서 삭제될 수 없는 통사 어찌씨임이 확인된다.15)

제2부에서는 통사 어찌씨 가운데 월을 짜 이루는 데에 직·간접적으로 영향을 미치는 월 짜임 제약 어찌씨를 선정하여 그 특성을 밝히기로 한다.

3.2. 말본 범주 제약 어찌씨

통사 어찌씨 가운데 말본 범주에 직·간접적으로 영향을 미치는 말본 범주 제약 어찌씨에 관하여 간략히 살피기로 한다. 말본 범주는 말이 이루어지는 데 관여하는 요소 사이의 관계를 나타내는 말본적 관념을 실현하는 방식으로, 권재일(1992:71)에서 체계화한 우리말의 말본 범주 유형은 다음과 같다.

1. 화자와 관계됨
① 청자에 대한 태도…의향법, 청자높임법
② 명제에 대한 판단…시제법, 강조법

---

15) 월에서 필수 월조각으로 쓰이는 어찌씨에 관하여는 제7장 1.에서 자세히 논의하기로 한다.

2. 문장성분 사이의 관계…주체높임법, 객체높임법, 사동법, 피동법,
   부정법, 격

　어찌씨 가운데 말본 범주에 제약을 가하는 말본 범주 제약 어찌씨는
위의 말본 범주에 직접적으로 영향을 미친다. 말본 범주 제약 어찌씨에
따라 의향법, 높임법, 시제법, 부정법, 사동법, 강조법16)에 제약을 가하는
통사적 특성을 지닌다. 문법 범주 가운데 격과 피동법에 제약을 가하는
어찌씨는 없다. 곧 월에서 꾸밈말로 쓰인 어찌씨로 말미암아 격이 달라
지거나 피동법에 제약을 일으키는 경우는 발견되지 않는다. 여기서는 부
정법, 의향법 높임법, 시제법 사동법의 순으로 어찌씨가 어떤 제약을 일
으키는지 간략히 살피기로 한다.
　부정법과 관련해서는 어찌씨에 따라 부정의 월만을 가려잡거나, 부정
의 월만을 가려잡지 않는 것들이 있다. <전혀. 도무지>의 뜻을 지닌 어
찌씨 '통'은 부정의 월에서만 꾸밈말로 쓰인다. '통'은 단순 부정이나 능
력 부정의 월을 가려잡기 때문에 부정법 제약 통사 어찌씨로, 말본 범주
제약 어찌씨에 해당한다. '통'은 시킴월이나 함께함월에서는 꾸밈말로 쓰
이지 않기 때문에 '-지 말-'은 가려잡지 않는다.

　　(25) ㄱ. 영이는 **통** 움직이**지 않**는다.
　　　　 ㄴ. 영이는 운동을 **통** 하**지 못**한다.

---

16) 되풀이 합성어찌씨는 강조법을 실현한다. 곧 다음의 ㄱ에서 꾸밈말로 쓰인 어찌씨
　　를 되풀이 합성어찌씨로 바꾼 ㄴ이 강조법을 실현한다.
　　ㄱ. 그 사람의 집이 **너무** 가난하다.
　　ㄴ. 그 사람의 집이 **너무너무** 가난하다.
　　ㄱ과 ㄴ은 월 짜임에서 차이를 보이지 않는다. 곧 '너무'와 '너무너무'는 뜻에서 강조
　　의 차이 밖에는 통사적 특성에서 차이가 없기 때문에 이 글의 논의 대상에서 제외
　　한다.

(25)의 긍정의 월에 해당하는 (26)이 부적격한 월이 되는 것으로 보아 '통'이 부정의 월에서는 꾸밈말로 쓰이지만 긍정의 월에서는 쓰이지 않음을 알 수 있다.

(26) ㄱ. *영이는 **통** 움직인다.
　　ㄴ. *영이는 운동을 **통** 한다.

(26)에서 '통'이 삭제되면 적격한 월이 되지만, '통'이 꾸밈말로 쓰여 부적격한 월이 되었기 때문에 '통'이 부정의 월만을 가려잡는 통사적 특성을 지니고 있음이 증명된다. 따라서 '통'은 말본 범주 가운데 부정법에 제약을 일으키는 말본 범주 제약 어찌씨에 해당한다.[17]

<보통 정도를 훨씬 넘게>의 뜻을 지닌 정도 어찌씨 '퍽'은 긍정의 월에서 꾸밈말로 쓰여, 긍정의 월을 가려잡는 어찌씨에 해당한다.

(27) ㄱ. 나는 김치찌개를 **퍽** 좋아한다.
　　ㄴ. 저 아이는 **퍽** 활발하다.
　　ㄷ. 비가 **퍽** 많이 왔다.

(27)은 긍정의 월로, '퍽'이 꾸밈말로 쓰여 모두 적격한 월이 되었다. (27)을 부정의 월로 바꾸면 (28)과 같이 부적격한 월이 된다.

(28) ㄱ. *나는 김치찌개를 **퍽** 좋아하**지 않**는다.
　　ㄴ. *저 아이는 **퍽** 활발하**지 않**다.
　　ㄷ. *비가 **퍽** 많이 오**지 않**았다.

---

17) 부정법에 제약을 일으키는 말본 범주 제약 어찌씨에 관한 자세한 논의는 제7장에서 하기로 한다.

(28)에서 '팍'이 삭제되면 모두 적격한 월이 되지만 '팍'이 꾸밈말로 쓰임으로 말미암아 부적격한 월이 되었기 때문에 '팍'이 부정의 월은 가려잡지 않고 긍정의 월만 가려잡는 통사적 특성을 지니는 것으로 보는 것이 합리적이다. 따라서 '팍'은 긍정의 월을 가려잡아 부정법에 제약을 일으키는 말본 범주 제약 어찌씨에 해당한다.[18]

말본 범주 가운데 의향법에 제약을 가하는 일부 어찌씨들이 있다. <너무 지나치지 아니하게 적당히>의 뜻을 지닌 '작작'은 (29)와 같이 시킴월 이외의 월에 쓰이면 부적격한 월이 되는 것으로 보아 시킴월만을 가려잡는 어찌씨임이 확실하다.

(29) ㄱ. *철수가 거짓말을 **작작** 한다.
ㄴ. *철수가 거짓말을 **작작** 하니?
ㄷ. *거짓말 좀 **작작** 하자.[19]
ㄹ. 거짓말 좀 **작작** 해라.

(29)에서 '작작'이 삭제되면 모두 적격한 월이 되지만, '작작'이 꾸밈말로 쓰임으로 말미암아 시킴월인 ㄹ만이 적격한 월이 되었다. 따라서 '작작'이 시킴월만을 가려잡는 통사적 특성을 가지고 있음이 확인된다. '작작'이 의향법에 영향을 미쳐 시킴월만을 가려잡기 때문에 의향법에 제약을 일으키는 말본 범주 제약 어찌씨에 포함된다.

의향법에 제약을 가하는 어찌씨들도 제약을 일으키는 의향법 종류에서 차이를 보인다. '작작'은 시킴월만 가려잡지만, <지체 없이 빨리>의 뜻을 지닌 '어서'는 함께함월과 시킴월을 가려잡고 일반적으로 서술월과

---

18) 이에 관한 자세한 논의는 제7장 4.에서 하기로 한다.
19) '작작'이 시킴월에서만 꾸밈말로 쓰일 수 있어 함께함월인 ㄷ이 부적격한 월이 되었지만, ㄷ이 시킴월의 수행력을 가지는 경우에는 적격하게 쓰일 수 있다.

물음월을 가려잡지 않는 제약이 있다.

(30) ㄱ. *철수가 **어서** 밥을 먹는다.
　　ㄴ. *철수가 **어서** 밥을 먹니?
　　ㄷ. **어서** 밥을 먹자.
　　ㄹ. **어서** 밥을 먹어라.

(30)에서 '어서'가 삭제되면 모두 적격한 월이 되지만 '어서'가 꾸밈말로 쓰임으로 말미암아 ㄱ과 ㄴ이 부적격한 월이 되었기 때문에 '어서'가 함께함월과 시킴월만을 가려잡는 통사적 특성을 가지고 있음이 확인된다. '어서'가 의향법에 영향을 미쳐 함께함월과 시킴월만을 가려잡기 때문에 의향법에 제약을 일으키는 말본 범주 제약 어찌씨에 포함된다.[20)

　말본 범주 가운데 높임법에 제약을 가하는 일부 어찌씨들이 있다. 높임법은 말할이가 들을이를 높이거나 낮추거나 안 높이는 들을이높임법, 월의 주체를 높이는 주체높임법, 부림말이나 어찌말 자리에 놓이는 객체를 높이는 객체높임법으로 나뉜다. 어찌씨 가운데 '안녕히'는 들을이높임법에 제약을 가한다.

(31) ㄱ. **안녕히** 가십시오.
　　ㄴ. **안녕히** 가시오.
　　ㄷ. ***안녕히** 가게.
　　ㄹ. ***안녕히** 가거라.
　　ㅁ. ***안녕히** 가.
　　ㅂ. **안녕히** 가세요.

(31)에서 '안녕히'는 들을이높임 등분이 높임(아주높임의 ㄱ, 예사높임의 ㄴ,

---

20) 의향법에 제약을 일으키는 어찌씨에 관한 자세한 논의는 제8장에서 하기로 한다.

비격식체 높임의 ㅂ)의 월에서만 적격하게 쓰였으며, 낮춤(예사낮춤의 ㄷ, 아주
낮춤의 ㄹ)이나 안 높임(반말의 ㅁ)의 월에서는 '안녕히'가 꾸밈말로 쓰여
부적격한 문장이 되었다. '안녕히'가 삭제되면 모두 적격한 월이지만, '안
녕히'가 꾸밈말로 쓰임으로 말미암아 들을이를 높이는 월만이 적격해졌
기 때문에 '안녕히'가 들을이높임법에 제약을 일으키는 말본 범주 제약
어찌씨에 포함된다.

<직접. 손수>의 뜻을 지닌 '친히'는 월의 주체가 높임의 대상일 때에
만 꾸밈말로 쓰이는 제약이 있다.

    (32) ㄱ. **할아버지**께서 **친히** 역까지 마중을 나오시었다.
        ㄴ. ***친구**가 **친히** 역까지 마중을 나왔다.

(32)에서 ㄱ은 월의 주체가 높임의 대상인 '할아버지'이기 때문에 '친
히'가 꾸밈말로 쓰여 적격한 월이 되었지만, ㄴ은 월의 주체가 높임의 대
상이 아닌 '친구'이기 때문에 '친히'가 꾸밈말로 쓰여 부적격한 월이 되
었다. ㄴ에서 '친히'가 삭제되면 적격한 월이 되기 때문에 '친히'가 월의
주체를 높이는 통사적 특성을 지니고 있음이 확실하다. 따라서 '친히'는
주체높임법에 제약을 일으키는 말본 범주 제약 어찌씨에 포함된다.

<조심하는 마음으로. 정중히>의 뜻을 지닌 '삼가'는 월의 객체가 높임
의 대상일 때에만 꾸밈말로 쓰이는 제약이 있다.

    (33) ㄱ. **선생님**께 **삼가** 여쭙겠습니다.
        ㄴ. ***자네**에게 **삼가** 묻겠네.

(33)에서 ㄱ은 월의 객체가 높임의 대상인 '선생님'이기 때문에 '삼가'
가 꾸밈말로 쓰여 적격한 월이 되었지만, ㄴ은 월의 객체가 높임의 대상

이 아닌 '자네'이기 때문에 '삼가'가 꾸밈말로 쓰여 부적격한 월이 되었다. ㄴ에서 '삼가'가 삭제되면 적격한 월이 되기 때문에 '삼가'가 월의 객체를 높이는 통사적 특성을 지니고 있음이 확실하다. 따라서 '삼가'는 객체높임법에 제약을 일으키는 말본 범주 제약 어찌씨에 포함된다.[21]

때어찌씨는 말이 이루어지는 때를 기준으로 그 전과 후를 가리키는 '지금, 아까, 이따가' 따위가 있고, 다른 기준의 때를 가리키는 '방금, 먼저, 막' 따위가 있으며, 단순한 때의 위치나 분포를 가리키는 '갑자기, 별안간, 문득' 따위가 있다. 때어찌씨 가운데 일부는 때매김법에 제약을 가한다. '지금, 아까, 이따가'가 시제법에 어떤 제약을 일으키는지 살피기로 한다.

(34) ㄱ. 철수가 **지금** 밥을 먹는다./먹**었**다./먹**겠**다./먹**더**라.
　　 ㄴ. 철수가 **아까** 밥을 *먹는다./먹**었**다./*먹**겠**다./먹**더**라.
　　 ㄷ. 철수가 **이따가** 밥을 먹는다./*먹**었**다./먹**겠**다./*먹**더**라.

(34)에서와 같이 '지금'은 때매김씨끝과의 어울림에 제약이 없지만, '아까'는 '-었-'과 '-더-'만을 가려잡고, '이따가'는 주로 '-겠-'을 가려잡는 제약이 따른다. '아까'와 '이따가'는 때매김법에 제약을 일으키는 통사 어찌씨로, 말본 범주 제약 어찌씨에 포함된다.[22]

말본 범주 가운데 사동법에 제약을 가하는 어찌씨로 '하여금'이 있다. '하여금'은 '-으로 하여금'의 짜임새를 이루어 사동의 월에서 꾸밈말로 쓰인다.

(35) ㄱ. 어머니가 아이로 **하여금** 밥을 먹**게 하**였다.
　　 ㄴ. *어머니가 아이로 **하여금** 밥을 먹**였**다.

---

21) 높임법에 제약을 일으키는 어찌씨에 관한 자세한 논의는 제9장에서 이루어진다.
22) 때매김법에 제약을 일으키는 어찌씨에 관한 자세한 논의는 제10장에서 이루어진다.

위와 같이 '하여금'은 사동의 월에서 꾸밈말로 쓰이되, ㄱ과 같이 '-게 하-/-도록 하-'의 간접 사동인 경우에는 적격한 월이 되지만, ㄴ과 같이 파생적 방식인 직접 사동인 경우에는 부적격한 월이 되었다. '하여금'은 간접 사동의 월에서만 꾸밈말로 쓰이기 때문에 사동법에 제약을 가하는 통사 어찌씨로, 말본 범주 제약 어찌씨에 포함된다.23)

지금까지 어찌씨 가운데 월 짜임에 제약을 가하거나(월 짜임 제약 어찌씨), 말본 범주에 제약을 가하는(말본 범주 제약 어찌씨) 통사 어찌씨에 관하여 개괄적으로 살펴보았다. 제2부에서는 월 짜임 제약 어찌씨의 통사적 특성에 관하여 구체적으로 논의하고, 제3부에서는 말본 범주 제약 어찌씨의 통사적 특성에 관하여 자세히 규명하기로 한다.

---

23) 사동법에 제약을 일으키는 어찌씨에 관한 자세한 논의는 제11장에서 이루어진다.

월 짜임 제약 어찌씨의 통사 특성

통사 어찌씨는 그 자체가 월에서 주로 어찌말로 쓰이어 월의 전체나 다른 월조각 짜임새 따위에 영향을 미치거나 말본 범주에 제약을 일으킨다. 월의 전체나 다른 월조각 짜임새 따위에 영향을 미치는 것이 월 짜임 제약 통사 어찌씨이고, 말본 범주에 제약을 일으키는 것이 말본 범주 제약 통사 어찌씨이다. 제2부에서는 월 짜임 제약 통사 어찌씨의 통사 특성을 밝히기로 한다.

제4장

정도 어찌씨 '훨씬', '가장', '더/덜'의 통사 특성[24]

1. 들머리

최현배(1971 : 598)는 "정도 어찌씨는 바탈(屬性)의 들어나는 정도를 보이는 것"이라 하고, 정도의 높음을 보이는 것으로 '매우, 훨씬, 퍽, 끔찍이, 대단히, 심히, 극히, 지극히, 하고25), 너무, 하도, 가장, 자못, 영영(永永), 아주(至혀), 전혀, 꽤'를 들었고, 정도의 낮음을 보이는 것으로 조금, 좀, 약간, 거의(거진)을 들었다.[26]

이들 정도 어찌씨는 그것이 꾸미는 말의 정도가 어떠함을 나타내는 점에서는 공통적이지만 정도의 높낮이에서는 각각 차이를 보인다. 쓰임에서도 공통점이 있지만 각각 차이점을 나타내기도 한다. 정도의 높음을 보이는 '매우'와 '훨씬'을 비교해 보면, '훨씬'은 견줌말이 있는 경우에만

---

24) 정도 어찌씨 가운데 통사적 제약을 일으키는 '훨씬', '가장', '더/덜'에 관하여는 한길(2012 : 183-205)을 깁고 다듬은 것이다.

25) '하고'는 '많다'에만 어울릴 수 있기 때문에 정도 어찌씨라기보다는 <많고 많다>를 의미하는 그림씨 '하고-많다'의 한 부분으로 보는 것이 타당하다.

26) 허웅(1995 : 413-4)에서는 이들 정도 어찌씨에 대하여 견줌(정도)을 나타내는 것들로 주로 낱말을 꾸미는 데 쓰이며, 주로 그림씨를 꾸민다고 한 바 있다. 견줌(정도)의 더함을 나타내는 것으로 '매우, 훨씬, 퍽, 끔찍이, 대단히, 심히, 극히, 너무, 하도, 가장, 자못, 꽤'를 들었고, 덜함을 나타내는 것으로 '조금, 좀, 약간, 거의'를 들었다.

쓰이는 제약이 있지만, '매우'는 이런 제약이 따르지 않는다.

    (1) ㄱ. #철수가 **훨씬** 똑똑하다.
        ㄴ. 철수가 **매우** 똑똑하다.

  (1ㄱ) 자체만으로는 완전한 월이 될 수 없고, 견줌말이 있어야만 적격한 월이 될 수 있다. (1ㄱ)에서 '훨씬'이 삭제되면 완전한 월이 되지만 '훨씬'이 꾸밈말로 쓰임으로써 불완전한 월이 되었다. 완전한 월이 되려면 여기서는 임자말 자리에 놓인 '철수'에 견줄 수 있는 견줌말이 필요하며, 이를 기워 넣으면 다음과 같을 것이다.

    (2) 철수가 **영수보다** 훨씬 똑똑하다.

  부림말이 있는 월에서 부림말 뒤에 놓인 '훨씬'은 견줌의 대상이 임자말 자리에 놓인 것이 아니라 부림말 자리에 놓인 것에 대한 견줌말이 필요하게 된다.

    (3) ㄱ. #철수가 수학을 **훨씬** 좋아한다.
        ㄴ. *철수가 **영수보다** 수학을 훨씬 좋아한다.
        ㄷ. 철수가 **영어보다** 수학을 훨씬 좋아한다.

  (3ㄱ) 자체만으로는 완전한 월이 아니고 반드시 견줌말이 있어야만 하지만, (3ㄴ)과 같이 임자말이 견줌의 대상이 되면 부적격한 월이 되고, (3ㄷ)과 같이 부림말이 견줌의 대상이 되면 적격한 월이 됨을 알 수 있다.
  (1ㄴ)은 완전한 월로, '매우'는 단순히 꾸밈 받는 말의 정도가 높음을

나타낼 뿐이며, '매우'로 말미암아 가해지는 통사적 현상은 일어나지 않는다.[27)

'가장'도 '훨씬'과 마찬가지로 꾸밈 받는 말의 정도가 높음을 나타낼 뿐만 아니라 앞에 놓인 월조각을 이루는 말이 소속된 '무리 중에서'라는 월조각이 반드시 있어야 완전한 월이 된다.

(4) ㄱ. #철수가 **가장** 똑똑하다.
　　ㄴ. 철수가 **친구 중에서 가장** 똑똑하다.

곧 (4ㄱ)은 완전한 월이라고 할 수 없다. '가장'이 삭제된 '철수가 똑똑하다'는 완전한 월이지만 '똑똑하다'를 꾸미는 '가장'이 꾸밈말로 쓰임으로 말미암아 불완전한 월이 되었다. 완전한 월이 되기 위해서는 (4ㄴ)과 같이 '(철수가 포한된) 무리 중에서'와 같은 말이 필수적으로 요구된다.

정도 어찌씨로 쓰이는 '더/덜'[28)도 수식하는 말의 정도가 높음/낮음을 나타낼 뿐만 아니라 '견줌말보다'란 어찌말이 반드시 있어야 완전한 월이 된다.

(5) ㄱ. #오늘이 **더/덜** 덥다.
　　ㄴ. 오늘이 **어제보다 더/덜** 덥다.

(5ㄱ)은 완전한 월이 아니고, (5ㄴ)과 같이 견줌말인 '어제보다'란 어찌말이 쓰여야 완전한 월이 된다.

이처럼 '훨씬'과 '가장', '더/덜'은 '매우'와 같이 꾸밈 받는 말의 정도의

---

27) '매우'가 쓰인 월에서도 견줌의 대상이 쓰일 수 있지만, 반드시 요구되는 것은 아닌 점에서 차이를 보인다.
28) '더/덜'이 움직씨를 꾸미는 경우에는 정도 어찌씨에 해당되지 않는다. 이에 관한 자세한 논의는 5.에서 이루어진다.

높음('덜'은 낮음)을 나타내는 기능을 나타내면서도 '매우'와 달리 통사적 현상이 나타남을 알 수 있다. 따라서 이 장에서는 '훨씬'과 '가장', '더/덜'이 쓰임으로 말미암아 월 안에서 어떤 통사적 특성이 나타나며, 이들이 각각 어떤 용법으로 쓰이는가를 살피기로 한다.

2. 정도 어찌씨의 통사 특성

최현배(1971 : 598)는 정도 어찌씨의 용법으로, "오로지 모양을 들어내는 말에 붙어서 그것을 금하는(限定하는) 것으로, 그림씨 앞에 붙는 일이 가장 많고, 다음으로 모양 어찌씨에 붙으며, 단순 동작의 움직임 앞에는 쓰이지 않는 것이 원칙인데, 상태적(狀態的) 동작의 움직씨 앞에는 붙어 쓰이어 그 상태를 꾸민다."고 하였다. "잡음씨 앞에는 쓰이지 아니함이 원칙인데, '이다' 앞에 놓이는 기움말(補語)이 그 임자말에 대하여 성질을 나타내는 경우에 예외적으로 쓰일 수 있다."고 하고 다음 보기를 들었다.

(6) ㄱ. 그 사람이 **아주** 소(牛)이다.
ㄴ. 그이가 **좀** 정신병자(精神病者)이어(여).

'이다' 앞에 놓이는 이름씨가 절대적, 고정적 개념을 나타내는 경우에는 정도 어찌씨의 꾸밈을 받을 수 없지만, 상대적 개념을 나타내는 경우에는 정도 어찌씨의 꾸밈을 받을 수 있다.[29]

(7) ㄱ. 철수가 **아주** 멋쟁이이다.

---

29) 어휘의 의미를 절대적 개념과 상대적 개념으로 나눈 논의는 Wallace L. Chafe(197 3 : 119-120) 참조.

＊철수가 **아주** 학생이다.
　ㄴ. 이 방식이 **아주** 과학적이다.
　　＊이 방식이 **아주** 과학이다.

　(7)에서 '아주'의 꾸밈을 받을 수 있는 '멋쟁이'와 '과학적'은 상대적 개념에 해당하며, '아주'의 꾸밈을 받을 수 없는 '학생'과 '과학'은 절대적 개념에 해당한다.[30] 따라서 '이름씨+이다'에 대한 정도 어찌씨의 꾸밈 가능 여부는 '이름씨'의 의미 특성에 달려 있는 셈이다.

　'훨씬'과 '가장', '더/덜'도 정도 어찌씨에 속하기 때문에 이런 용법으로 쓰임은 분명하다. 정도 어찌씨는 풀이말이 되는 풀이씨의 개념구조가 요구하는 월조각이 아닌 부가 월조각으로 부가말에 해당한다.[31] 따라서 일반적으로 정도 어찌씨는 꾸밈 받는 말의 높낮이 정도를 나타내며, 월 짜임에서 수의적인 것이기 때문에 제거하더라도 월의 적격성에 영향을 미치지 않는다. 또한 완전한 월에 정도 어찌씨가 꾸밈 받는 말 앞에 첨가되더라도 월의 적격성에 영향을 미치지 않는다.

　(8) ㄱ. 철수가 **매우/펵/아주/대단히/꽤/좀/약간** 똑똑하다.
　　　ㄴ. 철수가 (**매우/펵/아주/대단히/꽤/좀/약간**) 똑똑하다.

　그러나 정도 어찌씨에 따라서 용법에 차이를 보이기도 한다. 정도 어찌씨 가운데 '전혀'는 부정의 월에서만 쓰이는 제약이 있다. 긍정의 월에 쓰이게 되면 부적격해지는데, 이는 정도 어찌씨 '전혀'에 원인이 있는 것으로 보인다. 곧 '전혀'가 단지 꾸밈 받는 말의 정도만 나타내는 것이 아

---

30) '멋쟁이'와 '과학적'이 상대적 개념에 해당하고, '학생'과 '과학'이 절대적 개념에 해당함에 관한 논의는 한길(1983 : 375-376) 참조.
31) 남기심(2001 : 48-9)에서는 문장구성 성분을 주성분인 서술어와 그 보충어, 부가성분인 부가어로 나누고, 부가어에 관형어, 부사어, 독립어를 소속시켰다.

니라 월에 통사적 제약을 일으킴을 알 수 있다.

> (9) ㄱ. *철수가 **전혀** 똑똑하다.
> ㄴ. 철수가 **전혀** 똑똑하**지 않**다.

정도 어찌씨 가운데 '하도'도 꾸밈 받는 말의 정도를 나타냄과 아울러 월에 통사적 제약을 일으킴을 알 수 있다. '하도'는 홑월에서는 쓰이지 않고 이은월에서만 쓰이되, 앞마디에만 쓰이고 뒷마디에는 쓰이지 않음을 다음 보기를 통해 확인할 수 있다.[32]

> (10) ㄱ. *철수가 **하도** 똑똑하다.
> ㄴ. 철수가 **하도** 똑똑해서 학교 안에서 모르는 사람이 없다.
> ㄷ. *학교 안에서 모르는 사람이 없을 만큼, 철수가 **하도** 똑똑하다.

이 장의 연구 대상인 '훨씬'과 '가장', '더/덜'은 일반적으로 정도 어찌씨가 쓰일 수 있는 모든 월에 들어가 꾸밈말로 쓰일 수 있는 것은 아니고 일정한 제약 아래에 쓰여야만 적격한 월이 된다. 이를테면, '철수가 똑똑하다'는 완전한 월로, 풀이말 '똑똑하다'를 꾸미는 정도 어찌씨 '매우, 퍽, 아주, 대단히, 꽤, 좀, 약간'이 들어가 꾸밈말로 쓰이더라도 적격한 월이 됨은 (8)을 통해 확인한 바 있다. 그러나 그 자리에 '훨씬'과 '가장', '더/덜'이 들어가게 되면 완전한 월이 되지 못한다. '훨씬'과 '가장', '더/덜'이 들어가기 위해서는 이 월 안에 다른 월조각을 필요로 한다. 따라서 '훨씬'과 '가장', '더/덜'이 각각 월 안에서 어떤 용법으로 쓰이는지 규명할 필요가 있다.

---

32) 앞마디에만 쓰이더라도 제약이 따른다. 이음씨끝이 무엇이냐에 따라 '하도' 쓰임의 적격성에서 차이를 보인다. '하도'의 쓰임에 대하여는 제6장에서 자세히 논의하기로 한다.

3. '훨씬'의 통사적 특성

'훨씬'은 일반 정도 어찌씨와 마찬가지의 용법을 나타내기도 하며, 그 자체만의 고유한 용법으로 쓰이기도 한다. '훨씬'이 월 안에 들어가기 위해서는 꾸밈 받는 말이 그림씨이거나 어찌씨, 상태성 움직씨, 일부 '이름씨+이다'이어야 하는데, 이는 일반 정도 어찌씨의 일반적 특성에 해당한다. '훨씬'은 의미적으로 <견줌의 대상이 견줌말보다 꾸밈 받는 말의 정도가 상당히 높게>를 나타낸다. 따라서 꾸밈말로 '훨씬'이 쓰이기 위해서는 일반 정도 어찌씨가 사용될 수 있는 환경과 아울러 견줌말이 명시되어 있는 월이어야 한다.

(11) ㄱ. 철수가 **영수보다 훨씬** 똑똑하다.
ㄴ. 봄이 **생각보다 훨씬** 빨리 온다.
ㄷ. 철수는 **자장면보다** 짬뽕을 **훨씬** 좋아한다.

(11)에서 밑줄 친 말이 문맥이나 상황에 따라서 생략될 수는 있지만, 본디 빠져 있다면 불완전한 월이 된다. 따라서 '훨씬'이 꾸밈말로 쓰이려면 밑줄 친 말이 있어야 하기 때문에 밑줄 친 말은 '훨씬'에 의해 필수적으로 요구되는 부가말이 된다. '훨씬'과 아울러 이 부가말이 모두 쓰이지 않은 (12)는 모두 완전한 월이 되는 것으로 미루어 '훨씬'은 견줌말이 되는 부가말을 반드시 필요로 함을 알 수 있다.

(12) ㄱ. 철수가 똑똑하다.
ㄴ. 봄이 빨리 온다.
ㄷ. 철수는 짬뽕을 좋아한다.

'훨씬'이 요구하는 견줌말의 부가말은 어떤 말이 견줌의 대상이 되는가를 밝힐 필요가 있다. 임자말 다음에 '훨씬'이 자리 잡는 경우에는 임자말로 쓰인 말이 견줌의 대상이 된다.

(13) ㄱ. **철수**가 **영수**보다 훨씬 축구를 좋아한다.
　　 ㄴ. *철수가 **배구**보다 훨씬 **축구**를 좋아한다.

(13)에서 임자말과 부림말 사이에 '훨씬'이 놓여 있고 부림말과는 바로 이웃하고 있더라도 견줌의 대상은 임자말이지 부림말이 아니다. 이는 ㄴ이 부적격한 월이 됨을 통해 확인된다.

견줌말인 부가말과 '훨씬'은 필수적으로 매여 있지만 결속력은 그다지 강하지 않아 한 몸처럼 통합되어 있는 것은 아니다. 따라서 견줌말인 부가말은 월 안에서 이동이 가능하여 (13ㄱ)에서 보면, 임자말 앞으로의 이동이 가능하다. '훨씬'과 함께 임자말 앞으로 이동하면 부적격해지며, '훨씬' 뒤로의 이동도 불가능하다.

(14) ㄱ. **영수**보다 **철수**가 훨씬 축구를 좋아한다.
　　 ㄴ. ***영수**보다 훨씬 **철수**가 축구를 좋아한다.
　　 ㄷ. ***철수**가 훨씬 **영수**보다 축구를 좋아한다.

견줌말인 부가말과 '훨씬'의 관계를 보면, 부가말이 '훨씬'을 꾸미는 관계에 있는 것이 아니라 부가말과 '훨씬'이 동일한 말을 수식한다. 부가말이 '훨씬'을 꾸민다면 (14ㄴ)이 적격해야 하며 '훨씬'이 쓰이지 않으면 부적격한 월이 되어야 하는데, '훨씬'이 쓰이지 않더라도 적격한 월이 된다. 곧 (11)에서 '훨씬'을 제거하더라도 (15)와 같은 적격한 월이 된다.

(15) ㄱ. 철수가 **영수보다** 똑똑하다.

　　ㄴ. 봄이 **생각보다** 빨리 온다.

　　ㄷ. 철수는 **자장면보다** 짬뽕을 좋아한다.

　(14ㄷ)이 부적격한 까닭은 견줌말인 부가말과 '훨씬'의 꾸밈 관계 때문이 아니라 어찌말이 연달아 놓일 때의 자리 잡기 순서 때문인 것이다. 곧 견줌말인 부가말이 '훨씬'의 앞자리에 놓여야 하되, 바로 이웃할 수도 있고 더 앞으로 이동할 수도 있는 특성을 보인다. (13ㄱ)과 (14ㄱ)에서 '영수보다'와 '훨씬'은 '축구를 좋아한다'를 꾸미는 것으로 보인다. 요컨대 임자말 다음에 놓인 '훨씬'은 필수적으로 요구하는 견줌말인 부가말의 견줌 대상이 임자말로 쓰인 말이며, 꾸밈 대상은 뒤에 놓인 말임을 확인할 수 있다.

　'훨씬'이 부림말 뒤에 놓이는 경우를 보면, 견줌의 대상은 부림말로 쓰인 말이고 임자말로 쓰인 말은 해당되지 않음을 (16)을 통해 확인할 수 있다.

(16) ㄱ. 철수가 **자장면보다** 짬뽕을 **훨씬** 좋아한다.

　　ㄴ. *철수가 **영수보다** 짬뽕을 **훨씬** 좋아한다.

　　ㄷ. ***영수보다** 철수가 짬뽕을 **훨씬** 좋아한다.

　곧 부림말로 쓰인 '짬뽕'이 견줌의 대상이고, 이의 견줌말인 '자장면'이 부가말로 쓰인 ㄱ은 적격한 월이 되었지만, 임자말로 쓰인 '철수'가 견줌의 대상이고, 이의 견줌말인 '영수'가 부가말로 쓰인 ㄴ과 ㄷ은 부적격한 월이 되었다.

　(16ㄱ)에서와 같이, 견줌말인 부가말이 부림말 앞자리에 놓이는 것이 부림말 뒤에 놓이는 것보다 자연스럽다. 부림말 뒤이며 '훨씬' 바로 앞에

놓이더라도 부적격한 문장이 되는 것은 아니지만 부림말 앞에 놓이는 것이 정상적 어순에 해당한다. (16ㄱ)에서 '자장면보다'가 임자말 앞자리나 '훨씬' 뒤로 이동하면 부적격한 월이 된다.

(17) ㄱ. 철수가 짬뽕을 **자장면보다** **훨씬** 좋아한다.
　　 ㄴ. ***자장면보다** 철수가 짬뽕을 **훨씬** 좋아한다.
　　 ㄷ. *철수가 짬뽕을 **훨씬** **자장면보다** 좋아한다.

위와 같이 '훨씬'이 부림말 뒤에 놓이면 견줌말인 부가말은 부림말 앞자리에 놓이는 것이 정상적 어순에 해당하며, 부림말과 '훨씬' 사이로 이동이 가능하지만 '훨씬' 뒤나 임자말 앞으로의 이동은 불가능함을 알 수 있다.

(16ㄱ)에서 '자장면보다'와 '훨씬'은 '좋아한다'를 꾸미는 것으로 보인다. 따라서 부림말 뒤에 놓인 '훨씬'은 필수적으로 요구하는 견줌말인 부가말의 견줌 대상이 부림말로 쓰인 말이고 꾸밈의 대상은 뒤에 놓인 풀이말임을 확인할 수 있다.

'훨씬'이 풀이마디를 가진 안은월에서 쓰이는 경우를 살피기로 한다. 예컨대 '철수가 돈이 많다'가 풀이마디를 가진 안은월에 해당하는데, '훨씬'이 놓일 수 있는 자리는 두 곳이다. 곧 풀이마디 앞자리와 풀이마디 안의 임자말 뒤에 놓일 수 있다.

(18) ㄱ. #철수가 **훨씬** 돈이 많다.
　　 ㄴ. #철수가 돈이 **훨씬** 많다.

앞에서 살핀 '훨씬'의 쓰임에서와 마찬가지로, (18) 자체만으로는 완전한 월이 될 수 없다. '훨씬'이 쓰이지 않은 월은 완전한 월로 손색이 없지만 '훨씬'이 쓰임으로 말미암아 불완전한 월이 되었다. (18)이 완전한 월이 되기 위해서는 견줌말인 부가말이 필수적으로 요구된다. 어느 자리에 '훨씬'이 놓이느냐에 따라 부가말이 달라지고 쓰임에서 차이를 보이게 된다. (18)에 적절한 부가말을 보완하면 다음과 같다.

(19) ㄱ. 철수가 **영수보다** **훨씬** 돈이 많다.
　　 ㄴ. 철수가 **부동산보다** 돈이 **훨씬** 많다.

(19ㄱ)에서 견줌의 대상은 전체 월의 임자말 자리에 쓰인 '철수'이어야 하며, 풀이마디의 주어 자리에 놓인 '돈'일 수는 없다. (19ㄴ)에서는 견줌의 대상이 풀이마디의 임자말에 놓인 '돈'이어야 하며, 전체 월의 임자말에 놓인 '철수'일 수는 없다.

(20) ㄱ. *철수가 **부동산보다** **훨씬** 돈이 많다.
　　 ㄴ. *철수가 **영수보다** 돈이 **훨씬** 많다.

(19)에서도 ㄱ에서는 견줌말의 부가말인 '영수보다'는 전체 월의 임자말 앞으로 이동이 가능하지만 '훨씬' 뒤나 풀이마디 임자말 뒤로의 이동은 불가능하다. 또한 '훨씬'도 다른 자리로의 이동은 불가능하다. ㄴ에서는 견줌말의 부가말인 '부동산보다'가 전체 월의 임자말 앞으로 이동이 불가능하며, 풀이마디 임자말 뒤로의 이동은 가능하다. '훨씬'의 꾸밈 대상은 '훨씬'이 어느 자리에 놓이느냐에 따라 차이를 보인다. (19ㄱ)에서는 '돈이 많다'를 꾸미지만, (19ㄴ)에서는 '많다'를 꾸며 차이를 보인다. 따라서 '훨씬'이 어느 자리에 놓이느냐에 따라 요구되는 견줌말인 부가말 종류가 달라지며, 꾸밈 범위에서도 차이를 보임을 확인할 수 있다.
'훨씬'에 의해 요구되는 견줌말인 부가말에서 견줌자리토씨 '보다' 앞에 '에서'나 '에게' 등 토씨가 쓰이는 경우도 있다. 이때에는 견줌 대상인 말에 '에서'나 '에게' 따위가 쓰이는 경우로 한정된다. 견줌 대상인 말에 이들 토씨가 쓰이지 않으면 견줌말인 부가말에 '에서'나 '에게' 등의 토씨가 쓰일 수 없다. 반대로 견줌 대상인 말에 이들 토씨가 쓰이고 견줌말인 부가말에 쓰이지 않으면 부적격해 진다. (21)과 (22)를 통해 이를 확인할 수 있다.

(21) ㄱ. **시장에서**가 **백화점에서**보다 **훨씬** 싸다.
ㄴ. ***시장**이 **백화점에서**보다 **훨씬** 싸다.
ㄷ. ***시장에서**가 **백화점**보다 **훨씬** 싸다.

(22) ㄱ. 이 옷은 **철수에게**가 **순이에게**보다 **훨씬** 잘 어울린다.
ㄴ. *이 옷은 **철수**가 **순이에게**보다 **훨씬** 잘 어울린다.
ㄷ. *이 옷은 **철수에게**가 **순이**보다 **훨씬** 잘 어울린다.

'훨씬'에 의해 요구되는 견줌말인 부가말은 반드시 '훨씬'의 앞에 놓인 월조각으로 쓰인 말이 견줌의 대상이어야 하는 것은 아니다. 말할이나 들을이, 제3자의 생각, 기대, 판단 따위가 견줌의 대상이 되기도 한다.

(23) ㄱ. 철수가 **내 생각보다 훨씬** 부지런하다.
ㄴ. 철수가 **네 기대보다 훨씬** 똑똑하니?
ㄷ. 철수가 **선생님 판단보다 훨씬** 조숙하다.

(23)에서도 견줌말인 부가말을 임자말 앞자리로 옮길 수 있다. '훨씬'이 부림말 뒤에 놓이거나 풀이마디 안의 임자말 다음에 놓이는 경우에, (24)와 같이 견줌말인 부가말이 부림말과 풀이마디 앞자리에 놓이는 것이 자연스럽다.

(24) ㄱ. 철수가 **생각보다** 수영을 **훨씬** 좋아한다.
     ㄴ. 철수가 **예상보다** 돈이 **훨씬** 많다.

(24)에서 견줌말인 부가말이 부림말과 풀이마디 임자말과 '훨씬' 사이로 이동하더라도 (25)와 같이 적격해지지만, 전체 월의 임자말 앞으로 이동하면 (26)과 같이 부적격해진다.

(25) ㄱ. 철수가 수영을 **생각보다** **훨씬** 좋아한다.
     ㄴ. 철수가 돈이 **예상보다** **훨씬** 많다.

(26) ㄱ. ***생각보다** 철수가 수영을 **훨씬** 좋아한다.
     ㄴ. ***예상보다** 철수가 돈이 **훨씬** 많다.

(26)이 적격한 월이 되기 위해서는 (27)과 같이 '훨씬'이 임자말 뒤로 이동하여야 한다.

(27) ㄱ. **생각보다** 철수가 **훨씬** 수영을 좋아한다.
     ㄴ. **예상보다** 철수가 **훨씬** 돈이 많다.

(25)와 (27)을 견주어 보면, 견줌말인 부가말이 관련을 맺는 낱말에서 차이를 보임을 알 수 있다. (25)에서는 '수영'과 '돈'이 관련을 맺지만, (27)에서는 '철수'가 관련을 맺는다. 또한 '훨씬'의 꾸밈 대상에서도 차이를 보여, (24)에서는 '좋아한다'와 '많다'를 꾸미고 (27)에서는 '수영을 좋아한다'와 '돈이 많다'를 꾸민다. 이런 차이는 '훨씬'이 놓인 자리로 말미암아 생기는 것으로 보인다. 따라서 '훨씬'이 놓인 위치에 따라 꾸밈 범위에서 차이를 보이고, 견줌말인 부가말이 놓이는 자리와 이 부가말이 관련을 맺는 낱말에서 차이를 보임을 알 수 있다.

4. '가장'의 통사적 특성

'가장'도 일반 정도 어찌씨와 마찬가지의 용법을 나타내기도 하며, 자체만의 고유한 용법으로 쓰이기도 한다. '가장'이 월 안에 들어가기 위해서는 꾸밈받는 말이 그림씨이거나 어찌씨, 상태성 움직씨, 일부 '이름씨+이다'이어야 하는데, 이는 일반 정도 어찌씨의 일반적 특성에 해당한다. '가장'은 의미적으로 <대상이 속한 부류 중에 어느 것보다도 정도가 높거나 세게>를 나타낸다. 따라서 꾸밈말로 '가장'이 쓰이기 위해서는 일반 정도 어찌씨가 사용될 수 있는 환경과 아울러 대상이 속한 부류가 명시되어 있는 월이어야 한다.

(28) ㄱ. **여학생 중에서** 순이가 **가장** 예쁘다.
　　 ㄴ. 순이가 **꽃 중에서** 진달래를 **가장** 좋아한다.

(28)에서 밑줄 친 말이 문맥이나 상황에 따라서 생략될 수는 있지만 본디 빠져 있다면 불완전한 월이 된다. 따라서 '가장'이 꾸밈말로 쓰이려면 밑줄 친 말이 있어야 하기 때문에 밑줄 친 말은 '가장'에 의해 필수적으로 요구되는 부가말에 해당한다. '가장'과 아울러 이 부가말이 쓰이지 않은 (29)는 모두 완전한 월이 되는 것으로 미루어 '가장'은 앞에 놓이는 낱말이 속한 부류를 나타내는 부가말을 반드시 필요로 함을 알 수 있다.

(29) ㄱ. 순이가 예쁘다.
　　 ㄴ. 순이가 진달래를 좋아한다.

'가장'의 필수 요구 부가말은 '가장' 앞자리에 놓이는 월조각을 구성하는 '낱말이 속한 부류를 나타내는 말 중에서'가 된다. (28ㄱ)에서는 '가장'

앞에 놓인 임자말을 구성하는 '순이'가 속한 부류를 나타내는 '여학생 중에서'가 '가장'의 부가말이 되었다. (28ㄴ)에서는 '가장' 앞에 놓인 부림말을 구성하는 '진달래'가 속한 부류를 나타내는 '꽃 중에서'가 '가장'의 부가말이 되었다.

(28ㄱ)에서와 같이 '가장'이 놓일 수 있는 자리가 한 곳으로 임자말 다음의 경우에는 임자말로 쓰인 낱말이 부가말의 대상이 된다. 그러나 (28ㄴ)에서는 '가장'이 부림말 뒤에 놓였지만 (30)과 같이 임자말과 부림말 사이에도 놓일 수 있어, '가장'이 놓일 수 있는 자리가 두 곳이 된다.

(30) **여학생 중에서** 순이가 **가장** 진달래를 좋아한다.

'가장'이 임자말 다음에 놓이느냐, 부림말 다음에 놓이느냐에 따라 쓰임에서 차이를 보인다. 임자말 다음의 '가장'은 필수 부가말로 임자말에 쓰인 낱말이 속한 부류의 낱말이 되고, 부림말 다음의 '가장'은 필수 부가말로 부림말에 쓰인 낱말이 속한 부류의 낱말이 되어야 한다. 이를 지키지 않으면 (31)과 같은 부적격한 월이 된다.

(31) ㄱ. ***꽃 중에서** 순이가 **가장** 진달래를 좋아한다.
     ㄴ. *순이가 **여학생 중에서** 진달래를 가장 좋아한다.

'가장'이 임자말 다음에 놓이느냐, 부림말 다음에 놓이느냐에 따라 부가말의 종류가 달라질 뿐만 아니라 '가장'의 꾸밈 범위에서도 차이를 보인다. 부림말 다음에 놓인 (28ㄴ)에서는 '좋아한다'를 꾸미지만, 임자말 다음에 놓인 (30)에서는 '진달래를 좋아한다'를 꾸며 차이를 보인다. 곧 '가장'이 어느 자리에 놓이느냐에 따라 필수 부가말의 종류가 달라지며 꾸밈 범위에서 차이를 보인다.

'가장'이 풀이마디를 가진 안은월에서 쓰이는 경우를 살피기로 한다. 예컨대 '철수가 돈이 많다'가 풀이마디를 가진 안은월에 해당하는데, '가장'이 쓰일 수 있는 자리는 두 곳이다. 곧 풀이마디 앞자리와 풀이마디 안의 임자말 뒤에 놓일 수 있다.

(32) ㄱ. **친구 중에서** 철수가 가장 돈이 많다.
ㄴ. 철수가 **소유물 중에서** 돈이 가장 많다.

이 월 짜임에서도 (32ㄱ)과 같이 임자말 뒤의 '가장'은 임자말로 쓰인 '철수'가 속한 부류를 나타내는 부가말을 필요로 하고 풀이마디 '돈이 많다'를 꾸미며, (32ㄴ)과 같이 풀이마디의 임자말 뒤의 '가장'은 풀이마디의 임자말로 쓰인 '돈'이 속한 부류를 나타내는 부가말을 필요로 하고, '많다'를 수식하게 된다.

'가장' 앞자리에 놓인 월조각을 이루는 낱말이 속한 부류를 나타내는 부가말의 위치는 (32)와 같이 앞에 놓이는 것이 자연스럽다. 뒤에 놓여 '가장' 바로 앞에 자리 잡으면 부자연스러워지는 경우가 많다. 곧 'A 부류 중에서 A+토씨 가장'의 짜임으로 쓰이는 것이 일반적이다. 이 구조에서 'A 부류'가 문맥이나 상황에 의해 예측 가능한 경우에는 부가말 'A 부류 중에서'는 생략될 수 있다. 또한 'A 부류'의 낱말이 아닌 더 포괄적인 낱말이 'A 부류' 자리에 놓이기도 한다.

(33) ㄱ. **한국에서** 백두산이 가장 높다.
ㄴ. **우리 학교에서** 철수가 가장 키가 크다.

(33ㄱ)에서는 '한국'이 '백두산'이 속한 부류의 낱말이 아니지만 부가말로 쓰여 적격한 월이 되었다. 그러나 내면적으로는 '한국에 있는 산

중에서'로 이해되며, '백두산'에 의해 '산'이 예기될 수 있기 때문에 '백두산'이 속한 부류의 낱말인 '산'이 생략된 것으로 보는 것이 합리적이다. (33ㄴ)에서도 '우리 학교'가 '철수'가 속한 부류의 낱말이 아니지만, 내면적으로는 '우리 학교 학생 중에서'로 이해된다. '철수'가 속한 부류의 낱말은 '학생'이지만 문맥에서 '학생'이 예측 가능하기 때문에 생략된 것으로 보인다. (33)을 생략되기 이전으로 돌이키면 (34)와 같을 것이다.

(34) ㄱ. **한국에 있는 산 중에서** 백두산이 가장 높다.
ㄴ. **우리 학교 학생 중에서** 철수가 가장 키가 크다.

따라서 부가말은 '가장'의 앞에 놓이는 월조각의 낱말이 소속한 부류의 낱말로 이루어짐은 유효하다.

5. '더/덜'의 통사적 특성

어찌씨인 '더'는 쓰임과 뜻에서 두 가지로 나뉜다. 어찌씨 '더'의 기능이 주로 풀이씨의 앞에 놓여 그 풀이씨를 꾸미는데, 풀이씨의 종류에 따라 용법과 뜻이 달라지기도 한다. 움직씨를 꾸미는 '더1'을 보기로 한다.

(35) ㄱ. 밥을 **더** 먹어라.
ㄴ. 여기서 **더** 기다리자.
ㄷ. 맥주 좀 **더** 가져와.

(35)에서 '더'는 뒤에 놓인 움직씨를 꾸미며, ㄱ의 '더'는 <그 위에 보태어>의 뜻을, ㄴ의 '더'는 <계속하여>의 뜻을, ㄷ의 '더'는 <거듭하여>

의 뜻을 나타낸다. 곧 움직씨와 어울리는 '더'는 <그 위에 보태거나, 계속하거나, 거듭하여>의 의미 특성을 나타낸다. 따라서 이런 용법과 의미로 쓰이는 '더'는 정도 어찌씨에 해당하지 않는다. 정도 어찌씨는 주로 그림씨 앞에서 그림씨의 정도성이 어떠함을 나타내는 기능을 하기 때문이다.

(35)는 완전한 월이며, '더'가 삭제되더라도 완전한 월이 되기 때문에 '더'는 단지 뒤에 놓이는 풀이씨를 <그 위에 보태거나, 계속하거나, 거듭하여>의 의미를 갖고 꾸미는 기능만을 할 뿐이다.

정도 어찌씨가 쓰이는 환경, 곧 그림씨이거나 상태성 움직씨, 일부 '이름씨+이다' 앞에 놓여 꾸미는 '더2'를 보기로 한다.

(36) ㄱ. 순이가 영희보다 **더** 예쁘다.
ㄴ. 철수는 영희보다 순이를 **더** 좋아한다.
ㄷ. 철수가 영수보다 **더** 부자이다.

(36)에서 '더'에 수식받는 풀이씨를 보면 ㄱ에서는 그림씨이며, ㄴ에서는 상태성 움직씨, ㄷ에서는 상대적 의미 특성을 가진 이름씨 '부자'+이다이다. 여기서의 '더'는 (35)에서의 '더'와 의미적 특성이 다르다. 여기서의 '더'는 <견줌 대상이 비교말보다 정도가 높게>를 나타내어, 용법에서만이 아니라 의미적 특성에서도 정도 어찌씨와 공통성을 보인다. 이 글에서의 연구 대상으로 '더2'에 한정하여 논의하기로 한다.

(36)에서 '견줌 대상보다 더'가 삭제되더라도 (37)과 같은 완전한 문장이 된다.

(37) ㄱ. 순이가 예쁘다.
ㄴ. 철수는 순이를 좋아한다.

ㄷ. 철수가 부자이다.

(37)에 풀이씨를 꾸미는 정도 어찌씨 '더'가 놓이게 되면 (38)과 같다.

(38) ㄱ. #순이가 **더** 예쁘다.
ㄴ. #철수는 순이를 **더** 좋아한다.
ㄷ. #철수가 **더** 부자이다.

(37)은 완전한 월로 손색이 없지만, 여기에 '더'만 첨가되었을 뿐인데도 (38)은 불완전한 월이 되었다. (38)이 문맥이나 상황이 전제된 경우에 쓰이기도 하지만 완전한 월이 되기 위해서는 '더'가 필수적으로 요구하는 '견줌말인 부가말이 쓰여야만 (36)과 같은 완전한 월이 된다. 이와 같이 '더'가 월에서 꾸밈말로 쓰이기 위해서는 부가말을 필수적으로 요구하는데, 이 점은 '훨씬'의 용법에서와 같다.

(36)에서 '더'가 쓰이기 위해서는 '견줌말인 부가말이 반드시 필요하지만, '견줌말인 부가말은 반드시 '더'를 필요로 하지는 않기 때문에 '더'가 쓰이지 않더라도 (39)와 같이 완전한 월이 된다.

(39) ㄱ. 순이가 **영희보다** 예쁘다.
ㄴ. 철수는 **영희보다** 순이를 좋아한다.
ㄷ. 철수가 **영수보다** 부자이다.

'더'가 요구하는 견줌말인 부가말은 '훨씬'에서와 마찬가지로 '더' 앞에 놓이는 월조각을 구성하는 낱말과 '대립 관계에 놓이는 낱말이 견줌 대상이 된다.

(40) ㄱ. 철수가 **배보다** 사과를 **더** 좋아한다.

ㄴ. 철수가 **동산보다** 부동산이 **더** 많다.

  (40ㄱ)에서 '더' 앞에 놓인 '사과'와 대립 관계에 있는 '배'에 '보다'가 결합되어 부가말이 되었으며, (37ㄴ)에서는 '부동산'과 대립 관계에 있는 '동산'에 '보다'가 결합되어 부가말이 되었다. 이들 부가말은 앞에 놓이는 것이 자연스러우며, 뒤에 놓여 '더' 바로 앞에 놓일 수도 있지만 앞에 놓이는 것이 정상적인 어순에 해당한다. 이들 부가말은 임자말 앞으로의 이동이나 '더' 뒤로의 이동도 불가능하다.

  '더'에 의해 필수적으로 요구되는 부가말은 바로 앞에 놓인 월조각의 낱말과 대립 관계를 이루는 낱말이어야 한다. 따라서 '더'의 바로 앞 월조각이 아닌 임자말과 대립 관계에 놓인 (41)은 부적격한 월이 된다.

  (41) ㄱ. ***영수보다** 철수가 사과를 **더** 좋아한다.
      ㄴ. ***영수보다** 철수가 부동산이 **더** 많다.

  '덜'은 용법과 뜻에서 '더'와 마찬가지로 두 가지로 나뉜다. '덜'의 기능이 주로 풀이씨의 앞에 놓여 그 풀이씨를 꾸미는데, 풀이씨의 종류에 따라 용법과 뜻이 달라진다. 움직씨를 꾸미는 '덜1'을 보기로 한다.

  (42) ㄱ. 철수가 맥주를 **덜** 마셨다.
      ㄴ. 철수가 잠을 **덜** 깼다.

  (42)에서 '덜'은 뒤에 놓인 움직씨를 꾸민다. ㄱ의 '덜'은 <어떤 분량에 미치지 못하게>의 뜻을 나타내며, ㄴ의 '덜'은 <꾸밈 받는 움직씨의 행동에 미치지 못하게>의 뜻을 나타낸다. 곧 움직씨와 어울리는 '덜'은 <어떤 분량이나 꾸밈 받는 움직씨의 행동에 미치지 못하게>의 의미 특

성을 나타낸다. 따라서 이런 용법과 의미로 쓰이는 '덜'은 정도 어찌씨에 해당하지 않는다. (42)는 완전한 월이며, '덜'이 삭제되더라도 완전한 월이 되기 때문에 '덜'은 단지 뒤에 놓이는 움직씨를 <어떤 분량이나 꾸밈받는 움직씨의 행동에 미치지 못하게>의 의미를 갖고 꾸미는 기능만을 할 뿐이다.

정도 어찌씨가 쓰이는 환경, 곧 그림씨이거나 상태성 움직씨, 일부 '이름씨+이다' 앞에 놓여 꾸미는 '덜2'를 보기로 한다.

(43) ㄱ. 오늘이 어제보다 **덜** 바쁘다.
　　 ㄴ. 철수가 자장면보다 짬뽕을 **덜** 좋아한다.
　　 ㄷ. 철수가 영수보다 **덜** 부자이다.

(43)에서의 '덜'은 <견줌 대상이 비교말보다 정도가 낮게>를 나타내어, 용법에서만이 아니라 의미적 특성에서도 정도 어찌씨와 공통성을 보인다. 이 장에서의 연구 대상도 '덜2'에 한정된다. (43)에서 견줌말이 삭제되면 (44)와 같이 불완전한 월이 된다.

(44) ㄱ. #오늘이 **덜** 바쁘다.
　　 ㄴ. #철수가 짬뽕을 **덜** 좋아한다.
　　 ㄷ. #철수가 **덜** 부자이다.

따라서 정도 어찌씨인 '덜'은 부가말이지만, '덜'이 쓰여 완전한 월이 되기 위해서는 부가말로 반드시 견줌말이 필요하다. (44)에서 '덜'이 삭제되면 완전한 월이 되지만, '덜'만 쓰이게 되면 불완전한 월이 되는 것으로 보아 견줌말인 부가말을 필수적으로 요구함을 알 수 있다. 곧 (43)과 같이 '견줌 대상보다'란 부가말을 갖추어야만 완전한 월이 된다.

견줌말인 부가말은 '덜' 바로 앞에 놓인 월조각을 구성하는 낱말과 대립 관계에 놓이는 낱말로 이루어지는 점과 월 안에서 놓이는 위치, 이동에 따른 제약은 '훨씬'이나 '더'에서와 꼭 같다.

6. 마무리

어찌씨 중에서 꾸밈 받는 말의 정도가 어떠함을 나타내는 정도 어찌씨는 공통적인 특성도 있고 정도 어찌씨마다 개별적인 특성을 가지기도 한다. 이 장에서는 단지 부가말로서의 기능만을 수행하지 않고 통사적으로 다른 부가말을 필요로 하는 '훨씬', '가장', '더/덜'에 관하여 이들의 통사적 특성을 살펴보고자 하였다.

정도 어찌씨의 공통적 통사 특성은 주로 그림씨나 다른 어찌씨를 꾸미고, 상태성 움직씨와 일부 '이름씨+이다'를 꾸민다. 정도 어찌씨가 모든 '이름씨+이다'를 꾸미는 것은 아니고, 그 이름씨가 절대적 개념을 나타내는 것이 아니라 상대적 개념을 나타내는 경우에 한한다. 정도 어찌씨의 공통된 의미 특성은 <꾸밈 받는 말의 정도의 높고 낮음>을 나타내는 점이다. 정도 어찌씨는 이런 공통된 특성을 바탕으로 각각 개별적 특성을 나타내기도 한다.

'훨씬'은 <견줌의 대상이 견줌말보다 꾸밈 받는 말의 정도가 상당히 높게>의 의미적 특성을 나타내며, 견줌말이 명시적으로 나타나는 월에 쓰여야 완전한 월이 된다. 따라서 견줌의 대상이 '훨씬'에 의해 필수적으로 요구되는 부가말에 해당한다. '훨씬'에 의해 요구되는 부가말은 '훨씬'의 바로 앞자리에 놓이는 월조각을 구성하는 낱말과 대립 관계를 이루는 낱말에 견줌자리토씨 '보다'가 결합되어 구성된다. 이 부가말과 '훨씬'

은 필수적으로 매여 있지만 결속력이 느슨하여 한 몸처럼 통합되어 있지 않고 일정한 제약 아래 이동이 가능하다. 이 부가말과 '훨씬'은 꾸밈 관계에 놓이지 않고 둘 다 같은 월조각을 꾸민다.

'가장'은 <대상이 속한 부류 중에서 어느 것보다도 정도가 높거나 세게>의 의미적 특성을 나타내며, '대상이 속한 부류 중에서'란 월조각이 명시적으로 실현되어야 완전한 월이 된다. 곧 이 월조각이 '가장'에 의해 필수적으로 요구되는 부가말이다. '가장'에 의해 요구되는 부가말은 '가장'의 바로 앞자리에 놓이는 월조각을 구성하는 낱말이 속한 부류인 상위개념을 나타내는 낱말과 '중에서' 등이 결합되어 구성된다. 이 부가말과 '가장'도 필수적으로 매여 있지만 결속력이 느슨하여 한 몸처럼 통합되어 있지 않고 일정한 제약 아래 이동이 가능하다. '가장'은 월 안에서 어느 위치에 놓이느냐에 따라 필수 부가말의 종류와 꾸밈 범위가 달라진다.

정도 어찌씨로 쓰이는 '더/덜'은 <견줌 대상이 견줌말보다 정도가 높게/낮게>의 의미적 특성을 나타내며, 비교말이 명시적으로 나타나는 월에 쓰여야 완전한 월이 된다. 견줌말이 '더/덜'에 의해 필수적으로 요구되는 부가말에 해당한다. 이 필수 부가말의 구성과 이동 조건, '더/덜'과의 결합력, 꾸밈 관계는 '훨씬'에서와 마찬가지이다.

제5장

부가말을 요구하는 어찌씨의 통사 특성[33]

1. 들머리

주로 풀이씨를 꾸미며[34] 꾸밈 받는 풀이씨의 뜻을 더욱 분명하게 한 정해 주는 기능을 하는 어찌씨는 분류 기준에 따라 여러 가지로 체계화 되기도 한다. 예컨대 꾸밈 범위가 월 전체에 이르느냐 않느냐에 따라 월 꾸밈 어찌씨와 월조각 꾸밈 어찌씨로 가르는 것이 이에 해당하며, 월조 각 꾸밈 어찌씨를 의미적 특성에 따라 성상 어찌씨, 지시 어찌씨, 부정 어찌씨로 가르는 것 따위가 이에 속한다.[35]

어찌씨 가운데 대부분은 월에서 꾸밈말로 쓰이면서 뒤에 놓이는 월조 각을 꾸미지만 월 전체나 월 짜임, 월조각에 아무런 영향을 미치는 일이 없을 뿐 아니라 말본 범주에도 영향을 미치지 않는 것들이 대부분이다.

---

33) 어찌씨 가운데 부가말을 요구하는 것들에 대한 논의는 한길(2013 : 223-249)을 깁고 다듬은 것이다.

34) 어찌씨는 움직씨, 그림씨 밖에 다른 어찌씨, 임자씨, 매김씨, 마디, 월 따위를 꾸미기 도 한다. 이에 해당하는 보기는 한길(2006 : 507)을 참조할 것.

35) 최현배(1971 : 594-595)는 어찌씨를 의미에 따라 때 어찌씨(時間副詞), 곳 어찌씨(處 所副詞), 모양 어찌씨(狀態副詞), 정도 어찌씨(程度副詞), 말재 어찌씨(話式副詞), 이 음 어찌씨(接續副詞)로 갈랐다.

(1) ㄱ. 겨울에는 해가 **일찍** 진다.

　　ㄴ. 친구가 **멀리** 떠났다.

　　ㄷ. 차가 **빨리** 달린다.

　　ㄹ. 김치가 **약간** 맵다.

　(1)에서의 어찌씨는[36] 뒤에 놓이는 풀이씨를 의미적으로 한정(꾸밈)하는 기능을 수행한다. 이런 기능 밖에 월 전체에 어떤 영향을 미치거나 월 짜임에 관여하거나, 특정의 월조각을 요구하는 일이 없으며, 이들 어찌씨 때문에 말본 범주에 어떠한 영향을 받는 일도 없다. 따라서 이들 어찌씨가 월에서 삭제되더라도 월의 적격성에서 문제가 없다.

　그러나 어찌씨 가운데 일부는 월에서 꾸밈말로 쓰이면서 월 짜임이나 말본 범주에 관여하는 것들이 있다.

(2) ㄱ. **비록** 나이는 어리지만 생각이 아주 깊다.

　　ㄴ. 철수는 친구와 **같이** 공부를 한다.

　　ㄷ. 이것은 **결코** 우연한 일이 아니다.

　(2)에서의 어찌씨는 (1)의 어찌씨와 달리 꾸밈말로서 기능을 하면서도 통사적으로 월 짜임과 말본 범주에도 영향을 미친다. '비록'이 적절하게 쓰이기 위해서는 이은겹월의 짜임새이어야 하며 앞마디에 놓여야 한다. '비록'은 특정의 이음씨끝만을 가려잡는 제약을 보인다. '같이'는 꾸밈말로서의 기능과 아울러 '친구와'의 월조각을 부가말로 요구한다. 이 부가말이 없으면 부적격해진다. '결코'는 꾸밈말로의 기능과 아울러 말본 범주 중 부정법을 가려잡는 제약을 보인다.

　이와 같이 월 짜임에 제약을 일으키거나 말본 범주에 제약을 가하는

---

36) 최현배(1971 : 594-595)에 따르면 '일찍'은 때 어찌씨, '멀리'는 곳 어찌씨, '빨리'는 모양 어찌씨, '약간'은 정도 어찌씨에 해당한다.

어찌씨들이 있기도 하며 그렇지 않은 어찌씨들도 있다. 앞에서 밝힌 바와 같이 (2)에서의 어찌씨들은 월 짜임이나 말본 범주에 통사적 제약을 일으키기 때문에 통사 어찌씨라 일컫고, (1)에서의 부사들은 통사적 제약을 일으키지 않기 때문에 단순 어찌씨라 일컫기로 하였다.

통사 어찌씨들이 월 짜임이나 말본 범주에 영향을 미치기 때문에 각각의 통사 어찌씨들이 월 안에서 어떤 통사적인 제약을 일으키는가를 규명할 필요성이 제기된다. 이 장에서는 월 짜임에 영향을 미치는 통사 어찌씨 중에서 (2ㄴ)과 같이 특정의 월조각을 부가말로 요구하는 통사 어찌씨들로 한정하여 연구 대상을 선정하고,37) 이들 어찌씨가 꾸밈말로 쓰인 월 안에서 영향을 미치는 통사적 제약을 규명하기로 한다.

2. 통사 어찌씨의 선정 원칙

우리말의 품사 중에 어찌씨만큼 많은 연구가 이루어진 것은 찾아보기 어려울 정도다. 그러나 어찌씨에 관한 논의의 대부분은 형태적 특성에 관한 것이며 통사적 특성에 관한 연구 논저는 극히 일부에 불과한 실정이다. 어찌씨 중에 통사 어찌씨와 관련한 논의로는 최현배(1971 : 599-601)를 들 수 있다. 어찌씨의 갈래 가운데 "말재 어찌씨(話式副詞)"가 대부분 통사 어찌씨에 해당한다. 그 까닭은 "말재 어찌씨(話式副詞)"는 풀이말에 통사적 제약을 일으키기 때문이다.38) 이를테면 단정을 요구하는 것으로 부정 어찌씨인 '결코'는 부정의 꾸밈말만을 가려잡는 통사 제약을 가진

---

37) 특정의 월조각을 부가말로 요구하는 어찌씨 가운데 정도 어찌씨인 '훨씬', '가장', '더/덜'에 관하여는 앞 장에서 논의한 바 있다.
38) 최현배(1971 : 60)는 "말재 어찌씨(話式副詞)"를 풀이말에 단정을 요구하는 것, 의혹이나 가설을 요구하는 것, 바람을 보이는 것으로, 3가지로 나누었다.

다. 어찌씨 전반에 걸쳐 다룬 손남익(1995), 임유종(1999), 서정수(1994, 2005) 등에서도 통사 어찌씨에 관련된 논의가 부분적으로 이루어졌다. 통사 어찌씨에 초점을 둔 논의로, 김택구(1984)는 월조각으로서의 어찌말에 대한 통사적 기능을 논의하였고, 한길(2012)에서는 정도 어찌씨 가운데 부가말을 필수적으로 요구하는 것들의 통사적 특성을 기술하였다. 통사 어찌씨에 한정하여 각각의 통사적 제약에 관한 연구는 드문 편이다.

모든 어찌씨가 월 안에서 꾸밈 받는 월조각에 영향을 미치기 때문에 통사적 관계를 이루고 있음은 자명하다. <몸이 바싹 여윈 꼴>을 뜻하는 '꼬치꼬치'는 뒤에 놓이는 꾸밈 받는 풀이씨 종류에 영향을 미쳐 (3ㄱ)은 적격한 월이 되지만, (3ㄴ)은 부적격한 월이 된다.

(3) ㄱ. 철수가 **꼬치꼬치** 말랐다.
    ㄴ. *철수가 **꼬치꼬치** 살쪘다.

<낱낱이 따지면서 캐어묻는 꼴>을 뜻하는 '꼬치꼬치'도 뒤에 놓이는 꾸밈 받는 풀이씨 종류에 영향을 미쳐, (4ㄱ)은 적격한 월이 되지만, (4ㄴ)은 부적격한 월이 된다.

(4) ㄱ. 철수가 **꼬치꼬치** 물었다.
    ㄴ. *철수가 **꼬치꼬치** 대답하였다.

이와 같이 어찌씨 '꼬치꼬치'가 꾸밈말로 쓰임으로 말미암아 적격한 월이 되기도 하고 부적격한 월이 되기도 하는 점에서 꾸밈 받는 월조각과 통사적 관계를 맺고 있음은 틀림없다. '꼬치꼬치'가 꾸밈 받는 월조각에 아무런 통사적 영향을 미치지 않는다면 적격성에 차이를 보이지 않을 것이다. 왜냐하면 (3ㄴ)과 (4ㄴ) 모두 '꼬치꼬치'가 삭제되면 적격한 월이 되기 때문이다.

그러나 이러한 어찌씨의 꾸밈 받는 월조각에 대한 통사적 영향은 의미적 차원의 문제이다. 곧 어찌씨의 의미적 특성과 꾸밈 받는 월조각의 의미적 특성의 부조화로 말미암는 것으로, 월 짜임이나 말본 범주에 통사적 제약을 일으키는 통사 어찌씨와는 그 성질이 다르다. 모든 어찌씨가 의미 특성을 가지고 있기 때문에 꾸밈 받는 월조각의 의미 특성과 조화를 이루어야만 적격해지고 부조화를 이루면 부적격해진다. 따라서 이와 같은 통사적 영향 관계는 통사적 제약 관계에 해당하지 않고 의미적 차원의 문제에 해당한다.

통사론적 제약 관계를 보이는 어찌씨로 '함께'를 예로 들면, '함께'가 왜 통사 어찌씨에 해당하는지 분명히 드러난다.

   (5) 철수가 밥을 먹었다.

(5)에서 '함께'가 놓일 수 있는 자리는 두 군데이다. 곧 (6ㄱ)과 같이 임자말 뒤와, (6ㄴ)과 같이 부림말 뒤이다. (5)에 '함께'만 놓이게 되면 불완전한 월이 된다.39)

   (6) ㄱ. #철수가 **함께** 밥을 먹었다.
      ㄴ. #철수가 밥을 **함께** 먹었다.

완전한 월인 (5)에 풀이씨의 꾸밈말로 '함께'만 들어갔는데도 불완전한 월이 되었다. (6)이 완전한 월이 되기 위해서는 '함께'의 필수 부가말로 'N+과'란 부가말이 반드시 필요하다. (6)에 이를 보완하면, (7)과 같

---

39) 실제 발화에서는 (6)이 쓰이기도 하지만, 이는 문맥이나 상황에 따라 특정 월조각이 예측 가능하여 생략된 경우에 해당한다. (6) 자체만으로는 불완전한 월에 해당한다.

이 완전한 월이 된다.

(7) ㄱ. 철수가 **순이와 함께** 밥을 먹었다.
    ㄴ. 철수가 밥을 **국과 함께** 먹었다.

이처럼 '함께'는 월 짜임에 영향을 미쳐, 특정의 부가말을 요구하기 때문에 통사 어찌씨에 해당한다.[40)]

특정의 부가말을 필요로 하는 어찌씨뿐 아니라 월 짜임에 영향을 미치는 통사 어찌씨도 있다. <정도가 아주 심하거나 수량이 아주 많게>의 뜻을 지닌 '하도'는 정도 어찌씨로서 '매우', '아주' 등과 유의적 관계를 보이지만, '아주'나 '매우'와 달리 월 짜임에 제약을 일으키는 요인으로 작용을 한다. '아주'나 '매우'는 홑월에 쓰이더라도 정도 어찌씨가 쓰일 수 있는 조건을 갖추기만 하면 적격한 월이 된다. (8)은 홑월이고 풀이말이 그림씨이기 때문에 대부분의 정도 어찌씨가 쓰일 수 있다.

(8) 날씨가 덥다.

(8)에 '아주'와 '매우'가 꾸밈말로 쓰이게 되면 (9)와 같이 적격한 월이 된다.

(9) ㄱ. 날씨가 **아주** 덥다.
    ㄴ. 날씨가 **매우** 덥다.

그러나 '하도'도 정도 어찌씨에 해당하지만, (8)에 꾸밈말로 쓰이게 되

---

40) 한길(2012)에서 논의한 정도 어찌씨 '훨씬, 가장, 더/덜'도 특정의 부가말을 필수적으로 요구하는 통사 어찌씨에 해당한다.

면 (10)과 같이 부적격한 월이 된다.

(10) *날씨가 하도 덥다.

(10)이 부적격한 월이 된 원인은 '하도' 때문이다. '하도'가 쓰이지 않은 (8)이 적격한 월인데, '하도'가 쓰임으로 말미암아 부적격한 월이 되었으므로, '하도'가 월 짜임에 영향을 미치고 있음이 확실하다. '하도'가 꾸밈말로 쓰여 적격한 월이 되기 위해서는 홑월이어서는 안 되며, 반드시 겹월이어야 한다. 겹월 중에서도 이은월이어야 하며, 이은월을 구성하는 앞마디 안에서 쓰여야지 뒷마디에서는 쓰이지 않는다.

(11) ㄱ. 날씨가 **하도** 더워서, 아이가 잠을 자지 못한다.
ㄴ. *아이가 잠을 잘 수 없도록 날씨가 **하도** 덥다.
ㄷ. *나는 날씨가 **하도** 더운 여름을 싫어한다.

(11)은 모두 겹월이지만 ㄱ만이 적격한 월이고, ㄴ과 ㄷ은 부적격한 월이다. ㄱ에서는 '하도'가 이은월의 앞마디에 쓰였기 때문에 적격하지만 ㄴ은 이은월이더라도 '하도'가 뒷마디에 쓰였기 때문에 부적격하다. ㄷ은 안은월에서 '하도'가 쓰였기 때문에 부적격한 월이 되었다.

'하도'가 이은월의 앞마디에 쓰인다고 모두 적격한 월이 되는 것은 아니다. '하도'가 앞마디의 이음씨끝이나 이음 형식에도 영향을 미친다. 곧 앞마디가 뒷마디의 이유나 원인을 나타내는 경우에 한해서 (12)와 같이 적격해진다.

(12) ㄱ. 날씨가 **하도** 더**워서** 견디기가 어렵다.
ㄴ. 날씨가 **하도** 더우**니까** 견디기가 어렵다.

ㄷ. 날씨가 **하도** 더우**므로** 견디기가 어렵다.
ㄹ. 날씨가 **하도** 덥**기에** 창문을 열었다.
ㅁ. 날씨가 **하도** 덥**기 때문에** 창문을 열었다.

이와 같은 월 짜임의 제약을 일으키는 요인은 바로 '하도'이며, 그렇기 때문에 '하도'는 통사 어찌씨에 속하게 된다.

대다수의 어찌씨는 말본 범주에 비관여적이다. 다시 말해서 월에 꾸밈말로 어찌씨가 쓰인다고 해서 말본 범주에 제약이 따르지 않는다. 그러나 일부 어찌씨는 말본 범주에 제약을 가하여 통사 제약의 요인으로 작용하는 것들이 있다. 이런 어찌씨가 통사 어찌씨에 해당한다.

성상 어찌씨 중에 움직씨를 꾸미는 어찌씨는 대체로 의향법에 제약 없이 쓰이며, 그림씨를 꾸미는 어찌씨는 의향법에 제약이 따라 서술월과 물음월에서 쓰일 수 있지만 시킴월이나 함께함월에는 쓰이지 않는다. '빨리'는 움직씨를 꾸미기 때문에 그 움직씨가 풀이말인 경우 의향법 제약이 없다.

(13) **빨리** 갑니다./**빨리** 갑니까?/**빨리** 갑시다./**빨리** 가십시오.

'매우'는 그림씨를 꾸미기 때문에 그림씨가 풀이말인 경우 시킴월이나 함께함월에는 쓰이지 않는다.

(14) **매우** 덥다./**매우** 덥니?/***매우** 덥자./***매우** 더워라.

(14)에서 시킴월과 함께함월이 부적격해지는 제약은 어찌씨 '매우'에 그 원인이 있는 것이 아니고 꾸밈 받는 풀이씨의 종류에 원인이 있다. 곧 그림씨는 일반적으로 시킴월과 함께함월의 풀이말이 될 수 없기 때문

에 부적격해진 것으로, 의향법 제약을 일으킨 것은 풀이말로 쓰인 그림씨이지 어찌씨 '매우'가 아니다. 따라서 이 경우는 어찌씨의 통사적 제약에 해당되지는 않는다. '빨리'와 '매우'는 뒤에 오는 풀이씨의 종류만 가려잡을 뿐 의향법에 제약을 일으키는 통사 어찌씨에는 해당하지 않는다.

그러나 움직씨를 꾸미는 어찌씨이지만 어떤 것은 특정의 의향법만을 취하여 제약을 일으키기도 한다. '빨리'와 비슷한 뜻인 <지체 없이 빨리>의 '어서'는 시킴월과 함께함월에서 쓰이지 서술월과 물음월에서는 거의 쓰이지 않는다.[41]

(15) ***어서** 갑니다./***어서** 갑니까?/**어서** 갑시다./**어서** 가십시오.

(14)와 (15)를 비교해 보면, (14)는 모두 적격하지만, (15)는 서술월과 물음월이 부적격하다. 같은 월 짜임이면서 의향법의 적격성에 차이를 보이는 원인은 바로 어찌씨의 종류로 말미암은 것이다. '어서'는 서술월과 물음월에 사용될 수 없는 제약을 일으키는 요인으로 작용을 하였다. 다시 말해서, 특정의 어찌씨 '어서'는 말본 범주인 의향법에 제약을 가하는 통사 어찌씨에 속함을 알 수 있다.

대다수의 어찌씨가 때매김법에 영향을 미치지 않지만 때 어찌씨 중에 일부는 때매김법에 영향을 미쳐 특정의 때매김씨끝만 취하기도 한다. 때 어찌씨 중 '지금'은 때매김법과 무관하여 모든 때매김씨끝과 어울릴 수 있다.

(16) 철수가 **지금** 학교에 **갑니다**./**갔습니다**./**가겠습니다**./**가더라**.

---

41) 서술월에서도 쓰이는 일이 있다. '어서 가야 한다.' '어서 가야지.'는 서술월이지만 '어서'가 쓰였다. 이런 경우에는 비록 서술월일지라도 시킴월과 같은 수행력을 가지기 때문이다.

그러나 같은 때 어찌씨이더라도 '아까'와 '이따가'는 특정에 때매김법에 제약을 일으켜 '지금'과 차이를 보인다. '아까'는 때매김씨끝 중에서 '-었-'과 '-더-'를 취할 수 있지만 '-겠-'은 취할 수 없다. 또한 현재 때매김으로도 쓰일 수 없는 제약이 있다.

(17) 철수가 **아까** 학교에 **갔다./가더라./*간다./*가겠다.**

때 어찌씨 '이따가'는 때매김씨끝 중에서 '-겠-'을 취할 수 있지만, '-었-'과 '-더-'를 취할 수 없으며, 현재 때매김으로는 쓰일 수 있다.

(18) *철수가 **이따가** 학교에 **갔다./*가더라./간다./가겠다.**

이와 같이 '지금'은 때매김법에 영향을 미치지 않기 때문에 통사 어찌씨에 해당되지 않지만, '아까'와 '이따가'는 때매김법에 영향을 미치므로 통사 어찌씨에 해당한다.

대다수의 어찌씨는 부정이나 긍정의 월을 가리지 않고 꾸밈말로 쓰이지만, 일부 어찌씨는 부정법에 영향을 미쳐 부정의 월에서만 쓰이는 것들이 있고 부정의 월에서는 안 쓰이고 긍정의 월에서만 쓰이는 것들이 있다.

<곧바로>의 뜻을 지닌 '곧장'은 긍정의 월이건 부정의 월이건 가리지 않고 쓰이기 때문에 부정법에 영향을 미치지 않는 어찌씨에 해당한다.

(19) ㄱ. 철수가 집으로 **곧장** 갔다.
　　 ㄴ. 철수가 집으로 **곧장** 안 갔다./가지 않았다.
　　 ㄷ. 철수가 집으로 **곧장** 못 갔다./가지 못했다.

<그렇게까지, 별로>의 뜻을 지닌 '그다지'는 긍정의 월에는 쓰이지 않고 부정의 월에만 쓰이는 제약이 있어, '그다지'는 부정법에 영향을 미치는 통사 어찌씨에 해당된다.

(20) ㄱ. *철수가 사과를 **그다지** 좋아한다.
　　ㄴ. 철수가 사과를 **그다지** 좋아하지 않는다.

<꽤 잘>의 뜻을 지닌 '곧잘'은 부정의 월에는 쓰이지 않고 긍정의 월에만 쓰이는 제약이 있기 때문에 부정법에 영향을 미치는 어찌씨에 해당된다. 곧 부정법을 기피하는 통사적 특성을 보인다.

(21) ㄱ. 철수가 사과를 **곧잘** 먹는다.
　　ㄴ. *철수가 사과를 **곧잘** 안 먹는다./먹지 않는다.
　　ㄷ. *철수가 사과를 **곧잘** 못 먹는다./먹지 못한다.

'곧장'과 같이 긍정의 월이나 부정의 월에 두루 쓰여 부정법에 영향을 미치지 않는 어찌씨들은 부정법과 관련된 통사 어찌씨에 해당되지 않는다. 그러나 부정의 월에서만 쓰이는 '그다지'나 긍정의 월에만 쓰이는 '곧잘'은 부정법에 영향을 미치기 때문에 부정법과 관련된 통사 어찌씨에 해당한다. '그다지'는 부정의 월만을 가려잡는 통사 어찌씨이고, '곧잘'은 '긍정의 월만을 가려잡고 부정의 월을 안 가려잡는 통사 어찌씨이다.
　대다수의 어찌씨는 높임법에 관여하지 않는다. 어찌씨가 쓰임으로 말미암아 월에 임자말로 쓰이는 주체, 부림말이나 어찌말로 쓰이는 객체, 그 월을 듣는 사람인 들을이를 높이거나 낮추거나 안 높이는 등의 작용이 일어나면 높임법에 관여하는 통사 어찌씨에 해당한다. 이런 통사 기능을 지닌 어찌씨는 찾아보기 어렵다. 극히 일부 어찌씨만이 이런 기능을 수행한다. '친히'는 주체가 높임의 대상인 경우에만 적격하게 쓰이고 높임의 대상이 아닌 경우에 쓰이면 부적격해진다.

(22) ㄱ. **할아버지께서 친히** 찾아오셨다.
ㄴ. ***철수가 친히** 찾아왔다.

(22)를 통해 '친히'는 주체높임법에 관여하여 주체가 높임의 대상인 경우에 그를 높이는 통사 어찌씨에 해당함을 알 수 있다.

모든 어찌씨가 꾸밈 받는 월조각과 통사적 관련을 맺고 있음은 분명하다. 그러나 의미적 선택 관계 제약은 통사 제약으로 볼 수 없다. 통사 제약은 월 짜임에 영향을 미치거나 말본 범주에 영향을 가하는 것에 한정된다. 어찌씨 중에 이런 통사 제약을 가하는 어찌씨들이 통사 어찌씨에 해당한다. 따라서 통사 제약을 일으키는가의 여부에 따라서 앞에서 논의한 바와 같이 통사 어찌씨가 선정된다.

3에서는 통사 어찌씨 중에 특정의 부가말을 필수적으로 요구하는 것들로, '더불어', '아울러', '하여금', '같이', '함께', '고사하고'를 선정하고, 이들 통사 어찌씨의 통사적 특성을 논의하기로 한다.

3. 부가말 요구 통사 어찌씨의 특성

대다수의 어찌씨는 월에서 꾸밈말로 쓰이면서 월 안의 다른 월조각을 요구하는 경우가 없다. 곧 온전한 월에서 꾸밈 받는 월조각 앞에 놓여 꾸미는 기능만을 수행할 뿐이고, 월 짜임에 영향을 미치지 않는다. 특정의 부가말을 요구하는 어찌씨는 월조각 제약 통사 어찌씨로, 온전한 월에

이 어찌씨가 꾸밈말로 쓰이기 위해서는 그 어찌씨만 놓이면 부적격해지거나 불완전해진다. 따라서 반드시 부가말을 필요로 하는 제약을 가진다.

여기에서는 부가말을 필요로 하는 통사 어찌씨 가운데 '더불어', '아울러', '하여금', '같이', '함께', '고사하고'의 통사적 특성을 살피기로 한다.

3.1. 더불어

<'함께', '한가지로'>의 뜻을 나타내는 '더불어'[42)는 완전한 월에서 꾸밈말로 쓰이기 위해서는 반드시 특정의 부가말을 필요로 한다. 부가말이 없이 '더불어'만 쓰이면 불완전한 월이 된다.

(23) ㄱ. 한글이 공용문자가 되었다.
　　 ㄴ. #**더불어** 한글이 공용문자가 되었다.

위에서 ㄱ은 완전한 월이지만, ㄱ에 '더불어'가 꾸밈말로 쓰인 ㄴ은 불완전한 월이 되었다. ㄴ을 불완전한 월로 만든 요인은 바로 '더불어'이다. '더불어'가 쓰이려면, 그것에 의해 이끌리는 부가말이 반드시 필요하지만 ㄴ에는 이 부가말이 쓰이지 않았기 때문에 불완전한 월이 되었다. ㄴ이 완전한 월이 되기 위해서는 (24)와 같이 'N+과'나 'N+으로'라는 부가말이 보완되어야만 한다.

---

42) '더불어'를 어찌씨로 보지 않고 모자란 움직씨 '더불다'의 끝바꿈꼴로 처리하기도 한다. '철수는 아우와 더불어 낚시를 즐긴다.'에서 '더불어'는 어찌씨 '함께'나 '같이'와 의미상 차이 없이 대치가 가능하기 때문에 어찌씨로 보는 것이 합리적이다. 또한 '더불어'가 움직씨라면 으뜸꼴인 '더불다'가 쓰여야 하고 '더불어' 이외의 끝바꿈꼴이 가능하여야 하지만, 오직 '더불어'로만 존재한다는 점에서 움직씨로 보기는 어렵다. 따라서 '함께', '같이'와 마찬가지로 어찌씨로 보는 것이 합리적이다.

(24) ㄱ. **해방과** 더불어 한글이 공용문자가 되었다.

ㄴ. 조선시대 산림처사들은 **자연으로** 더불어 숨어살면서 글이나 읽
고 지냈다.

'더불어'의 부가말이 실현되지 않은 월도 있을 수 있다. 다음 보기에서
는 '더불어'의 부가말이 없더라도 자연스럽기 때문에 완전한 월로 간주
하기가 쉽다.

(25) ㄱ. 만든 지 오래 된 반찬은 맛이 떨어지고, **더불어** 소화 장애도 일으
키기 쉽다.

ㄴ. 이 책을 통해 세상을 아름다운 눈으로 보게 되었습니다. **더불어**
자신에 대한 비판을 하게 되었습니다.

ㄷ. 모두가 **더불어** 사는 사회가 우리가 바라는 바이다.

위 보기에서는 '더불어'의 부가말이 없더라도 자연스러운 월이 되었다.
ㄱ은 이은월의 뒷마디에 '더불어'가 놓였는데, 이음씨끝이 '-고', '-으면
서'인 경우에 자연스럽다. 이 경우에도 '더불어'의 부가말을 설정할 수
있다. '앞마디의 내용과'에 해당하는 부가말이 생략된 것으로 이해된다.
이 부가말이 문맥에 의해 예견될 수 있기 때문에 ㄱ에서 실현되지 않은
것으로 보인다. ㄴ에서는 앞 월에 이어 다음 월의 앞에 부가말 없이 '더
불어'가 쓰였지만 자연스럽다. ㄴ에서 앞선 월 없이 뒤 월만 쓰였다면
불완전한 월이 된다. 여기에서도 '앞선 월의 내용과'에 해당하는 부가말
이 생략된 것으로 이해된다. 이 부가말이 문맥에 의해 예견될 수 있기
때문에 ㄴ에서 실현되지 않은 것으로 보인다. ㄷ에서도 '더불어'의 부가
말이 없지만 자연스러운 월이 되었다. 여기서도 '더불어'의 부가말로 '모
두와'를 설정할 수 있다. 임자말 '모두가'와 부가말 '모두와'의 '모두'가 동
일 지시이기 때문에 부가말인 '모두와'가 생략된 것으로 보는 것이 합리

적이다. 또한 '살다'는 '더불어'와 긴밀한 통합 관계를 이루어 '더불어 살다'란 익은말을 이루어 쓰이는데, 이 익은말은 부가말이 없이 쓰이더라도 적격한 월이 된다.

'더불어'가 월 안에서 꾸밈말로 적절하게 쓰이려면, 반드시 '더불어' 앞에 'N+과'나 'N+으로'의 부가말이 필요하며, N+과'나 'N+으로'는 '더불어'와 긴밀한 짜임새를 이루어 그 사이에 어떤 요소도 끼어들 수 없다. 부가말은 상황이나 문맥에 따라 예기되는 경우에 생략될 수 있는 특성을 보인다.

3.2. 아울러

<한 데 합하여. 또는 그것과 함께>의 뜻을 나타내는 '아울러'는 온전한 월에 들어가 적격하게 쓰이기 위해서는 반드시 특정의 부가말을 필요로 한다. 부가말이 없으면 불완전한 월이 된다.

(26) ㄱ. 창조성까지 갖춘 학자는 매우 드물다.
    ㄴ. #**아울러** 창조성까지 갖춘 학자는 매우 드물다.

위에서 ㄱ은 완전한 월이지만, ㄱ에 '아울러'만 꾸밈말로 들어가게 되어 불완전한 월이 되었다. ㄴ이 불완전한 월이 된 요인은 바로 '아울러'이다. ㄴ이 적격한 월이 되기 위해서는 '아울러'의 부가말이 반드시 필요하다. ㄴ에 필요한 부가말을 상정하여 보완하면, (27)과 같이 적격한 월이 된다.

(27) ㄱ. **원칙과** 아울러 창조성까지 갖춘 학자는 매우 드물다.
    ㄴ. **유연성과** 아울러 창조성까지 갖춘 학자는 매우 드물다.

곧 '아울러'가 월에서 꾸밈말로 쓰이기 위해서는 'N+과'의 부가말을 필수적으로 요구한다. '아울러' 앞에 'N+를'이 놓이는 경우가 있다. 여기서의 '아울러'는 어찌씨 '아울러'와 같은 꼴이지만, 움직씨 '아우르다'의 줄기에 이음씨끝 '-어'가 결합하여 이루어진 끝바꿈꼴 '이울러'로, 월조각으로는 풀이말에 해당된다. 따라서 'N+를'은 어찌씨 '아울러'의 부가말이 아니라 풀이말 '아울러'의 부림말에 해당된다.

> (28) ㄱ. 우리는 모두 **힘을** 아울러 상대편을 무찌르자.
> ㄴ. 단군은 여러 **부족들을** 아울러 고대 국가를 세웠다.

'아우르다'는 남움직씨이기 때문에 (28)과 같이 부림말을 필요로 하며, '아우르다'의 끝바꿈꼴인 '아울러'에는 '-서'가 결합되더라도 적격한 월이 된다.

> (29) ㄱ. 우리는 모두 **힘을** 아울러**서** 상대편을 무찌르자.
> ㄴ. 단군은 여러 **부족들을** 아울러**서** 고대 국가를 세웠다.

곧 '아울러' 앞에 부림말이 있으면 '아울러'는 어찌씨에 해당되지 않고 남움직씨 '아우르다'의 끝바꿈꼴에 해당한다. 어찌씨 '아울러'는 'N+를'을 보충말로 취하지 않고 'N+과'의 부가말을 필수적으로 요구한다.

앞에서 논의한 '더불어'와 마찬가지로 어찌씨 '아울러' 앞에 부가말 'N+과'가 쓰이지 않는 경우도 있다.

> (30) ㄱ. 민수가 회장직을 사임하면서 **아울러** 우리 모임도 해체되었다.
> ㄴ. 남북 간의 협력 분위기를 조성한다. **아울러** 조국 통일을 대비하자.

위 보기에서는 '아울러'의 부가말이 없더라도 자연스러운 월이 되었다.

ㄱ은 이은월의 뒷마디에 '아울러'가 놓였는데, 이음씨끝이 '-고', '-으면서'인 경우에 자연스럽다. 이 경우에도 '아울러'의 부가말을 설정할 수 있다. '앞마디의 내용과'에 해당하는 부가말이 생략된 것으로 이해된다. 이 부가말이 문맥에 의해 예견될 수 있기 때문에 ㄱ에서 실현되지 않은 것으로 보인다. ㄴ에서는 앞 월에 이어 다음 월의 앞에 부가말 없이 '아울러'가 쓰였지만 자연스럽다. 앞 월 없이 뒤 월만 쓰였다면 불완전한 월이 된다. 여기에서도 '앞 월의 내용과'에 해당하는 부가말이 생략된 것으로 이해된다. 이 부가말이 문맥에 의해 예견될 수 있기 때문에 ㄴ에서 부가말이 생략된 것으로 보인다.

어찌씨 '아울러'가 월 안에서 꾸밈말로 적절하게 쓰이려면 '아울러' 앞에 반드시 'N+과'의 부가말이 필요하며, 'N+과'는 '아울러'와 긴밀한 짜임새를 이루게 된다. 부가말 'N+과'는 문맥이나 상황에 따라 예기되는 경우에 생략될 수 있는 특성을 보인다.

3.3. 하여금

<바로 앞에 놓인 이름씨가 뒤에 놓인 풀이말에 사역의 행동을 행하는 주체가 됨을 표시>하는 어찌씨 '하여금'은 다른 어찌씨와 다른 독특한 통사적 특성을 지니고 있다. 일반적으로 어찌씨는 문장에서 수의 월조각으로 월 짜임에서 필수 월조각의 기능을 수행하지 않는다. 따라서 월 안에서 어찌씨를 제거하더라도 월의 적격성에 영향을 미치지 않는 것이 일반적이다. 그러나 '하여금'은 월에서 꾸밈말로 쓰이지만 수의 월조각이 아니라 필수 월조각으로 월 짜임에서 중요한 역할을 맡고 있기 때문에 삭제하면 부적격한 월이 된다.

(31) ㄱ. 엄마는 **동생으로 하여금** 심부름을 다녀오게 했다.
    ㄴ. *엄마는 **동생으로** 심부름을 다녀오게 했다.

이와 같이 '하여금'은 어찌씨일지라도 월에서 필수 월조각으로 기능을 하는데, '하여금'이 월에서 적절히 쓰이기 위해서는 긴꼴 사동형인 '-게 하다'나 '-도록 하다'와 함께 쓰여야 하는 제약이 있다. 이는 '하여금'이 앞에 놓인 이름씨를 사역의 행위를 하는 주체를 표시하는 특성을 가지고 있기 때문이다.

(32) ㄱ. 장군은 아군 병사들로 **하여금** 진을 지키**게 하**였다.
    ㄴ. 장군은 아군 병사들로 **하여금** 진을 지키**도록 하**였다.

'하여금'은 사동월에서 필수 월조각으로 기능을 하지만 모든 사동월에서 필수 월조각으로 쓰이는 것은 아니고, (32)와 같은 긴꼴 사동월에서만 쓰일 수 있을 뿐이다. (33)과 같이 사동의 파생가지 '-이-, -히-, -리-, -기-'에 의한 짧은꼴 사동월에서는 쓰일 수 없는 제약이 따른다.

(33) ㄱ. *어머니가 아이로 **하여금** 밥을 먹이었다.
    ㄴ. *개그맨이 시청자들로 **하여금** 웃기었다.

'하여금'이 월 안에서 적절히 쓰이기 위해는 앞에서 살핀 제약 외에 부가말로 'N+으로'를 필요로 한다. 이 부가말은 '하여금'에 의해 필수적으로 요구되며, 항상 '하여금' 앞에 놓여 'N+으로 하여금'을 구성하여 한 몸처럼 긴밀하게 통합되어 있다. 따라서 'N+으로'와 '하여금' 사이에 어떤 요소도 끼어들 수 없는 제약이 있다.

문맥이나 상황에 따라 '하여금'이 생략되기도 한다. 그러나 '하여금'만 생략되면 부적격한 월이 되며, 반드시 'N+으로'의 부가말과 함께 생략되어야 한다.

(34) ㄱ. 그 영화는 **우리들로 하여금** 이 시대의 아픔을 절감하게 하였다.
ㄴ. *그 영화는 **우리들로** 이 시대의 아픔을 절감하게 하였다.
ㄷ. *그 영화는 **하여금** 이 시대의 아픔을 절감하게 하였다.
ㄹ. 그 영화는 이 시대의 아픔을 절감하게 하였다.

위 보기에서 ㄱ은 '하여금'과 부가말 N+으로'가 생략되지 않은 완전한 월이다. 여기에 앞 월이나 발화 상황에 의해 '우리들로 하여금'이 예측 가능한 경우, '하여금'만 생략되면 ㄴ과 같이 부적격해진다. 또한 '하여금'의 필수 부가말인 '우리들로'가 생략되면 ㄷ과 같이 부적격해진다. ㄹ과 같이 '우리들로 하여금'이 생략되는 것은 가능하다. 이와 같은 사실은 'N으로'와 '하여금'이 긴밀한 짜임새를 이루어 한 몸처럼 작용함을 증명해 준다.

위에서 살핀 바와 같이, 통사 어찌씨 '하여금'은 '-게 하다', '-도록 하다'로 짜인 긴꼴 사동월에서 필수 월조각으로 작용하며, '사역 행동의 주체인 'N+으로'를 필수 부가말로 거느리는 통사 특성을 가진다. 문맥이나 상황에 따라 생략되는 경우에 부가말만 생략되거나 '하여금'만 생략될 수 없는 제약을 보인다.

3.4. 같이

어찌씨 '같이'[43]의 의미적 특성을 보면, 첫째로 <같게. 한 모양으로>,

---

43) 같은 꼴의 토씨 '같이'는 임자씨에 결합되어 <그 정도>의 뜻을 나타낸다. 시간성을 지닌 임자씨에 결합되면 <그 시간성의 강조>의 뜻을 나타낸다. '그녀는 하늘의 별 **같이** 반짝이는 눈을 가졌다.'에서의 '같이'는 앞의 보기이고, '그들은 새벽**같이** 산에

둘째로 <서로 함께>, 셋째로 <바로 그대로>를 뜻하는 3가지로 나눌 수 있다. 이들 의미에 해당하는 보기를 들면 다음과 같다.

(35) ㄱ. 고향은 어머니의 품과 **같이** 편안한 곳이다.
　　ㄴ. 김 이사는 다른 이사 세 명과 **같이** 공동보증을 섰다.
　　ㄷ. 예상했던 바와 **같이** 사태는 심각하다.

위 보기에서 ㄱ은 첫째 의미에, ㄴ은 둘째 의미에, ㄷ은 셋째 의미에 해당한다. 의미에 관계없이 모든 '같이'는 월 짜임에서 필수적 요소는 아니고 수의적인 월조각이다. 따라서 (35)에서 '같이'가 없더라도 (36)과 같이 적격한 월이 된다.

(36) ㄱ. 고향은 편안한 곳이다.
　　ㄴ. 김 이사는 공동보증을 섰다.
　　ㄷ. 사태는 심각하다.

위 보기에서 꾸밈말 월조각으로 '같이'가 쓰이기 위해서는 '같이'만 쓰여서는 안 되고 '같이'에 의해 요구되는 부가말이 필요하다. 이 부가말은 'N+과'로 이루어지며, 이 부가말이 쓰이지 않고 '같이'만 쓰이게 되면 부적격하거나 불완전한 월이 된다.

(37) ㄱ. *고향은 **같이** 편안한 곳이다.
　　ㄴ. #김 이사는 **같이** 공동보증을 섰다.
　　ㄷ. ***같이** 사태는 심각하다.

(37)이 완전한 월이 되기 위해서는 (35)와 같이 '같이'에 의해 요구되는

올랐다.'에서의 '같이'는 뒤의 보기이다.

'N+과'로 이루어진 부가말이 실현되어야 한다. '같이'의 뜻이 <같게. 한 모양으로>이나 <바로 그대로>인 경우에는 '같이'의 부가말이 반드시 필요하여 생략될 수 없다. <서로 함께>인 경우에는 문맥이나 상황에 의해 부가말이 예측 가능한 경우에는 (37ㄴ)과 같이 생략되어 쓰일 수 있다.

한편 '같이'의 부가말이 없더라도 완전한 월이 되기도 한다. 다음 보기는 '같이'의 부가말이 없지만 완전한 월로 이해된다.

    (38) ㄱ. 오늘 점심은 모두가 **같이** 먹읍시다.
        ㄴ. 두 사람은 **같이** 일을 해 온 터라 장단이 잘 맞는다.

위 보기의 '같이'는 <여럿이 한데 어울려>의 뜻을 나타내는데, 이 뜻을 지니는 '같이'는 부가말이 없더라도 적격한 월이 된다. '같이'의 부가말을 억지로 상정하려고 하더라도 마땅한 것을 찾기가 어렵기 때문에 이런 의미 특성을 지닌 '같이'는 부가말이 필요 없게 되어 통사 어찌씨에서 제외된다.

그러나 <서로 함께>의 뜻을 나타내는 '같이'는 통사 어찌씨에서 제외되는 것은 아니다. 'N+과'로 이루어진 부가말이 쓰이거나, 부가말이 생략된 것으로 보아 부가말의 회복이 가능하기 때문에 통사 어찌씨에 해당한다.

    (39) ㄱ. 철수는 **아버지와 같이** 공원에 갔다.
        ㄴ. 오늘 점심은 **나와 같이** 먹자.

위 보기의 '같이'는 <서로 함께>의 뜻을 나타내지만, '같이'의 부가말이 쓰였다. ㄱ에서는 부가말 '아버지와'가 생략되면 불완전한 월이 되어 생략될 수 없다. ㄴ에서는 부가말 '나와'가 생략될 수 있다. 이처럼 '같이'가 <서로 함께>로 똑같은 뜻이지만 생략에서 차이를 보이는 것은 부가말이 생략되는 경우 ㄱ에서는 부가말을 예측할 수 없지만, ㄴ에서는 부가말을 예측할 수 있기 때문이다.[44] ㄱ에서는 부가말이 생략될 수 없지만 ㄴ에서는 생략될 수 있다.

위에서 살핀 바와 같이, 어찌씨 '같이'는 월 짜임에서 필수적인 요소는 아니며 꾸밈말로 월 안에서 적절하게 쓰이기 위해서는 'N+과'의 부가말을 필요로 한다. '같이'의 뜻이 <같게. 한 모양으로>이나 <바로 그대로>인 경우에는 부가말이 반드시 필요하며 문맥이나 상황에 따라서도 생략될 수 없는 제약이 있다. <서로 함께>의 뜻을 나타내는 경우에는 월에 따라 부가말이 생략될 수도 있다. 곧 문맥이나 상황에 따라 부가말이 예측 가능할 때 생략될 수 있다. '같이'는 앞에 놓이는 부가말 'N+과'긴밀한 짜임새를 이루어 그 사이에 다른 요소가 끼어들 수 없다. <여럿이 한데 어울려>의 뜻을 포함하는 '같이'는 'N+과'의 부가말을 필요로 하지 않기 때문에 통사 어찌씨에 포함되지 않는다.

3.5. 함께

<더불어. 동시에>의 뜻을 나타내는 '함께'는 앞에서 살핀 '같이'와 뜻과 쓰임에서 부분적 유사성을 가지고 있다. 따라서 '함께'와 '같이'가 뜻과 쓰임이 같은 경우에는 서로 바뀌어 쓰이더라도 차이가 없지만 뜻과 쓰임이 다른 경우에는 바뀌어 쓰일 수 없다. 바꾸어 쓰이면 부적격해지거나 적격하더라도 뜻이 달라진다.

'함께'의 세부적 뜻을 보면, 첫째 <더불어>의 뜻을 가지는 '함께1'을

---

44) ㄴ에서 부가말이 '나와'가 아니라 '철수와'라면 생략될 수 없다. 함께함월에서는 부가말로 '나와'가 예측 가능하여 생략되지만, '철수와'인 경우 생략되면 '누구와'인지 예측할 수 없기 때문에 생략될 수 없다.

들 수 있다. 이를 다시 <한데 섞여 어우러져>와 <여럿이 한데 어울려>의 두 가지로 구분할 수 있다.

(40) ㄱ. 나는 친구와 **함께** 영화관에 갔다.
　　 ㄴ. 모두가 **함께** 점심을 먹었다.

위 보기에서 ㄱ의 '함께'는 <한데 섞여 어우러져>이며, ㄴ의 '함께'는 <여럿이 한데 어울려>이다. 앞에서 살핀 '같이' 중에도 이와 똑같은 뜻을 가지기 때문에 뜻과 쓰임에서 차이 없이 (40)의 '함께'는 (41)의 '같이'로 바뀔 수 있다.

(41) ㄱ. 나는 친구와 **같이** 영화관에 갔다.
　　 ㄴ. 모두가 **같이** 점심을 먹었다.

따라서 <한데 섞여 어우러져>의 '함께'는 반드시 'N+과'로 이루어진 부가말을 필요로 하며, 그 부가말이 문맥이나 상황에 따라 예측 가능한 경우에는 생략될 수 있다. 그러나 <여럿이 한데 어울려>의 '함께'는 'N+과'로 이루어진 부가말을 필요로 하지 않기 때문에 통사 어찌씨에 포함되지 않는다.

둘째, <떼어 놓거나 빼지 않고>의 뜻을 가지는 '함께2'가 있다. '함께2'도 월을 구성하는 데 반드시 필요한 것은 아니고, 완전한 월에 꾸밈말로 놓이기 때문에 '함께2'가 쓰이지 않더라도 월의 적격성에 문제가 생기지 않는다.

(42) ㄱ. 신청서를 신분증과 **함께** 제시해 주십시오.
　　 ㄴ. 신청서를 제시해 주십시오.

그러나 월 안에서 '함께2'가 놓이기 위해서는 반드시 '함께2'의 부가말 'N+과'를 필요로 한다. 따라서 부가말이 없으면 부적격한 월이 되거나 불완전한 월이 된다.

(43) ㄱ. 배는 **망고와 함께** 내가 제일 좋아하는 과일이다.
ㄴ. *배는 **함께** 내가 제일 좋아하는 과일이다.

위 보기에서는 부가말 '망고와'가 생략되면 부적격한 월이 되어, 부가말이 생략될 수 없다. 그러나 아래 보기에서와 같이 문맥이나 상황에 의해 부가말이 예측 가능한 경우에는 생략될 수 있다. 그러나 아예 부가말이 없다면 불완전한 월이 된다.

(44) ㄱ. 신청서를 **신분증과 함께** 제출해 주십시오.
ㄴ. #신청서를 **함께** 제출해 주십시오.

예컨대 '신청서를 신분증과 함께 제출하도록 되어 있는데, 신분증만을 제출하는 상황에서 ㄴ은 쓰일 수 있지만 본디 부가말이 없이 ㄴ만 쓰인다면 불완전한 월이 된다.

'함께2'는 이와 같이 월을 구성하는 필수 월조각은 아니지만, 꾸밈말로 '함께2'가 쓰이기 위해서는 반드시 'N+과'의 부가말이 필요하다. 이 부가말은 문맥이나 상황에 따라 생략되어 쓰일 수 있다.

셋째, <동시에. 또는 거의 때를 같이 하여>의 뜻을 가지는 '함께3'이 있다. '함께3'도 월을 구성하는 데 반드시 필요한 것은 아니고, 완전한 월에 꾸밈말로 놓이기 때문에 '함께3'이 쓰이지 않더라도 월의 적격성에 문제가 생기지 않는다.

(45) ㄱ. 철수는 대학 졸업과 **함께** 대기업에 취직하게 되었다.
     ㄴ. 철수는 대기업에 취직하게 되었다.

그러나 월 안에서 '함께3'이 놓이기 위해서는 반드시 '함께3'의 부가말로 'N+과'를 필요로 한다. 따라서 부가말이 없으면 부적격한 월이 된다.

(46) ㄱ. **개막과 함께** 무대에는 주인공이 등장하였다.
     ㄴ. ***함께** 무대에는 주인공이 등장하였다.

위에서 살핀 바와 같이, 통사 어찌씨 '함께'는 월 짜임에서 필수적인 요소는 아니지만 꾸밈말로 월 안에서 적절하게 쓰이기 위해서는 'N+과'의 부가말이 반드시 필요하다. '함께'의 뜻에 따라서 'N+과'의 부가말이 문맥이나 상황에 따라 생략될 수 있는 경우도 있다. '함께'가 수의 월조각이기 때문에 생략 가능한데, 생략되는 경우에는 부가말도 함께 생략되어야 한다. '함께'는 앞에 놓이는 부가말 'N+과' 긴밀한 짜임새를 이루어 그 사이에 다른 요소가 끼어들 수 없다.

3.6. 고사하고

<더 말할 나위도 없고. 또는 '커녕'의 뜻을 나타냄>의 뜻을 지닌 '고사(姑捨)하고'45)는 온전한 월에 들어가 쓰이기 위해서는 반드시 특정의

---

45) 고려대학교 민족문화연구원 편(2009) 『고려대 한국어대사전』과 연세대학교 언어정보개발원 편(2001) 『연세한국어사전』에서는 '고사하고'를 어찌씨로 다루지 않고, 움직씨로 처리하였다. 국립국어연구원 편(1999) 『표준국어대사전』과 한글학회 편(1992) 『우리말큰사전』 따위에서는 어찌씨로 처리하였다. 여기에서는 '고사하고'를 어찌씨로 처리하였다. '고사하고'를 움직씨의 끝바꿈꼴로 보지 않는 까닭은 '고사하다'란 으뜸꼴이 없으며, '-고' 이외에는 어떤 씨끝도 취하지 않기 때문이다.

부가말을 필요로 한다. 부가말이 없으면 부적격한 월이 된다.

(47) ㄱ. 나는 물도 못 마셨다.
ㄴ. *나는 **고사하고** 물도 못 마셨다.

위에서 ㄱ은 적격한 월이지만 '고사하고'가 쓰이게 되면 부적격해 지는데 ,그 까닭은 바로 '고사하고'로 말미암는다. '고사하고'에 의해 이끌리는 부가말이 반드시 필요하지만, ㄴ에는 이 부가말이 쓰이지 않았기 때문이다. ㄴ이 적격해지기 위해서는 'N+는'이란 부가말이 반드시 필요하다. 이 조건을 갖춘 (48)은 적격한 문장이 된다.

(48) ㄱ. 나는 **밥은 고사하고** 물도 못 마셨다.
ㄴ. 나는 **술은 고사하고** 물도 못 마셨다.

'고사하고'의 필수 부가말에는 반드시 토씨 '는'이 실현되어야 한다. 다른 토씨가 실현되면 부적격해 진다.

'고사하고'의 부가말이 이름씨인 경우에는 '고사하고' 바로 뒤에 이름씨로 이루어진 월조각이 놓였을 때이다. 곧 '고사하고'의 뒤에 이름씨가 오면 그 이름씨와 대립 관계를 이룰 수 있는 이름씨에 토씨 '는'이 결합하여 부가말을 이루게 된다.

(49) ㄱ. 나는 **일등**은 고사하고 **꼴찌**나 면했으면 좋겠다.
ㄴ. 이 음식은 **아이들**은 고사하고 **어른들**도 먹을 수 없다.

'고사하고' 바로 뒤에 풀이씨가 자리 잡게 되면, '고사하고'의 부가말로는 그 풀이씨와 대립 관계를 이루는 풀이씨 줄기에 이름꼴 씨끝 '-기'가 결합된 다음 토씨 '는'이 결합되어 이루어진다. '고사하고' 바로 뒤의 풀이씨가 움직씨이면 움직씨로, 그림씨이면 그림씨로, 잡음씨이면 잡음씨로 한정된 부가말이 쓰여야만 하며 이를 지키지 않으면 부적격해진다.

(50) ㄱ. 저 새는 **날기는** 고사하고 **걷지도** 못한다.
ㄴ. 날씨가 **따뜻하기는** 고사하고 **춥지나** 않았으면 좋겠다.
ㄷ. 저 사람은 박사**이기는** 고사하고 학사도 **아니다**.

'고사하고'가 꾸밈말로 쓰이기 위해서는 월에도 제약이 따른다. '고사하고' 뒤에 놓이는 이름씨에는 자리토씨는 결합되지 않고, 주로 도움토씨 '도', '이나', '까지' 따위가 결합되는 특성을 보인다. '도'가 결합되는 경우에는 뒤에 부정형이 따르고, '이나'가 결합된 경우에는 '-으면 좋다'가 따르는 것이 일반적이다. 곧 '고사하고'가 쓰이기 위해서는 월에 제약이 따르게 되어 극히 일부 월에서만 '고사하고'가 꾸밈말로 쓰이게 된다. 고사하고'가 꾸밈말로 쓰이기 위해서는 뒤에 놓이는 월조각에 따라, 부가말로 'N+는'이나 'Vst+기는'을 반드시 요구하며, 이들 부가말과 '고사하고'는 긴밀한 짜임새를 이루어 그 사이에 어떤 요소로 끼어들 수 없다.

4. 마무리

어찌씨 가운데 월 짜임에 제약을 일으키거나 말본 범주에 제약을 가하는 어찌씨들이 통사 어찌씨이고, 그렇지 않은 것들이 단순 어찌씨이다. 여기에서는 통사 어찌씨 가운데 특정의 부가말을 필수적으로 요구하는 것들로, '더불어', '아울러', '하여금', '같이', '함께', '고사하고'를 선정하여, 이들의 통사적 특성을 논의하였다.

통사 어찌씨는 월 짜임에 영향을 미치거나 말본 범주에 제약을 가하는 특성을 지니기 때문에 이런 기능을 지니지 않은 단순 어찌씨와 구분된다. 월 짜임에 제약을 가하는 어찌씨는 월 짜임을 제한하거나, 특정의 월조각을 요구하는 통사적 제약을 보인다. 말본 범주 제약 어찌씨는 특정의 의향법, 때매김법, 높임법, 부정법을 요구하는 통사적 제약을 보인다. '더불어', '아울러', '하여금', '같이', '함께', '고사하고'는 공통적으로 월조각으로 특정의 부가말을 요구한다.

'더불어'가 월 안에서 꾸밈말로 적절하게 쓰이려면 반드시 'N+과'나 'N+으로'의 부가말이 필요하며, 부가말이 없이 '더불어'만 쓰이면 부적격하거나 불완전한 월이 된다. '더불어'의 부가말은 문맥이나 상황에 따라 예기되는 경우에 생략될 수 있다. '살다'는 '더불어'와 긴밀한 통합 관계를 이루어 '더불어 살다'란 익은말을 이루어 쓰이는데, 이 익은말은 부가말이 없이 쓰이더라도 적격한 월이 된다.

'아울러'는 온전한 월에 들어가 적격하게 쓰이기 위해서는 반드시 특정의 부가말을 필요로 한다. 부가말이 없으면 부적격하거나 불완전한 월이 된다. '아울러'가 월 안에서 꾸밈말로 적절하게 쓰이려면 반드시 'N+과'의 부가말이 필요하다. '아울러'의 부가말은 문맥이나 상황에 따라 예기되는 경우에 생략될 수 있다. '아울러' 앞에 부림말이 있으면 '아울러'는 어찌씨에 해당되지 않고 남움직씨 '아우르다'의 끝바꿈꼴에 해당한다. 어찌씨 '아울러'는 'N+를'을 부가말로 취하지 않고 'N+과'의 부가말을 필수적으로 요구한다.

'하여금'은 '-게 하다', '-도록 하다'로 짜인 긴꼴 사동월에서 필수 월조각으로 작용하며, '사역 행동의 주체인 'N+으로'를 필수 부가말로 요구한다. '하여금'은 문맥이나 상황에 따라 생략되기도 한다. 그러나 '하여금'만 생략되면 부적격한 월이 되며, 반드시 'N으로'의 부가말과 함께 생략되어야 한다. '하여금'은 긴꼴 사동월에서만 쓰일 수 있고, 사동 파생가지 '-이-, -히-, -리-, -기-'에 의한 짧은꼴 사동월에서는 쓰일 수 없는 제약이 따른다.

'같이'는 월 짜임에서 필수적인 요소는 아니며, 꾸밈말로 월 안에서 적절하게 쓰이기 위해서는 'N+과'의 부가말이 필요하다. '같이'의 뜻이 <같게. 한 모양으로>이나 <바로 그대로>인 경우에는 부가말이 반드시 필요하며, 문맥이나 상황에 따라서도 생략될 수 없는 제약이 있다. <서로 함께>의 뜻을 나타내는 경우에는 월에 따라 부가말이 필요한 경우도 있고 필요하지 않은 경우도 있다. 부가말이 필수적인 경우에는 문맥이나 상황에 따라 예측 가능할 때 생략될 수 있다. <여럿이 한데 어울려>의 뜻을 포함하는 '같이'는 'N+과'의 부가말을 필요로 하지 않는다.

'함께'는 월 짜임에서 필수적인 요소는 아니며, 꾸밈말로 월 안에서 적절하게 쓰이기 위해서는 'N+과'의 부가말이 필요하다. '함께'의 뜻에 따라서, 'N+과'의 부가말이 문맥이나 상황에 따라 생략될 수 있는 경우도 있다. '함께'가 수의 월조각이기 때문에 생략이 가능하지만, 생략되는 경우에는 부가말도 함께 생략되어야 한다.

'고사(姑捨)하고'는 온전한 월에 들어가 꾸밈말로 쓰이기 위해서는 반드시 'N+는'이나 'Vst+기는'이란 부가말이 필요하다. '고사하고'의 부가말이 이름씨인 경우에는 '고사하고' 바로 뒤에 이름씨로 이루어진 월조각이 놓일 때이다. '고사하고'가 쓰일 수 있는 월에도 제약이 따른다. '고사하고' 뒤에 놓이는 이름씨에는 주로 토씨 '도', '이나', '까지' 등이 결합된다. '도'인 경우에는 뒤에 부정형이 따르고, '이나'인 경우에는 '-으면 좋다'가 따르는 것이 일반적이다.

제6장

겹월을 가려잡는 어찌씨의 통사 특성[46]

1. 들머리

대다수의 어찌씨들은 월에서 꾸밈말인 어찌말로 쓰여 뒤에 놓이는 꾸밈 받는 말을 의미적으로 한정하는 역할을 하는 것이 주 임무이다. 그러나 일부 어찌씨들은 이 기능 외에 말본 범주에 영향을 미치거나 월 짜임에 주도적으로 관여하기도 한다. 이런 어찌씨가 통사 어찌씨에 해당함은 이미 한길(2012, 2013)에서 주장한 바 있다.

통사 어찌씨 가운데 말본 범주에 제약을 가하는 것으로서 '미처'를 보기로 들면, 부정법에 영향을 미쳐 부정의 월에서만 쓰이는 제약이 있다. 따라서 '미처'가 긍정의 월에 쓰이면 부적격한 월이 된다.

(1) ㄱ. 술이 **미처** 준비가 안 되었다.
　　ㄴ. *술이 **미처** 준비가 되었다.

'미처'가 꾸밈말로 쓰이지 않으면 (1)ㄴ도 적격한 월이 되지만, '미처'

---

46) 어찌씨 가운데 겹월을 가려잡는 것에 관하여는 한길(2015ㄱ : 205-232)을 깁고 다듬은 것이다.

가 꾸밈말로 쓰임으로 말미암아 (1ㄴ)이 부적격한 월이 되었다. 이는 '미처'가 말본 범주인 부정법에 영향을 미쳐 부정의 월만을 가려잡는 통사적 기능을 수행하고 있음이 확인된다.[47]

통사 어찌씨 가운데 월 짜임에 제약을 가하는 것들도 있다. 특정의 월조각을 요구하는 '훨씬'은 '견줌의 대상보다'란 부가말을 반드시 필요로 한다. 따라서 '훨씬'이 꾸밈말로 쓰인 월에서 이 부가말이 쓰이지 않으면 부적격하거나 불완전한 월이 된다.

(2) ㄱ. 한글이 **알파벳보다 훨씬** 쉽다.
ㄴ. #한글이 **훨씬** 쉽다.

(2ㄴ)에서 '훨씬'이 꾸밈말로 쓰이지 않으면 적격한 월이지만 '훨씬'이 쓰임으로서 불완전한 월이 되었다. 완전한 월이 되기 위해서는 (2ㄱ)과 같이 '한글'의 견줌 대상인 '알파벳보다'란 부가말이 반드시 놓여야만 하는 제약이 따른다. 곧 월에서 '훨씬'이 꾸밈말로 적격하게 쓰이기 위해서는 '견줌의 대상보다'란 부가말이 반드시 요구된다.

통사 어찌씨 가운데 특정의 월조각을 부가말로 요구하는 것 밖에 월 짜임에 제약을 가하여 겹월 가운데 이은월만을 가려잡는 어찌씨들이 있다. 어떤 어찌씨는 이은월에서 앞마디에만 놓여야 하고, 또 어떤 것은 뒷마디에만 놓여야 하며, 어떤 것은 앞마디에도 놓일 수 있고 뒷마디에도 놓일 수 있어 앞·뒷마디를 가리지 않고 오직 이은월만을 가려잡기도 한다. 이런 어찌씨를 월 짜임 제약 통사 어찌씨라고 하였다.

'하도'는 월 짜임 제약 통사 어찌씨로서, 반드시 이은월에서 쓰여야 하

---

47) 말본 범주에 영향을 미치는 통사 어찌씨 가운데에는 부정법만이 아니라 의향법, 때 매김법, 높임법, 사동법 따위에 영향을 미치는 것들도 있음은 앞에서 밝힌 바 있다.

며, 이은월에서도 앞마디에만 쓰이는 제약이 따른다. 또한 이음씨끝에도 영향을 미쳐 특정의 이음씨끝만을 가려잡는다.

(3) ㄱ. **하도** 기가 막혀서 말이 안 나온다.
ㄴ. 날씨가 **하도** 더우**니까** 장사가 안 되네.

(3)에서는 '하도'가 이은월의 앞마디에 놓였고, 이음씨끝이 <이유나 원인>을 나타내는 '-어서, -니까'가 놓였기 때문에 적격한 월이 되었다. '하도'가 월에서 꾸밈말로서 적격하게 쓰이기 위해서는 이와 같은 조건을 충족시켜야 하는 통사적 제약이 따른다.

이 장에서는 월 짜임 제약 통사 어찌씨를 놓이는 위치에 따라 분류하고, 어찌씨마다 어떤 통사적 제약이 따르는가를 규명하고자 한다.

2. 월 짜임 제약 통사 어찌씨의 선정 원칙

어찌씨는 월조각으로 어찌말이 되어 뒤에 놓이는 월조각이나 월 전체를 꾸미는 기능을 수행하지만, 일부 어찌씨는 이 밖에도 월 짜임에 영향을 미치기도 한다. 이를테면 '가령'은 홑월에서는 쓰이지 않고 겹월에서만 쓰이는 제약이 따른다. 겹월 중에서도 이은월에서만 꾸밈말로 쓰이며, 이은월을 구성하는 앞마디와 뒷마디 중에 반드시 앞마디에서 쓰여야 하는 통사적 특성을 보인다. 따라서 '가령'은 이은월의 앞마디만을 가려잡고 그 밖의 자리에 놓이면 부적격해진다.

어찌씨 가운데 '가령'과 마찬가지로 겹월만을 가려잡는 어찌씨를 보면, 앞마디만을 가려잡는 것, 뒷마디만을 가려잡는 것, 앞마디나 뒷마디에 관계없이 이은월만을 가려잡는 것들로 나눌 수 있다.

이은월의 앞마디만을 가려잡는 어찌씨에는 '만일'을 포함하여 '가령', '막상', '비록', '설령', '아무리', '제아무리', '하도', '어찌나', '행여' 따위가 있다. 이들 어찌씨는 이은월의 앞마디만을 가려잡지만, 모든 이은월의 앞마디에서 꾸밈말로 놓일 수 있는 것은 아니고, 이음씨끝에도 제약을 미쳐, 어찌씨의 의미적 특성에 따라 특정의 이음씨끝만을 가려잡는 제약이 따른다. 이들 어찌씨가 꾸밈말로 쓰이기 위해서는 이와 같은 제약이 따르지만, 대다수의 이들 어찌씨가 이은월을 구성하기 위한 필수적 월조각은 아니어서 삭제되더라도 월의 적격성에 영향을 미치지는 않는다. (4)에서 '만일'이 꾸말말로 적격하게 쓰이기 위해서는 ㄱ과 같은 월 조건(이은월이어야 하고, 앞마디에 놓여야 하며 이음씨끝이 '-다면'이어야함)을 갖추어야 하지만, ㄱ에서 '만일'은 필수적 월조각이 아니기 때문에 삭제되더라도 ㄴ과 같이 적격한 월이 된다.

(4) ㄱ. **만일** 네가 간다면 나도 가겠다.
 ㄴ. 네가 간다면 나도 가겠다.

그러나 (5)에서 '어찌나'가 꾸밈말로 적격하게 쓰이기 위해서는 ㄱ과 같은 월 조건(이은월이어야 하고, 앞마디에 놓여야 하며 이음씨끝이 '-ㄴ지'이어야 함)을 갖추어야 하지만, ㄱ에서 '어찌나'가 월 짜임에 필수적 월조각이기 때문에 삭제되면 ㄴ과 같이 부적격한 월이 된다.

(5) ㄱ. 저 아이는 **어찌나** 고집이 센지 아무도 그 고집을 꺾을 수가 없다.
 ㄴ. *저 아이는 고집이 센지 아무도 그 고집을 꺾을 수가 없다.

이와 같이 이은월의 앞마디에만 놓이는 어찌씨들은 어찌씨마다 가려잡는 이음씨끝의 종류, 월에서 필수적 월조각이냐 아니냐가 다름을 알 수 있다.

이은월의 뒷마디만을 가려잡는 어찌씨에는 '대뜸', '부득이', '이내', '이윽고', '차라리', '하물며', '작히', '실(實)은' 따위가 있으며, 이들 어찌씨마다 가려잡는 이음씨끝의 종류가 다르다.

(6) ㄱ. 학생들이 질문만 하**면** 선생님은 **대뜸** 화부터 내신다.
　　ㄴ. 하늘이 캄캄해지**더니 이윽고** 소나기가 내리기 시작하였다.

(6ㄱ)에서 '대뜸'은 이은월의 뒷마디에 놓였고 이음씨끝이 '-면'이기 때문에 적격하게 쓰였다. 만일 이 조건 중 어느 하나라도 만족시키지 않으면 부적격해진다. 단 이음씨끝으로는 '-면'만이 아니라 '-더니', '-면서', '-고', '-자' 등을 가려잡는 제약을 지닌다. ㄴ에서 '이윽고'도 이은월의 뒷마디에 놓였고 이음씨끝이 '-더니'이기 때문에 적격하게 쓰였다. 만일 이 조건 중 어느 하나라도 만족시키지 않으면 부적격해진다. 단 '이윽고'가 가려잡는 이음씨끝으로는 '-더니'만이 아니라 '-자', '-다가', '-어서', '-고' 따위가 있다.

이은월의 앞마디에도 놓일 수 있고 뒷마디에도 놓일 수 있어, 이은월만을 가려잡을 뿐 앞·뒷마디를 가리지 않는 어찌씨에는 '딱히', '마침', '오죽', '여북' 따위가 있다.

(7) ㄱ. 철수가 **오죽** 피곤하**면** 눈 뜬 채 졸고 있겠어요?
　　ㄴ. 마음만이라도 편하게 살**면 오죽** 좋겠어?

(7)에서 ㄱ의 '오죽'은 이은월의 앞마디에 놓였으며, ㄴ의 '오죽'은 뒷마디에 놓였지만 적격한 월이 되었다. 곧 '오죽'은 이은월만을 가려잡을

뿐이고 놓이는 위치는 앞마디, 뒷마디를 가리지 않는다. '오죽'이 가려잡는 이음씨끝으로는 앞마디에 놓이느냐 뒷마디에 놓이느냐에 따라 약간 차이를 보인다. '오죽'이 앞마디에 놓이는 경우 주로 '-으면'을, 뒷마디에 놓이는 경우 '-으면'이나 '-으니', '-으니까'를 가려잡는 특성을 보인다. '오죽'은 꾸밈말로 쓰이지만 월에서 삭제되면 부적격한 월이 되거나 적격하더라도 의미가 다른 월이 된다.

(8) ㄱ. 철수가 피곤하**면** 눈 뜬 채 졸고 있겠어요?
ㄴ. 마음만이라도 편하게 살**면** 좋겠어?

곧 '오죽'이 꾸밈말로 쓰인 (7)은 형식상으로는 물음월이지만 내용상으로는 서술월로 해석되는 수사 물음월이지만 '오직'이 쓰이지 않은 (8)은 수사 물음월로 해석되더라도 (7)과는 의미가 달라지거나 수사 물음월로 해석되지 않는다.

이와 같이 이은월만을 가려잡는 어찌씨들일지라도 이은월 안에서의 놓이는 위치 제약이 다르기도 하며, 가려잡는 이음씨끝의 종류 제약에서 차이를 보인다. 이들 어찌씨가 비록 꾸밈말로 쓰이지만 월에서 필수적 월조각으로 쓰여 삭제될 수 없는 것도 있기 때문에 이은월을 가려잡는 어찌씨마다 어떤 통사적 특성을 보이는가를 밝힐 필요성이 제기된다.

3. 앞마디를 가려잡는 어찌씨의 통사 특성

이은월의 앞마디만을 가려잡는 어찌씨에는 '만일', '가령', '막상', '비록', '설령', '아무리', '제아무리', '하도', '어찌나', '행여' 따위가 있다. 여기에서는 이들 어찌씨의 통사적 특성을 밝히기로 한다.

3.1. 가령

<가정하여 말하자면>의 뜻을 지닌 어찌씨 '가령(假令)'은 극히 일부 홑월에 놓이는 경우도 있고, 안은월의 안음마디에도 놓이며, 이은월의 앞마디에도 놓인다.

> (9) ㄱ. **가령** 외국인을 생각해 봅시다.[48]
> ㄴ. **가령** 철수가 이번 선거에 당선되었다고 가정하자.
> ㄷ. **가령** 전쟁이 일어난다면 우리가 승리할 것이다.

ㄱ에서의 '가령'은 통사 어찌씨에 속하지 않아 여기에서는 논의의 대상에서 제외된다. ㄴ에서 '가령'은 안은월에서 안음마디에 놓였다. '가령'이 안은월을 구성하는 필수 월조각은 아니더라도 '가령'이 꾸밈말로서 적절히 쓰이기 위해서는 안은월이어야 하며, 안은월의 안김마디에 놓이는 것이 아니라 안음마디에 놓여야 하는 제약이 있다. 또한 안음마디의 풀이말에도 제약이 있어 '하다', '치다', '가정하다' 등 일부 움직씨만 쓰일 수 있다.

또한 의향법에서도 제약이 있어 안김마디는 서술법이어야 하고 안음마디는 함께함법이어야 한다. 이를 지키지 않으면 부적격한 월이 된다.

> (10) ㄱ. 가령 내일 비가 온다고 **칩시다. / 합시다. / 가정합시다.** …
> ㄴ. *가령 내일 비가 오**냐고 칩시다.**
> ㄷ. *가령 내일 비가 온다고 **친다. / 치니? / 쳐라.**

---

48) '가령'은 홑월에 쓰이면 그 자체만으로 독립적인 월 구실을 하기가 어렵다. 앞선 월이 전제되어야만 완전한 월로서의 기능을 하게 된다.

이와 같이 안은월에 쓰이는 '가령'은 쓰임에서 안음마디에 놓이며, 안김마디의 의향법에 제약이 따라 서술법만 허용되며, 안음마디의 의향법에도 제약이 따라 함께함법만 허용된다.

'가령'은 또한 이은월을 가려잡기도 한다. (9)의 ㄷ이 이 쓰임에 해당한다. 이은월을 가려잡는 '가령'은 이은월 짜임에서 필수 월조각은 아니지만 '가령'이 꾸밈말로 쓰이기 위해서는 이은월이어야 하는 제약이 따른다. 이은월에서 '가령'은 앞마디에 놓여야 하며, 이음씨끝에도 제약이 있어 (11)과 같이 조건 관계와 양보 관계의 이음씨끝을 가려잡는다.

(11) ㄱ. 가령 내일 비가 오**면**/온**다면** 어떻게 하시겠습니까?
ㄴ. 가령 내일 비가 와**도**/오**더라도** 계획된 일정은 바뀌지 않는다.

'가령'은 이은월에서 앞마디에 놓이며 뒷마디에는 놓이지 않는다. (11ㄱ)과 같이 조건 관계나, (11ㄴ)과 같이 양보 관계 이음씨끝이 놓여야 하는 제약이 따른다. '가령'이 놓인 이은월에서 의향법은 제약을 받지 않는다.

'가령'은 이음씨끝에 의해 이루어진 이은월이 아니라 특수한 이은월 형식의 앞마디에도 놓일 수 있다. '-고자 할 때', '-다고 할 때'에 의해 두 월이 한 월로 이어지는 경우 앞마디에 '가령'이 놓이게 된다.

(12) ㄱ. **가령** 우리가 취직을 하**고자 할 때**, 먼저 직종부터 정해야 한다.
ㄴ. **가령** 네가 여행을 한**다고 할 때**, 어디부터 둘러볼 생각이니?

'가령'이 이 이은월 짜임에 필수적 월조각으로 작용하는 것은 아니지만, '가령'이 '-고자 할 때', '-다고 할 때'란 이음의 통사적 짜임새를 가려잡기 때문에 여기서의 '가령'도 겹월 제약 통사 어찌씨에 해당한다.

이와 같이 '가령'은 주로 이은월의 앞마디에서 꾸밈말로 쓰이는 통사 어찌씨로, 조건 관계와 양보 관계의 이음씨끝을 가려잡는 통사적 특성을 지닌다.

3.2. 막상

<마침내 실제에 이르러>의 뜻을 지닌 어찌씨 '막상'은 주로 이은월의 앞마디에서 꾸밈말로 쓰이는 통사 어찌씨이다. 곧 '막상'은 (13)과 같이 꾸밈 받는 말에만 의미적으로 영향을 미치는 것이 아니라 이은월의 앞마디를 가려잡아 꾸밈말로 쓰이기 때문에 통사 어찌씨에 해당한다. 홀월에서는 쓰이지 않는 제약이 있다.

> (13) ㄱ. **막상** 공연 날이 되**자** 배우들이 모두 긴장하였다.
> ㄴ. **막상** 그 친구를 만나**니** 할 말이 떠오르지 않았다.

따라서 '막상'이 홀월에서 꾸밈말로 쓰이게 되면 (14)와 같이 부적격한 월이 된다. 이를 통해 '막상'은 이은월의 앞마디를 가려잡는 통사 어찌씨임이 확인된다.

> (14) ㄱ. ***막상** 공연 날이 되었다.
> ㄴ. ***막상** 그 친구를 만났다.

'막상'은 이은월의 앞마디만이 아니라 (15)와 같이 뒷마디에 놓이는 경우도 있어 '막상'이 이은월의 앞마디만을 가려잡는 것은 아니다.

(15) ㄱ. 부모님이 싫어 가출을 했**지만 막상** 갈 곳이 없다.
　　ㄴ. 남의 말 하기는 식은 죽 먹기**지만 막상** 내 잘못을 알아채는 건
　　　쉽지 않다.

(15)에서는 월 전체로 보면 이은월이고 '막상'은 뒷마디에 놓여 있음이
틀림이 없다. 그러나 뒷마디는 홑월의 짜임새가 아니라 안은월 짜임새를
이루고 있다. 뒷마디가 홑월 짜임새라면 '막상'은 뒷마디에 놓일 수 없다.

(16) ㄱ. *부모님이 싫어 가출을 했**지만 막상** 어디에도 가지 못했다.
　　ㄴ. *남의 말 하기는 식은 죽 먹기**지만 막상** 남의 말을 하지 못했다.

'막상'이 뒷마디에 쓰이는 경우 뒷마디는 매김마디를 안은 안은월이어
야 하며, 앞마디의 이음씨끝은 주로 '-지만', '-어도', '-는데' 따위가 쓰
인다. 앞마디 없이 매김마디를 안은 안은월에만 '막상'이 꾸밈말로 쓰이
면 대체로 완전한 월이 되지 못한다.49)

(17) ㄱ. #**막상** 갈 곳이 없다.
　　ㄴ. #**막상** 내 잘못을 알아채는 건 쉽지 않다.

'막상'은 주로 이은월의 앞마디에서 꾸밈말로 쓰이고 특수한 경우에
한정되어 뒷마디에서도 꾸밈말로 쓰이기도 한다.

이은월에서 앞마디에 '막상'이 놓이는 경우에 이음씨끝 제약은 그리
심한 편은 아니다. 이음씨끝은 주로 '-으면', '-자', '-으니(까)', '-어도', '-

---

49) 그러나 다음 월은 '막상'이 매김마디를 안은 안은월에 꾸밈말로 쓰였지만 앞마디가
　　없더라도 완전한 월인 것 같다.
　　막상 당선된 후에는 나 몰라라 하는 정치인들이 많다.
　　막상 선거운동을 할 때는 여전히 그것을 이용하려 든다.

어서' 따위가 쓰인다.

(18) ㄱ. 우리 엄마는 **막상** 한번 화를 내시**면** 크게 내셔.
ㄴ. **막상** 시험 결과를 보**자** 1반과 5반은 엄청난 점수 차이가 났다.
ㄷ. **막상** 직장을 그만두고 나**니(까)** 딱히 할 일이 없다.
ㄹ. **막상** 휴가를 나**와도** 딱히 갈 곳이 없다.
ㅁ. 그는 **막상** 일을 당**해서는** 먼저 꽁무니를 뺐다.

이와 같이 '막상'은 주로 이은월의 앞마디에서 꾸밈말로 쓰이는 통사 어찌씨로, '-으면', '-자', '-으니(까)', '-어도', '-어서' 따위의 이음씨끝을 가려잡는 통사적 특성을 지닌다.

3.3. 만일

<어떤 일을 가정하고서>의 뜻을 지닌 어찌씨 '만일'은50) 이은월의 앞 마디에서만 꾸밈말로 쓰일 수 있다. 이은월의 뒷마디나 홑월에서는 꾸밈 말로 쓰일 수 없는 제약이 있다.

(19) ㄱ. **만일** 이 사실이 발각이 되**면** 너는 곤욕을 치를 것이다.
ㄴ. ***만일** 이 사실이 발각이 되겠다.

'만일'은 이은월을 구성하는 데 필수 요소는 아니며 꾸밈말로서의 역 할만 담당할 뿐으로 월 짜임에서 수의 요소에 해당한다. (19ㄱ)에서 '만 일'이 제거되더라도 월 짜임의 적격성에는 영향을 미치지 않는 점이 이

---

50) 어찌씨 '만일'과, 같은 뜻과 쓰임의 '만약'이 있다. 어찌씨 '만일'과 같은 꼴로, <있을 지도 모르는 뜻밖의 경우>의 뜻을 나타내는 이름씨 '만일'이 있다. 어찌씨 '만약도 같은 꼴의 이름씨 '만약'이 있다.

를 뒷받침해 준다. 그러나 '만일'이 꾸밈말로 쓰이기 위해서는 반드시 이은월이어야 하며, 이은월에서도 앞마디에 놓여야만 하는 제약이 따르기 때문에 '만일'은 통사 어찌씨에 해당한다.

'만일'은 모든 이은월의 앞마디에 놓여 꾸밈말로 쓰일 수 있는 것은 아니고 극히 일부의 이음씨끝만을 가려잡기 때문에 통사 어찌씨에 해당함이 더욱 분명하다. '만일'이 가려잡는 이음씨끝은 조건 관계의 '-면', '-다면', '-거든'과 양보 관계의 '-어도', '-더라도' 따위이다.

(20) ㄱ. **만일** 네가 그런 짓을 하**면** 나는 너를 용서하지 않을 것이다.
ㄴ. **만일** 내가 끝내 반대했**다면** 너는 그리 못 했을 거야.
ㄷ. **만일** 이상한 느낌이 들**거든** 바로 그 자리를 떠나라.
ㄹ. **만일** 비가 와**도** 경기는 계속 된다.
ㅁ. **만일** 사장이 깨어나지 않**더라도** 이번 사업은 계속 추진할 거야.

'만일'은 이은월의 앞마디에 놓여 앞마디의 풀이말을 꾸미는데, 놓일 수 있는 자리로는 월의 맨 앞이나 임자말 뒤에 놓이는 것이 자연스럽지만 월 앞에 놓이는 것이 더 자연스럽다.

(21) ㄱ. **만일** 남북한이 올림픽에 단일팀으로 출전했다면 훨씬 좋은 성과를 얻을 거야.
ㄴ. 남북한이 **만일** 올림픽에 단일팀으로 출전했다면 훨씬 좋은 성과를 얻을 거야.

이와 같이 '만일'은 이은월의 앞마디에만 놓일 수 있고 이음씨끝으로 조건 관계나 양보 관계의 뜻을 지닌 이음씨끝을 가려잡는 통사 어찌씨이다.

3.4. 비록

<아무리 그렇다고 할지라도>의 뜻을 나타내는 '비록'은 이은월의 앞마디에서만 꾸밈말로 쓰일 수 있다. 이은월의 뒷마디나 홑월에서는 쓰이지 않는 제약이 있다.

(22) ㄱ. **비록** 여유는 없어도 마음은 편하다.
　　ㄴ. *그 아이는 생각이 아주 깊지만 **비록** 나이가 어리다.
　　ㄷ. *철수가 **비록** 나이는 어리다.

(22ㄱ)은 '비록'이 이은월의 앞마디에 놓였기 때문에 적격한 월이 되었다. (22ㄴ)이 부적격한 월이 된 것은 '비록'이 이은월의 뒷마디에 놓였기 때문이다. (22ㄷ)에서는 '비록'이 홑월에 놓였기 때문에 부적격한 월이 되었다. (22)의 ㄴ과 ㄷ에서 '비록'이 꾸밈말로 쓰이지 않으면 적격한 월인데, '비록'이 쓰임으로써 부적격한 월이 된 것을 통해 '비록'이 월 짜임의 적격성에 영향을 미침을 알 수 있다. 이와 같이 '비록'이 월의 통사적 짜임에 영향을 미치기 때문에 통사 어찌씨에 해당한다.

'비록'이 월을 구성하는 데 있어서 필수 월조각은 아니다. (23)에서 '비록'이 삭제되더라도 월의 적격성에 영향을 미치지 않으며 뜻에서도 '비록'의 의미만 덜어짐을 통해 확인된다. 그렇지만 꾸밈말로서 '비록'이 적격하게 쓰이기 위해서는 월 짜임에서 통사적 제약이 나타난다. 곧 '비록'은 이은월의 앞마디에 놓여야 하며, 또한 모든 종류의 앞마디가 가능한 것이 아니라 일부의 이음씨끝으로 이루어진 앞마디만이 가능하다. '비록'이 가려잡는 이음씨끝은 대조(역행) 관계 이음씨끝으로 '-지만', '-으나', '-어도'(-더라도), '-으되', '-건만', '-을지라도', '-을지언정', '-을망정', '-나마' 따위가 있다. '비록'이 가려잡은 이음씨끝으로 이루어진 보기는 다음과 같다.

(23) ㄱ. **비록** 나이는 어리**지만** 생각이 아주 깊다.
　　ㄴ. 내가 **비록** 재주는 없**으나** 이 정도의 일은 해 낼 수 있다.
　　ㄷ. **비록** 그것이 사실이**더라도** 믿어지지 않는다.
　　ㄹ. 네가 **비록** 잘못을 했**으되** 이번만은 문제 삼지 않겠다.
　　ㅁ. **비록** 철수가 회장이**건만** 중대한 일은 혼자서 결정할 수 없다.
　　ㅂ. **비록** 그 일이 어려울**지라도** 꼭 한번 시도해 보렴.
　　ㅅ. 그분은 **비록** 떠돌이 신세이었**을지언정** 비굴하게 살지 않았다.
　　ㅇ. **비록** 경기는 졌**을망정** 매너는 훌륭했다.
　　ㅈ. 신이 **비록** 미력하**나마** 성심성의를 다하겠습니다.

　　(23)은 '비록'이 적절하게 쓰이기 위해 갖추어야 할 조건을 충족시킨 월들이어서 모두 적격하지만, 이 조건에 충족되지 않으면 부적격한 월이 된다. '비록' 자체는 월 짜임의 필수 월조각이 아니기 때문에 '비록'이 삭제되더라도 모두 적격한 월이 되지만, '비록'이 꾸밈말로 적격하게 쓰이기 위해서는 통사적 제약이 따르게 된다.
　　위에서 살핀 바와 같이 통사 어찌씨 '비록'은 이은월을 가려잡으며 이은월 중에서도 대조(역행) 관계 이음씨끝으로 이루어진 앞마디를 요구한다. '비록'은 앞마디에만 놓일 수 있으며, 놓이는 자리는 주로 월 앞이나 앞마디의 임자말 다음에 자리를 잡지만 이은월의 맨 앞에 놓이는 것이 더 자연스럽다.

3.5. 설령

　　<그렇다 하더라도>의 뜻을 나타내는 '설령(設令)'[51]은 이은월의 앞마

디에서만 꾸밈말로 쓰일 수 있다. 이은월의 뒷마디나 홑월에서는 꾸밈말로 쓰일 수 없는 제약이 따른다.

(24) ㄱ. **설령** 내가 완벽한 작품을 내어 놓**은들** 무슨 소용이 있겠니?
　　ㄴ. *내가 거기 있었더라도 **설령** 별 수 있었겠니?
　　ㄷ. ***설령** 내가 완벽한 작품을 내어 놓겠다.

(24ㄱ)은 '설령'이 이은월의 앞마디에 놓였기 때문에 적격한 월이 되었다. (24ㄴ)은 '설령'이 이은월의 뒷마디에 놓였기 때문에 부적격한 월이 되었으며, (24ㄷ)은 '설령'이 홑월에 놓였기 때문에 부적격한 월이 되었다.

(24)에서는 '설령'이 삭제되더라도 모두 적격한 월이 된다. 이는 '설령'이 월을 구성하는 데 있어서 필수 월조각이 아님을 뒷받침해 준다. '설령'이 필수 월조각이라면 삭제는 경우 부적격한 월이 되거나 불완전한 월이 되어야 하지만, '설령'이 삭제된 (25)는 '설령'의 의미만 덜어졌을 뿐이고 모두 적격한 월이 되었다.

(25) ㄱ. 내가 완벽한 작품을 내어 놓은들 무슨 소용이 있겠니?
　　ㄴ. 내가 거기 있었더라도 별 수 있었겠니?
　　ㄷ. 내가 완벽한 작품을 내어 놓겠다.

'설령'이 비록 월 짜임의 필수 월조각은 아닐지라도 '설령'이 월에서 꾸밈말로 적격하게 쓰이기 위해서는 통사적 제약이 따른다. 이 제약을 일으키는 요인이 바로 '설령'이기 때문에 '설령'은 통사 어찌씨에 속하게 된다.

'설령'은 모든 이은월의 앞마디에 놓일 수 있는 것은 아니고 (26)과 같

---

51) '설사(設使)'는 뜻과 쓰임에서 '설령(設令)'과 유사하다.

이 특정의 이음씨끝만을 가려잡는다. '설령'은 '-을지라도', '-은들', '-더라도' 등 극히 일부의 이음씨끝을 요구하는 선택 제약이 따른다.

> (26) ㄱ. **설령** 삶이 죽음보다 고생스러**울지라도** 사람은 살아야 한다.
> ㄴ. **설령** 완벽한 작품을 내어 놓**은들** 무슨 소용이 있겠니?
> ㄷ. **설령** 당신이 돌아오지 않**더라도** 나는 실망하지 않겠습니다.

이와 같이 통사 어찌씨 '설령'은 이은월을 가려잡으며 이은월 중에서도 '-을지라도', '-은들', '-더라도' 따위의 이음씨끝으로 이루어진 앞마디를 요구한다. '설령'은 앞마디에만 놓일 수 있으며, 놓이는 자리는 주로 월 앞이나 앞마디의 임자말 다음에 자리를 잡지만 이은월의 맨 앞에 놓이는 것이 더 자연스럽다.

3.6. 아무리[52]

<어떻게 하여도, 암만하여도>의 뜻을 나타내는 어찌씨 '아무리'는[53] 이은월의 앞마디에서만 꾸밈말로 쓰일 수 있는 제약이 있다. 이은월의 뒷마디나 홑월에서는 꾸밈말로 쓰일 수 없는 제약이 있다.

> (27) ㄱ. 태산이 **아무리** 높**아도** 하늘 아래에 있다.
> ㄴ. *바란다고 해서 **아무리** 거저 되는 일이 있으랴?
> ㄷ. *자동차가 **아무리** 빠르다.

---

52) '아무리'와, 뜻과 쓰임이 거의 같은 것으로 '암만'이 있다. '암만'은 주로 입말에서 쓰인다.
53) '아무리'는 어찌씨만이 아니라 <결코 그럴 리가 없다는 뜻>의 느낌씨로도 쓰인다. "**아무리**, 그분이 그런 말을 했을라고."에서의 '아무리'가 이에 해당한다.

(27ㄱ)에서는 '아무리'가 이은월의 앞마디에 놓였기 때문에 적격한 월이 되었다. (27ㄴ)에서는 '아무리'가 이은월의 뒷마디에 놓였기 때문에 부적격한 월이 되었으며, (27ㄷ)에서는 '아무리'가 홑월에 놓였기 때문에 부적격한 월이 되었다. (27)의 ㄴ과 ㄷ에서 '아무리'가 삭제되면 적격한 월이 되지만 '아무리'가 꾸밈말로 쓰여 부적격한 월이 되었기 때문에 '아무리'가 월 짜임에 영향을 미치는 통사 어찌씨임이 확인된다.

(27ㄱ)에서는 '아무리'가 삭제되더라도 "아무리'의 뜻만 덜어질 뿐 적격한 월이 된다. 이는 '아무리'가 월을 짜 이루는 데 있어서 필수 월조각이 아님을 뒷받침해 준다. '아무리'가 필수 월조각이라면 삭제되는 경우 부적격한 월이 되거나 불완전한 월이 되어야 하지만 '아무리'가 삭제되더라도 적격한 월이 되었다.

'아무리'가 비록 월 짜임의 필수 월조각은 아닐지라도 '아무리'가 월에서 꾸밈말로 적격하게 쓰이기 위해서는 통사적 제약이 따른다. 이 제약을 일으키는 요인이 바로 '아무리'이기 때문에 '아무리'는 통사 어찌씨에 속하게 된다.

'아무리'는 모든 이은월의 앞마디에 놓일 수 있는 것은 아니고 특정의 이음씨끝만을 가려잡는 제약이 따른다. '아무리'는 (28)과 같이 이음씨끝 가운데 주로 양보 관계의 이음씨끝 '-어도/라도/더라도', '-어야', '-을망정', '-지만', '-을지라도', '-기로/기로서니', '-은들', '-으나', '-었자', 따위를 가려잡는다.

(28) ㄱ. 내 친구가 **아무리** 예**뻐도** 내 동생만은 못하다.
　　 ㄴ. **아무리** 애를 써 보**아야** 소용이 없다.
　　 ㄷ. **아무리** 가난**할망정** 남의 물건을 훔쳐서는 안 된다.
　　 ㄹ. **아무리** 개요이**지만** 이건 너무 간략하구나.
　　 ㅁ. 조화가 **아무리** 예**쁠지라도** 생화만 할까?

ㅂ. 목숨이 **아무리** 아깝**기로** 추잡스럽게 살지 마라.

ㅅ. 사람이 **아무리** 오래 **산들** 잘 해야 백년이다.

ㅇ. **아무리** 소국이라고 하**나** 사직이 엄존하다.

ㅈ. **아무리** 열심히 벌어 보**았자** 시루에 물붓기이다.

위와 같이 통사 어찌씨 '아무리'는 이은월을 가려잡으며, 이은월 중에서도 '-을지라도', '-은들', '-더라도' 따위의 이음씨끝으로 이루어진 앞마디를 요구한다. '아무리'는 앞마디에만 놓일 수 있으며, 놓이는 자리는 주로 이은월의 맨 앞이나 앞마디의 임자말 다음이지만 이은월의 맨 앞이 더 자연스럽다.

'아무리'는 주로 양보 관계의 이음씨끝을 가려잡지만 이 밖에도 (29)와 같이 '-으면', '-어서' 따위를 가려잡기도 한다. 이 이은월은 반어법을 실현하여 내재적으로 양보 관계의 '-어도'로 해석되는 특성을 보인다.

(29) ㄱ. 네가 **아무리** 실력이 있**으면** 뭐 하니?

ㄴ. **아무리** 바란다고 **해서** 거저 되는 일이 있겠니?

(29)에서 '아무리'는 '-으면'과 '-어서'를 가려잡지만 이들은 모두 반어법을 실현하는 물음월로, 내재적으로는 (30)과 같이 뒷마디의 의미와 반대되는 의미의 서술월로 해석된다.

(30) ㄱ. [네가 **아무리** 실력이 있**어도** 아무것도 하지 못한다.]

ㄴ. [**아무리** 바란다고 **해도** 거저 되는 일이 없다.]

따라서 '아무리'와 어울리는 이음씨끝 '-으면'과 '-어서'는 실질적으로 양보 관계로 해석 가능하기 때문에 이 경우에도 '아무리'가 양보 관계 이음씨끝을 가려잡는다고 하는 것이 온당하다.

'아무리'는 이은월의 앞마디에 놓이는 것이 일반적이지만, 그렇지 않은 자리에 놓이는 일이 있다.

(31) ㄱ. **아무리** 좋은 **정책도** 소용이 없다.
  ㄴ. 그는 **아무리** 복잡한 **기계도** 능숙하게 다루었다.
  ㄷ. **아무리** 좋은 **법도** 인권에 우선할 수는 없다.

(31)에서는 '아무리'가 이은월의 앞마디에 놓인 것이 아니라 익은말의 형식으로 '아무리 풀이씨의 매김꼴 이름씨+토씨'의 꼴로 쓰이었다. 여기서 토씨는 '도'로 한정되며 그 밖의 토씨는 놓일 수 없는 특성을 보인다.

'아무리'가 이은월에서 앞마디에 놓여 양보 관계의 이음씨끝이 결합된 풀이말을 꾸미는 것이 일반적이다. 풀이말이 '이름씨+이다'로 구성된 경우에는 '-어도' 대신에 '-라도'가 결합되어 '이름씨+(이)라도'로 실현된다.

(32) ㄱ. 이곳은 **아무리** 학생**이라도** 할인이 되지 않는다.
  ㄴ. **아무리** 어려운 시험**이라도** 만점을 받을 수 있다.

(32)에서 ㄱ과 ㄴ의 차이는 '이름씨+이라도' 앞에 '풀이씨의 매김꼴'이 없느냐(ㄱ), 있느냐(ㄴ)의 차이인데, '이름씨+이라도'에서 (33)과 같이 '이라'의 생략에 차이를 보인다.

(33) ㄱ. *이곳은 **아무리** 학생**도** 할인이 되지 않는다.
  ㄴ. **아무리** 어려운 시험**도** 만점을 받을 수 있다.

곧 (33ㄱ)에서는 '이라'가 생략되면 부적격한 월이 되고, (33ㄴ)에서는 생략되더라도 적격한 월이 되었다. (32ㄴ)과 (33ㄴ)을 비교해 보면 의미에서 차이를 보이지 않는다. 따라서 (33ㄴ)은 (32ㄴ)으로 언제든지 의미 차이 없이 복원될 수 있기 때문에 (33ㄴ)은 (32ㄱ)의 '-이라' 생략형으로 간주된다.

이와 같은 견지에서 보면, (31)은 본디 이은월 짜임에서 '-이라'가 생략된 것으로 볼 수 있다. '-이라'가 생략되기 전의 원형으로 환원하면 (34)와 같다.

> (34) ㄱ. **아무리** 좋은 **정책이라도** 소용이 없다.
> ㄴ. 그는 **아무리** 복잡한 **기계(이)라도** 능숙하게 다루었다.
> ㄷ. **아무리** 좋은 **법이라도** 인권에 우선할 수는 없다.

(31)과 (34)는 의미에서 차이가 없기 때문에 (34)가 원형이고 (31)은 (34)의 '-이라' 생략형으로 보는 것이 합리적이다.

위에서 든 보기 밖에 '아무리'가 앞마디에 놓인 이은월에서 앞마디의 일부분이 생략되어 표면상 이은월이 아닌 것처럼 보이는 월들이 있다.

> (35) ㄱ. 네가 **아무리** 궁하다고 그런 일까지 해야 되겠니?
> ㄴ. 그 사람이 **아무리** 설친다고 대세를 바꿀 수야 있겠니?

(35)에서는 '-는다고' 뒤에 놓여 있던 '해도', '해서' 등이 생략된 것으로 보인다. (35)에서는 항상 반어법을 실현하는 물음월을 짝 이루기 때문에 앞마디에 놓이는 이음씨끝으로 '-어서'가 쓰일 수 있다.[54] (35)에 생략되기 이전의 원형으로 환원하면 다음과 같다.

---

54) 앞에서 논의한 바와 같이 '아무리'가 가려잡는 '-어서'는 뒷마디가 반어법을 실현하는 물음월로, 반어법을 실현할 때만 적격한 월이 된다.

(36) ㄱ. 네가 **아무리** 궁하다고 **해도/해서** 그런 일까지 해야 되겠니?

　　ㄴ. 그 사람이 **아무리** 설친다고 **해도/해서** 대세를 바꿀 수야 있겠니?

(35)와 (36)은 의미에서 차이가 없기 때문에 (36)이 원형이고 (35)는 (36)의 '해도/해서'의 생략형으로 볼 수 있다. 곧 (35)는 (36)의 안은월의 안은마디 움직씨 '하-'에 이음씨끝 '-어도/-어서'의 결합형인 '해도'와 '해서'가 생략된 것으로 보인다.

위에서 살핀 바와 같이, '아무리'는 이은월의 앞마디에 놓이며, 이음씨끝 가운데 양보 관계의 이음씨끝을 가려잡는 통사적 특성을 보인다. '아무리'가 표면적으로 이은월 짜임새에 해당되지 않는 월에서 쓰이는 경우에도 내면적으로는 이은월에서 구성 요소 일부가 생략되어 쓰인 것임이 확인된다.

'아무리'가 월 안에서 꾸밈말로 적절히 쓰이기 위해서는 위와 같은 통사적 제약이 따르지만 '아무리' 자체는 월에서 필수 월조각으로 쓰이지 않기 때문에 '아무리'가 쓰인 월에서 이를 생략하더라도 월의 적격성에는 영향을 미치지 않는다.

이은월의 앞마디에서 '아무리'는 이은월의 맨 앞에 놓이거나 앞마디의 임자말 뒤에 놓이는 것이 자연스럽다.

3.7. 제아무리

<제 딴에는 세상없이>의 뜻을 나타내는 제아무리는 '아무리'와 유의 관계에 놓이지만 <얕잡음>의 뜻이 포함되어 있다. '제아무리'는 '아무리'와 쓰임에서도 유사하여 이은월의 앞마디에서만 꾸밈말로 쓰일 수 있는 제약이 있다. 이은월의 뒷마디나 홑월에서는 꾸밈말로 쓰이지 않는다.

(37) ㄱ. 컴퓨터가 **제아무리** 뛰어나도 인간을 앞서지는 못할 것이다.

　　ㄴ. *죽은 사람을 살릴 수 있도록 **제아무리** 의술이 발달하였다.

　　ㄷ. *컴퓨터가 **제아무리** 뛰어나다.

(37)에서 '제아무리'가 삭제되면 모두 적격한 월이 된다. '제아무리'가 꾸밈말로 쓰이게 되면 ㄱ만이 적격한 월이 되고 ㄴ과 ㄷ은 부적격한 월이 된다. 이로 미루어 보아 '제아무리'는 월에서 꾸밈말로 쓰임과 아울러 월 짜임에 제약을 가하는 기능도 있음이 증명된다. ㄱ을 통해 '제아무리'는 이은월을 가려잡으며 앞마디에 놓여야 하는 제약을 가지고 있음을 알 수 있다. ㄴ을 통해 이은월에 쓰이되 뒷마디에 쓰일 수 없는 제약이 있음을 확인할 수 있다. ㄷ을 통해서는 홀월에서는 쓰일 수 없음이 드러난다. 따라서 '제아무리'는 월을 짜 이루는 데 있어서 필수 월조각은 아니며, 월 안에서 꾸밈말로 적절하게 쓰이기 위해서는 이은월의 앞마디에만 놓여야 하는 통사적 제약이 따르기 때문에 통사 어찌씨에 해당한다.

'제아무리'는 모든 이은월의 앞마디에 놓일 수 있는 것은 아니고 특정의 이음씨끝만을 가려잡는 제약이 따른다. '제아무리'는 이음씨끝 가운데 주로 양보·관계의 이음씨끝 '-어도/라도/더라도', '-을지라도', '-은들', '-었자', '-지만' 따위를 가려잡는다.

(38) ㄱ. **제아무리** 재주가 많**아도** 이 문제는 풀기가 어려울 것이다.

　　ㄴ. 그가 **제아무리** 빨리 달**릴지라도** 나를 이기지는 못할 것이다.

　　ㄷ. **제아무리** 재주가 많**은들** 실수가 없겠느냐?

　　ㄹ. **제아무리** 날뛰어 **봤자** 부처님의 손바닥 안이다.

　　ㅁ. **제아무리** 의술이 훌륭하다**지만** 죽은 사람을 살릴 수는 없다.

'제아무리'가 이은월의 앞마디에 놓이는 것이 일반적이지만, (39)와 같이 표면상 그렇지 않은 자리에 놓이는 일이 있다.

(39) ㄱ. **제아무리** 지혜가 많은 사람도 그 문제 앞에서는 별수가 없다.
ㄴ. **제아무리** 잘난 사람도 돈이 있어야 허리를 펴고 살 수 있다.

(39)에서는 '제아무리'가 이은월의 앞마디에 놓인 것이 아니라 익은말의 형식으로 '제아무리 풀이씨의 매김꼴 이름씨+토씨'의 꼴로 쓰이었다. 여기서 토씨는 '도'로 한정되며 그 밖의 토씨는 놓이지 않는 특성을 보인다. '도' 이외의 다른 토씨가 놓이면 부적격한 월이 된다.

(40) ㄱ. *제아무리** 지혜가 많은 사람**은/이/만** 그 문제 앞에서는 별수가
없다.
ㄴ. *제아무리** 잘난 사람**은/이/만** 돈이 있어야 허리를 펴고 살 수 있다.

표면상 (39)에서는 '제아무리'가 이은월의 앞마디에 꾸밈말로 쓰인 것처럼 보이지 않지만 (39)를 뜻 차이 없이 이은월의 앞마디 형식을 갖춘 (41)로 바꿀 수 있다.

(41) ㄱ. **제아무리** 지혜가 많은 사람이라도 그 문제 앞에서는 별수가 없다.
ㄴ. **제아무리** 잘난 사람이라도 돈이 있어야 허리를 펴고 살 수 있다.

풀이말이 '이름씨+이다'로 구성된 경우에는 양보 관계 이음씨끝 '-어도' 대신에 '-라도'가 결합되어 '이름씨+(이)라도'로 실현된다. (39)와 (41)이 뜻에서 차이가 없기 때문에 (41)이 원형이고, (41)에서 '이라'가 생략되어 (39)가 된 것으로 보인다.

'제아무리 이름씨+(이)라도' 월에서 '이라'가 생략될 수 있는 경우는 이름씨 앞에 풀이씨의 매김꼴 꾸밈말이 놓일 때이다. 이 꾸밈말이 놓이지 않으면 '이라'는 생략될 수 없다.

(42) ㄱ. **제아무리** 효자**이라도** 병든 부모 수발은 어렵다.

ㄴ. **제아무리** 장사**이라도** 이틀 굶으면 힘을 쓸 수 없다.

(42)에서는 이름씨 앞자리에 풀이씨의 매김꼴 없이 '제아무리'가 놓여 (39)와 차이를 보인다. 따라서 이 월에서는 '이라'가 생략되면 부적격한 월이 된다.

(43) ㄱ. *제아무리** 효자**도** 병든 부모 수발은 어렵다.

ㄴ. *제아무리** 장사**도** 이틀 굶으면 힘을 쓸 수 없다.

위에서 살핀 바와 같이, '제아무리'는 이은월의 앞마디에 놓이며, 이음 씨끝 가운데 주로 양보 관계의 이음씨끝을 가려잡는 통사적 특성을 보인다. '제아무리'가 표면적으로 이은월 짜임새에 해당되지 않는 월에서 쓰이는 경우에도 내면적으로는 이은월에서 구성 요소 일부가 생략되어 쓰인 것이다.

3.8. 하도

<정도가 아주 심하거나 수량이 아주 많게>를 뜻하는 '하도'는 <많이. 크게. 매우. 대단히>를 뜻하는 어찌씨 '하'에 도움토씨 '도'가 결합되어 이루어진 어찌씨로, '하'를 강조하는 뜻을 나타낸다.

(44) ㄱ. 강아지가 **하/하도** 기특해서 간식을 조금 주었다.

ㄴ. 어머니는 **하/하도** 반가워서 맨발로 달려 나갔다.

'하'보다는 '하도'가 쓰임에서 훨씬 빈도수가 높을 뿐 아니라 '하도'에

'도'를 삭제하면 부자연스런 경우가 많기 때문에 '하도'를 기본형으로 간주하여 논의하기로 한다.

'하도'가 월 안에서 꾸밈말로서 적격하게 쓰이기 위해서는 특수한 통사적 제약이 따른다. '하도'가 정도 어찌씨의 일종이지만 다른 것과 달리 이은월에서만 꾸밈말로 쓰일 수 있다. 홑월에서 쓰이게 되면 (45)와 같이 부적격한 월이 된다.

(45) ㄱ. *정리할 서류가 **하도** 많다.
ㄴ. *외국인들은 닭갈비를 **하도** 매워한다.

(45)에서 '하도'가 삭제되면 적격한 월이 되며, '하도'와 유의 관계에 있는 정도 어찌씨 '아주', '매우', '대단히' 따위로 대치를 하면 적격한 월이 되지만, '하도'가 꾸밈말로 쓰이게 되면 부적격한 월이 된다. 이는 '하도'가 꾸밈말로서의 기능만 담당하는 것이 아니라 월 짜임의 적격성에 영향을 미치고 있음을 보여준다. (45)가 적격한 월이 되기 위해서는 (45)가 앞마디가 되고 (46)과 같이 그 뒤에 뒷마디가 놓여야 한다.

(46) ㄱ. 정리할 서류가 **하도** 많아서 무엇부터 시작해야 할지 모르겠다.
ㄴ. 외국인들은 닭갈비를 **하도** 매워해서 콜라를 함께 주었다.

(45)가 이은월의 뒷마디로 포함되는 경우에는 (47)과 같이 부적격한 월이 된다. 이와 같은 사실은 '하도'가 이은월에서 쓰이되 뒷마디가 아니라 앞마디에 놓여야 함을 보여준다. 다시 말해서 '하도'는 이은월을 가려잡되 앞마디에만 놓일 수 있는 통사 제약을 가진다. 따라서 '하도'는 통사 어찌씨에 해당한다.

(47) ㄱ. *오랜 동안 손을 안 댔더니 정리할 서류가 **하도** 많다.

ㄴ. *평소 매운 음식을 안 먹으니까 외국인들은 닭갈비를 **하도** 매워
한다.

(47)에서 '하도'가 삭제되면 모두 적격한 월이 된다. '하도'가 꾸밈말로
쓰임으로 말미암아 부적격한 월이 되었기 때문에 '하도'가 통사 어찌씨
에 해당함이 확실하다.

'하도'가 이은월의 앞마디에만 놓인다고 해서 모두 적격한 월이 되는
것은 아니다. 특정의 이음씨끝에 한하여 적격한 월이 된다. '하도'가 가
려잡는 이음씨끝을 보면 주로 이유나 원인을 나타내는 '-어(서)', '-으니
까', '-(더)니', '-으므로, '-기에', '-는지라' 따위로, 보기를 들면 다음과
같다.

(48) ㄱ. 가뭄이 **하도** 심**해서** 밭농사도 망쳤다.

ㄴ. 생활이 **하도** 어려우**니까** 그런 나쁜 짓을 하였다.

ㄷ. 추운 날 산길을 **하도** 오르내렸**더니** 몸에 한기가 느껴진다.

ㄹ. 날씨가 **하도** 변덕스러우**므로** 옷 준비하기가 어렵다.

ㅁ. 만두가 **하도** 맛깔스레 보이**기에** 나도 같은 것으로 주문했다.

ㅂ. **하도** 어처구니없는 일을 당**한지라** 한동안 정신을 수습하지 못했다.

이유나 원인의 이음씨끝 밖에도 이음씨끝에 준하는 통사적 짜임새로
이어지는 경우에도 '하도'가 쓰일 수 있다. 이유나 원인을 나타내는 통사
적 짜임새로는 '-는 바람에', '-기 때문에', '-는 통에', '-는 탓에' 따위로,
보기를 들면 다음과 같다.

(49) ㄱ. **하도** 술을 권하**는 바람에** 몰래 밖으로 나왔다.

ㄴ. 그 녀석이 **하도** 조르**기 때문에** 할 수 없이 허락해 주었다.

ㄷ. 아이들이 **하도** 뛰어다니**는 통에** 조용할 날이 없다.

ㄹ. 운전을 **하도** 험하게 **한 탓에** 고물차 소리가 났다.

(48)과 (49)에서 '하도'가 삭제되더라도 월의 적격성에는 영향을 미치지 않기 때문에 '하도'는 월 짜임에서 필수 월조각은 아니다. 그러나 '하도'는 이은월의 앞마디에서 꾸밈말로 쓰이며 이유나 원인의 이음씨끝이나 이에 준하는 통사적 짜임새를 가려잡는 통사적 제약을 보이는 통사어찌씨에 해당한다.

3.9. 어찌나

<감정이나 어떤 상태가 매우 매우 지나치게>를 뜻하는 어찌씨 '어찌나'는 어찌씨 '어찌'에 도움토씨 '나'가 결합하여 이루어졌지만, 모든 '어찌'에 '나'가 결합하여 어찌씨를 이루는 것은 아니다. (50)에서와 같이 <무슨 까닭으로>, <어떤 입장에서>, <어떤 방법으로>, <도무지 그럴 수 없음으로>, <어떤 형편이나 모양으로>, <어떤 방향으로>를 뜻하는[55] '어찌'에는 '나'가 결합될 수 없다.

(50) ㄱ. 이곳에는 **어찌(*어찌나)** 왔어?

ㄴ. 이번 일에 **어찌(*어찌나)** 보면 저도 피해자입니다.

ㄷ. 쉬운 것도 모르는데 이 어려운 것을 **어찌(*어찌나)** 알겠습니까?

ㄹ. 너희들이 **어찌(*어찌나)** 내 기분을 알겠니?

ㅁ. 그 동안 **어찌(*어찌나)** 지냈니?

ㅂ. 우리나라의 경제 전망을 **어찌(*어찌나)** 생각하십니까?

---

55) '어찌'가 가지고 있는 이와 같은 뜻은 고려대학교 민족문화연구원 편(2009)『고려대 한국어대사전』을 참고하였다.

'나'가 결합될 수 없는 '어찌'는 월 짜임에 제약을 미치지 않아서 홑월이건 겹월이건 가리지 않고 꾸밈말로 쓰이며, 의향법에만 제약을 미친다. '어찌'가 물음말이기 때문에 주로 물음법을 가려잡는 제약이 따른다.

'나'가 결합될 수 있는 '어찌'는 <감정이나 어떤 상태가 매우 지나치게>를 뜻하는 것으로 제한된다. '어찌'에 '나'가 결합된 어찌씨 '어찌나'는 이 뜻에 해당하는 '어찌'를 강조하는 뜻을 지닌다.

(51) ㄱ. 이 아이는 고집이 **어찌(어찌나)** 센지 아무로 그 고집을 꺾지
      못한다.
    ㄴ. 밥이 **어찌(어찌나)** 맛이 없던지 모래알을 씹는 것 같았다.

'어찌나'는 반드시 이은월의 앞마디에 놓여야 하는 제약이 있지만, '어찌'는 '-나'가 결합되는 것만이 이은월의 앞마디에 놓여야 하기 때문에 이은월의 앞마디를 가려잡는 것으로 '어찌나'를 기본으로 삼았다.

'어찌나'는 이은월의 앞마디를 가려잡고 뒷마디나 홑월은 가려잡지 않기 때문에 뒷마디에 놓이면 (52ㄱ)과 같이 부적격한 월이 되며, 홑월에 놓이면 (52ㄴ)과 같이 부적격하거나 불완전한 월이 된다.

(52) ㄱ. *혀가 다 알알하도록 고추가 **어찌나** 매웠다.
    ㄴ. #고추가 **어찌나** 맵던지.

(52ㄴ)이 단독으로 쓰이면 부적격한 월이 되며, 발화 상황에 따라 뒷마디가 예측될 경우에 뒷마디가 생략되어 쓰일 수 있는 불완전한 월이다. (52ㄴ)이 완전한 월이 될 수 있도록 뒷마디를 상정하여 기워 넣으면 (53)과 같다.

(53) ㄱ. 고추가 **어찌나** 맵던지 **혀가 다 알알하네**.

     ㄴ. 고추가 **어찌나** 맵던지 **정신이 아찔해지더군**.

곧 (52ㄴ)은 (53)에서 문맥이나 상황에 따라 뒷마디가 생략된 것으로 보는 것이 온당하다.

'어찌나'가 이은월의 앞마디에만 놓인다고 해서 모두 적격한 월이 되는 것은 아니다. 특정의 이음씨끝에 한하여 적격한 월이 된다. '어찌나'가 가려잡는 이음씨끝으로는 <감탄>을 뜻하는 '-ㄴ지/은지/는지'가 있다. '어찌나'의 이음씨끝 가려잡기 제약은 '어찌나'의 의미 특성과 이음씨끝의 의미 특성으로 말미암는다.

(54) ㄱ. 그 녀석이 **어찌나** 고집이 **센지** 나도 이제 손들었어.

     ㄴ. 지하철에 **어찌나** 사람이 **많은지** 발 비빌 틈이 없네.

     ㄷ. 비가 **어찌나** 많이 오**는지** 지붕에 빗방울 떨어지는 소리가 요란했다.

(54)에서 '어찌나'는 삭제될 수 없다. 삭제되어 적격한 월이 되더라도 삭제 전과 뜻이 달라지기 때문에[56] '어찌나'는 월 짜임의 필수적 요소가 된다.

'어찌나'는 꾸밈말이지만 월 짜임의 필수 요소로서, 월에서 '어찌나'가 꾸밈말로 쓰이기 위해서는 반드시 이음월이어야 하며, 놓이는 자리는 앞마디이어야 하고, 이음씨끝은 '-ㄴ지/은지/는지'이어야 하는 제약이 따른다. 이 가운데 어느 하나라도 지켜지지 않으면 부적격해지는 통사적 특성을 보인다.

---

56) '어찌나'가 가려잡는 '-ㄴ지/은지/는지'는 <느낌>을 나타내지만, '어찌나'가 쓰이지 않는 '-ㄴ지/은지/는지'는 <의문이나 의심>을 나타내게 되어 월의 뜻이 달라진다.

3.10. 행(幸)여[57)

<어쩌다가 혹시>의 뜻을 지닌 어찌씨 '행여'는 주로 이은월의 앞마디에서 쓰인다. '행여'가 홑월에서도 쓰이는 일이 있지만 모든 홑월에서 꾸밈말로 쓰일 수 있는 것은 아니고 특수한 제약 아래에서만 쓰인다. 첫째로 부정 시킴월 중에서 'N은/는 하지 말-'의 짜임새로 이루어진 월에서 꾸밈말로 쓰인다.

(55) ㄱ. **행여** 딴 생각은 하지 마라.
ㄴ. **행여** 그런 말씀은 하지 마십시오.

'N은/는 하지 말-'의 짜임새에서 'N'자리에 놓일 수 있는 이름씨에는 제약이 있으며, 'N' 앞에는 매김말이 반드시 필요하다. 매김말이 없으면 부적격한 월이 된다. 매김말 자리에는 매김씨나 풀이씨의 매김꼴, 매김마디가 놓일 수 있는데, 매김마디가 놓이면 홑월에 해당하지 않고 안은월에 해당하게 된다.

둘째로 '행여'는 반어법으로 해석되는 홑월에서 꾸밈말로 쓰이는 제약을 가진다. 반어법 월은 축어적 의미와 내재적 의미가 반의 관계이거나 모순 관계에 놓이는 특성을 보인다.[58) 반어법에 해당하지 않는 월에 '행여'가 꾸밈말로 놓여도 적격한 월이 되면 반어법을 실현하는 월로 바뀌게 된다.

(56) ㄱ. 네가 일등을 하겠다.

---

57) '행여'에 도움토씨 '나'가 덧붙어 결합 과정을 거쳐 어찌씨 '행여나'가 만들어졌다. '행여나'는 '행여'를 강조하는 말로 '행여'와는 쓰임에서 별 차이가 없다.
58) 반어법에 관한 자세한 논의는 한길(2005)를 참조.

ㄴ. **행여** 네가 일등을 하겠다.

(56ㄱ)은 반어법 월에 해당하지 않지만, ㄱ에 '행여'가 꾸밈말로 쓰인 ㄴ은 반어법을 실현하는 월로 해석되어 축어적 의미와는 반대의 <네가 일등을 못 할 것이다>의 뜻을 나타낸다.

(57) ㄱ. 철수가 학교에 안 가**겠**다.
ㄴ. 철수가 **행여** 학교에 안 가**겠**다.

(57)에서도 ㄱ은 단순 부정의 홑월로 반어법을 실현하는 월은 아니지만, ㄱ에 꾸밈말로 '행여'가 놓인 ㄴ은 반어법 월로 해석되어 축어적 의미와는 반대로 긍정의 <철수가 학교에 갈 것이다>의 뜻을 나타낸다.

'행여'가 모든 홑월에 꾸밈말로 쓰여 반어법을 실현하는 것은 아니고, (57)과 같이 서술월이며 때매김씨끝 '-겠-'이 쓰인 월59)과 (58)과 같이 물음월이며 때매김씨끝 '-겠-'이 쓰인 월에 한정된다.

(58) ㄱ. 내일 비가 오겠니?
ㄴ. **행여** 내일 비가 오겠니?

(58ㄱ)은 긍정의 단순 물음월이지만, ㄱ에 '행여'가 꾸밈말로 쓰인 ㄴ은 반어법을 실현하는 월로 해석되어 내재적으로 <내일 비가 안 올 것이다>라는 부정의 서술월로 이해된다.

---

59) 서술월이라도 '-겠-'이 쓰이지 않은 경우에는 '행여'가 꾸밈말로 쓰이면 다음과 같이 부적격한 월이 된다.
  ***행여** 네가 일등을 한다.
  ***행여** 네가 일등을 했다.
  ***행여** 네가 일등을 하더라.

(59) ㄱ. 철수가 여기에 안 오겠니?
　　ㄴ. **행여** 철수가 여기에 안 오겠니?

　(59ㄱ)은 부정의 단순 물음월이지만, ㄱ에 '행여'가 꾸밈말로 쓰인 ㄴ은 반어법을 실현하는 물음월로 해석되어 내재적으로 <철수가 여기에 올 것이다>라는 긍정의 서술월로 이해된다.

　'행여'가 홑월에서 꾸밈말로 쓰이는 경우는, 위에서 살핀 두 가지 특수한 조건 아래 적격하게 쓰일 수 있다. 이 밖에는 주로 이은월의 앞마디에서 꾸밈말로 쓰인다. '행여'가 이은월의 앞마디를 가려잡되 모든 이은월의 앞마디에 다 놓일 수 있는 것은 아니다. 이음씨끝 가운데 '-면', '-거든', '-어도', '-는지', '-을세라', '-도록', '-어' 따위를 가려잡는 제약이 있다.

(60) ㄱ. **행여** 내 말을 들어주**면** 고맙겠다.
　　ㄴ. **행여** 그분과 연락이 닿**거든** 내 소식 좀 전해.
　　ㄷ. **행여** 시험에 떨어**져도** 너무 상심하지 마라.
　　ㄹ. **행여** 자식들이 다**칠세라** 어머니는 늘 마음을 졸이셨다.
　　ㅁ. **행여** 경찰이 따라오**는지** 자꾸 뒤를 돌아보았다.
　　ㅂ. **행여** 우리 아이가 탈선되지 않**도록** 잘 보살펴 주십시오.
　　ㅅ. **행여** 그녀가 떠나갈까 보**아** 그는 늘 전전긍긍하였다.

　'행여'가 가려잡는 이음씨끝 '-어(서)'는 특수한 제약 아래 적격하게 쓰인다. 으뜸움직씨 줄기에 '-어(서)'가 바로 연결되는 것이 아니라 풀이씨 줄기에 도움풀이씨 '-을까 보-', '-을까 싶-', '-을까 하-'가 결합된 다음에 연결되는 특성을 보인다.

(61) ㄱ. **행여** 비밀이 들어**날까 보아** 그녀는 노심초사하였다.

ㄴ. **행여** 편지가 **올까 싶어** 외출도 하지 못했다.
ㄷ. **행여** 해결책이 있**을까 하여** 친구를 만났다.

(61)에서 '-을까'를 제외한 뒷부분이 생략되더라도 (62)와 같이 적격한 월이 되는데, (62)는 (61)로 의미상 차이 없이 환원될 수 있다.

(62) ㄱ. **행여** 비밀이 들어**날까** 그녀는 노심초사하였다.
ㄴ. **행여** 편지가 **올까** 외출도 하지 못했다.
ㄷ. **행여** 해결책이 있**을까** 친구를 만났다.

'행여'가 가려잡는 '-을까 하-'인 경우에는 이음씨끝 '-어'만 결합될 수 있는 것은 아니고 매김씨끝 '-는'이 결합되더라도 적격해진다. 곧 (63)에서와 같이 '행여'가 매김꼴 안긴마디의 꾸밈말로 쓰이더라도 적격해진다.[60]

(63) ㄱ. **행여** 돈을 빌릴까 <u>하는</u> 생각에 친구를 찾아갔다.
ㄴ. **행여** 비가 올까 <u>하는</u> 마음에 우산을 가지고 갔다.

'행여'는 위에서 살핀 바와 같이 특수한 경우를 제외하면 주로 이음씨끝의 앞마디에 놓여 특정의 이음씨끝을 가려잡는 제약을 보인다. '행여'가 꾸밈말로 쓰이기 위해서는 이와 같은 제약이 따르며 이를 지키지 않으면 부적격한 월이 된다. 그러나 '행여'가 꾸밈말로 적절하게 쓰인 이은월에서 '행여'가 삭제되더라도 월의 적격성에 영향을 미치지 않는다. 뜻에서도 '행여'의 뜻만 덜어질 뿐 삭제 전과 별다른 차이가 없기 때문에

---

[60] '행여'가 '하는'과 통합 관계를 이루어 다음과 같이 '행여 하는'이란 익은말을 이루어 쓰이기도 한다.
행여 하는 마음으로 친구를 기다렸다.

이은월 짜임에서의 '행여'는 필수 요소에 해당하는 것은 아니다.[61]

4. 뒷마디를 가려잡는 어찌씨의 통사 특성

이은월의 뒷마디만을 가려잡는 어찌씨에는 '대뜸', '부득이', '이내', '이 윽고', '차라리', '하물며', '작히', '실은' 따위가 있다. 여기에서는 이들의 통사적 특성을 밝히기로 한다.

4.1. 대뜸

<이것저것 헤아릴 것 없이 그 자리에서 곧>의 뜻을 지닌 어찌씨 '대뜸' 은 주로 이은월의 뒷마디에서 꾸밈말로 쓰인다. 홑월에서 쓰이는 일도 있 지만 이 경우에도 이은월의 앞마디가 생략된 것으로 추정할 수 있다.

(64) ㄱ. 오빠는 **대뜸** 그의 면상을 후려갈겼다.
　　 ㄴ. (**그가 들어오자마자**) 오빠는 **대뜸** 그의 면상을 후려갈겼다.

곧 (64ㄱ)에서 앞마디로 '그가 들어오자마자'를 상정할 수 있다. 이 밖 에도 상황에 따라 여러 가지 앞마디를 상정할 수 있는데, 이는 바로 ㄱ 이 상황이나 문맥에 따라 앞마디의 내용이 예측 가능하여 생략되었음을 보여준다.

---

61) '행여'가 꾸밈말로 쓰인 반어법을 실현하는 홑월에서는 '행여'가 생략되면 뜻이 달라 진다. '행여'가 삭제되더라도 적격한 월이 되지만 삭제 전과는 뜻이 달라지기 때문에 여기서의 '행여'는 반어법 월 짜임에서 필수 요소가 된다.

'대뜸'은 주로 이은월의 뒷마디에서 꾸밈말로 쓰이는데, '대뜸' 자체가 월을 구성하는 필수 월조각은 아니다. '대뜸'이 삭제더라도 월 짜임의 적격성에는 영향을 미치지 않고 '대뜸'의 뜻만 덜어지기 때문이다. 그러나 '대뜸'이 꾸밈말로 쓰이면 월 짜임에 영향을 미쳐 이은월이어야 하며, 또한 이음씨끝도 일부만 가려잡는 제약이 따른다. 이 조건을 충족시키는 보기를 들면 다음과 같다.

(65) ㄱ. 술 한 잔을 받아들더니 **대뜸** 노래를 시작했다.
ㄴ. 상황이 어떤지도 모르**면서** **대뜸** 화부터 냈다.
ㄷ. 선배인 것도 모르**고** **대뜸** 반말을 해 댔다.
ㄹ. 그는 만나**마자** **대뜸** 이름이 뭐냐고 물었다.
ㅁ. 선생님은 질문만 하**면** **대뜸** 화를 내신다.

이와 같이 '대뜸'은 이은월의 뒷마디에서 꾸밈말로 쓰이며, 이음씨끝으로 '-니, -면서, -고, -자마자, -면' 따위를 가려잡는 통사 어찌씨에 해당한다.

4.2. 부득이

<마지못하여 할 수 없이>의 뜻을 지닌 어찌씨 '부득이(不得已)'는 주로 이은월의 뒷마디에서 쓰이는 제약을 가진다. 앞마디는 '부득이'의 <이유나 원인>을 나타내는데, 이런 앞마디가 놓이지 않으면 불완전한 월이 된다.[62]

---

62) '부득이(不得已)'에는 그림씨 파생가지 '-하다'가 결합되어 <마지못해 어쩔 수 없다>란 뜻을 지닌 그림씨가 파생되었다. 그러나 '부득이(不得已)'와, 뜻과 쓰임이 비슷한 '부득불(不得不)'과 '불가불(不可不)'에는 그림씨 파생가지 '-하다'가 결합되지

(66) ㄱ. #**부득이** 먼저 떠납니다.

ㄴ. #**부득이** 전기 요금을 인상하기로 했습니다.

(66)에서 '부득이'가 없으면 완전한 월이지만 '부득이'가 꾸밈말로 쓰임으로 말미암아 불완전한 월이 되었다. 따라서 '부득이'가 월 짜임에 영향을 미쳐 통사 어찌씨에 해당함이 확실하다.

(66)이 완전한 월이 되기 위해서는 (67)과 같이 '부득이'의 <이유나 원인>을 나타내는 앞마디가 필요하다.

(67) ㄱ. 다급한 용무가 생겨 **부득이** 먼저 떠납니다.

ㄴ. 원유 가격이 인상되어서 **부득이** 전기 요금을 인상하기로 했습니다.

'부득이'가 적절하게 쓰이기 위해서는 (67)과 같이 <이유나 원인>을 나타내는 이음씨끝이 쓰여야 하기 때문에 '부득이'는 앞마디와 아울러 <이유나 원인>의 이음씨끝을 가려잡는 통사적 제약을 보인다. (67)에서 쓰인 이음씨끝 이외에 <이유나 원인>을 나타내는 이음씨끝이 쓰인 보기를 들면 다음과 같다.

(68) ㄱ. 불법 자금 조성 혐의가 밝혀지**자**[63] 그는 **부득이** 회장직에서 물러났다.

ㄴ. 돈이 없으**니까 부득이** 굶을 수밖에 없었다.

ㄷ. 비가 오**므로 부득이** 야구 경기를 중단시켰다.

'부득이'는 반드시 <이유나 원인>의 이음씨끝으로 이루어진 앞마디만을 가려잡는 것은 아니다. <이유나 원인>의 이음씨끝에 준하는 통사적

않는다. 곧 '부득불(不得不)하다'와 '불가불(不可不)하다'란 그림씨는 존재하지 않는다.

63) 이음씨끝 '-자'는 여러 의미 특성을 가진다. 여기서의 '-자'는 <원인>을 나타낸다.

짜임새가 놓이더라도 적격한 월이 된다.

(69) ㄱ. 신청자가 정원에 미달했**기 때문에 부득이** 신청 기간을 연장합니다.
ㄴ. 빚진 돈을 갚**기 위해서** 아버지는 **부득이** 땅을 팔았다.
ㄷ. **우루과이 라운드의 타결로 부득이** 외국 농산물을 수입하게 되었다.

(69)에서 ㄱ은 통사적 짜임새 '-기 때문에'가 <이유나 원인>의 이음 씨끝에 준하기 때문에 '부득이'가 꾸밈말로 쓰였더라도 적격한 월이 되었다. ㄴ도 '-기 위해서'가 '-기 때문에'와 마찬가지로 <이유나 원인>을 나타내기 때문에 적격한 월이 되었다. ㄷ은 통사적 짜임새인 '우루과이 라운드의 타결'로가 <이유나 원인>을 나타내기 때문에 적격한 월이 되었다.

'부득이'가 월에서 꾸밈말로 쓰이기 위해서는 <이유나 원인>의 이음 씨끝으로 이루어진 앞마디나 이에 준하는 통사적 짜임새가 있어야 완전한 월이 되지만, 이런 조건을 갖춘 월에서 '부득이'는 삭제되더라도 '부득이'의 의미만 덜어질 뿐 적격한 월이 되기 때문에 '부득이'가 월 짜임에 필수 월조각에 해당하지는 않는다.

4.3. 이내

<얼마 되지 않아서 곧>의 뜻을 나타내는 어찌씨 '이내'는 주로 이은 월에서 쓰이는 제약을 보인다. '이내'는 이은월의 뒷마디에서 꾸밈말로 쓰이며 앞마디의 꾸밈말로는 쓰이지 않는 제약이 있다. '이내'가 홑월에서 꾸밈말로 쓰이게 되면 대체로 불완전한 월이 된다.

(70) ㄱ. 어머니가 아들에게 핀잔을 주자 아들은 **이내** 울음을 터트렸다.
    ㄴ. #아들은 **이내** 울음을 터트렸다.

(70)에서 ㄱ은 '이내'가 이은월의 뒷마디에 놓여 적격한 월이 되었다. ㄴ은 '이내'가 홑월에 놓여 ㄴ 자체만으로는 부적격한 월은 아니지만 불완전한 월이 되었다. 완전한 월이 되기 위해서는 '이내' 이전 상황에 해당하는 앞마디가 요구된다. 왜냐하면 '이내'는 '어떤 사건이나 사태가 일어나고 얼마 지나지 않아서 곧'이란 의미 특성을 지니기 때문에 '이내' 앞에는 바로 이전에 일어난 사건이나 사태를 나타내는 앞마디가 놓여야 완전한 월이 된다.

'이내'가 이은월의 앞마디에서 쓰이지 않더라도 완전한 월처럼 보이는 경우가 있다. 다음은 임자말을 꾸미는 매김마디가 포함된 안은월에 해당하지만 '이내'가 꾸밈말로 쓰였다.

(71) ㄱ. **칼질하던** 어머니는 **이내** 칼질을 멈추었다.
    ㄴ. **어머니와 마주친** 아이는 **이내** 손을 살래살래 내젓는다.

(71)에서 밑줄 친 앞 부분이 없다면 불완전한 월인데, 밑줄 친 부분으로 말미암아 '이내'의 직전 사건을 예견할 수 있게 됨으로 말미암아 적격한 월이 된 것으로 보인다. (71)을 의미상 차이 없는 이은월로 전환할 수도 있다.

(72) ㄱ. **칼질을 하다가** 어머니는 **이내** 칼질을 멈추었다.
    ㄴ. **어머니와 마주치자** 아이는 **이내** 손을 살래살래 내젓는다.

따라서 (71)은 (72)에서 밑줄 친 부분이 생략된 것으로 추정할 수 있다. 곧 (72)의 밑줄 친 부분이 복원되어 (73)과 같이 완전한 월이 되는 것으로 보인다.

(73) ㄱ. **칼질하던** 어머니는 **칼질을 하다가 이내** 칼질을 멈추었다.
ㄴ. **어머니와 마주친** 아이는 **어머니와 마주치자 이내** 손을 살래살래 내젓는다.

이와 같이 '이내'는 홑월에서 쓰이면 본디 이은월이었던 것이 문맥이나 상황에 따라 앞마디가 예측 가능한 경우에 생략된 불완전한 월에 해당하며, 그 밖에 이은월이 아닌 월인데도 적격한 것은 '이내' 이전의 사건이나 사태를 표현한 부분이 있기 때문이다.

이은월만을 가려잡는 '이내'는 이은월의 뒷마디에만 놓일 수 있는 통사적 제약을 가지지만, '이내'는 월을 짜 이루는 데 있어서 필수 월조각은 아니다. '이내'가 쓰인 월에서 '이내'를 삭제하더라도 '이내'의 뜻만 덜어질 뿐 월의 적격성에는 문제가 생기지 않기 때문에 수의 월조각에 해당한다. 그러나 '이내'가 꾸밈말로 적절하게 쓰이기 위해서는 반드시 이와 같은 통사적 제약이 지켜져야 한다.

'이내'는 이음씨끝의 선택에도 제약을 미쳐 특정의 이음씨끝만을 가려잡는다. '이내'가 가려잡는 이음씨끝으로는 '-(더)니', '-자', '-고', '-다가', '-면서', '-며', '-으나', '-는지', '-으면', '-지만', '-어' 따위가 있어 비교적 여러 이음씨끝을 가려잡는 편이다. 이에 속하는 보기를 들면 다음과 같다.

(74) ㄱ. 아침부터 날씨가 흐리**더니 이내** 비가 오기 시작했다.
ㄴ. 점심 식사를 마치**자 이내** 졸음이 몰려왔다.
ㄷ. 아이는 저녁 식사를 끝내**고 이내** 밖으로 나갔다.
ㄹ. 나뭇잎이 나풀거리**다가 이내** 땅위로 떨어졌다.
ㅁ. 마을에 저택이 들어서**면서** 그는 **이내** 기가 죽었다.

ㅂ. 기적 소리를 울리**며** 기차는 **이내** 출발하였다.

ㅅ. 명희는 경수의 협박에 놀랐**으나 이내** 평상심을 되찾았다.

ㅇ. 그는 정신을 차렸**는지 이내** 눈을 떴다.

ㅈ. 코를 닦으**면 이내** 분진이 묻어난다.

ㅊ. 천둥소리에 다소 놀랐**지만 이내** 마음이 가라앉았다.

ㅋ. 하체의 근육이 풀**려 이내** 주저앉고 말았다.

'이내'는 이음씨끝에 준하는 통사적 짜임새를 가려잡기도 한다. '-은 채', '-은 후', '-은 뒤' 따위의 매인이름씨 짜임새가 놓일 수 있다.

(75) ㄱ. 그 꽃은 제대로 피지도 못**한 채 이내** 시들어 버리고 말았다.

ㄴ. 응급실에 도착**한 후** 그의 몸은 **이내** 붕대로 감싸였다.

ㄷ. 진통제를 맞**은 뒤** 통증이 **이내** 가셨다.

이와 같이 '이내'는 이은월의 뒷마디에서 꾸밈말로 쓰이며, 이음씨끝으로 '-(더)니', '-자', '-고', '-다가', '-면서', '-며', '-으나', '-는지', '-으면', '-지만', '-어' 따위나, '-은 채', '-은 후', '-은 뒤' 따위의 통사적 짜임새를 가려잡는 통사 어찌씨에 해당한다.

4.4. 이윽고

<얼마쯤 있다가>의 뜻을 나타내는 어찌씨 '이윽고'는 주로 이은월에서 쓰이는 제약을 지닌다. '이윽고'는 이은월에서 뒷마디에 놓인다. 앞마디에 놓이면 부적격한 월이 되며, 홑월에 쓰이게 되면 불완전한 월이 된다.

(76) ㄱ. 그는 한참을 망설이다가 **이윽고** 솔직히 모든 내막을 털어놓았다.

ㄴ. #**이윽고** 소년은 목적지를 찾았다.

(76)에서 ㄱ은 '이윽고'가 이은월의 뒷마디에 놓여 적격한 월이 되었다. ㄴ은 '이윽고'가 홑월에 놓여 ㄴ 자체만으로는 부적격한 월은 아니지만 불완전한 월이 되었다. ㄴ에서 '이윽고'를 삭제하면 완전한 월이 되지만 '이윽고'가 꾸밈말로 쓰임으로 말미암아 불완전한 월이 되었기 때문에 '이윽고'가 월 짜임에 영향을 미치는 통사 어찌씨임을 확인할 수 있다. ㄴ이 완전한 월이 되기 위해서는 '이윽고' 이전 상황에 대한 설명에 해당하는 앞마디가 요구된다. ㄴ에 이에 상당하는 앞마디를 상정하여 보완하면 (77)과 같은 완전한 월이 된다.

(77) ㄱ. **목적지 근처를 맴돌다가 이윽고** 소년은 목적지를 찾았다.
ㄴ. **밤 아홉 시가 되자 이윽고** 소년은 목적지를 찾았다.
ㄷ. **두 시간을 헤매더니 이윽고** 소년은 목적지를 찾았다.

곧 '이윽고'의 이전 상황이 앞마디로 표현된 (77)은 완전한 월이다. (77)에서 앞마디의 내용이 문맥이나 상황에 의해 예측되는 경우 앞마디를 생략하면 (76ㄴ)이 된다. 앞마디의 내용이 전제되지 않은 (76ㄴ)은 자체만으로는 불완전한 월이 되기 때문에 '이윽고'는 이은월의 뒷마디에 놓인다고 하겠다.

'이윽고'가 이은월의 뒷마디에 놓이지만, (78)과 같이 표면적으로 앞마디에 놓인 것처럼 보이는 월이 있다.

(78) ㄱ. **이윽고** 경기가 시작되자 선수들이 모습을 드러냈다.
ㄴ. **이윽고** 날이 저물자 우리는 잠자리에 들었다.

(78)은 이은월에 해당하지만 '이윽고' 자체에 의해 이끌리는 이은월이 아니다. '이윽고'가 없으면 (78)은 완전한 월이 되지만 '이윽고'가 월 앞

에 놓임으로 말미암아 불완전한 월이 되었다. (78)이 완전한 월이 되기 위해서는 (79)와 같이 '이윽고' 이전 상황에 대한 설명에 해당하는 앞마디가 놓여야 한다.

(79) ㄱ. **소나기가 그치고 이윽고** 경기가 시작되자 선수들이 모습을 드러냈다.
　　 ㄴ. **친구와 대화를 나누다가 이윽고** 날이 저물자 우리는 잠자리에 들었다.

곧 (78)은 (79)와 같이 '이윽고' 앞에 놓였던 앞마디가 문맥이나 상황에 따라 예측이 가능함로 생략되어 이루어진 월로, (78) 자체만으로는 불완전한 월이 된다.

(78)에서 '이윽고'가 뒷마디로 이동을 하게 되면, 이은월의 뒷마디에 쓰여 (80)과 같이 적격한 월이 되지만 이동 전과 의미가가 달라진다.

(80) ㄱ. 경기가 시작되자 선수들이 **이윽고** 모습을 드러냈다.
　　 ㄴ. 날이 저물자 **이윽고** 우리는 잠자리에 들었다.

(78)과 (80)은 단순히 '이윽고'의 위치 차이가 아니라 완전한 월이냐 아니냐, '이윽고'에 의해 꾸밈 받는 월조각이 무엇이냐 따위에서 차이를 보인다.

'이윽고'는 이은월의 뒷마디에서 쓰이면서 앞마디를 가려잡는 통사 어찌씨로, 앞마디의 이음씨끝에도 영향을 미쳐 특정의 이음씨끝만을 가려잡는 제약을 보인다. '이윽고'가 가려잡는 이음씨끝은 '이윽고' 이전 상황을 설명하는 데 쓰일 수 있는 것들로, '-(더)니', '-자', '-다가', '-어서', '-고' 따위가 있다.

(81) ㄱ. 빗방울이 떨어지**더니 이윽고** 비가 세차게 내렸다.
　　 ㄴ. 한참을 기다리**자 이윽고** 할아버지가 방으로 들어섰다.
　　 ㄷ. 철수는 한숨을 뿜어내**다가 이윽고** 벌떡 일어섰다.
　　 ㄹ. 차는 세 시간을 달**려서 이윽고** 공주에 도착하였다.
　　 ㅁ. 소나기가 그치**고 이윽고** 뭉게구름이 사방으로 흩어졌다.

이와 같이 '이윽고'는 이은월의 뒷마디에서 꾸밈말로 쓰이면서 '-(더)니', '-자', '-다가', '-어서', '-고' 따위의 이음씨끝을 가려잡는 통사 어찌씨이다.

4.5. 차라리

<그럴 바에는 오히려>의 뜻을 지닌 어찌씨 '차라리'는 앞의 사실에 비해 뒤의 사실이 더 나음을 나타내는 경우에 쓰인다. '차라리'는 주로 이은월의 뒷마디에서 꾸밈말로 쓰인다. 앞마디에 놓이면 부적격한 월이 되며, 홑월에 쓰이게 되면 불완전한 월이 된다.

(82) ㄱ. 욕되게 사**느니 차라리** 죽음을 택하리라.
　　 ㄴ. 그렇게 시간이 많이 걸리**면 차라리** 이사를 가자.
　　 ㄷ. #**차라리** 죽는 편이 낫다.

(82)에서 ㄱ과 ㄴ은 '차라리'가 이은월의 뒷마디에 놓였기 때문에 적격한 월이 되었지만, ㄷ은 홑월에 쓰여 불완전한 월이 되었다. ㄷ이 문맥이나 상황으로 '치욕스럽게 사느니' 따위의 앞마디가 생략되거나 예측 가능한 경우에 쓰일 수 있지만 앞마디가 없는 ㄷ 자체는 불완전한 월에 해당한다. '차라리'는 이은월의 뒷마디를 가려잡을 뿐 아니라 이음씨끝에도

제약을 일으켜 일부 이음씨끝만을 가려잡는 통사적 제약을 보이기 때문에 통사 어찌씨에 해당한다. (82)의 '-느니', '-면' 이외에 '차라리'가 가려잡을 수 있는 이음씨끝의 보기를 들면 다음과 같다.

(83) ㄱ. 그녀와 결혼할 수 없**다면 차라리** 평생 혼자 살겠다.
　　 ㄴ. 이 소설은 지나치게 이론적이**어서 차라리** 학술 논문 같다.
　　 ㄷ. 세상에 휘둘리지 말**고 차라리** 목석같이 살자.
　　 ㄹ. 좋은 소리 안 나올 것이 뻔**한데 차라리** 안 듣겠다.

이와 같이 '차라리'는 이은월의 뒷마디에 놓여 특정의 이음씨끝을 가려잡으며, 이음씨끝에 준하는 통사적 짜임새를 가려잡기도 한다. 이은월의 짜임새에 해당하나 통사적 짜임에 의해 이어지는 월을 보면 다음과 같다.

(84) ㄱ. 부끄러운 이름을 남**길 바에**[64) **차라리** 죽음을 택하겠다.
　　 ㄴ. 결혼을 한 후 이혼을 하**는 것보다는 차라리** 파혼을 하는 게 나을지도 모른다.
　　 ㄷ. 구차하게 변명조로 말하**기보다 차라리** 용서를 구하는 편이 낫다.

(84)에서는 두 월이 이음씨끝에 의해 연결된 것이 아니라 '-을 바에', '-는 것보다' 등 통사적 짜임새나 '-기보다'에 의해 연결되었지만, 뒷마디에 '차라리'가 쓰여 적격한 월이 되었다.

'차라리'가 주로 이은월의 뒷마디에서 '-느니' 등 일부 이음씨끝이나 이은월에 준하는 월에서 일부 통사적 짜임새를 가려잡지만, '차라리'가 꾸밈말로 쓰인 월 (82), (83), (84)에서 '차라리'가 삭제되더라도 '차라리'

---

64) '-을 바에' 뒤에는 도움토씨 '는', '야'가 결합되어 '을 바에는', '을 바에야로 쓰이기도 한다.

의 뜻만 덜어질 뿐 적격한 월이 되기 때문에 '차라리'는 월 짜임에서 필수 월조각에 해당하지는 않는다.

'차라리'는 이은월 밖에도 일부 홑월에서 꾸밈말로 쓰이기도 한다. 비교를 나타내는 'N+보다(는)'으로 구성된 부가말이 '차라리' 앞자리에 놓이는 홑월에서는 '차라리'가 꾸밈말로 쓰일 수 있다.

> (85) ㄱ. **온실 속의 꽃보다는** 차라리 들판의 풀처럼 살겠다.
>   ㄴ. 건강에는 **커피보다는** 차라리 녹차가 좋다.
>   ㄷ. 나는 **독설가보다는** 차라리 비판가가 되겠다.

(85)는 모두 'N+보다(는)'이 포함된 홑월로, '차라리'가 꾸밈말로 쓰여 적격한 월이 되었다. 이 때 'N'은 '차라리' 뒤에 놓이는 이름씨와 대립 관계를 이룰 수 있는 이름씨이어야 한다. (85)에서 'N+보다(는)'이 삭제되면 불완전한 월이 된다.

> (86) ㄱ. #**차라리** 들판의 풀처럼 살겠다.
>   ㄴ. #건강에는 **차라리** 녹차가 좋다.
>   ㄷ. #나는 **차라리** 비판가가 되겠다.

(86)에서 '차라리'가 삭제되면 적격한 월이 된다. 곧 적격한 월에 '차라리'가 꾸밈말로 쓰임으로 말미암아 (86)과 같은 불완전한 월이 되었다. (86)이 완전한 월이 되기 위해서는 (85)와 같이 '차라리'에 의해 이끌리는 'N+보다(는)'의 부가말이 필요하다. 이 부가말은 문맥이나 상황에 따라 생략될 수 있지만, 본디부터 이 부가말이 없는 홑월이라면 불완전한 월이 된다. (86)에는 'N+보다(는)'의 부가말을 상정할 수 있을 뿐 아니라, 앞마디도 상정하여 (87)과 같이 보충하면 적격한 월이 될 수 있다.

(87) ㄱ. **온실 속에 꽃처럼 사느니** 차라리 들판의 풀처럼 살겠다.

ㄴ. **굳이 커피와 녹차를 마신다면** 건강에는 차라리 녹차가 좋다.

ㄷ. **독설가 되느니** 나는 차라리 비판가가 되겠다.

이와 같이 '차라리'는 이은월의 뒷마디에 놓여 특정의 이음씨끝이나 통사적 짜임새를 가려잡든가, 홑월에서 견줌말을 필수적 부가말로 요구하는 경우에 적격하게 쓰이는 통사적 특성을 보인다.

4.6. 하물며

<더군다나>의 뜻을 지닌 어찌씨 '하물며'는[65] 이은월에서 뒷마디의 앞자리에 놓여 앞마디의 내용보다 뒷마디의 내용이 더 긍정적임을 나타낸다. '하물며'가 이은월의 앞마디에 쓰이면 부적격한 월이 되며, 홑월에 놓이면 (88)과 같이 불완전한 월이 된다.

(88) ㄱ. **#하물며** 사람이 어찌 그럴 수 있니?

ㄴ. **#하물며** 세 시간 안에 이 일을 다 하라니.

'하물며'가 꾸밈말로 쓰인 (88)은 완전한 월이 아니며, 문맥이나 상황에 따라 앞마디가 생략된 경우에 쓰인다. 생략된 부분이 없이 (88)이 전부라면 불완전한 월이 된다. (88)에서 '하물며'가 삭제되면 적격한 월이 되는 것으로 보아 '하물며'가 월 짜임의 적격성에 영향을 미치고 있음을 알 수 있다. (88)이 완전한 월이 될 수 있도록 앞마디를 상정하여 보완

---

65) '하물며'와 뜻과 쓰임에서 유사한 것으로 '항차'가 있으나 주로 글말에서 쓰인다. 한자어로는 '하황(何況)', '황차(況且)'가 뜻과 쓰임에서 유사하지만, 이들 한자어는 현재 입말에서는 거의 쓰이지 않고, 글말에서 간혹 쓰이는 일이 있다.

하면 (89)와 같다.

> (89) ㄱ. **짐승도 제 새끼는 예뻐하거늘 하물며** 사람이 어찌 그럴 수 있니?
>   ㄴ. **하루 종일 해도 다 못 하는데 하물며** 세 시간 안에 이 일을 다
>   하라니.

곧 (89)에서 앞마디가 생략된 (88)은 불완전한 월로, 실제 발화에서 쓰일 수는 있지만, 앞마디가 본디부터 없다면 부적격한 월이 된다.

'하물며'는 홑월은 가려잡지 않고 이은월만 가려잡되, 놓이는 위치는 뒷마디의 앞자리이어야 하는 통사적 제약이 따르기 때문에 통사 어찌씨에 해당한다. '하물며'가 모든 이은월에서 쓰일 수 있는 것은 아니고 극히 일부 이음씨끝만을 가려잡는 제약이 따른다. '하물며'가 가려잡는 이음씨끝으로는 '-거든'[66], '-거늘', '-는데', '-을진대' 따위가 있다.

> (90) ㄱ. 미물도 은혜를 갚**거든 하물며** 사람이 은혜를 모르겠느냐?
>   ㄴ. 미물도 자식을 위해 희생하**거늘 하물며** 인간이야 어떠하겠는가?
>   ㄷ. 하늘도 속이**는데 하물며** 어린아이 속이는 게 뭐 대수야?
>   ㄹ. 짐승도 자기 종족은 아니 먹**을진대 하물며** 사람이 그러겠느냐?

(89)와 (90)에서 '하물며'가 삭제되더라도 '하물며'의 뜻만 덜어질 뿐 월의 적격성에 문제가 되지 않기 때문에 '하물며'는 월 짜임에서 필수 월조각은 아니다. 그러나 '하물며'가 월에서 적절하게 쓰이려면 통사 제약이 가해져 이은월이어야 하고, 이은월의 뒷마디의 앞자리에 놓여야 하며, 특정의 이음씨끝이어야 하는 제약이 따른다.

'하물며'는 뒷마디의 맨 앞자리에 놓여야 한다. 뒷마디에 임자말이 있

---

66) '하물며'가 가려잡는 '-거든'은 <가정이나 조건>을 나타내는 것이 아니라 <어떤 사실을 인정함으로써 이와 비교하여 다음 말을 강조>하는 뜻을 나타낸다.

는 경우 다른 통사 어찌씨들은 임자말 앞이나 뒤에 놓이더라도 적격한 월이 되지만 '하물며'는 임자말의 앞에만 놓여 앞마디와 뒷마디를 이어 주는 기능을 하는 것으로 보여 이음어찌씨의 범주에 포함된다.

(91) ㄱ. 미물도 은혜를 갚거늘 **하물며** 사람이 은혜를 모르겠느냐?
ㄴ. *미물도 은혜를 갚거늘 사람이 **하물며** 은혜를 모르겠느냐?
ㄷ. *미물도 은혜를 갚거늘 사람이 은혜를 **하물며** 모르겠느냐?

이와 같이 '하물며'는 월 짜임에서 통사적 제약을 미칠 뿐 아니라 말본 범주인 의향법에도 영향을 미친다. 의향법 가운데 주로 물음법을 가려잡으며, 물음월 가운데에서도 반어법을 실현하는 물음월이나 감탄적 물음월을 가려잡는다.

4.7. 작히

<그 정도가 대단하다>의 뜻을 지닌 어찌씨 '작히'는[67] 주로 이은월의 뒷마디에 놓인다. '작히'가 홑월이나 이은월의 앞마디에 놓이면 부적격하거나 불완전한 월이 된다.

(92) ㄱ. 제 소원이 이루어진다면 **작히** 좋겠습니까?
ㄴ. *저분이 **작히** 좋으면 그러시겠습니까?
ㄷ. #부모님이 **작히** 기뻐하시겠니?

(92ㄱ)은 '작히'가 이은월의 뒷마디에서 꾸밈말로 쓰였기 때문에 적격

---

67) '작히'를 강조하여 이르는 어찌씨로 '작히나'가 있다. '작히'에 도움토씨 '나'가 결합하여 이루어졌다.

한 월이 되었지만 ㄴ은 앞마디에서 꾸밈말로 쓰여 부적격한 월이 되었다. ㄷ은 완전한 월이 아니며, 문맥이나 상황에 따라 앞마디가 생략된 경우에 쓰이는 불완전한 월이다. ㄷ에 상정될 수 있는 앞마디를 보충하면 다음과 같다.

(93) **네가 입학시험에 합격하면** 부모님이 **작히** 기뻐하시겠니?

이와 같이 '작히'는 이은월의 뒷마디에서 꾸밈말로 쓰이지만, 모든 이은월의 뒷마디에서 적격하게 쓰일 수 있는 것은 아니다. '작히'가 적격하게 쓰이기 위해서는 첫째로, 의향법에 제약이 따른다. '작히'가 정도 어찌씨에 속하기 때문에 움직씨를 꾸미지 않아 시킴월과 함께함월에 쓰일 수 없음은 자명하지만, 이 밖에도 서술월에서 쓰이지 않으며 물음월에서도 수사 물음월인 경우에만 적격하게 쓰인다. 또한 느낌월에서 적격하게 쓰일 수 있다. 곧 '작히'는 의향법에서 수사 물음월과 느낌월을 가려잡는 제약이 따른다.

'작히'는 이은월의 뒷마디에 놓이고 의향법 제약 조건도 만족시켰다고 해서 모두 적격하게 쓰일 수 있는 것은 아니다. 이음씨끝에도 제약이 따라서 극히 일부의 이음씨끝만을 가려잡는다. 수사 물음월인 경우에 주로 이음씨끝으로 '-면'을 가려잡고, 느낌월인 경우에 주로 '-다니'를 가려잡는다.

(94) ㄱ. 이 일을 그렇게만 마무리해 주시**면 작히** 좋겠**습니까?**
ㄴ. 평생의 소원이 이루어지셨**다니 작히** 좋으시겠**군**요.

(94ㄱ)과 같이 수사 물음월에 쓰인 '작히'는 삭제될 수 없다. 삭제되어

적격한 월이 되더라도 삭제 전과 의미가 달라져 수사 물음월로서의 기능을 잃기 때문에 '작히'는 월 짜임의 필수 요소가 된다. ㄴ과 같이 느낌월에 쓰인 '작히'는 삭제되더라도 월의 적격성에는 영향을 미치지 않기 때문에 수의 요소가 된다.

이와 같이 '작히'는 월 짜임에서 이은월의 뒷마디에 놓이는 통사적 제약을 미칠 뿐 아니라 이음씨끝에도 영향을 미쳐 극히 일부의 이음씨끝만을 가려잡는다. 말본 범주인 의향법에도 영향을 미쳐, 주로 물음법을 가려잡으며, 물음월 중에서도 수사 물음월을 가려잡거나 느낌월을 가려잡는다.

4.8. 실(實)은

<실제로는, 사실대로 말하자면>의 뜻을 지닌 어찌씨 '실(實)은'은 이은월의 뒷마디 앞자리에서 꾸밈말로 쓰이어, 겉으로 드러난 앞마디의 내용과 다른 실제적인 뒷마디의 내용을 이어 주는 역할을 한다. '실은'이 이은월의 앞마디에 쓰이면 부적격한 월이 되며, 홑월에 놓이면 불완전한 월이 된다.

> (95) ㄱ. 아직은 괜찮다고 했지만, **실은** 다리가 몹시 아프다.
> ㄴ. ***실은** 아직은 괜찮다고 했지만, 다리가 몹시 아프다.
> ㄷ. #**실은** 다리가 몹시 아프다.

(95)에서 ㄱ은 '실은'이 뒷마디에 놓였기 때문에 적격한 월이 되었지만, ㄴ은 앞마디에 놓여 부적격한 월이 되었다. ㄷ은 홑월에 쓰였는데 이 월만으로는 완전하지가 않다. ㄷ과 내용상 다른 앞마디가 생략되었거나, 예

측이 가능한 상황에서만 쓰일 수 있기 때문에 불완전한 월에 해당한다.

'실은'이 모든 이은월의 뒷마디에서 쓰일 수 있는 것은 아니고 극히 일부 이음씨끝만을 가려잡는 제약이 따른다. '실은'이 가려잡는 이음씨끝으로는 '-지만'을 비롯해서 '-으나', '-고', '-라' 따위가 있다.

(96) ㄱ. 저 아이가 순진한 것 같**지만 실은** 여간 영악한 아이가 아니네.
ㄴ. 겉으로 보기에 진품 같<u>으나</u> **실은** 가짜였다.
ㄷ. 놀러 온 게 아니<u>고</u> **실은** 부탁할 일이 있어 왔어.
ㄹ. 그 물건은 훔친 게 아니<u>라</u> **실은** 주운 것이다.

'실은'은 주로 이음씨끝 '-지만'이나 '-으나'를 가려잡고 '-고'와 '-라'는 특수한 경우에 가려잡는다. '-라'는 앞마디의 풀이말이 '아니다'일 때 쓰인다.

(96)에서 '실은'이 삭제되더라도 '실은'의 뜻만 덜어질 뿐 월의 적격성에 문제가 되지 않기 때문에 '실은'은 월 짜임에서 필수 월조각은 아니다. 그러나 '실은'이 월에서 꾸밈말로 적절하게 쓰이려면 통사 제약이 가해져 이은월이어야 하고, 이은월의 뒷마디에 놓여야 하며, 특정의 이음씨끝여야 하는 통사 제약이 따른다.

앞마디와 뒷마디의 의미상의 관계는 대립적인 병렬 관계로 반대나 부정의 관계일 때 적격하게 쓰이기 때문에 이음씨끝도 주로 이런 특성을 지닌 '-지만'이나 '-으나'를 가려잡는다. 이음씨끝이 '-고'나 '-라'인 경우에는 앞마디가 부정의 월로 풀이말이 '아니다'이고 뒷마디가 앞마디와 대립적인 긍정의 월일 때 적격하게 쓰인다.

5. 앞·뒷마디를 가려잡는 어찌씨의 통사 특성

어찌씨 가운데 홑월에서는 꾸밈말로 쓰이지 않고 이은월에서만 꾸밈말로 쓰이되, 앞마디에도 놓일 수 있고 뒷마디에도 놓일 수 있어 앞·뒷마디를 가려잡는 통사 어찌씨가 이 범주에 해당한다. 이에 속하는 어찌씨로는 '딱히', '마침', '오직', '여북' 따위가 있다.

5.1. 딱히

<확실히. 분명히. 정확히. 한마디로>의 뜻을 지닌 어찌씨 '딱히'[68]는 이은월의 앞마디나 뒷마디에서 꾸밈말로 쓰인다. 홑월에서 쓰이는 일도 있지만 이 경우에도 이은월의 앞마디가 생략된 것으로 추정할 수 있다.

> (97) ㄱ. 그 감독은 **딱히** 흥행작이 없다.
> ㄴ. (**그 감독은 여러 작품을 만들었지만**), 그 감독은 **딱히** 흥행작이 없다.

곧 앞마디로 '그 감독은 여러 작품을 만들었지만'을 상정할 수 있다. 이 밖에도 상황에 따라 여러 가지 앞마디를 상정할 수 있는데, 이는 바로 ㄱ이 상황이나 문맥에 따라 앞마디의 내용이 예측 가능하여 생략되었음을 보여준다.

'딱히'가 주로 이은월에서 쓰이지만, 앞마디에 놓인 '딱히'인 경우 뒷마디가 생략될 수 있으며, 뒷마디에 놓인 '딱히'인 경우에도 앞마디가 생략될

---

68) <딱하게>의 뜻을 지닌, 같은 꼴의 어찌씨 '딱히'가 있지만, 이 뜻의 '딱히'는 통사 어찌씨에 해당되지 않는다.

수 있기 때문에 '딱히'는 이은월만을 필수적으로 요구하는 것은 아니다.

(98) ㄱ. 우리는 **딱히** 할 일이 없어서 영화관으로 갔다.
　　　→우리는 **딱히** 할 일이 없다.
　　ㄴ. 막상 휴가를 나왔어도 **딱히** 갈 곳이 없다.
　　　→**딱히** 갈 곳이 없다.

'딱히'가 이은월만을 가려잡는다면 앞마디나 뒷마디가 생략된 것으로 보이는 위 보기는 불완전한 월이 되어야 하지만 그렇지 않은 것으로 보아, '딱히'는 주로 이은월에서의 앞마디나 뒷마디에서 주로 쓰이는 것으로 보인다. '딱히'는 부정의 월을 가려잡는 통사 어찌씨에 해당한다.[69]
'딱히'는 이은월의 앞마디에 놓이든 뒷마디에 놓이든 이음씨끝의 제약이 심한 편은 아니다. 앞마디에 놓이는 '딱히'가 가려잡을 수 있는 이음씨끝으로는 '-으므로', '-어', '-이', '-으니', '-지만' 따위가 있다. 앞마디에 놓인 '딱히'의 보기를 들면 다음과 같다.

(99) ㄱ. 나는 **딱히** 급한 용무가 있는 것은 아니었**으므로** 완행열차를 타고 갔다.
　　ㄴ. 강 씨는 **딱히** 의지할 곳이 없**어** 다리 밑에서 움막을 짓고 살았다.
　　ㄷ. **딱히** 할 일이 없**이** 맥쩍어 이렇게 앉아 있는 참이다.
　　ㄹ. **딱히** 할 일도 없**으니** 텔레비전이나 보자.
　　ㅁ. 그는 **딱히** 하는 일 없**이** 밥이나 치우며 빈둥거렸다.
　　ㅂ. **딱히** 언제라고 할 수는 없**지만** 조만간에 독립할 생각이야.

뒷마디에 놓이는 '딱히'가 가려잡을 수 있는 이음씨끝으로는 '-지만', '-으니까', '-으나', '-는지' 따위가 있다. 뒷마디에 놓인 '딱히'의 보기를

---

[69] '딱히'가 부정의 월을 가려잡는 통사 어찌씨에 해당함은 뒤에서 논의하기로 한다.

들면 다음과 같다.

(100) ㄱ. 시장을 몇 바퀴 둘러봤**지만 딱히** 반찬거리가 보이지 않았다.
　　　ㄴ. 막상 직장을 그만두**니까 딱히** 할 일이 없다.
　　　ㄷ. 다양한 해결안이 제시되었**으나 딱히** 마땅한 것이 없다.
　　　ㄹ. 그가 성격이 어**떤지 딱히** 설명하기가 어렵다.[70]
　　　ㅁ. 동수는 나를 좋아하지도 않**지만 딱히** 미워하는 것도 아니다.

(99)와 (100)에서 '딱히'가 삭제되더라도 '딱히'의 뜻만 덜어질 뿐 월의 적격성에 문제가 되지 않기 때문에 '딱히'는 월 짜임에서 필수 월조각은 아니다. 그러나 '딱히'가 월에서 꾸밈말로 적절하게 쓰이려면 통사 제약이 가해져 이은월이어야 하고, 이은월의 앞마디나 뒷마디에 놓여야 하며, 특정의 이음씨끝여야 하는 통사 제약이 따른다.

'딱히'가 앞마디에 놓여 있지만 뒷마디의 풀이말을 꾸미는 경우도 있다. 일반적으로 뒷마디에 놓인 '딱히'는 앞마디로 이동이 불가능한데,[71] 이례적으로 다음 보기에서는 앞마디로 이동한 것으로 보인다.

(101) ㄱ. 그는 **딱히** 누구를 지칭해서 말하지 않았다.
　　　ㄴ. 그는 누구를 지칭해서 **딱히** 말하지 않았다.

곧 ㄱ에서 앞마디에 놓인 '딱히'는 본디 ㄴ의 뒷마디에 놓였던 '딱히'가 앞마디로 이동한 것으로 보인다. ㄱ의 '딱히'가 본디 앞마디에 놓였다면 '딱히'는 부정의 월을 가려잡기 때문에 앞마디가 부정의 월이어야 하

---

70) '딱히'가 부정의 월을 가려잡지만 '어렵다'를 가려잡기도 한다. '어렵다'는 부정 낱말은 아니지만 <쉽지 않다>의 뜻을 가지고 있어 '쉽다'의 부정 낱말로 간주할 수도 있다.
71) (100)에서 뒷마디에 놓인 '딱히'가 앞마디로 이동하면 ㄱ, ㄴ, ㄷ, ㄹ은 부적격한 월이 되지만, ㅁ은 적격한 월이 되더라도 이동되기 전과는 꾸밈의 대상이 달라진다. 곧 앞마디를 꾸미게 되어 이동 전과는 다른 월이 되어 이동에 해당하지 않는다.

지만 ㄱ의 앞마디는 긍정의 월에 해당하기 때문이다.

이와 같이 '딱히'는 주로 이은월의 앞마디나 뒷마디에서 꾸밈말로 쓰이며, 특정의 이음씨끝을 가려잡는 제약을 보이지만, 월 짜임에서 필수 요소에 해당하지는 않는다. '딱히'는 월 짜임에서 통사적 제약을 미칠 뿐 아니라 말본 범주인 부정법에도 영향을 미쳐 부정의 월을 가려잡는 통사 제약이 따른다.

5.2. 마침

<어떤 기회나 경우에 딱 맞게. 우연히 공교롭게도>의 뜻을 지닌 어찌씨 '마침'은 이은월의 앞마디나 뒷마디에서 꾸밈말로 쓰인다. 홑월에서 쓰이는 일도 있지만 이 경우에도 이은월의 앞마디가 생략된 것으로 추정할 수 있다.

(102) ㄱ. **마침** 잘 오셨습니다.
ㄴ. (**모두가 기다리고 있었는데**) **마침** 잘 오셨습니다.

곧 앞마디로 '모두가 기다리고 있었는데'를 상정할 수 있다. 이 밖에도 상황에 따라 여러 가지 앞마디를 상정할 수 있는데, 이는 바로 ㄱ이 상황이나 문맥에 따라 앞마디의 내용이 예측 가능하여 생략되었음을 보여준다.

'마침'은 주로 이은월의 앞마디나 뒷마디에서 꾸밈말로 놓이지만, 이은월 짜임에서 필수 월조각으로 작용하지는 않는다. 따라서 '마침'이 생략되더라도 '마침'의 뜻만 덜어질 뿐 월 짜임에 제약을 일으키지는 않는다. 그러나 '마침'이 쓰이기 위해서는 이은월인 경우가 보편적이기 때문에 '마침'이 이은월을 가려잡는 통사 어찌씨에 해당하는 것으로 볼 수 있다.

'마침'은 이은월의 앞마디에 놓이든 뒷마디에 놓이든 제약이 없으며, 이음씨끝에 제약이 따른다. 앞마디에 놓인 '마침'의 보기를 들면 다음과 같다.

(103) ㄱ. 오늘이 **마침** 장날이**어서** 거리가 꽤 흥청거리고 있었다.
　　　ㄴ. **마침** 저녁을 먹을 시간이**라서** 둘이는 밥집으로 들어갔다.
　　　ㄷ. 오늘이 **마침** 장날이**니까** 함께 장구경이나 하고 갑시다.
　　　ㄹ. **마침** 여러 곳에서 당신에 대한 천거가 있**어** 당신을 군수 후보로 내정했습니다.
　　　ㅁ. **마침** 중국집 앞을 지나가**는데** 그녀가 나의 손을 잡아끌었다.

(103)에서와 같이 '마침'이 앞마디에 꾸밈말로 놓이는 경우에는 이음 씨끝 가운데 '-어서', '-니까', '-는데' 따위를 가려잡는다. 뒷마디에서 꾸밈말로 쓰이는 '마침'의 보기를 들면 다음과 같다.

(104) ㄱ. 뵈러가려던 참**인데** **마침** 잘 오셨습니다.
　　　ㄴ. 문 밖으로 나서**니** **마침** 빈 차가 있었다.
　　　ㄷ. 그가 교실에 들어서**자** **마침** 시작종이 울렸다.
　　　ㄹ. 우리 회사에 자리가 나**서** **마침** 인재를 찾던 중이다.
　　　ㅁ. 일자리를 찾아보고 있는 중인데 사람을 **쓴다니** **마침** 잘 되었구나.

'마침'이 뒷마디에 꾸밈말로 놓이는 경우에는 이음씨끝으로 주로 '-는데', '-니(까)', '-자', '-어서' 따위를 가려잡는다.

이와 같이 '마침'은 주로 이은월의 앞마디나 뒷마디에서 꾸밈말로 쓰이는 통사 어찌씨로 특정의 이음씨끝을 가려잡는 통사 제약을 보이지만, 월 짜임에서 필수 월조각에 해당하지는 않는다.

5.3. 오죽

<여간. 얼마나>의 뜻을 나타내는 어찌씨 '오죽'은 이은월에서 꾸밈말로 쓰이는 제약을 지닌다. '오죽'[72]은 이은월을 가려잡지만 앞마디에도 놓일 수 있고 뒷마디에도 놓일 수 있다. '오죽'이 홑월에 놓이게 되면 부적격한 월은 아니지만 그 자체만으로는 불완전한 월로 이해된다.

(105) ㄱ. 부모님께서 **오죽** 답답하시면 그렇게 화를 내시겠니?
　　　ㄴ. 마음만이라도 편하게 살면 **오죽** 좋겠는가?
　　　ㄷ. #부모님께서 **오죽** 기다리겠어?

(105)에서 ㄱ은 '오죽'이 이은월의 앞마디에서 쓰인 보기이고, ㄴ은 뒷마디에서 쓰인 보기로, 모두 적격한 월이다. ㄷ은 '오죽'이 홑월에서 쓰였으나 이 월만으로는 완전하지 못하다. ㄷ이 완전한 월이 되기 위해서는 어떤 조건에서 그런지, 왜 그런지를 나타내는 앞마디가 있어야만 한다. ㄷ의 앞마디로 상정될 수 있는 앞마디를 보완하면 다음과 같다.

(106) ㄱ. **아직까지 연락을 안 드렸으면** 부모님께서 **오죽** 기다리겠어?
　　　ㄴ. **아직까지 연락을 안 드렸으니** 부모님께서 **오죽** 기다리겠어?

이와 같이 '오죽'은 이은월의 앞마디나 뒷마디에 놓이지만, 모든 유형의 이은월에 쓰일 수 있는 것은 아니고 극히 일부의 제한된 조건 아래에서만 적격하게 쓰일 수 있다. 이은월 가운데 '오죽'이 가려잡는 조건을 보면, 먼저 의향법 가운데 물음법에 속하여야 한다. 서술법이나 함께함법, 시킴법을 실현하는 이은월에서는 '오죽'이 쓰일 수 없는 제약이 있다.

---

72) '오죽' 뒤에는 토씨 '이나'가 결합되어 '오죽이나'로 쓰이기도 한다.

물음법을 실현하는 월 중에서도 일반적인 물음월이 아닌 수사 물음월에서 적격하게 쓰일 수 있다. 곧 표면적(형식상)으로는 물음월이지만 내재적(내용상)으로는 강한 서술월로 해석되는 월에서만 '오죽'이 적격하게 쓰인다.

(107) ㄱ. **오죽** 피곤하면 눈 뜬 채 졸고 있겠**니**?
ㄴ. 다 큰 아들이 제 밥값도 못 하고 있으니 **오죽** 부모 속이 타겠**소**?

(107)은 표면적으로 물음월의 형식이지만 내재적으로 다음과 같이 강한 서술월로 해석되기 때문에 '오죽'이 적격하게 쓰일 수 있다.

(108) ㄱ. [아주 피곤해서 눈 뜬 채 졸고 있다.]
ㄴ. [다 큰 아들이 제 밥값도 못하고 있으니 부모 속이 몹시 타겠다.]

'오죽'이 위와 같은 조건을 모두 갖춘 월이라고 해서 모두 적격하게 쓰일 수 있는 것은 아니다. '오죽'이 앞마디에 놓이느냐, 뒷마디에 놓이느냐에 따라 특정의 이음씨끝을 가려잡는 제약이 따른다. '오죽'이 앞마디에 놓이는 경우 주로 조건 관계 이음씨끝 가운데 '-으면'을 가려잡는다.[73]

(109) ㄱ. **오죽** 힘들었**으면** 그런 말을 했을까?
ㄴ. **오죽** 배가 고팠**으면** 그 착한 사람이 도둑질을 했겠니?

'오죽'이 이은월의 뒷마디에 놓이는 경우 주로 조건 관계 이음씨끝 중

---

[73] '-거든'도 조건 관계의 이음씨끝이지만 '오죽'이 가려잡지 않는다. 그 까닭은 자명하다. '오죽'은 물음법을 실현하는 월에서만 쓰이는데, '-거든'은 물음법 월에서 쓰일 수 없는 제약이 있기 때문이다.

'-으면'과 이유나 원인의 '-으니', '-으니까'를 가려잡는다.

(110) ㄱ. 높은 산 위를 거닐 수 있<u>으면</u> **오죽** 좋으랴?
ㄴ. 몇 달간 비가 안 왔<u>으니</u> 농부들이 **오죽** 걱정을 많이 하겠어?

'오죽'은 다른 통사 어찌씨들과 달리 '오죽'이 꾸밈말로 쓰인 월에서 삭제되면 부적격한 월이 되거나 적격해지더라도 삭제 전과 뜻이 크게 달라진다. 따라서 '오죽'이 꾸밈말로 쓰이게 되면 월 짜임의 필수 월조각으로 작용을 하게 된다.

이와 같이 '오죽'은 월 짜임에서 필수 월조각으로, 물음법을 실현하는 이은월의 앞마디나 뒷마디에 놓이며, 이음씨끝에도 제약이 따라, 앞마디에 놓이는 경우 주로 '-으면'을, 뒷마디에 놓이는 경우 '-으면'이나 '-으니', '-으니까'를 가려잡는 통사 어찌씨에 해당한다. 앞마디의 '오죽'은 월 앞이나 앞마디의 임자말 다음에 놓이며, 뒷마디의 '오죽'은 뒷마디의 앞이나 뒷마디의 임자말 뒤에 놓인다.

5.4. 여북[74]

<얼마나. 오죽>의 뜻으로, 안타깝거나 불쾌한 마음을 나타낼 때 쓰이는 어찌씨 '여북'은 앞에서 살핀 '오죽'과, 뜻과 쓰임에서 대체로 같다.

'여북'은 '오죽'과 마찬가지로 이은월에서 꾸밈말로 쓰이는 제약을 보이며, 꾸밈말로서 앞마디에도 놓일 수 있고 뒷마디에도 놓일 수 있어 앞·뒷마디를 다 가려잡을 수 있다. '여북'이 홑월에 놓이게 되면, 그 자

---

74) '여북'에 도움토씨 '이나'가 덧붙어 결합 과정을 거쳐 어찌씨 '여북이나'가 만들어졌다. '여북이나'는 '여북'을 강조하는 어찌씨이다.

체만으로는 불완전한 월로 이해된다.

(111) ㄱ. 학부모님들이 **여북** 답답했으면 학교로 찾아 오셨겠니?
　　　 ㄴ. 모든 일이 내 뜻대로만 된다면 **여북** 좋겠습니까?
　　　 ㄷ. #선생님이 **여북** 속이 상하실까?

　(111)에서 ㄱ은 '여북'이 이은월의 앞마디에서 꾸밈말로 쓰였고, ㄴ은 뒷마디에서 쓰였는데 모두 적격한 월이 되었다. ㄷ은 '여북'이 홑월에 쓰였으나, 이 월만으로는 완전하지 못하다. ㄷ이 완전한 월이 되기 위해서는 어떤 조건에서 그런지, 왜 그런지를 나타내는 앞마디가 있어야만 완전한 월이 된다. ㄷ의 앞마디로 상정될 수 있는 것을 보완하면 다음과 같다.

(112) ㄱ. **학생들이 그렇게 말을 안 들으면** 선생님이 **여북** 속이 상하실까?
　　　 ㄴ. **학생들이 그렇게 말을 안 들으니** 선생님이 **여북** 속이 상하실까?

　(111ㄷ)은 (112)에서 말이 이루어지는 상황이나 장면에 의해 앞마디가 유추될 수 있기 때문에 앞마디가 생략된 것으로 보는 것이 합리적이다.
　'여북'은 이은월의 앞마디나 뒷마디에 놓이지만, 모든 유형의 이은월에 쓰일 수 있는 것은 아니다. 이은월 가운데 '여북'이 가려잡는 조건을 보면, 첫째로 의향법 중 물음법에 속하여야 한다. 서술법이나 함께함법, 시킴법을 실현하는 이은월에서는 '여북'이 쓰일 수 없는 제약이 있다. 물음법을 실현하는 월 중에서도 일반적인 물음월이 아닌 수사 물음월에서 적격하게 쓰일 수 있어, '여북'은 수사 물음월을 가려잡는다.
　'여북'이 위와 같은 조건을 모두 갖춘 월이라고 해서 모두 적격하게 쓰일 수 있는 것은 아니다. '여북'이 가려잡는 두 번째 조건을 보면, '여북'이 앞마디에 놓이느냐, 뒷마디에 놓이느냐에 따라 특정의 이음씨끝을 가려잡는 제약이 따른다. '여북'이 앞마디에 놓이는 경우 주로 조건 관계 이음씨끝 가운데 '-으면'을 가려잡는다.

(113) ㄱ. 남자가 **여북** 못났**으면** 처자식을 굶기겠니?
    ㄴ. 길이 **여북** 막혔**으면** 아직도 도착을 못할까?

'여북'이 이은월의 뒷마디에 놓이는 경우 주로 조건 관계 이음씨끝 가운데 '-으면'과 이유나 원인의 '-으니', '-으니까'를 가려잡는다.

(114) ㄱ. 진작 네가 내 말을 들었**으면 여북** 좋았겠니?
    ㄴ. 멀쩡했던 남편이 쓰러졌다**니** 그 부인이 **여북** 놀랐겠어?

'여북'이 꾸밈말로 쓰인 월에서 생략되면 부적격한 월이 되거나 적격해지더라도 생략 전과 의미가 크게 달라진다. 따라서 '여북'이 꾸밈말로 쓰이게 되면 월 짜임의 필수 월조각으로 작용을 하게 된다.

이와 같이 '여북'은 월 짜임에서 필수 월조각으로, 수사 물음월에 속하는 이은월의 앞마디나 뒷마디에 놓이며, 이음씨끝에도 제약이 따라, 앞마디에 놓이는 경우 주로 '-으면'을, 뒷마디에 놓이는 경우 '-으면'이나 '-으니', '-으니까'를 가려잡는 통사 어찌씨에 해당한다.

6. 마무리

이 글에서는 말본 범주와 월 짜임에 관여하는 통사 어찌씨 가운데 월 짜임을 제약하는 통사 어찌씨를 선정하고, 어찌씨마다 어떤 통사적 제약이 따르는가를 밝히고자 하였다. 이은월만을 가려잡는 통사 어찌씨들은 이은월 안에서의 놓이는 위치 제약이 다르기도 하며, 가려잡는 이음씨끝의 종류 제약에서 차이를 보이고, 월에서 필수 월조각으로 쓰이느냐, 안 쓰이느냐에서도 차이를 보인다.

이은월의 앞마디만을 가려잡는 어찌씨로, '만일', '가령', '그까지로', '막상', '비록', '설령', '아무리', '제아무리', '하도', '어찌나', '행여' 따위를 선정하고, 이들의 통사적 특성을 밝히고자 하였다.

이은월의 뒷마디만을 가려잡는 어찌씨로, '대뜸', '부득이', '이내', '이윽고', '차라리', '하물며', '작히', '실(實)은' 따위를 선정하고, 이들의 통사적 특성을 밝히고자 하였다.

이은월만을 가려잡을 뿐 앞·뒷마디에 모두 놓일 수 있는 어찌씨로, '딱히', '마침', '오죽', '여북' 따위를 선정하고 이들의 통사적 특성을 밝히고자 하였다.

말본 범주 제약 어찌씨의 통사 특성

제7장

부정법 제약 통사 어찌씨의 특성

1. 부정법을 가려잡는 월 짜임 필수 어찌씨의 특성[75]

1.1. 들머리

월을 짜 이루는 데 반드시 필요한 어찌씨와 그렇지 않은 어찌씨가 있다.[76] 앞의 것을 월 짜임 필수 어찌씨라고 하고 뒤의 것을 월 짜임 수의 어찌씨라고 하기로 한다. 여기에서는 부정의 월을 가려잡되, 월 짜임 필수 어찌씨에 해당하는 것으로, '꼼짝'[77], '꼼짝달싹', '얼씬', '옴짝', '옴짝달싹', '여간', '그렇게', '이만저만'을 선정하고, 이들 어찌씨의 통사적 특성을 밝히고자 한다.

---

75) 이 내용은 월 짜임에서 반드시 필요한 어찌씨이며, 말본 범주로는 부정법에 제약을 일으키는 어찌씨들에 관한 논의로, 한길(2016)을 깁고 고친 것이다. 월 짜임에 반드시 필요한 어찌씨들이기 때문에 제2부에서 다룰 수도 있지만 부정법 제약에 초점을 두어 여기서 논의하였다.

76) 대다수의 어찌씨는 월을 짜 이루는 데 필수 요소가 아니다. 극히 일부 어찌씨에 국한하여 월 짜임에 필수 요소로 작용한다. 월 짜임의 필수 어찌씨에 관하여는 한길 (2012, 2013)을 참조.

77) '꼼짝'은 『표준국어대사전』과 『고려대 한국어대사전』에는 어찌씨로 올라 있고 『연세 한국어사전』에는 이름씨로 올라 있어 차이를 보이지만, 이 글에서는 '꼼짝'의 쓰임으로 보아 어찌씨로 보기로 한다.

'아주'나 '잘'은 월 짜임 수의 어찌씨로, 월 짜임에 반드시 필요한 요소는 아니다. 다만 꾸밈말로서 쓰일 뿐이기 때문에 삭제되더라도 이들 어찌씨의 뜻만 덜어질 뿐이고 월 짜임의 적격성에는 영향을 미치지 않는다.

(1) ㄱ. 날씨가 **아주** 덥다.
　　ㄴ. 철수가 공부를 **잘** 한다.

(1)에서 어찌씨 '아주'와 '잘'은 삭제되더라도 월의 적격성에는 영향을 미치지 않고, 꾸밈 받는 풀이씨의 뜻을 꾸미는[한정하는] 역할을 한다. '아주'는 그림씨를 꾸미고 '잘'은 움직씨를 꾸미지만, 이는 이들 어찌씨만의 특성은 아니다. 따라서 '아주'와 '잘'은 월 짜임에서 반드시 필요한 요소는 아니기 때문에 월 짜임 수의 어찌씨에 해당한다.

'얼씬'과 '옴짝'은 '아주'나 '잘'과는 달리 월 짜임 필수 어찌씨로, 월 짜임에 반드시 필요한 요소이다.

(2) ㄱ. 개 한 마리도 **얼씬 않**는구나.
　　ㄴ. 잠시만 여기서 **옴짝 말**고 있어라.

(2)에서 부사 '얼씬'과 '옴짝'은 부정의 월을 가려잡으며, 삭제되면 (3)과 같이 부적격한 월이 된다.

(3) ㄱ. *개 한 마리도 **않**는구나.
　　ㄴ. *잠시만 여기서 **말**고 있어라.

매인풀이씨 자체만으로는 월의 풀이말이 될 수 없기 때문에 (3)이 부적격한 월이 되었다. (3)에 어찌씨 '얼씬'과 '옴짝'이 꾸밈말로 쓰이게 되

면 매인풀이씨와 통사적 짜임새를 이루어 (2)와 같이 풀이말로서 기능을
하게 한다. 따라서 (2)에서 '얼씬'과 '옴짝'은 월을 짜 이루는 데 필수 요
소로 작용한다.

'여간'과 이만저만도 부정의 월을 가려잡으며, 월 짜임 필수 어찌씨로,
월 짜임에 반드시 필요한 요소이다.

(4) ㄱ. 꽃이 **여간** 탐스럽**지 않**다.
ㄴ. 요즘 금이 **이만저만** 비싸**지 않**다.

(4)에서 어찌씨 '여간'과 '이만저만'은 부정의 월을 가려잡으며, 삭제되
면 부적격한 월이 되지는 않지만 의미상 크게 달라진다. 곧 (4)는 형식
상으로는 부정의 월이고 내용상으로는 강한 긍정을 나타내지만, '여간'과
'이만저만'이 삭제되면 내용상으로도 부정을 나타내어 삭제 전과 후에
의미가 달라지기 때문에 (4)에서 이들 어찌씨는 월 짜임의 필수 요소에
해당한다.

여기에서는 부정의 월을 가려잡는 월 짜임 필수 어찌씨로, 매인풀이씨
와 통사적 짜임새를 이루어 풀이말로서 기능을 하게 하는 어찌씨들과,
월의 의미 유지로서의 필수 어찌씨들을 선정하고, 이들 어찌씨가 어떤
통사적 특성을 보이는지 등에 관하여 논의하고자 한다.

1.2. 매인풀이씨 풀이말 보충말로서의 필수 어찌씨

우리말은 월을 짜 이루는 요소 가운데 풀이말이 가장 기본적인 월조
각으로, 풀이말에 따라 직·간접적으로 이끌리는 월조각들과 통사적 짜
임새를 이루어 월이 이루어진다. 풀이말은 주로 풀이씨로 이루어지지만,

자립 풀이기능은 으뜸풀이씨가 담당하며, 매인풀이씨는 풀이기능이 부족하여 매인풀이씨 단독으로는 풀이말을 이루지 못하는 것이 일반적이다.

매인풀이씨 가운데 부정의 '않다', '못하다', '말다'는 그 자체만으로는 풀이말로 기능을 하지 못하고, 대체로 으뜸풀이씨 뒤에 놓여 으뜸풀이씨와 함께 풀이기능을 수행한다. 그러나 특이하게도 으뜸풀이씨가 놓이지 않고 극히 일부 어찌씨가 선행하여 풀이기능을 보완하여 월을 짜 이루는 경우가 있다.[78]

(5) ㄱ. *철수가 방안에서 **않는다**.
    ㄴ. *철수가 이곳에 **못한다**.
    ㄷ. *이곳에서 **마라**.

(5)와 같이 매인풀이씨만이 풀이말 자리에 놓이면 부적격한 월이 된다. 매인풀이씨 앞에 으뜸풀이씨가 놓이게 되면 풀이기능을 수행하여 적격한 월이 된다. (5)에서 매인풀이씨 앞에 으뜸풀이씨를 상정해 넣으면 (6)과 같이 적격한 월이 된다.

(6) ㄱ. 철수가 방안에서 **나오지/움직이지/** … **않는다**.
    ㄴ. 철수가 이곳에 **오지/머무르지/** … **못한다**.
    ㄷ. 이곳에서 **뛰지/떠들지/** … **마라**.

매인풀이씨만은 독자적으로 온전한 풀이기능을 수행하지 못하기 때문

---

78) 이름씨 가운데에서도 부정의 매인풀이씨와 통사적 짜임새를 이루어 풀이기능을 수행하는 경우가 있다. '-하다'가 결합 가능한 이름씨 가운데 일부가 이에 해당한다. 보기를 들면 다음과 같다.
 ㄱ. 그 정도의 문제는 **아랑곳 않는다**.
 ㄴ. 이곳에 대해서는 **염려 마라**.
 ㄷ. 그 문제에는 더이상 언급 **않겠다**.

에 앞자리에 으뜸풀이씨가 놓여야 함은 자명하다. 매인풀이씨 앞에는 이 밖에도 극히 일부 어찌씨가 꾸밈말로 놓이게 되면 (7)과 같이 적격한 월이 된다.

(7) ㄱ. 철수가 방안에서 **꼼짝 않는다**.
ㄴ. 철수가 이곳에 **얼씬 못한다**.
ㄷ. 이곳에서 **옴짝 마라**.

(7)에서 '꼼짝', '얼씬', '옴짝'이 꾸밈말로 쓰였지만, 이들 어찌씨가 삭제되면 부적격한 월이 되기 때문에 이들 어찌씨는 월을 짜 이루는 데 필수적인 보충말에 해당한다.[79] 이들 어찌씨가 꾸밈말로 사용되지 않은 (5)가 부적격한 월이 되었음을 통해 이들 어찌씨가 필수적 보충말임이 확인된다. 이와 같은 기능을 하는 어찌씨에는 이 밖에 '꼼짝달싹', 옴짝달싹' 따위가 더 있다. 이 장에서는 이들 어찌씨가 어떤 통사적 특성을 보이는지 살피기로 한다.

1.2.1. 꼼짝[80]

어찌씨들이 풀이씨나 다른 어찌씨를 주로 꾸미는 데 비하여 <매우 둔하고 작게 몸을 움직이는 꼴>을 뜻하는 '꼼짝'은 으뜸풀이씨를 꾸미지 않고 부정의 매인풀이씨 '않다', '못하다', '말다'를 꾸미는 특이성을 보인다.

---

79) 대다수의 어찌씨는 부가말에 해당하지만, 이들 어찌씨는 주요 월조각으로서 월 짜임에 반드시 필요한 필수적 보충말에 해당한다. 보충말과 부가말에 대한 논의는 남기심(2001 : 49) 참조.
80) '꼼짝'보다 센말로 '꿈쩍'이 있으며 여린말로 '꼼작'이 있다. 이들의 쓰임은 대체로 거의 같다. 여기서는 '꼼짝'을 대표로 선정하였다.

(8) ㄱ. 할아버지는 하루 종일 **꼼짝 않는다**.

　　ㄴ. 할아버지께서는 몇 년째 저렇게 **꼼짝 못하신다**.

　　ㄷ. 여기서 **꼼짝 말고** 기다려.

(8)은 월 짜임에서 특이한 점을 보인다. 매인풀이씨는 그 자체만으로는 풀이기능이 부족하여 으뜸풀이씨를 앞세워 풀이말을 이루지만, (8)에서는 으뜸풀이씨가 없이 매인풀이씨로 풀이말을 짜 이루는 특이성을 보인다. (8)에서 '꼼짝'이 삭제되면 매인풀이씨만으로는 풀이기능을 수행하지 못하기 때문에 (9)와 같이 부적격한 월이 된다.

(9) ㄱ. *할아버지는 하루 종일 **않는다**.

　　ㄴ. *할아버지께서는 몇 년째 저렇게 **못하신다**.

　　ㄷ. *여기서 **말고** 기다려.

(9)가 적격한 월이 되기 위해서는 '으뜸풀이씨 줄기+-지'가 들어가야만 한다. (9)에 이를 기워 넣으면 적격한 월이 된다.

(10) ㄱ. 할아버지는 하루 종일 **움직이지 않는다**.

　　 ㄴ. 할아버지께서는 몇 년째 저렇게 **움직이지 못하신다**.

　　 ㄷ. 여기서 **움직이지 말고** 기다려.

(8)은 표면상으로는 '으뜸풀이씨 줄기+-지' 자리에 어찌씨 '꼼짝'이 들어가 적격한 월이 되었지만, 내면적으로는 '꼼작하+-지'가 들어갔던 것에서 '-하지'가 생략되어 이루어진 월로 보인다. (8)의 '꼼짝' 뒤에 '-하지'를 기워 넣더라도 (11)과 같이 뜻에서 차이가 없는 것으로 보아 (11)에서 '-하지'가 생략되어 (8)이 된 것이 확실하다.[81]

---

81) 내면적으로 '꼼짝'이 '꼼짝하다'에서 도출되더라도 '꼼짝'은 어찌씨에 속한다. 사전류

(11) ㄱ. 할아버지는 하루 종일 **꼼짝하지 않는다**.

　ㄴ. 할아버지께서는 몇 년째 저렇게 **꼼짝하지 못하신다**.

　ㄷ. 여기서 **꼼짝하지 말고** 기다려.

'꼼짝'은 '않다', '못하다', '말다' 등 부정의 매인풀이씨만을 가려잡아 통사적 짜임새를 이루어 풀이기능을 보완한다. 부정 낱말인 '아니다', '없다'[82], '모르다' 등은 으뜸풀이씨이기 때문에 가려잡지 않는다.

'꼼짝' 뒤에는 '도', '을' 등 극히 일부 토씨가 결합되어 쓰일 수 있다. '을'이 결합되더라도 '꼼짝을'이 부림말로 쓰이는 것은 아니고, 강조의 뜻을 더하는 '도'의 결합과 마찬가지로 단지 '꼼짝'을 강조하는 기능을 할 뿐이다.

(12) ㄱ. 그녀는 한 시간 동안 꼼짝**도/을** 않네.[83]

　ㄴ. 철수는 다리가 아파서 꼼짝**도/을** 못한다.

　ㄷ. 이곳에서 꼼짝**도/을** 마라.

'꼼짝'은 월 안에서 놓이는 자리가 고정되어 있어 다른 자리로의 이동이 불가능하다. 반드시 부정의 매인풀이씨로 이루어진 풀이말 앞에 놓여 긴밀한 짜임새를 이루며, 그 사이에 다른 월조각이 끼어들지 못한다.

어찌씨 '꼼짝'에 파생뒷가지 '-하-'가 결합하여 만들어진 파생움직씨 '꼼짝하다'도 (11)에서와 같이 주로 부정의 월만을 가려잡는다. '꼼짝'에

에서도 '꼼짝'을 어찌씨로 처리하였다.

82) '없다'와는 통사적 짜임새를 이루지 못하고, 결합과정을 거쳐 '꼼짝없다'란 합성그림씨가 만들어진다.

83) 『연세한국어사전』에는 '꼼짝'에 '을'과 '도'가 결합되어 쓰이는 점에 착안하여 '꼼짝'을 이름씨로 다룬 것으로 추정된다. 그러나 어찌씨에도 '을'과 '도'가 결합되어 쓰이는 일이 있다.

여기는 얼씬**을/도** 마라.

부정 낱말 '없다'가 결합하여 형태론적 짜임새를 이루어 부정 그림씨 '꼼짝없다'가 만들어지며, '꼼짝없-'에 파생뒷가지 '-이'가 결합하여 파생어 찌씨 '꼼짝없이'가 만들어진다.

어찌씨 '꼼짝'은 월 짜임에서 생략될 수 없는 필수 요소로서 뒤에 놓이는 부정의 매인풀이씨 '않다', '못하다', '말다'와 긴밀한 짜임새를 이루어 풀이기능을 보완하는 역할을 담당한다. 매인풀이씨 '않다', '못하다', '말다'만으로는 자립 풀이기능을 수행하지 못하지만 '꼼짝'과 통사적 짜임새를 이루면서 자립 풀이기능을 수행하게 된다.

1.2.2. 꼼짝달싹[84]

'꼼짝'에 <가벼운 물건이 살짝 들렸다가 내려앉는 꼴>을 뜻하는 '달싹'이 결합하여 합성어찌씨 '꼼짝달싹'이 만들어진다. '꼼짝달싹'도 '꼼짝'과 마찬가지로 부정의 매인풀이씨 '않다', '못하다', '말다'를 꾸미는 특이성을 보인다.

> (13) ㄱ. 그는 하루 종일 **꼼짝달싹** 않는다.
> ㄴ. 애가 둘이나 딸려 아내가 **꼼짝달싹 못**한다.
> ㄷ. 여기서 한 발자국도 **꼼짝달싹 말**아라.

'꼼짝'은 부정의 월만을 가려잡고 부정의 매인풀이씨 '않다', '못하다', '말다'를 꾸미는 특이성을 보이지만, '달싹'은 긍정의 월이나 부정의 월을 가리지 않으며 매인풀이씨만을 꾸미는 특이성도 없다. '꼼짝'과 '달싹'이 결합과정을 거쳐 만들어진 합성어찌씨 '꼼짝달싹'은 용법상으로 '달싹'의 기능을 이어받는 것이 아니라 '꼼짝'의 기능을 계승하게 된다. 따라서

---

84) 『연세한국어사전』에 '꼼짝'은 이름씨로 올라 있지만 '꼼짝달싹'은 어찌씨로 올라 있다.

'꼼짝달싹'은 '꼼짝'과 쓰임이 대체로 일치한다. 다만 '꼼짝'은 부정 낱말 '없다'와 결합하여 '꼼짝없다'가 만들어지지만 '꼼짝달싹'에는 '없다'가 결합될 수 없어 '꼼짝달싹없다'란 합성그림씨는 만들어지지 않는다. '달싹'에는 '없다'가 결합될 수 없기 때문인 듯하다. 곧 '꼼짝달싹'에 '없다'가 결합되지 못하는 것은 '달싹'의 기능이 반영된 결과로 보인다.

'꼼짝달싹'도 월 짜임에서 생략될 수 없는 필수 요소로서 뒤에 놓이는 부정의 매인풀이씨 '않다', '못하다', '말다'와 긴밀한 짜임새를 이루어 풀이기능을 보완하는 역할을 담당한다. 매인풀이씨 '않다', '못하다', '말다'만으로는 자립 풀이기능을 수행하지 못하지만 '꼼짝달싹'과 통사적 짜임새를 이루면서 자립 풀이기능을 수행하게 된다.

1.2.3. 얼씬

어찌씨들이 풀이씨나 다른 어찌씨를 주로 꾸미는 데 비하여 <눈앞에 잠깐씩 나타나는 꼴>을 뜻하는 '얼씬'은 으뜸풀이씨를 꾸미지 않고 부정의 매인풀이씨 '않다', '못하다', '말다'를 꾸미는 특이성을 보인다.

    (14) ㄱ. 철수가 오늘은 하루 종일 **얼씬 않**네.
       ㄴ. 이곳에는 사람들이 **얼씬 못한**다.
       ㄷ. 이곳에 다시는 **얼씬 마**라.

(14)는 월 짜임에서 특이성을 보인다. 매인풀이씨는 그 자체만으로는 풀이기능이 부족하여 으뜸풀이씨를 앞세워 풀이말을 이루지만, (14)에서는 으뜸풀이씨가 없이 매인풀이씨만으로 풀이말을 이루는 특이성을 보인다. (14)에서 '얼씬'이 삭제되면 매인풀이씨만으로는 풀이기능을 하지 못하기 때문에 (15)와 같이 부적격한 월이 된다.

(15) ㄱ. *철수가 오늘은 하루 종일 **않**네.

ㄴ. *이곳에는 사람들이 **못한**다.

ㄷ. *이곳에 다시는 **마라**.

(15)가 적격한 월이 되기 위해서는 '으뜸풀이씨 어간+-지'가 매인풀이씨 앞에 놓여야만 한다. (15)에 이를 보완하면 적격한 월이 된다.

(16) ㄱ. 철수가 오늘은 하루 종일 **움직이지 않**네.

ㄴ. 이곳에는 사람들이 **들어오지 못한**다.

ㄷ. 이곳에 다시는 **오지 마라**.

(14)는 표면상으로는 '으뜸풀이씨 줄기+-지' 자리에 어찌씨 '얼씬'이 들어가 적격한 월이 되었지만, 내면적으로는 '얼씬하+-지'가 들어갔던 것에서 '-하지'가 생략되어 구성된 월로 보인다. (14)의 '얼씬' 뒤에 '-하지'를 보완하더라도 (17)과 같이 의미상 차이가 없는 것으로 보아 (17)에서 '-하지'가 생략되어 (14)가 된 것이 확실하다.

(17) ㄱ. 철수가 오늘은 하루 종일 **얼씬하지 않**네.

ㄴ. 이곳에는 사람들이 **얼씬하지 못한**다.

ㄷ. 이곳에 다시는 **얼씬하지 마라**.

어찌씨 '얼씬'에 파생가지 '-하-'가 결합하여 만들어진 파생움직씨 '얼씬하다'도 (17)에서와 같이 부정의 월에서만 쓰인다. '얼씬하다'에서 '얼씬'과 '하다' 사이에 토씨 '도'나 '을'이 끼어들면 (18)과 같이 통사적 짜임새로 바뀌면서 '얼씬'은 어찌씨에 속하게 된다.

(18) ㄱ. 철수가 오늘은 하루 종일 얼씬도/을 하지 않네.

ㄴ. 이곳에는 사람들이 얼씬도/을 하지 못한다.

ㄷ. 이곳에 다시는 얼씬도/을 하지 마라.

(18)에서 '하지'가 삭제되면 (19)와 같이 매인풀이씨만이 풀이말이 되는 셈이다. 표면적으로는 매인풀이씨만으로는 풀이기능이 부족하기 때문에 '얼씬'과 통사적 짜임새를 이루어 풀이기능을 보완하게 된다. 그러나 내면적으로는 (19)는 (18)에서 으뜸풀이씨 '하지'가 생략되어 이루어진 월에 해당한다.

(19) ㄱ. 철수가 오늘은 하루 종일 **얼씬**도/을 **않**네.

ㄴ. 이곳에는 사람들이 **얼씬**도/을 **못한**다.

ㄷ. 이곳에 다시는 **얼씬**도/을 **마라**.

이와 같이 '얼씬' 뒤에는 '도', '을' 등 극히 일부 토씨가 결합되어 쓰일 수 있다. '을'이 결합되더라도 '얼씬을'이 부림말로 쓰이는 것은 아니고, 강조의 뜻을 더하는 '도'의 결합과 마찬가지로 단지 '얼씬'을 강조하는 기능을 할 뿐이다.

'얼씬'은 '않다', '못하다', '말다' 등 부정의 매인풀이씨만을 가려잡아 통사적 짜임새를 이루어 풀이기능을 보완한다. 으뜸풀이씨에 해당하는 부정 낱말인 '아니다', '없다', '모르다' 등은 가려잡지 않는다.

'얼씬'은 월 안에서 놓이는 자리가 고정되어 있어 다른 자리로의 이동이 불가능하다. 반드시 부정의 매인풀이씨로 이루어진 풀이말 앞에 놓여 긴밀한 짜임새를 이루며, 그 사이에 다른 월조각이 끼어들지 못한다.

어찌씨 '얼씬'은 월 짜임에서 생략될 수 없는 필수 요소로서 뒤에 놓이는 부정의 매인풀이씨 '않다', '못하다', '말다'와 긴밀한 짜임새를 이루어 풀이기능을 보완하는 역할을 담당한다. 매인풀이씨 '않다', '못하다',

'말다'만으로는 자립 풀이기능을 수행하지 못하지만 '얼씬'과 통사적 짜임새를 이루면서 자립 풀이기능을 수행하게 된다.

1.2.4. 옴짝

'옴죽/옴쭉/옴짝/옴쭉/움쩍/움쭉'은 <몸의 한 부분을 조금 옴츠리거나 펴거나 하며 움직이는 꼴>의 뜻을 지닌 '옴죽'을 밑말로 하고, 여기에 내적 파생법에 따라 닿소리나 홀소리를 교체하여 파생된 어찌씨들이다. 이들은 '옴죽'의 의미를 바탕으로 하고 여기에 세기를 더한 의미를 가지고 있으며, 모두 같은 용법으로 쓰인다. '옴죽/옴쭉/옴짝/옴쭉/움쩍/움쭉'은 모두 부정의 월을 가려잡는 어찌씨들로, 이 중에서 가장 사용 빈도가 높은 '옴짝'을 대표형으로 선정하여 논의하기로 한다.

'옴짝'은 단순 부정의 월이나 능력 부정의 월을 가려잡는 부정법 제약 통사 어찌씨에 해당한다. '옴짝'은 시킴월이나 함께함월에서도 꾸밈말로 쓰일 수 있어 '-지 말-'을 가려잡는다.

(20) ㄱ. 바위가 **옴짝**도 하**지 않**는다.
　　 ㄴ. 아이 때문에 **옴짝**도 하**지 못**한다.
　　 ㄷ. 이곳에서 **옴짝**도 하**지 말**아요.

(20)에서 '옴짝'에 '도'가 덧붙지 않으면 '하다'와 결합하여 '옴짝하다'란 움직씨로 쓰이게 된다. 따라서 (20)은 (21)과 같이 '옴짝하다'에서 '옴짝'과 '하다' 사이에 '도'가 끼어들면서 통사적 짜임새로 바뀐 것으로 보인다.

(21) ㄱ. 바위가 **옴짝하지 않**는다.
　　 ㄴ. 아이 때문에 **옴짝하지 못**한다.

ㄷ. 이곳에서 **옴짝하지 말**아요.

'옴짝'이 독자적으로 어찌씨로 쓰이는 경우에는 (22)와 같이 주로 뒤에 '않다', '못하다', '말다' 등 매인풀이씨로 이루어진 풀이말이 놓이는 월에서이다.

(22) ㄱ. 바위가 **옴짝 않**는다.
ㄴ. 아이 때문에 **옴짝 못**한다.
ㄷ. 이곳에서 **옴짝 말**아요.

(22)의 '옴짝'은 (21)의 '옴짝하지'에서 '-하지'가 줄어들어 만들어진 것으로 보인다.[85] 왜냐하면 (22)에서는 으뜸풀이씨가 없이 매인풀이씨만 풀이말로 쓰였다는 점이다. 매인풀이씨는 자립성이 없어 그 자체만으로는 풀이말이 될 수 없고, 으뜸풀이씨를 앞세워야 하는 특성을 가지기 때문이다. (22)가 표면상으로는 매인풀이씨만이 풀이말로 쓰였더라도 부적격한 월로 볼 수는 없지만[86], 내면적으로는 (21)에서 '-하지'가 삭제되어 생성된 것으로 보는 것이 합리적이다. 곧 (22)는 (21)과 의미가 같기 때문에 (21)이 (22)의 내면 구조에 해당한다.

어찌씨는 일반적으로 월 짜임의 필수 요소에 해당하지 않지만, (22)에서 어찌씨 '옴짝'은 필수 요소에 해당한다. '옴짝'이 삭제되면 (23)과 같이 부적격한 월이 되기 때문이다.

(23) ㄱ. *바위가 **않**는다.
ㄴ. *아이 때문에 **못**한다.

---

85) 움직씨 '옴짝하다'도 부정의 월에서만 쓰이는 특성을 보인다.
86) '꼼짝'도 '옴짝'과 마찬가지로 매인풀이씨만이 풀이말로 쓰인다.

ㄷ. *이곳에서 **말**아요.

이와 같이 '옴짝'은 '않다', '못하다', '말다' 등 매인풀이씨가 풀이말로 쓰인 특수한 월에서만 꾸밈말로 쓰이지만, 내면적으로는 '옴짝하지'였던 것에서 '-하지'가 생략되어 표면적으로 어찌씨의 모습으로 실현된 것으로 보인다. 왜냐하면 (22)에서는 으뜸풀이씨가 없이 매인풀이씨만 풀이말로 쓰였다는 점이다. 매인풀이씨는 자립성이 없어 그 자체만으로는 풀이말이 될 수 없고, 으뜸풀이씨를 앞세워야 하는 특성을 가지기 때문이다.

'옴짝'은 월 안에서 놓이는 자리가 고정되어 있어 다른 자리로의 이동이 불가능하다. 반드시 부정의 매인풀이씨로 이루어진 풀이말 앞에 놓여 긴밀한 짜임새를 이루며, 그 사이에 다른 월조각이 끼어들지 못한다. '옴짝' 뒤에는 도움토씨 '도'만이 아니라 '을'도 놓일 수 있으며, 이들 토씨는 '옴짝'을 강조하는 역할을 한다.

어찌씨 '옴짝'은 월 짜임에서 생략될 수 없는 필수 요소로서 뒤에 놓이는 부정의 매인풀이씨 '않다', '못하다', '말다'와 긴밀한 짜임새를 이루어 풀이기능을 보완하는 역할을 담당한다. 매인풀이씨 '않다', '못하다', '말다'만으로는 자립 풀이기능을 수행하지 못하지만 '옴짝'과 통사적 짜임새를 이루면서 자립 풀이기능을 수행하게 된다.

1.2.5. 옴짝달싹

'옴짝달싹/움쩍달싹/움쩍들썩/움쭉달싹'은 <몸을 아주 조금 움직이는 꼴>의 뜻을 지닌 '옴짝달싹'을 밑말로 하고, 여기에 내적 파생법에 따라 홀소리를 교체하여 파생된 어찌씨들이다. '옴짝달싹'은 어찌씨 '옴짝'과 '달싹'이 결합과정을 거쳐 만들어진 합성어찌씨에 해당한다. 이들은 '옴짝달싹'의 의미를 바탕으로 하고 여기에 세기를 더한 의미를 가지고 있으며, 모두 같은 용법으로 쓰인다. '옴짝달싹/움쩍달싹/움쩍들썩/움쭉달싹'은 모두 부정의 월을 가려잡는 어찌씨들로, 이 중에서 가장 사용 빈도가 높은 '옴짝달싹'을 대표형으로 선정하여 논의하기로 한다.

'옴짝달싹'은 '옴짝'과 마찬가지로 단순 부정의 월이나 능력 부정의 월을 가려잡는 부정법 제약 통사 어찌씨에 해당한다. '옴짝달싹'은 시킴월이나 함께함월에서도 꾸밈말로 쓰일 수 있어 '-지 말-'을 가려잡는다.

> (24) ㄱ. 그는 공부하느라 **옴짝달싹**도 하**지 않**는다.
> ㄴ. 기가 질려서 몸을 **옴짝달싹**도 하**지 못**한다.
> ㄷ. 여기서 **옴짝달싹**도 하**지 말**고 가만히 있어.

(24)에서 '옴짝달싹'에 '도'가 덧붙지 않으면 '하다'와 결합하여 '옴짝달싹하다'란 움직씨로 쓰이게 된다. 따라서 (24)는 (25)와 같이 '옴짝달싹하다'에서 '옴짝달싹'과 '하다' 사이에 '도'가 끼어들면서 통사적 짜임새로 바뀐 것으로 보인다.

> (25) ㄱ. 그는 공부하느라 **옴짝달싹하지 않**는다.
> ㄴ. 기가 질려서 몸을 **옴짝달싹하지 못**한다.
> ㄷ. 여기서 **옴짝달싹하지 말**고 가만히 있어.

'옴짝달싹'이 '도'에 의지하지 않고 독자적으로 어찌씨로 쓰이는 경우에는 (26)과 같이 뒤에 '않다', '못하다', '말다' 등 매인풀이씨로 이루어진 풀이말이 놓이는 월에서이다.

> (26) ㄱ. 그는 공부하느라 **옴짝달싹 않**는다.
> ㄴ. 기가 질려서 몸을 **옴짝달싹 못**한다.

ㄷ. 여기서 **옴짝달싹** 말고 가만히 있어.

(26)의 '옴짝달싹'은 (25)의 '옴짝달싹하지'에서 '-하지'가 줄어들어 만들어진 것으로 보인다. 내면적으로는 (25)에서 '-하지'가 삭제되어 생성된 것으로 보는 것이 합리적이다. 곧 (26)은 (25)와 의미가 같기 때문에 (25)가 (26)의 내면 구조에 해당한다.

어찌씨는 일반적으로 월 짜임의 필수 요소에 해당하지 않지만, (26)에서 어찌씨 '옴짝달싹'은 필수 요소에 해당하기 때문에 '옴짝달싹'이 삭제되면 (27)과 같이 부적격한 월이 된다.

(27) ㄱ. *그는 공부하느라 **않**는다.
    ㄴ. *기가 질려서 몸을 **못**한다.
    ㄷ. *여기서 **말**고 가만히 있어.

이와 같이 '옴짝달싹'은 '않다', '못하다', '말다' 등 매인풀이씨가 풀이말로 쓰인 특수한 월에서만 꾸밈말로 쓰이지만, 내면적으로는 '옴짝달싹하지'였던 것에서 '-하지'가 생략되어 표면적으로 어찌씨의 모습으로 실현된 것으로 보인다.

'옴짝'과 '달싹'이 결합과정을 거쳐 만들어진 합성어찌씨 '옴짝달싹'은 용법상으로 '달싹'의 기능을 이어받는 것이 아니라 '옴짝'의 기능을 계승하게 된다. 따라서 '옴짝달싹'은 '옴짝'과 쓰임이 일치한다.

'옴짝달싹'도 월 짜임에서 생략될 수 없는 필수 요소로서 뒤에 놓이는 부정의 매인풀이씨 '않다', '못하다', '말다'와 긴밀한 짜임새를 이루어 풀이기능을 보완하는 역할을 담당한다. 매인풀이씨 '않다', '못하다', '말다' 만으로는 자립 풀이기능을 수행하지 못하지만 '옴짝달싹'과 통사적 짜임새를 이루면서 자립 풀이기능을 수행하게 된다.

1.3. 월의 뜻 지킴으로서의 필수 어찌씨

부정의 월을 가려잡는 어찌씨 가운데 극히 일부는 꾸밈말로 쓰인 월에서 삭제되면 부적격한 월이 되지는 않지만 삭제 전과 후의 월의 의미가 크게 달라져 월 짜임의 필수 요소에 해당한다. 부정의 월만을 가려잡는 어찌씨일지라도 '별로', '그다지' 등 대다수는 꾸밈말로 쓰인 월에서 삭제되더라도 월 자체의 의미에 영향을 미치지 않는다.

(28) ㄱ. 날씨가 **별로** 좋지 않다.
　　 ㄴ. 돈이 **그다지** 많지 않다.

(28)에서 '별로'와 '그다지'는 삭제되더라도 월의 적격성에 아무런 영향을 미치지 않을 뿐 아니라 의미상으로도 '별로'나 '그다지'의 의미만 덜어질 뿐 변화가 없다. 곧 (29)는 (28)에서 '별로'와 '그다지'만 삭제되었을 뿐이다.

(29) ㄱ. 날씨가 좋지 않다.
　　 ㄴ. 돈이 많지 않다.

'별로'와 '그다지'는 부정의 월만을 가려잡을 뿐 월 짜임에 필수 요소로 작용하지 않는다. 그러나 <어지간한 정도로>를 뜻하는 어찌씨 '여간'과 <이만하고 저만한 정도로. 아주>의 뜻을 지닌 어찌씨 '이만저만'은 부정의 월에서만 꾸밈말로 쓰일 뿐 아니라 그 부정의 월 짜임에 따라서 필수 요소로 기능을 한다. '여간'이 꾸밈말로 쓰인 월에서 '여간'이 삭제되더라도 월의 적격성에는 영향을 미치지 않지만, 삭제 전과 후의 의미가 크게 달라지기 때문에 삭제될 수 없다. 따라서 '여간'이 월 짜임의 필수 요소에 속하게 된다.

（30） ㄱ. 오늘은 **여간** 바쁘**지 않**다.
　　　ㄴ. 시험이 **이만저만** 어렵**지 않**다.

　(30)은 형식상으로는 부정의 월이지만 내용상으로는 (31)과 같이 긍정의 월로 해석된다. 이와 같은 기능은 바로 '여간'과 '이만저만'에서 비롯되는 것이다.

（31） ㄱ. [오늘은 아주 바쁘다.]
　　　ㄴ. [시험이 아주 어렵다.]

　(30)에서 '여간'과 '이만저만'이 삭제되면 (32)와 같이 형식상으로도 부정의 월이고 내용상으로도 부정의 월로 해석되어, (32)는 (30)과 관련이 없는 월이 된다.

（32） ㄱ. 오늘은 춥**지 않**다.
　　　ㄴ. 시험이 어렵**지 않**다.

　따라서 (30)에서 '여간'과 '이만저만'은 단순히 꾸밈말로서의 기능만을 하는 것이 아니라 월의 의미를 유지하는 데 있어서 삭제될 수 없는 필수 요소에 해당되기 때문에 월 짜임의 필수 요소에 속하게 된다. 여기에서는 월의 의미 유지로서의 필수 어찌씨로 '여간'과 '이만저만' 외에 '그렇게'를 더 들고, 이들 어찌씨가 어떤 통사적 특성을 보이는지 살피기로 한다.

1.3.1. 여간(如干)[87]

'여간'은 <어지간한 정도로>를 뜻하는 어찌씨로, 부정의 월에서만 꾸밈말로 쓰인다. '여간'은 단순 부정의 월은 가려잡지만 능력 부정의 월은 가려잡지 않는 부정법 제약 통사 어찌씨에 해당한다. '여간'은 시킴월이나 함께함월에서는 꾸밈말로 쓰이지 않기 때문에 '-지 말-'은 가려잡지 않는다.

    (33) ㄱ. 날씨가 **여간** 따뜻하**지 않**다.
        ㄴ. 할아버지께서는 나를 **여간** 사랑해 주**지 않**으셨어요.

(33)의 긍정의 월에 해당하는 (34)가 부적격한 월이 되는 것으로 보아 '여간'이 부정의 월에서만 꾸밈말로 쓰이고 긍정의 월에서는 쓰이지 않음이 확인된다.

    (34) ㄱ. *날씨가 **여간** 따뜻하다.
        ㄴ. *할아버지께서는 나를 **여간** 사랑해 주셨어요.

'여간'은 부정 낱말 풀이말 중 '아니다'를 가려잡는다. '없다'와 '모르다'는 가려잡지 않는다.

    (35) ㄱ. 오늘은 **여간** 추운 날씨가 **아니**다.
        ㄴ. 저 아이는 고집이 **여간** 센 게 **아니**다.

---

87) '여간(如干)'을 강조하는 말로 '여간만'이 있다. '여간'에 '내기'가 결합하여 <어지간한 정도의 사람을 낮잡아 이르는 말>의 뜻을 지닌 이름씨 '여간내기'가 만들어졌는데, '여간내기'도 부정의 월에서 '아니다'를 가려잡는다.

(35)에서 ㄴ은 '저 아이는 고집이 여간 세지 않다.'와 꼭 같은 뜻을 나타내는데, 이를 '여간 -게 아니다'로 변환시킨 월로 볼 수 있다. 곧 [여간 - 풀이씨 줄기 + -지 아니하다] 월은 뜻 차이 없이 [여간 -게 아니다]로 바꾸어 쓸 수 있다.

(36) ㄱ. 뜰에 핀 꽃이 **여간** 탐스럽**지 않**다.
　　 → 뜰에 핀 꽃이 **여간** 탐스러운 게 **아니**다.
　 ㄴ. 십년 만에 죽마고우를 만나니 **여간** 기쁘**지 않**구나.
　　 → 십년 만에 죽마고우를 만나니 **여간** 기쁜 게 **아니**로구나.

'여간'이 꾸밈말로 쓰인 (33)과 (35)는 형식적으로는 부정의 월이지만 내용적으로는 긍정의 월에 해당하여 (33)은 (37)로, (35)는 (38)로 해석된다.

(37) ㄱ. [날씨가 아주 따뜻하다.]
　 ㄴ. [할아버지는 나를 아주 사랑해 주셨어요.]

(38) ㄱ. [오늘은 아주 추운 날씨이다.]
　 ㄴ. [저 아이는 고집이 아주 세다.]

'여간'이 특수한 경우에 긍정의 월에서 꾸밈말로 쓰이기도 한다. 주로 반어법을 실현하는 '-어야지'로 끝맺는 긍정의 월에서 꾸밈말로 쓰일 수 있다.

(39) ㄱ. 할아버님 노여움이 **여간** **크셔야지**.
　 ㄴ. 돈이 **여간** **많아야지**.

(39)에서 '여간'은 표면상 긍정의 월에서 꾸밈말로 쓰였지만, 내면적으

로는 (40)과 같이 형식상 부정의 월로 해석되기 때문에 '여간'이 부정의 월을 가려잡음이 유지된다.

(40) ㄱ. [할아버님 노여움이 **여간** 크**지 않**으시다.]
ㄴ, [돈이 **여간** 많**지 않**다.]

'여간'이 부정의 월을 가려잡는 어찌씨로 꾸밈말이지만, 월을 짜 이루는 데 필수적인 요소로 작용한다. '여간'이 월 짜임에서 필수 요소가 아니라면 삭제되더라도 월의 적격성에는 영향을 미치지 않겠지만, (33)과 (35)에서 '여간'이 삭제되면 (33)과 (35)는 의미상 아무런 관련이 없는 월이 되기 때문에 필수 요소에 해당한다. (33)과 (35)는 형식상으로는 부정의 월이지만 내용상으로는 긍정의 월로 해석되는데, '여간'이 삭제되면 형식상으로나 내용상으로도 부정의 월에 속하게 된다.

1.3.2. 그렇게

'그렇게'는 그림씨 '그렇다'의 줄기에 씨끝 '-게'가 결합하여 꼴바꿈을 한 것과 어찌씨 파생뒷가지 '-게'가 결합하여 파생된 어찌씨가 있다. 파생어찌씨 '그렇게'는 <그러한 정도로>, <그러한 모양으로 또는 그러한 방식으로>, <아주> 따위의 뜻을 지닌다.

(41) ㄱ. 이 영화가 **그렇게** 재미있니?
ㄴ. 왜 아이들을 **그렇게** 내버려둡니까?
ㄷ. 이 영화가 **그렇게** 재미있을 수가 없다.

(41)에서의 '그렇게'는 모두 파생어찌씨로, ㄱ에서는 <그러한 정도로>,

ㄴ에서는 <그러한 모양으로>, ㄷ에서는 <아주>의 뜻을 지닌다. <그러한 정도로>나 <그러한 모양으로>의 뜻을 지닌 '그렇게'는 긍정의 월이나 부정의 월을 가리지 않고 꾸밈말로 쓰일 수 있어 '부정법 제약 통사 어찌씨'에 해당하지 않는다.

(42) ㄱ. 이 영화가 **그렇게** 재미없니?
　　ㄴ. 왜 아이들을 **그렇게** 내버려두지 않습니까?

(41)의 ㄱ과 ㄴ은 긍정의 월에서, (42)의 ㄱ과 ㄴ은 부정의 월에서 '그렇게'가 꾸밈말로 쓰였지만 모두 적격한 월이 되었음을 통해 이를 확인할 수 있다. <아주>의 뜻을 지닌 '그렇게'는 부정의 월에서만 꾸밈말로 쓰일 수 있다. 긍정의 월에서 쓰이게 되면 부적격한 월이 되거나 적격한 월이 되더라도 <아주>의 뜻으로 해석되지 않는다.

(43) *이 영화가 **그렇게** 재미있을 수가 있다.

(43)은 (41) ㄷ의 긍정의 월로는 부적격한 월이 된다. (43)에서 '그렇게'가 <아주>의 뜻이 아니라 <그러한 정도로>의 뜻인 경우에는 적격한 월이 되지만, 부정의 월만을 가려잡는 <아주>의 '그렇게'이기 때문에 부적격한 월이 되었다.

<아주>의 '그렇게'는 특수한 월 짜임에서 제한적으로 쓰인다. '-을 수가 없-'이나 '-지가 않-' 등의 앞에서 꾸밈말로 쓰이는 특성을 보인다.

(44) ㄱ. 요즘 학생들이 **그렇게 똑똑할 수가 없**습니다.
　　ㄴ. 겨울밤이 **그렇게 길지가 않**더구나.[88]

---

[88] 이 월은 중의성을 띠어 '그렇게'가 <그러한 정도로>의 뜻으로 해석될 수도 있다.

(44)는 형식상으로는 부정의 월이지만 내용상으로는 강조의 의미를 지닌 긍정의 월로 해석된다. (44)를 의미상 차이 없이 다시 쓰면 (45)와 같다.

(45) ㄱ. [요즘 학생들이 아주 똑똑합니다.]
ㄴ. [겨울밤이 **아주** 길더구나.]

<아주>의 '그렇게'는 '아주'와 마찬가지로 <정도가 매우 높음>을 뜻하는 정도어찌씨에 해당하며, 꾸밈 대상도 일반 정도어찌씨와 마찬가지로 주로 그림씨나 다른 어찌씨를 꾸민다.

<아주>의 '그렇게'는 월에서 꾸밈말에 해당하지만 월 짜임에서 필수 요소에 해당한다. (44)에서 '그렇게'가 삭제되면 (44)와 관련이 없는 월 (46)이 된다.

(46) ㄱ. 요즘 학생들이 똑똑**할 수가 없**습니다.
ㄴ. 겨울밤이 길**지가 않**더구나.

곧 (44)는 형식상으로는 부정의 월이고 내용상으로는 긍정의 월로 해석되지만, (46)은 형식상으로나 내용상으로 부정의 월에 해당하기 때문에 (44)에서의 '그렇게'는 월 짜임에서 필수 요소가 된다. (44)에서 '그렇게'가 형식상으로는 부정의 월이지만 내용상으로는 긍정의 월로 해석되게 만드는 역할을 하고 있음이 확인된다.

이와 같이 <아주>의 '그렇게'는 특정의 부정의 월에서 꾸밈말로 쓰여 부정법을 가려잡는 통사 어찌씨에 해당하며, 월 짜임에서 필수 요소로, 내용상으로는 강조의 의미를 지닌 긍정의 월로 해석되게 하는 특성을 지닌다.

1.3.3. 이만저만[89)]

'이만저만'은 <이만하고 저만함>의 뜻을 지닌 이름씨와 <이만하고 저만한 정도로. 아주>의 뜻을 지닌 어찌씨로 쓰인다. 이름씨인 '이만저만'은 (47)에서와 같이 부정의 월에서 주로 쓰여 부정법을 가려잡는 이름씨에 해당한다.

> (47) ㄱ. 이번 홍수로 피해가 **이만저만**이 **아니다**.
> ㄴ. 추운 날씨에 고생이 **이만저만**이 **아니더라**.

이름씨인 '이만저만'은 주로 '아니다'가 풀이말인 경우에 토씨 '이'가 덧붙어 기움말로 쓰이는 특성을 보인다.

어찌씨인 '이만저만'은 주로 부정의 월에서 꾸밈말로 쓰인다. (48)과 같이 단순 부정의 월을 가려잡거나 부정 낱말 중에서 '아니다'를 가려잡는다.[90)]

> (48) ㄱ. 요즘엔 생선이 **이만저만** 비싸**지 않**다.
> ㄴ. 추운 날씨에 **이만저만** 고생하는 게 **아니다**.

(48)의 긍정의 월에 해당하는 (49)가 부적격한 월이 되는 것으로 보아 '이만저만'이 부정의 월에서만 꾸밈말로 쓰이고 긍정의 월에서는 쓰이지 않음이 확인된다.

---

89) 작은말로 '요만조만'이 있다. '이만저만'과 쓰임이 같다.
90) '이만저만'이 '아니다'를 가려잡는 경우에 특수한 이름씨 '고생, 실망, 손해' 등이 기움말로 쓰일 때 '이만저만 -이 아니다' 월이 다음과 같이 적격하게 쓰인다.
(보기) **이만저만 고생**이 아니다.
이만저만 실망이 아니다.
이만저만 손해가 아니다.

(49) ㄱ. *요즘엔 생선이 **이만저만** 비싸다.
　　ㄴ. *추운 날씨에 **이만저만** 고생하는 것이다.

‘이만저만’이 부정의 월에서 꾸밈말로 쓰이면, 형식상으로는 부정의 월
이지만 내면적으로는 긍정의 월로 해석된다. 곧 (48)은 부정의 월이지만
의미적으로는 (50)과 같이 긍정의 월로 해석된다.

(50) ㄱ. [요즘엔 생선이 **아주** 비싸다.]
　　ㄴ. [추운 날씨에 **아주** 고생한다.]

(48)이 (50)과 같이 긍정의 의미로 해석되게 하는 요인은 바로 ‘이만
저만’이다. (48)에서 ‘이만저만’이 삭제되면 내용상으로도 부정의 월로 적
격한 월이 된다. 그러나 ‘이만저만’이 꾸밈말로 들어감으로써 표면적으로
는 부정의 월이지만 내용상으로는 긍정의 월로 해석되기 때문에 (48)에
서 ‘이만저만’은 꾸밈말일지라도 삭제될 수 없다. 삭제된다면 (48)의 뜻
과는 전혀 달라지기 때문에 ‘이만저만’은 월 짜임의 필수 요소가 된다.
　‘-지 않다’를 가려잡는 ‘이만저만’ 월은 의미상 차이 없이 ‘-은 것이(게)
아니다’ 월로 다시 쓸 수 있다.

(51) ㄱ. 회사 사정이 **이만저만** 어렵**지 않**다.
　　　→ 회사 사정이 **이만저만** 어려**운 게 아니**다.
　　ㄴ. 요즘에는 **이만저만** 바쁘**지 않**다.
　　　→ 요즘에는 이만저만 바**쁜 게 아니**다.

‘이만저만’이 특수한 월 짜임의 긍정의 월에서 꾸밈말로 쓰이기도 한
다. ‘-어야지’ 월인 경우 반어적 의미를 실현한다. 예컨대, ‘내가 돈이 있
어야지.’는 표면상으로는 긍정의 월이지만 내면적으로는 ‘내가 돈이 없

다.'란 반어적 의미를 나타낸다. 이 '-어야지' 월인 경우에 (52)에서와 같이 '이만저만'이 긍정의 월에서 꾸밈말로 쓰일 수 있다.

> (52) ㄱ. 작아도 **이만저만** 작**아야지**.
> ㄴ. 올 겨울은 추워도 **이만저만** 추**워야지**.

(52)는 긍정의 월이지만 '이만저만'이 쓰인 부정의 월과 꼭 같은 의미를 나타내며, 의미상 차이 없이 (53)과 같이 부정의 월로 다시 쓸 수 있다.

> (53) ㄱ. 작아도 **이만저만** 작지 **않아**.
> ㄴ. 올 겨울은 추워도 **이만저만** 춥지 **않아**.

따라서 (52)는 (53)과 의미상 같기 때문에 표면상으로 긍정 월의 형식을 취하고 있지만 부정의 월과 다를 바 없는 특성을 보이는 것으로 간주된다.

(52)에서는 '이만저만'이 삭제되면 (54)와 같이 부적격한 월이 되기 때문에 '이만저만'은 꾸밈말이지만 월 짜임에서 필수 요소에 해당한다.

> (54) ㄱ. *작아도 작**아야지**.
> ㄴ. *올 겨울은 추워도 추**워야지**.

이와 같이 어찌씨 '이만저만'은 단순 부정의 월이나 부정 낱말 '아니다'를 가려잡으며, '이만저만'이 꾸밈말로 쓰인 월에서 '이만저만'이 삭제되면 삭제 전과 의미가 크게 달라지거나 부적격한 월이 되기 때문에 '이만저만'은 월 짜임에서 필수 요소에 해당한다.

1.4. 마무리

어찌씨 가운데 부정의 월만을 가려잡으면서 월 짜임에서 필수 요소에 해당하는 것으로서, '꼼짝', '꼼짝달싹', '얼씬', '옴짝', '옴짝달싹', '여간', '그렇게', '이만저만'을 선정하고, 이들 어찌씨의 통사적 특성을 논의하였다.

'꼼짝', '꼼짝달싹', '얼씬', '옴짝', '옴짝달싹'은 단순히 꾸밈말로서의 기능만을 담당하는 것이 아니라 부정의 매인풀이씨 '않다', '못하다', '말다'와 통사적 짜임새를 이루어 풀이기능을 보완하여 월을 짜 이루는 데 참여한다. 이들 어찌씨가 꾸밈말로 쓰인 월에서 이들 어찌씨가 삭제되면 부적격한 월이 되기 때문에 이들 어찌씨는 월 짜임에서 필수 보충말에 해당된다.

'꼼짝'과 '꼼짝달싹'은 월 짜임에서 삭제될 수 없는 필수 요소로서, 뒤에 놓이는 부정의 매인풀이씨 '않다', '못하다', '말다'와 긴밀한 짜임새를 이루어 풀이기능을 보완하여 자립 풀이기능을 수행하게 하는 역할을 담당한다. '꼼짝'과 '꼼짝달싹'은 '없다'와의 결합에서 차이를 보이는 것 외에는 대체로 같다.

'얼씬'도 부정의 매인풀이씨 '않다', '못하다', '말다'만을 가려잡으며, 월 짜임에서 생략될 수 없는 필수 요소로서 뒤에 놓이는 '않다', '못하다', '말다'와 긴밀한 짜임새를 이루어 풀이기능을 보완하는 역할을 담당한다.

'옴짝'과 '옴짝달싹'은 '않다', '못하다', '말다' 등 매인풀이씨가 풀이말로 쓰인 특수한 월에서만 꾸밈말로 쓰이지만, 내면적으로는 '옴짝하지'와 '옴짝달싹하지'였던 것에서 '-하지'가 생략되어 표면적으로 어찌씨의 모습으로 실현된 것으로 보인다. '않다', '못하다', '말다'와 긴밀한 짜임새를 이루어 풀이기능을 보완하여 자립 풀이기능을 수행하게 하는 역할을 담당한다.

'여간', '그렇게', '이만저만'도 부정의 월만을 가려잡으면서 단순히 꾸 밈말로서의 기능만을 하는 것이 아니라 월의 의미를 유지하는 데 있어 서 삭제될 수 없는 필수 요소에 해당되기 때문에 월 짜임에서 필수 요소 에 속하게 된다.

'여간'은 단순 부정의 월은 가려잡지만 능력 부정의 월은 가려잡지 않 는 부정법 제약 통사 어찌씨로, '여간'이 꾸밈말로 쓰인 월에서 '여간'이 삭제되면 의미가 크게 달라지기 때문에 월의 의미를 유지하는 데 있어 서 필수 요소에 해당된다. 주로 반어법을 실현하는 '-어야지'로 끝맺는 긍정의 월에서도 꾸밈말로 쓰일 수 있다.

<아주>의 뜻을 지닌 '그렇게'는 부정법 제약 통사 어찌씨로서, 특수한 월 짜임인 '-을 수가 없-'이나 '-지가 않-' 등의 앞에서 꾸밈말로 쓰이는 특성을 보인다. '그렇게'는 월 짜임에서 필수 요소로, 내용상으로는 강조 의 의미를 지닌 긍정의 월로 해석되게 하는 특성을 보인다.

'이만저만'은 단순 부정의 월이나 부정 낱말 중에서 '아니다'를 가려잡 는 부정법 제약 통사 어찌씨로, '이만저만'이 꾸밈말로 쓰인 월에서 '이 만저만'이 삭제되면 삭제 전과 의미가 크게 달라지거나 부적격한 월이 되기 때문에 '이만저만'은 월 짜임에서 필수 요소에 해당한다. 반어법을 실현하는 '-어야지'로 끝맺는 긍정의 월에서도 꾸밈말로 쓰일 수 있다.

2. 부정법을 가려잡는 그 밖의 어찌씨의 특성

2.1. 들머리

대다수의 어찌씨는 긍정의 월이나 부정의 월을 가리지 않고 꾸밈말로 쓰여 부정법에 영향을 미치지 않지만, 일부 어찌씨는 부정의 월만을 가려잡거나 긍정의 월만을 가려잡아 부정법에 영향을 미치기도 한다. 어찌씨 가운데 말본 범주에 영향을 미치는 것으로 부정의 월이나 긍정의 월만을 가려잡는 것들을 앞에서 부정법 제약 통사 어찌씨라고 하였다. 부정의 월에서만 쓰이고 긍정의 월에서 쓰이지 않는 것들이 부정법을 가려잡는 통사 어찌씨이고, 긍정의 월에서만 쓰이고 부정의 월에서 쓰이지 않는 것들이 부정법을 안 가려잡는 통사 어찌씨에 해당한다. 한길(2013 : 232)에서 밝힌 바와 같이 <그렇게까지, 별로>의 뜻을 지닌 '그다지'는 긍정의 월에서는 쓰이지 않고 부정의 월에서만 쓰이어 부정법을 가려잡는 통사 어찌씨에 해당하고, <꽤 잘>의 뜻을 지닌 '곧잘'은 부정의 월에서는 쓰이지 않고 긍정의 월에서만 쓰이기 때문에 부정법을 안 가려잡는 통사 어찌씨에 해당한다.

(1) ㄱ. 오늘은 날씨가 **그다지** 덥지 않다.
　　　*오늘은 날씨가 **그다지** 덥다.
　　ㄴ. *저 사람은 운동을 **곧잘** 하지 않는다.
　　　저 사람은 운동을 **곧잘** 한다.

(1ㄱ)에서 '그다지'는 부정의 월에서만 쓰여 부정법을 가려잡는 통사 어찌씨이고, (1ㄴ)의 '곧잘'은 긍정의 월에서만 쓰여 부정법을 안 가려잡는 통사 어찌씨이다. 여기서는 '그다지'와 같이 부정법을 가려잡는 통사 어찌씨를 대상으로 살피고, 4에서는 부정법을 안 가려잡는 통사 어찌씨를 대상으로 살피기로 한다.

부정법 제약 통사 어찌씨 중에서 먼저 부정법을 가려잡는 통사 어찌씨를 선정하고, 이들의 통사적 특성에 관하여 논의하기로 한다.

부정의 월을 가려잡는 어찌씨 가운데 전적으로 부정의 월만 가려잡는 것, 중의적 의미를 가진 어찌씨로 의미에 따라 부정의 월만 가려잡는 것, 같은 꼴로 부정의 월을 가려잡는 어찌씨만이 아니라 이름씨로도 쓰이는 것 등 편의상 세 가지로 나누어 논의하기로 한다.

2.2. 부정법을 가려잡는 어찌씨 1

전적으로 부정의 월만 가려잡는 어찌씨에는 '간대로', '결코', '구태여', '당최', '더이상', '도무지', '도저히', '도통', '미처', '바이', '변변히', '별달리', '별로', '별반', '비단', '여간', '이루'. '좀처럼/좀체', '차마', '채', '통' 따위가 있다. 이들 어찌씨에 관하여 각각의 통사적 특성을 살피기로 한다.

2.2.1. 간대로

<그다지 쉽사리>의 뜻을 지닌 어찌씨 '간대로'는 긍정의 월에서 꾸밈말로 쓰이지 않고 부정의 월에서 꾸밈말로 쓰인다. '간대로'가 긍정의 월에서 꾸밈말로 쓰이면 부적격한 월이 된다.

  (2) ㄱ. 그 불이 **간대로** 꺼지지 않겠지.
  ㄴ. *그 불이 **간대로** 꺼지겠지.

(2ㄴ)이 부적격한 월이 된 이유는 꾸밈말로 '간대로'가 쓰였기 때문이다. ㄴ에서 '간대로'가 삭제되면 적격한 월이 되지만 '간대로'가 꾸밈말로 쓰였기 때문에 부적격한 월이 되었다. 반면에 ㄱ에서는 '간대로'가 꾸밈말로 쓰였지만 적격한 월이 되었다. ㄱ과 ㄴ의 차이는 부정의 월이냐 긍정의 월이냐의 차이인데, '간대로'가 꾸밈말로 쓰일 수 있느냐 없느냐에

차이를 보이는 것은 바로 '간대로'가 부정의 월만을 가려잡는 통사 어찌씨에 해당하기 때문이다. '간대로'는 부정의 월을 가려잡지만 '간대로'가 삭제되더라고 월의 적격성에는 영향을 미치지 않고 의미에서도 '간대로'의 뜻만 덜어질 뿐이기 때문에 월 짜임의 필수 요소는 아니다.

'간대로'는 부정 낱말로 이루어진 풀이말인 '아니다', '없다', '모르다' 따위를 가려잡기도 한다.

(3) ㄱ. 삶이란 **간대로** 되는 것이 **아니다**.
ㄴ. 조그만 흠집은 **간대로** 찾을 방법이 **없다**.
ㄷ. 누구도 그 사람에 대해 **간대로 모른다**.

부정 낱말 '아니다', '없다', '모르다' 따위에 대립되는 긍정 낱말은 가려잡지 않기 때문에 풀이말이 '이다', '있다', '알다'인 월에 '간대로'가 꾸밈말로 쓰이면 (4)와 같이 부적격해진다.

(4) ㄱ. *삶이란 **간대로** 되는 것**이다**.
ㄴ. *조그만 흠집은 **간대로** 찾을 방법이 **있다**.
ㄷ. *누구도 그 사람에 대해 **간대로 안다**.

'간대로'가 부정의 월만을 가려잡는 것은 <그다지 쉽사리>란 '간대로'의 의미 특성 때문으로 보인다. '간대로'의 의미 요소인 <그다지>가 부정의 월만을 가려잡는 제약이 있으므로 전체 의미에도 영향을 미치기 때문인 것 같다.

이와 같이 '간대로'는 부정의 월에서만 꾸밈말로 쓰이는 통사 어찌씨로, 월 짜임의 필수 요소에 해당하지 않는다.

2.2.2. 결(決)코

<어떤 경우라도 절대로>의 뜻을 지닌 어찌씨 '결(決)코'는 긍정의 월에서 꾸밈말로 쓰이지 않고 부정의 월에서 꾸밈말로 쓰인다. 단순 부정의 월이나 능력 부정의 월을 가리지 않으며 움직씨와 그림씨로 이루어진 풀이말을 모두 꾸밀 수 있다.

(5) ㄱ. 철수는 **결코** 자신의 의지를 꺾**지 않**았다./**안** 꺾었다.
    ㄴ. 속임수로썬 **결코** 행운을 얻**지 못**한다./**못** 얻는다.

(6) ㄱ. 그 일은 **결코** 쉽**지 않**다./**안** 쉽다.
    ㄴ. 그 일은 **결코** 옳**지 못**하다./*못 옳다.

(5)는 풀이말이 움직씨인 부정의 월로, ㄱ은 단순 부정인 긴 부정과 짧은 부정인데, '결코'가 꾸밈말로 쓰여 적격한 월이 되었다. ㄴ은 능력 부정인 긴 부정과 짧은 부정인데, '결코'가 꾸밈말로 쓰여 적격한 월이 되었다. (6)은 풀이말이 그림씨인 부정의 월로, ㄱ은 단순 부정인 긴 부정과 짧은 부정인데, '결코'가 꾸밈말로 쓰여 적격한 월이 되었다. ㄴ은 능력 부정인 긴 부정은 '결코'가 꾸밈말로 쓰일 수 있지만 짧은 부정인 경우에는 '결코'가 꾸밈말로 쓰일 수 없는 제약을 보인다.91)

(5)와 (6)에서 '결코'가 삭제되더라도 적격한 월이 되기 때문에 '결코'는 월 짜임의 필수 요소에 해당하지는 않는다. 그러나 (5)와 (6)을 긍정의 월로 바꾸면 다음 보기와 같이 모두 부적격한 월이 되는 것으로 미루어, '결코'가 바로 부정의 월을 가려잡는 요인에 해당함이 드러난다.

---

91) 능력 부정은 주로 풀이말이 움직씨일 때 쓰이며, 그림씨인 경우에도 쓰이기는 하지만, 긴 부정으로 쓰이고 짧은 부정으로는 쓰이지 않는 것이 일반적이다.

(7) ㄱ. *철수는 **결코** 자신의 의지를 꺾었다.

　　ㄴ. *속임수로썬 **결코** 행운을 얻는다.

(8) ㄱ. *그 일은 **결코** 쉽다.

　　ㄴ. *그 일은 **결코** 옳다.

시킴월이나 함께함월에서는 '결코'가 당연히 '-지 말-'을 가려잡는다. 이는 '결코'만의 특성이 아니라 부정의 월이 지니는 보편적인 특징에 해당한다.

(9) ㄱ. 이 일은 **결코** 잊**지 말**아라.

　　ㄴ. 이 일은 **결코** 잊**지 말**자.

'결코'는 (10)에서와 같이 부정 낱말로 이루어진 풀이말 '아니다', '없다', '모르다' 따위를 가려잡기도 한다.

(10) ㄱ. 공사판의 막일은 **결코** 손쉬운 일이 **아니다**.

　　ㄴ. 거짓말을 해 본 적이 **결코 없다**.

　　ㄷ. 저분은 이 사실을 **결코 모른다**.

'결코'는 부정 낱말 '아니다', '없다', '모르다' 따위에 대립되는 긍정 낱말은 가려잡지 않기 때문에 '이다', '있다', '알다'인 월에 '결코'가 꾸밈말로 쓰이면 (11)과 같이 부적격해진다.

(11) ㄱ. *공사판의 막일은 **결코** 손쉬운 일**이다**.

　　ㄴ. *거짓말을 해 본 적이 **결코 있다**.

　　ㄷ. *저분은 이 사실을 **결코 안다**.

'결코'가 부정의 월만을 가려잡는 것은 <어떤 경우라도 절대로>란 '결코'의 의미 특성 때문으로 보인다. 곧 '결코'의 의미 요소인 <절대로>가 부정의 월만을 가려잡는 제약이 있기 때문인 것 같다.

이와 같이 '결코'는 단순 부정의 월이나 능력 부정의 월에서 꾸밈말로 쓰이는 통사 어찌씨로, 월 짜임의 필수 요소에 해당하지는 않는다.

2.2.3. 구태여[92]

<일부러. 굳이>의 뜻을 지닌 어찌씨 '구태여'는 부정의 월과 반어법을 실현하는 물음월에서 꾸밈말로 쓰이는 제약이 있다. 부정의 월을 가려잡는 '구태여'는 주로 단순 부정을 가려잡지만 능력 부정은 가려잡지 않는다.

(12) ㄱ. 이 사실은 **구태여** 숨기**지 않**겠다./**안** 숨기겠다.
　　 ㄴ. *이 사실은 **구태여** 숨기**지 못하**겠다./***못** 숨기겠다.

'구태여'가 능력 부정은 가려잡지 못하는 이유는 '구태여'의 의미 특성 때문이다. 곧 <일부러>의 의미에는 능력 있음이 전제되기 때문에 능력 부정과는 조화를 이룰 수 없기 때문이다.

'구태여'는 부정의 월에서 주로 움직씨로 이루어진 풀이말을 꾸미며 그림씨로 이루어진 풀이말은 꾸미지 않는다. 따라서 '-지 말-' 부정의 시킴월과 함께함월에서 풀이말로 쓰일 수 있다.

(13) ㄱ. 이 사건은 **구태여** 숨기**지 마**라.
　　 ㄴ. 이 사건은 **구태여** 숨기**지 말**자.

---

92) '구태여'의 준말로 '구태'가 있다.

'구태여'는 부정 낱말로 이루어진 풀이씨 중 '아니다', '없다'를 가려잡기도 한다. '아니다'와 '없다'가 움직씨가 아닌데도 꾸밀 수 있어 특이한 경우에 해당한다.

    (14) ㄱ. **구태여** 저 물건이 **아니라도** 괜찮다.
        ㄴ. 네게 **구태여** 애걸할 생각은 **없다**.

'아니다', '없다'의 부정 풀이말 월이라고 해서 '구태여'가 꾸밈말로 쓰일 수 있는 것은 아니고 극히 일부에 국한하여 꾸민다. 곧 다음 보기에서는 풀이말이 '아니다', '없다'의 월이지만 '구태여'가 꾸밈말로 쓰이게 되면 부적격한 월이 된다.

    (15) ㄱ. *저분이 **구태여** 선생님이 **아니시다**.
        ㄴ. *저분이 **구태여** 집에 **없다**.

'구태여'는 (16)과 같이 긍정의 반어법을 실현하는 물음월에서 꾸밈말로 쓰이기도 한다. 부정의 반어법 물음월에서는 꾸밈말로 쓰이지 않는다.

    (16) ㄱ. 왜 **구태여** 떠나려고 하느냐?
        ㄴ. **구태여** 반대할 필요가 있니?

(16)에서 ㄱ은 축어적 의미와는 반대로 부정의 시킴으로 <굳이 떠나려고 하지 마라>라는 내재적 의미를 나타낸다. ㄴ도 축어적 의미와는 반대로 부정의 서술로 <굳이 반대할 필요가 없다>라는 내재적 의미를 나타낸다. (16)이 표면적으로는 긍정의 월이지만 내면적으로는 부정의 월로 해석되어 '구태여'가 부정의 월을 가려잡는다는 조건에서 벗어나는

것은 아니다.

부정의 월을 가려잡는 '구태여'는 삭제되더라도 적격한 월이 되어 월 짜임에 영향을 미치지 않아 필수 요소는 아니지만, 긍정의 반어법 월을 가려잡는 '구태여'는 삭제되면 적격한 월이 되더라도 반어법 월로 해석되지 않기 때문에 월 짜임의 필수 요소에 해당한다.

이와 같이 '구태여'는 단순 부정의 월과 부정의 반어법 물음월을 가려잡는 통사 어찌씨에 해당한다. 부정의 월에서 꾸밈말로 쓰인 '구태여'는 월 짜임의 필수 요소가 아니지만 반어법 물음월에서 꾸밈말로 쓰인 '구태여'는 월 짜임의 필수 요소이다.

2.2.4. 당최[93]

'당최'는 <도무지. 영>의 뜻을 지닌 어찌씨로, 부정의 월에서만 꾸밈말로 쓰인다. '당최'는 단순 부정이나 능력 부정의 월을 가려잡는 부정법 제약 통사 어찌씨에 해당한다. '당최'는 시킴월이나 함께함월에서는 꾸밈말로 쓰이지 않기 때문에 '-지 말-'을 가려잡지 않는다.

(17) ㄱ. 그는 **당최** 내 말을 듣**지 않**는다.
ㄴ. 이 음식은 **당최** 먹**지 못**하겠다.

(17)의 긍정의 월에 해당하는 (18)이 부적격한 월이 되는 것으로 보아 '당최'가 부정의 월에서만 꾸밈말로 쓰이고 긍정의 월에서는 쓰이지 않음이 확인된다.

(18) ㄱ. *그는 **당최** 내 말을 듣는다.

---

93) '당최'는 '당초(當初)에'가 줄어든 말이다.

ㄴ. *이 음식은 **당최** 먹겠다.

'당최'가 긍정의 월에서 꾸밈말로 쓰이는 경우 대체로 부적격한 월이 되지만, 반어법을 실현하는 월인 경우에 긍정의 월에서도 꾸밈말로 쓰이기도 한다.

(19) ㄱ. 말을 안 하니 **당최** 그 속을 알 수가 있나.
ㄴ. 그가 내 말을 **당최** 들어야지.

(19)는 긍정의 월에 해당하지만 '당최'가 꾸밈말로 쓰이더라고 적격한 월이 되었다. (19)는 표면적으로는 긍정의 월이지만 내재적으로는 (20) 과 같이 부정의 월로 해석되는 반어법을 실현하는 월에 해당하기 때문에 '당최'가 부정의 월만을 가려잡는 통사 어찌씨에 해당함은 유지되는 셈이다.

(20) ㄱ. [말을 안 하니 **당최** 그 속을 알 수가 **없어**.]
ㄴ. [그가 내 말을 **당최** 듣**지 않**아.]

'당최'는 부정 낱말로 이루어진 서술어 중 '아니다', '없다', '모르다'를 가려잡지만, 이들의 긍정 대어인 '이다', '있다', '알다'는 반어법 월로 해석되는 경우에만 가려잡고[94] 그 밖에는 가려잡지 않는다.

(21) ㄱ. 이것은 **당최** 내가 감당할 일이 **아니**다.

---

94) '당최'가 '이다', '있다', '알다'를 가려잡는 반어법 월의 보기를 들면 다음과 같다.
그 일은 **당최** 내가 할 수 있는 일**이**어야지.
요즘 **당최** 시간이 **있**어야지.
그분이 누구인지 **당최** **알**겠어야지.

ㄴ. 나는 **당최** 되는 일이 **없**네.

ㄷ. 저 사람이 누구인지 **당최 모르**겠어.

'당최'는 부정의 월을 가려잡는 꾸밈말로만 쓰이지만, 삭제되어도 월의 적격성에는 영향을 미치지 않기 때문에 월 짜임에서 필수 요소에 해당되지 않는다. 긍정의 반어법 월에서도 '당최'가 삭제되더라도 '당최'의 뜻만 덜어질 뿐 반어법은 그대로 유지된다.

이와 같이 '당최'는 부정의 월이나 긍정의 반어법 월을 가려잡는 통사 어찌씨로, 삭제되더라도 월의 적격성에 영향을 미치지 않는 수의 요소이다.

2.2.5. 더이상(-以上)[95)]

'더이상'을 '더 이상'이란 통사적 짜임새로 보지 않고 [어찌씨+이름씨]의 결합으로 이루어진 합성 어찌씨의 형태적 짜임새로 보고자 한다. '더'는 어찌씨이고 '이상'은 이름씨로서 통사적 짜임새라면 '더'가 이름씨 '이상'을 꾸미는 짜임새인데, 일부 어찌씨가 이름씨를 꾸미는 경우가 있지만[96)], '더'는 이름씨를 꾸미는 경우가 없기 때문에 예외적으로 이름씨 '이상'만을 꾸미는 것으로 처리해야 한다. 또한 '이상'은 이름씨로서 자리토씨를 취하여 임자말, 부림말, 매김말 따위의 월조각으로 쓰이지만, '더이상'에는 자리토씨는 결합되지 않고 일부 도움토씨가 결합될 뿐이기 때

---

95) '더이상(以上)'을 어찌씨로 처리한 사전류로는 『연세한국어사전』, 『고려대한국어대사전』이 있다. 『표준국어대사전』과 『우리말큰사전』 따위에서는 올림말로 올라 있지 않은 것으로 보아 한 낱말로 처리하지 않고 통사적 짜임새로 본 것 같다. 같은 꼴로 이름씨인 '더이상'에 토씨 '의'가 결합하여 쓰이는데 주로 부정의 월에서 매김말로 쓰인다.

더이상의 피해는 보**지 않**았다.

더이상의 변명은 하**지 마라.**

96) 어찌씨 '바로'는 "**바로 옆**이 우체국이다"에서와 같이 이름씨를 꾸미기도 한다.

문에 '더 이상'의 '이상'이 이름씨로서의 자격을 잃게 된다. 의미적인 면에서도 단순히 <더+이상>이 아니라 <더 많이. 그 이후로 계속>이란 새로운 의미를 가지고 있으며 용법에서도 어찌씨와 같은 기능을 수행하기 때문에 '더이상'을 '더'와 '이상'이 합쳐져 결합 과정을 거쳐 만들어진 합성 어찌씨로 보는 것이 합리적이다.

'더이상'은 <더 많이. 그 이후로 계속>을 뜻하는 어찌씨로, 주로 부정의 월에서 꾸밈말로 쓰인다. '더이상'은 단순 부정이나 능력 부정의 월을 가려잡는 부정법 제약 통사 어찌씨에 해당한다. '더이상'은 시킴월이나 함께함월에서도 꾸밈말로 쓰이기 때문에 '-지 말-'을 가려잡기도 한다.

(22) ㄱ. 눈물이 **더이상** 나오**지 않**았다.
ㄴ. 나는 **더이상** 먹**지 못**하겠어요.
ㄷ. **더이상** 저 아이를 괴롭히**지 마라.**/괴롭히**지 말자.**

(22)의 긍정의 월에 해당하는 (23)이 부적격한 월이 되는 것으로 보아 '더이상'은 부정의 월에서만 꾸밈말로 쓰이고 긍정의 월에서는 쓰이지 않음이 확인된다.

(23) ㄱ. *눈물이 **더이상** 나왔다.
ㄴ. *나는 **더이상** 먹겠어요.
ㄷ. ***더이상** 저 아이를 괴롭혀라./*괴롭히자.

이와 같이 '더이상'은 주로 부정의 월을 가려잡지만, 극히 일부 긍정의 월에서 꾸밈말로 쓰이기도 한다.

(24) ㄱ. 나는 **더이상** 달리기가 **어려웠다.**
ㄴ. 나는 **더이상** 달리기가 **힘들다.**

(24ㄱ)은 긍정의 월이지만 '더이상'이 꾸밈말로 쓰였다. 꾸밈 받는 말이 '어렵다'인 경우에는 긍정의 월에서도 '더이상'이 꾸밈말로 쓰이는데, '어렵다'의 의미가 <쉽지 않다>와 같아 부정적 의미를 가지기 때문에 '더이상'이 꾸밈말로 쓰이더라도 적격해지는 것이 아닌가 한다. (24ㄴ)과 같이 '어렵다'와 비슷한 뜻을 지닌 '힘들다'인 경우에도 '더이상'이 꾸밈말로 쓰일 수 있다.

대체로 '더이상'이 긍정의 월에서 꾸밈말로 쓰이면 부적격한 월이 되지만, 긍정의 반어법 물음월에서는 '더이상'이 꾸밈말로 쓰이기도 한다.

(25) ㄱ. 내가 **더이상** 누구를 믿겠니?
ㄴ. 그분이 **더이상** 뭐가 아쉽겠니?

물음말이 있는 긍정의 반어법을 실현하는 물음월인 경우에 (25)와 같이 '더이상'이 꾸밈말로 쓰이기도 하지만, (25)는 표면상으로만 긍정의 물음월일 뿐이고 내재적으로는 (26)과 같이 부정의 서술월로 해석된다. 따라서 '더이상'이 부정의 월을 가려잡음이 유지된다.

(26) ㄱ. [내가 **더이상** 아무도 믿**지 않**겠다.]
ㄴ. [그분이 **더이상** 아무것도 아쉽**지 않**겠다.]

'더이상'은 부정 낱말로 이루어진 풀이말 중 '아니다', '없다', '모르다'를 가려잡지만, 이들의 긍정 대어인 '이다', '있다', '알다'는 반어법 월로 해석되는 경우에만 가려잡고 그 밖에는 가려잡지 않는다.

(27) ㄱ. 이 사람은 **더이상** 아이가 **아니**다.
ㄴ. 이보다 좋은 일은 **더이상** **없**다.

ㄷ. 난 그 일에 대해서 **더이상 모른**다.

'더이상'은 부정의 월을 가려잡는 꾸밈말로 쓰이지만, (22)와 (27)에서 생략되더라도 '더이상'의 뜻만 덜어질 뿐 월의 적격성에 영향을 미치지 않기 때문에 월 짜임에서 필수 요소에 해당되지 않는다. 긍정의 반어법을 실현하는 물음월에서도 '더이상'이 삭제되더라도 반어법은 그대로 유지되기 때문에 '더이상'은 월 짜임에서 필수 요소는 아니다.

이와 같이 '더이상'은 부정의 월이나 부정의 뜻을 지닌 일부 긍정의 월, 긍정의 반어법을 실현하는 월을 가려잡는 통사 어찌씨로, 삭제되더라도 월의 적격성에 영향을 미치지 않는다.

2.2.6. 도무지[97]

'도무지'는 <아무리 하여도. 이러니저러니 할 것 없이 아주>의 뜻을 지닌 어찌씨로, 부정의 월에서 꾸밈말로 쓰인다. '도무지'는 단순 부정이나 능력 부정의 월을 가려잡는 부정법 제약 통사 어찌씨에 해당한다.[98] '도무지'는 시킴월이나 함께함월에서는 꾸밈말로 쓰이지 않기 때문에 '-지 말-'은 가려잡지 않는다.

(28) ㄱ. 그 문제는 **도무지** 이해가 **안** 간다.
ㄴ. 이 음식은 **도무지 못** 먹겠다.

---

97) '도무지'와 뜻과 쓰임에서 같은 한자말로 '도시(都是)'와 '도통(都統)'이 있다.
98) '도무지'가 단순 부정의 월에서 꾸밈말로 쓰이는 경우 임자말의 가리킴 제약이 따른다. '도무지'의 의미 특성인 <아무리 하여도>로 말미암아 <동작주의 의지에 의해서 어떤 일이 일어나지 않음>을 나타내는 단순 부정인 경우 첫째가리킴에서는 부조화를 이루기 때문에 부적격해진다.
*나는 **도무지** 밥을 먹**지 않**는다.

(28)의 긍정의 월에 해당하는 (29)가 부적격한 월이 되는 것으로 보아 '도무지'가 부정의 월에서만 꾸밈말로 쓰이고 긍정의 월에서는 쓰이지 않음이 확인된다.

(29) ㄱ. *그 문제는 **도무지** 이해가 간다.
ㄴ. *이 음식은 **도무지** 먹겠다.

'도무지'가 긍정의 월에서 꾸밈말로 쓰이는 경우 부적격한 월이 되지만, 표면적인 의미와 내재적 의미가 반대되는 반어법으로 해석되는 경우에 긍정의 월에서 꾸밈말로 쓰이기도 한다.

(30) ㄱ. 그 문제에 대하여 **도무지** 알 수가 있어야지.
ㄴ. 그가 내 말을 **도무지** 들어야지.

(30)은 긍정의 월에 해당하지만 '도무지'가 꾸밈말로 쓰이더라도 적격한 월이 되었다. (30)은 표면적으로는 긍정의 월이지만 내재적으로는 (31)과 같이 부정의 월로 해석되는 반어법을 실현하는 월에 해당하기 때문에 '도무지'가 부정의 월을 가려잡는 통사 어찌씨에 해당함은 유지되는 셈이다.

(31) ㄱ. [그 문제에 대하여 **도무지** 알 수가 **없**어.]
ㄴ. [그가 내 말을 **도무지** 듣**지 않**아.]

'도무지'는 부정 낱말로 이루어진 풀이말 중 '아니다', '없다', '모르다'를 가려잡지만, 이들의 긍정 대어인 '이다', '있다', '알다'는 반어법을 실현하는 월로 해석되는 경우에만 가려잡고 그 밖에는 가려잡지 않는다.

(32) ㄱ. 이번 사건은 **도무지** 고려할 사항이 **아니**다.
ㄴ. 나는 **도무지** 감을 잡을 수 **없**다.
ㄷ. 무슨 영문인지 나는 **도무지 모르**겠다.

'도무지'는 부정의 월이나 긍정의 반어법을 실현하는 월을 가려잡는 꾸밈말로만 쓰이지만, (28)과 (32)에서 생략되어도 '도무지'의 뜻만 덜어질 뿐 월의 적격성에 영향을 미치지 않기 때문에 월 짜임에서 필수 요소에 해당되지 않는다.

2.2.7. 도저(到底)히

'도저(到底)히'는 <아무리 하여도 끝내>의 뜻을 지닌 어찌씨로, 부정의 월에서만 꾸밈말로 쓰인다. '도저히'는 단순 부정이나 능력 부정의 월을 가려잡는 부정법 제약 통사 어찌씨에 해당한다. '도저히'는 시킴월이나 함께함월에서는 꾸밈말로 쓰이지 않기 때문에 '-지 말-'을 가려잡지 않는다.

(33) ㄱ. 나는 **도저히** 이해가 **안** 된다./되**지 않**는다.
ㄴ. 이 일만은 **도저히 못** 참겠다./참**지 못**하겠다.

(33)의 긍정의 월에 해당하는 (34)가 부적격한 월이 되는 것으로 보아 '도저히'가 부정의 월에서만 꾸밈말로 쓰이고 긍정의 월에서는 쓰이지 않음이 확인된다.

(34) ㄱ. *나는 **도저히** 이해가 된다.
ㄴ. *이 일만은 **도저히** 참겠다.

'도저히'는 능력 부정인 경우에 임자말에 제약이 없지만, 단순 부정인 경우에는 제약이 따른다. 곧 말할이가 임자말인 1인칭 월에서는 부정의 월이더라도 '도저히'가 꾸밈말로 쓰이면 부적격해진다.

(35) ㄱ. ***나는** 그를 **도저히 안** 믿겠다./*믿**지 않**겠다.
     ㄴ. **나는** 그를 **도저히 못** 믿겠다./믿**지 못하**겠다.

(35)의 ㄱ과 ㄴ은 단순 부정이냐 능력 부정이냐의 차이를 제외하면 꼭 같지만, 단순 부정인 ㄱ은 부적격한 월이 되었고, ㄴ은 적격한 월이 되었다. 단순 부정이더라도 임자말이 2인칭이나 3인칭일 때는 (36)과 같이 적격한 월이 된다.

(36) ㄱ. **너는** 그를 **도저히 안** 믿는구나.
     ㄴ. **그는** 너를 **도저히 안** 믿더라.

(35ㄱ)이 부적격한 이유는 앞에서 살핀 '도무지'와 마찬가지로 '도저히'의 의미와 단순 부정의 의미가 부조화를 이루기 때문인 것 같다.

'도저히'는 꾸밈 받는 말인 풀이씨에도 제약이 따른다. 움직씨인 경우에는 적격하지만 그림씨인 경우에는 꾸밈말로 쓰일 수 없는 제약이 있다.

(37) ㄱ. *기분이 **도저히** 안 좋다./*좋지 않다.
     ㄴ. *꿈이 **도저히** 크지 않다.

'도저히'는 부정 낱말로 이루어진 풀이말 중 '아니다'와 '없다', '모르다'를 가려잡는다. '없다'인 경우 주로 통사적 짜임새인 '-을 수(가) 없-'으로 쓰인다.

(38) ㄱ. 이번 건은 **도저히** 그냥 넘어갈 일이 **아니다**.
ㄴ. 이번만큼은 **도저히** 참을 수가 **없**다.
ㄷ. 나는 그게 무엇인지 **도저히 모르겠다**.

'도저히'는 부정의 월을 가려잡는 꾸밈말로만 쓰이지만, (33)과 (38)에서 삭제되어도 '도저히'의 뜻만 덜어질 뿐 월의 적격성에 영향을 미치지 않기 때문에 월 짜임에서 필수 요소에 해당되지 않는다.

2.2.8. 도통(都統)[99]

<도무지. 전혀>의 뜻을 지닌 '도통(都統)'은 '도무지'와 뜻과 쓰임에서 별다른 차이가 없다.

2.2.9. 미처[100]

'미처'는 <아직 거기까지 미치도록>의 뜻을 지닌 어찌씨로, 부정의 월에서만 꾸밈말로 쓰인다. '미처'는 단순 부정이나 능력 부정의 월을 가려잡는 부정법 제약 통사 어찌씨에 해당한다.[101] '미처'는 단순 부정보다는 능력 부정의 월에서 더 많이 쓰인다. '미처'는 시킴월이나 함께함월에서는 꾸밈말로 쓰이지 않기 때문에 '-지 말-'을 가려잡지 않는다.

(39) ㄱ. 음식이 **미처** 준비가 **안** 되었다/되**지 않**았다.

---

99) <도합>의 뜻을 지닌 이름씨로도 쓰인다. "비용이 **도통** 얼마나 드는가?"에서 도통은 이름씨로, 부정의 월만을 가려잡는 제약은 없다.
100) '뒤'와 '미처'가 결합하여 이루어진 합성 어찌씨 '뒤미처'는 <그 뒤에 잇달아 곧>의 뜻으로, '미처'와 달리 긍정의 월에서도 꾸밈말로 쓰인다.
101) '미처'는 때매김법에도 제약을 미쳐 때매김씨끝 가운데 '-었-'만 가려잡는다. 이에 관하여는 때매김법 제약 통사 어찌씨에서 논의하기로 한다.

ㄴ. 그분이 오기 전에 **미처** 일을 **못** 끝냈다/끝내**지 못**했다

(39)의 긍정의 월에 해당하는 (40)이 부적격한 월이 되는 것으로 보아 '미처'가 부정의 월에서만 꾸밈말로 쓰이고 긍정의 월에서는 쓰이지 않음이 확인된다.

(40) ㄱ. *음식이 **미처** 준비가 되었다.
　　　ㄴ. *그분이 오기 전에 **미처** 일을 끝냈다.

'미처'가 부정의 월을 가려잡지만, 이례적으로 긍정의 월을 가려잡는 경우가 있다. '미처'가 '움직씨 줄기-기도 전에'라는 월 앞에 놓여 그 움직씨를 꾸미는 경우에 (41)과 같이 긍정의 월에서 적격하게 쓰일 수 있다.

(41) ㄱ. 과일이 **미처** 익**기도 전에** 다 따먹었다.
　　　ㄴ. 그 환자는 **미처** 병원에 도착하**기도 전에** 숨이 끊어졌다.

(41)은 형식상으로 긍정의 월인데 '미처'가 꾸밈말로 쓰여 적격한 월이 되었다. 따라서 '미처'가 부정의 월만을 가려잡는 통사 어찌씨라는 전제가 잘못된 것으로 판단하기 쉽다. 그러나 (41)이 비록 형식상으로는 긍정의 월이지만 내용상으로는 부정의 월로 해석되어 '익기도 전에'는 '안 익었을 때'로, '도착하기도 전에'는 '도착하지 않았을 때'로 해석되어 '미처'가 부정의 월만을 가려잡는다는 전제는 유효한 셈이다.
'미처'는 부정 낱말로 이루어진 풀이말 중 '없다'와 '모르다'를 가려잡는다. '모르다'의 긍정대어인 '알다'인 경우에 능력 부정의 '-지 못하다'의 월에서 꾸밈말로 쓰일 수 있다.

(42) ㄱ. 이번 싸움은 **미처** 말려 볼 틈도 **없었다.**
ㄴ. 그분이 그런 사람인 줄 예전엔 **미처 몰랐다.**
ㄷ. 돈이 이렇게 많이 필요한지 **미처** 알**지 못**했다.

'미처'는 꾸밈을 받는 말인 풀이씨에도 제약이 따른다. 움직씨인 경우에는 적격하지만 그림씨인 경우에는 꾸밈말로 쓰일 수 없는 제약이 있다.

(43) ㄱ. *날씨가 **미처 안** 좋았다/*좋**지 않**았다.
ㄴ. *이제까지는 **미처 안** 바빴다/*바�**지 않**았다.

'미처'는 부정의 월 가려잡는 꾸밈말로만 쓰이지만, (39)과 (43)에서 삭제되어도 '미처'의 뜻만 덜어질 뿐 월의 적격성에 영향을 미치지 않기 때문에 월 짜임에서 필수 요소에 해당되지 않는다.

2.2.10. 바이[102]

'바이'는 <아주. 전혀>의 뜻을 지닌 어찌씨로, 부정의 월에서만 꾸밈말로 쓰이지만 입말에서는 그리 많이 쓰이는 편은 아니다. 따라서 극히 일부 단순 부정의 월이나 능력 부정의 월에서 꾸밈말로 쓰여, 부정법을 가려잡는 통사 어찌씨에 해당한다.

(44) ㄱ. 아직 남을 도울 형편은 **바이 안** 됩니다.
ㄴ. 그분은 고향에 돌아갈 생각을 **바이 못** 한다/하**지 못**한다.

---

102) '바이'는 '없다'와 결합하여 <전혀 없다>란 뜻의 합성 그림씨 '바이없다'가 만들어지며, '바이없-'에 어찌씨 파생가지 '-이'가 결합하여 <전혀 다른 도리가 없이>란 뜻의 파생 어찌씨 '바이없이'가 만들어진다.

(44)의 긍정의 월에 해당하는 (45)가 부적격한 월이 되는 것으로 보아 '바이'가 부정의 월에서만 꾸밈말로 쓰이고 긍정의 월에서는 쓰이지 않음이 확인된다.

(45) ㄱ. *아직 남을 도울 형편은 **바이** 됩니다.
　　 ㄴ. *그분은 고향에 돌아갈 생각을 **바이** 한다.

'바이'는 부정 낱말로 이루어진 꾸밈말 중 '아니다'와 '없다', '모르다'를 가려잡는다. '없다'인 경우에 바로 앞에 '바이'가 놓이면 결합되어 합성 어찌씨가 되지만 (46ㄴ)과 같이 사이에 다른 요소가 놓이게 되면 어찌씨에 해당된다.

(46) ㄱ. 소수의 의견이라고 **바이** 무시할 것은 **아니다**.
　　 ㄴ. 부모님의 크나큰 사랑은 **바이** 견줄 데가 **없다**.
　　 ㄷ. 부모님께서는 내 처지를 **바이** **모른다**.

'바이'는 일부 한정된 부정의 월에서 꾸밈말로만 쓰이지만, (44)와 (46)에서 삭제되어도 월의 적격성에 영향을 미치지 않기 때문에 월 짜임에서 필수 요소에 해당되지 않는다.

2.2.11. 변변히

'변변히'는 '변변하다'의 뿌리 '변변-'에 어찌씨 파생가지 '-히'가 결합되어 만들어진 파생 어찌씨이다. '변변하다'는 <(사물이) 제대로 갖추어져 꽤 충분하거나 쓸 만하다>와 <(사람이나 그의 됨됨이, 생김새 따위가) 별로 흠이 없이 어지간하다> 두 가지로, 앞의 뜻인 경우에는 부정의 월에서 풀이말로 쓰인다.[103] 이 '변변하다'에서 파생된 어찌씨 '변변히'가 이 글의 연구 대상이다.

'변변히'는 <제대로 갖추어져 충분하거나 쓸 만하게>를 뜻하는 어찌씨로, 부정의 월에서만 꾸밈말로 쓰인다. '변변히'는 단순 부정의 월은 가려잡지 않고 주로 능력 부정의 월을 가려잡는 부정법 제약 통사 어찌씨에 해당한다.

    (47) ㄱ. *선생님께 인사도 **변변히** 안 드렸습니다./*드리**지 않**았습니다.
       ㄴ. 선생님께 인사도 **변변히** **못** 드렸습니다./드리**지 못**했습니다.

'변변히'가 단순 부정의 월에서 꾸밈말로 쓰일 수 없는 까닭은 '변변히'의 의미 특성과 단순 부정의 의미 특성이 조화를 이룰 수 없기 때문이다.

(47ㄴ)의 긍정의 월에 해당하는 (48)이 부적격한 월이 되는 것으로 보아 '변변히'가 부정의 월에서만 꾸밈말로 쓰이고 긍정의 월에서는 쓰이지 않음이 확인된다.

    (48) *선생님께 인사도 **변변히** 드렸습니다.

(48)에서 '변변히'가 삭제되면 적격한 월이 되지만, '변변히'가 꾸밈말로 쓰임으로 말미암아 부적격한 월이 되었기 때문에 '변변히'가 부정의 월만을 가려잡는 특성을 지니고 있음이 확실하다. (47ㄱ)에서도 '변변히'가 삭제되면 적격한 월이 되지만 '변변히'가 꾸밈말로 쓰였기 때문에 부적격한 월이 된 것으로 미루어 '변변히'는 부정법을 가려잡되, 단순 부정의 월은 가려잡지 않음이 확인된다.

---

103) 뒤의 뜻인 '변변하다'는 '그 집 아들은 인물이 변변하다', '인물 하나는 변변하게 생겼다'와 같이 긍정의 월에서 쓰인다.

'변변히'는 부정 낱말로 이루어진 풀이말 중 '없다', '모르다'를 가려잡기도 하지만, '아니다'는 가려잡지 않는다.

(49) ㄱ. 이 동네는 사 먹을 것이 **변변히 없다**.
　　 ㄴ. 이름 하나도 **변변히 모른다**.[104]

'변변히'가 능력 부정의 월을 가려잡는 통사적 특성을 가지고 있지만, 꾸밈말로 쓰인 월에서 삭제되더라도 '변변히'이 뜻만 덜어질 뿐 월의 적격성에는 영향을 미치는 것은 아니기 때문에 월 짜임에서 필수 요소는 아니다.

2.2.12. 별(別)달리

'별달리'는 '달리'에 파생앞가지 '별(別)-'이 결합하여 만들어진 파생 어찌씨가 아니라 '별다르다'란 그림씨 줄기에 어찌씨 파생가지 '-이'가 결합하여 만들어진 파생 어찌씨이다.

'별달리'는 <다른 것과 특별히 다르게>의 뜻을 지닌 어찌씨로, 부정의 월에서만 꾸밈말로 쓰인다. '별달리'는 단순 부정이나 능력 부정의 월을 가려잡는 통사 어찌씨에 해당한다. '별달리'는 시킴월이나 함께함월에서도 꾸밈말로 쓰기 때문에 '-지 말-'을 가려잡는다.

(50) ㄱ. 고향은 예전에 비해 **별달리** 안 변했다./변하**지 않**았다.
　　 ㄴ. **별달리** 시원한 대답을 **못** 들었다./듣**지 못**했다.
　　 ㄷ. 이번 일은 **별달리** 생각하**지 마**세요./생각하**지 맙**시다.

---

104) '변변히'가 능력 부정의 월을 가려잡기 때문에 '알다'의 부정 낱말인 '모르다'로 실현되기도 하고, 다음 보기와 같이 '알지 못하다'로 실현되기도 한다.
　　 이름 하나도 변변히 **알지 못한다**.

(50)의 긍정의 월에 해당하는 (51)이 부적격한 월이 되는 것으로 보아 '별달리'가 부정의 월에서만 꾸밈말로 쓰이고 긍정의 월에서는 쓰이지 않음이 확인된다.

(51) ㄱ. *고향은 예전에 비해 **별달리** 변했다.
ㄴ. ***별달리** 시원한 대답을 들었다.
ㄷ. *이번 일은 **별달리** 생각하세요/생각합시다.

(51)에서 '별달리'가 삭제되면 모두 적격한 월이 되지만, '별달리'가 꾸밈말로 쓰임으로 말미암아 부적격한 월이 되었기 때문에 '별달리'가 부정의 월만을 가려잡는 어찌씨에 해당함을 확인할 수 있다.

'별달리'는 부정 낱말 중 '아니다', '없다', '모르다'를 가려잡는다. '모르다'의 긍정대어인 '알다'인 경우에 능력 부정의 '-지 못하다'의 월에서 꾸밈말로 쓰일 수 있다.

(52) ㄱ. 이번 일은 **별달리** 생각할 일이 **아니다**.
ㄴ. 음악에 **별달리** 흥미가 **없다**.
ㄷ. 영화에 대해서는 **별달리 모른다**.
ㄹ. 영화에 대해서는 **별달리** 알**지 못**한다.

'별달리'가 긍정의 월에서 꾸밈말로 쓰이는 경우 부적격한 월이 되지만, 반어법으로 해석되는 경우에 긍정의 월에서 꾸밈말로 쓰이기도 한다.

(53) ㄱ. **별달리** 시원한 대답을 들었겠어?
ㄴ. **별달리** 좋은 방법이 있겠어?

(53)은 긍정의 물음월에 해당하지만, '별달리'가 꾸밈말로 쓰이더라고

적격한 월이 되었다. (53)은 표면적으로는 긍정의 물음월이지만 내재적으로는 (54)와 같이 부정의 서술월로 해석되는 반어법 물음월에 해당하기 때문에 '별달리'가 부정의 월만을 가려잡는 통사 어찌씨에 해당함은 유지되는 셈이다.

(54) ㄱ. [**별달리** 시원한 대답을 못 들었겠다.]
ㄴ. [**별달리** 좋은 방법이 없겠다.]

'별달리'가 부정의 월을 가려잡는 통사적 특성을 가지고 있지만, 꾸밈말로 쓰인 월에서 삭제되더라도 '별달리'의 뜻만 덜어질 뿐 월의 적격성에는 영향을 미치는 것은 아니기 때문에 월 짜임의 필수 요소는 아니다.

2.2.13. 별(別)로[105]

'별로'는 <생각했던 것보다 많이>의 뜻을 지닌 어찌씨로, 부정의 월에서만 꾸밈말로 쓰인다. '별로'는 단순 부정이나 능력 부정의 월을 가려잡는 통사 어찌씨에 해당한다. '별로'는 시킴월이나 함께함월에서는 꾸밈말로 쓰이지 않기 때문에 '-지 말-'은 가려잡지 않는다.

(55) ㄱ. 오늘은 **별로 안** 춥다./춥**지 않**다.
ㄴ. 그 친구는 요즘 **별로 못** 만나./만나**지 못**해.[106]

---

105) '별로'가 이름씨처럼 쓰이기도 한다. '그건 별로입니다'에서 '별로'는 이름씨처럼 쓰였으며 부정의 월을 가려잡지 않고 긍정의 월에서 쓰였다.
106) '별로'가 그림씨를 꾸미는 경우에는 능력 부정에서 긴 부정은 가능하지만 짧은 부정은 부적격하다. 이를테면, '기억력이 별로 좋지 못하다.'는 적격하지만 '기억력이 별로 못 좋다.'는 부적격하다.

(55)의 긍정의 월에 해당하는 (56)이 부적격한 월이 되는 것으로 보아 '별로'가 부정의 월에서만 꾸밈말로 쓰이고 긍정의 월에서는 쓰이지 않음이 확인된다.

(56) ㄱ. *오늘은 **별로** 춥다.
ㄴ. *그 친구는 요즘 **별로** 만나.

(56)에서 '별로'가 삭제되면 모두 적격한 월이 되지만, '별로'가 꾸밈말로 쓰임으로 말미암아 부적격한 월이 되었기 때문에 '별로'가 부정의 월만을 가려잡는 어찌씨에 해당함을 확인할 수 있다.

'별로'는 부정 낱말로 이루어진 풀이말 중 '아니다', '없다', '모르다'를 가려잡는다. '모르다'의 긍정대어인 '알다'인 경우에 능력 부정의 '-지 못하다'의 월에서는 꾸밈말로 쓰일 수 있다.

(57) ㄱ. 이번 사건은 **별로** 걱정할 일이 **아니**다.
ㄴ. 할 말이 **별로 없**다.
ㄷ. **별로** 추운 줄 **모르**겠다.
ㄹ. 저분을 **별로** 잘 알**지 못**한다.

(57)에서 '별로'가 부정의 월만을 가려잡음은 (56)에서와 마찬가지로 (57)에 대립되는 긍정의 월이 (58)과 같이 모두 부적격한 월이 됨을 통해 확인된다.

(58) ㄱ. *이번 사건은 **별로** 걱정할 일이다.
ㄴ. *할 말이 **별로** 있다.
ㄷ. ***별로** 추운 줄 알겠다.
ㄹ. *저분을 **별로** 잘 안다.

'별로'가 부정의 월을 가려잡는 통사적 특성을 가지고 있지만, 꾸밈말로 쓰인 월에서 삭제되더라도 '별로'의 뜻만 덜어질 뿐 월의 적격성에는 영향을 미치지 않기 때문에 월 짜임의 필수 요소는 아니다.

2.2.14. 별반(別般)[107]

'별반'은 <보통의 것과 특별히 다르게>의 뜻을 지닌 어찌씨로, 부정의 월에서만 꾸밈말로 쓰인다. '별반'은 단순 부정이나 능력 부정의 월을 가려잡는 통사 어찌씨에 해당한다. '별반'은 시킴월이나 함께함월에서는 꾸밈말로 쓰이지 않기 때문에 '-지 말-'은 가려잡지 않는다.

> (59) ㄱ. 나는 그 소문에 대해 **별반** 신경을 **안** 썼다./쓰**지 않**았다.
> ㄴ. 나는 친구와의 약속을 **별반 못** 지켰어./지키**지 못**했어.

(59)의 긍정의 월에 해당하는 (60)이 부적격한 월이 되는 것으로 보아 '별로'가 부정의 월에서만 꾸밈말로 쓰이고 긍정의 월에서는 쓰이지 않음이 확인된다.

> (60) ㄱ. *나는 그 소문에 대해 **별반** 신경을 썼다.
> ㄴ. *나는 친구와의 약속을 **별반** 지켰어.

'별반'은 (61)과 같이 부정 낱말로 이루어진 풀이말 중 '아니다', '없다', '모르다'를 가려잡는다. '별반'이 부정의 월만을 가려잡기 때문에 (61)에 대립되는 긍정의 월은 부적격한 월이 된다.

---

107) '별반(別般)'은 <보통과 다름>을 뜻하는 이름씨로도 쓰인다. '정부가 이번 사태에 대한 **별반**의 대책을 마련하고 있다.'에서 '별반'은 이름씨로, 부정법과 관계가 없다.

(61) ㄱ. 이번 사건은 **별반** 우려할 일이 **아니**다.

　　 ㄴ. 이거나 저거나 **별반** 차이가 **없**다.

　　 ㄷ. 이번 시험은 **별반** 어려운 줄 **모르**겠어.

'별반'이 부정의 월을 가려잡는 통사적 특성을 가지고 있지만, 꾸밈말로 쓰인 월에서 삭제되더라도 '별반'의 뜻만 덜어질 뿐 월의 적격성에는 영향을 미치지 않기 때문에 월 짜임에서 필수 요소는 아니다.

2.2.15. 비단(非但)

'비단'은 <오직. 단지>의 뜻을 지닌 어찌씨로, 특수한 부정의 월에서만 꾸밈말로 쓰인다. '비단'은 단순 부정이나 능력 부정의 월을 가려잡는 것이 아니고, 부정 낱말 '아니다'만을 가려잡는 특성을 가진다.

(62) ㄱ. 이런 비리는 **비단** 한두 회사의 일이 **아니**다.

　　 ㄴ. 이번 결정은 **비단** 나 혼자만의 것이 **아니**다.

　　 ㄷ. 불안감을 느끼는 사람은 **비단** 나 한 사람뿐만이 아니다.

(62)의 긍정의 월에 해당하는 (63)이 부적격한 월이 되는 것으로 보아 '비단'이 '아니다'가 쓰인 부정의 월에서만 꾸밈말로 쓰이고 긍정의 월에서는 쓰이지 않음이 확인된다.

(63) ㄱ. *이런 비리는 **비단** 한두 회사의 일이다.

　　 ㄴ. *이번 결정은 **비단** 나 혼자만의 것이다.

　　 ㄷ. *불안감을 느끼는 사람은 **비단** 나 한 사람만이다.

'비단'은 '아니다'가 풀이말로 쓰인 부정의 월에서 자유롭게 쓰이는 것은 아니고, 특수한 통사적 제약 아래에서 주로 쓰인다. (62)의 ㄴ과 ㄷ에서처럼 [비단 -만/뿐만 아니-]라는 월 짜임새로 고정되어 있는 특수성을 보인다.

'비단'은 [비단 -만/뿐만 아니-]라는 통사적 짜임새로 쓰이면서 '-고', '-라'의 이음씨끝으로 연결되어 뒷마디를 통해 의미를 보완하게 된다.

> (64) ㄱ. 오늘의 승리는 **비단** 나 혼자**만**의 것이 아니**라** 우리 팀 모두의 것입니다.
>   ㄴ. 쉬고 싶은 사람은 **비단** 너**뿐만**이 아니**고** 나도 마찬가지이다.

'비단'이 긍정의 월에서 꾸밈말로 쓰이는 경우 부적격한 월이 되지만, 반어법으로 해석되는 경우에 긍정의 월에서 꾸밈말로 쓰이기도 한다.

> (65) ㄱ. 지각이 **비단** 어제오늘만의 일이냐?
>   ㄴ. 빈곤 문제가 **비단** 우리나라에만 국한된 것이냐?

(65)는 긍정의 물음월에 해당하지만, '비단'이 꾸밈말로 쓰이더라고 적격한 월이 되었다. (65)는 표면적으로는 긍정의 물음월이지만 내재적으로는 (66)과 같이 부정의 서술월로 해석되는 반어법 월에 해당하기 때문에 '비단'이 부정의 월만을 가려잡는 통사 어찌씨에 해당함은 유지되는 셈이다.

> (66) ㄱ. [지각이 **비단** 어제오늘만의 일이 아니다.]
>   ㄴ. [빈곤 문제가 **비단** 우리나라에만 국한된 것이 아니다.]

'비단'이 '아니다'가 쓰인 특수한 통사 짜임새에 한정하여 꾸밈말로 쓰이지만, '비단'이 꾸밈말로 쓰인 (62)와 (64)에서 '비단'이 삭제되더라도 '비단'의 뜻만 덜어질 뿐 월의 적격성에는 영향을 미치지 않기 때문에 월 짜임에서 필수 요소는 아니다.

2.2.16. 여간(如干)

<어지간한 정도로>를 뜻하는 어찌씨 '여간'은 단순 부정의 월은 가려잡지만 능력 부정의 월은 가려잡지 않는 부정법 제약 통사 어찌씨에 해당한다. '여간'은 월 짜임에서 삭제될 수 없는 필수 요소이기 때문에 제7장 1.에서 이미 논의한 바 있다.

2.2.17. 이루

'이루'는 <아무리 하여도. 있는 대로 다>의 뜻을 지닌 어찌씨로, (67)과 같이 부정 낱말 '없다'나 부정의 의미를 지닌 '어렵다, 힘들다' 따위를 가려잡는 부정법 제약 통사 어찌씨에 해당한다. '이루'는 부정의 월 중에서 일반적으로 쓰이는 단순 부정이나 능력 부정, '-지 말다' 부정의 월에서 꾸밈말로 쓰이지 않고, 극히 제한된 부정 낱말만을 가려잡는 특성을 가진다.

(67) ㄱ. 합격의 기쁨은 **이루** 말할 수 **없**었다.
ㄴ. 부모님의 은혜는 **이루** 다 헤아리기 **어렵**다.
ㄷ. 산골 생활의 적적함은 **이루** 형용하기 **힘들**다.

(67)에서 ㄱ은 부정의 월 영역에 포함되지만, ㄴ과 ㄷ은 부정의 월에 해당하지 않는다. 비록 ㄴ과 ㄷ이 부정의 월에 속하지 않더라도 '어렵다'

와 '힘들다'가 부정의 의미를 지니기 때문에 '이루'를 부정법 제약 통사 어찌씨 범주에 포함시켰다. (68)과 같이 풀이말이 긍정적 의미를 지닌다면 '이루'가 꾸밈말로 쓰일 수 없다.

> (68) ㄱ. *부모님의 은혜는 **이루** 다 헤아리기 **쉽다**.
> ㄴ. *산골 생활의 여유로움은 **이루** 형용하기 **쉽다**.

(67)의 ㄴ과 ㄷ은 형식상으로는 부정의 월은 아니지만, 풀이말이 부정적 의미를 지니기 때문에 의미상 큰 차이 없이 (69)와 같이 '없다' 부정의 월로 다시 쓸 수 있다.

> (69) ㄱ. 부모님의 은혜는 **이루** 다 헤아릴 수 **없다**.
> ㄴ. 산골 생활의 적적함은 **이루** 형용할 수 **없다**.

따라서 '이루'는 '없다' 부정의 월에서 꾸밈말로 쓰이는 것으로 보아도 무방하다. '없다' 중에서도 제약이 따라 '-을 수 없다'인 월 짜임새로 한정된다. (69)에 대립되는 '있다' 긍정의 월에서는 '이루'가 꾸밈말로 쓰이게 되면 (70)과 같이 부적격한 월이 되는 것으로 보아 '이루'가 부정의 월에서 꾸밈말로 쓰임이 증명된다.

> (70) ㄱ. *부모님의 은혜는 **이루** 다 헤아릴 수 있다.
> ㄴ. *산골 생활의 적적함은 **이루** 형용할 수 **있다**.

(70)에서 '이루'가 삭제되면 적격한 월이 되지만, '이루'가 꾸밈말로 쓰였기 때문에 부적격한 월이 되었다. 그러므로 '이루'가 부정의 월만을 가려잡음이 확실하다.

'이루'는 (71)과 같이 반어법을 실현하는 긍정의 월에서 꾸밈말로 쓰이기도 한다. 반어법의 긍정의 월은 표면상으로 긍정의 월이지만 내용상으로는 부정의 월에 해당하기 때문에 일반적인 긍정의 월과 차이를 보인다. 곧 내용상으로도 긍정의 월인 경우에는 '이루'가 꾸밈말로 쓰일 수 없다.

(71) ㄱ. 그 눈물겨운 사연을 어찌 **이루** 다 말할 수 **있**겠습니까?
ㄴ. 그 사람의 추태를 어찌 **이루** 입에 담을 수 **있**겠니?

(71)은 형식상으로는 긍정의 물음월이지만, 내용상으로는 (72)와 같이 부정의 서술월로 해석된다.

(72) ㄱ. [그 눈물겨운 사연을 **이루** 다 말할 수 **없**습니다.]
ㄴ. [그 사람의 추태를 **이루** 입에 담을 수 **없**다.]

'이루'가 긍정의 반어법 월로 쓰이는 경우에는 특수한 통사적 짜임새인 '어찌 이루 -을 수 있겠(으려)-물음꼴 씨끝?' 짜임새에 한정된다.

이와 같이 '이루'는 주로 부정 낱말 '없다'의 월 짜임새에서 꾸밈말로 쓰이지만, '이루'가 꾸밈말로 쓰인 월에서 삭제되더라도 '이루'의 뜻만 덜어질 뿐 월의 적격성에서는 문제가 되지 않기 때문에 '이루'는 월 짜임에서 필수 요소에 해당되지는 않는다.

2.2.18. 좀처럼/좀체

'좀처럼'과 '좀체'는 의미와 용법이 같은 복수 표준 낱말로 인정하고 있다.[108) 이 글에서는 '좀처럼'을 기본형으로 하여 논하기로 한다. '좀처럼'은 <여간해서는>의 뜻을 지닌 어찌씨로, 주로 단순 부정이나 능력 부정의 월을 가려잡는 부정법 제약 통사 어찌씨이다. 시킴월이나 함께함 월에서는 꾸밈말로 쓰이지 않기 때문에 '-지 말-'은 가려잡지 않는다.

> (73) ㄱ. 아이가 **좀처럼** 울**지 않**는다.
> ㄴ. 그분은 병마개를 **좀처럼** 따**지 못**했다.

(73)의 긍정의 월에 해당하는 (74)가 부적격한 월이 되는 것으로 보아 '좀처럼'이 부정의 월에서만 꾸밈말로 쓰이고 긍정의 월에서는 쓰이지 않음이 확인된다.

> (74) ㄱ. *아이가 **좀처럼** 운다.
> ㄴ. *그분은 병마개를 **좀처럼** 땄다.

(74)에서 '좀처럼'이 삭제되면 적격한 월이 되지만 '좀처럼'이 꾸밈말로 쓰여 부적격한 월이 되었기 때문에 '좀처럼'이 부정의 월을 가려잡는 통사 어찌씨임이 증명된다.

'이루'에서와 마찬가지로 '좀처럼'도 (75)와 같이 부정의 의미를 지닌 '어렵다', '힘들다' 따위를 가려잡기도 한다.

> (75) ㄱ. 한번 무좀에 걸리면 **좀처럼** 낫기 **어렵다**.
> ㄴ. 부도가 나서 **좀처럼** 회복하기 **힘들다**.

(75)는 형식상으로는 부정의 월은 아니지만, 풀이말이 부정적 의미를 지니기 때문에 의미상 큰 차이 없이 (76)과 같이 부정의 월로 다시 쓸 수 있다.

---

108) 복수 표준어에 관하여는 「한국어 표준어 규정」 제26항 참조.

(76) ㄱ. 한번 무좀에 걸리면 **좀처럼** 낫기가 **쉽지 않다**.
    ㄴ. 부도가 나서 **좀처럼** 회복하기가 **쉽지 않다**.

따라서 (75)의 '좀처럼'도 부정의 월에서 꾸밈말로 쓰인 것으로 보아도 무리가 없을 것 같다.

'좀처럼'은 (77)과 같이 부정 낱말 중에 '아니다', '없다', '모르다'를 가려잡는다. 따라서 '좀처럼'은 (77)에 대립되는 긍정의 월인 경우에는 꾸밈말로 쓰이지 않는다.

(77) ㄱ. 이번 사건은 **좀처럼** 잊힐 일이 **아니**다.
    ㄴ. 이런 기회는 **좀처럼 없**다.
    ㄷ. 그는 **좀처럼** 화를 낼 줄 **모른**다.

'좀처럼'은 부정의 월을 가려잡는 통사적 특성을 가지고 있지만, 꾸밈말로 쓰인 월에서 삭제되더라도 '좀처럼'의 뜻만 덜어질 뿐 월의 적격성에는 영향을 미치지 않기 아니기 때문에 월 짜임에서 필수 요소는 아니다.

2.2.19. 차마

'차마'는 <애틋하고 안타까워서 감히>의 뜻을 지닌 어찌씨로, 주로 부정의 월에서 꾸밈말로 쓰인다. '차마'는 단순 부정이나 능력 부정의 월을 가려잡는 부정법 제약 통사 어찌씨에 해당한다.[109] '차마'는 시킴월이나 함께 함월에서는 꾸밈말로 쓰이지 않기 때문에 '-지 말-'을 가려잡지 않는다.

(78) ㄱ. 너를 두고서는 **차마** 발이 떨어지**지 않**는구나.

---

109) '차마'는 단순 부정 월보다는 능력 부정 월에서 더 많이 쓰인다.

ㄴ. 나는 **차마** 그녀의 시선을 마주보**지 못**했다.

(78)의 긍정의 월에 해당하는 (79)가 부적격한 월이 되는 것으로 보아 '차마'가 부정의 월에서만 꾸밈말로 쓰이고 긍정의 월에서는 쓰이지 않음이 확인된다.

(79) ㄱ. *너를 두고서는 **차마** 발이 떨어지는구나.
　　　ㄴ. *나는 **차마** 그녀의 시선을 마주보았다.

(79)에서 '차마'가 삭제되면 적격한 월이 되지만, '차마'가 꾸밈말로 쓰여 부적격한 월이 되었기 때문에 '차마'가 부정의 월을 가려잡음이 증명된다.
'이루', '좀처럼'에서와 마찬가지로 '차마'도 (80)과 같이 부정의 의미를 지닌 '어렵다', '힘들다' 따위를 가려잡기도 한다.

(80) ㄱ. 그분 말은 **차마** 입에 담기가 **어렵다**.
　　　ㄴ. 너무 참혹해서 **차마** 보기가 **힘들다**.

(80)은 형식상으로는 부정의 월은 아니지만, 풀이말이 부정적 의미를 지니기 때문에 의미상 큰 차이 없이 (81)과 같이 부정의 월로 다시 쓸 수 있다.

(81) ㄱ. 그분 말은 **차마** 입에 담기가 **쉽지 않다**.
　　　ㄴ. 너무 참혹해서 **차마** 보기가 **쉽지 않다**.

따라서 (81)의 '차마'도 부정의 월에서 꾸밈말로 쓰인 것으로 보아도

무리가 없을 것 같다.[110]

'차마'는 (82)와 같이 부정 낱말 중에 '아니다', '없다'를 가려잡는다. 따라서 '차마'는 (82)에 대립되는 긍정의 월인 경우에는 꾸밈말로 쓰이지 않는다.

(82) ㄱ. 이건 **차마** 입에 담을 말이 **아니**다.
ㄴ. 난 그 아이를 **차마** 꾸짖을 수 **없**었다.

'차마'가 '없다'를 가려잡는 경우에는 주로 '-을 수 없다'로 쓰여, '차마 -을 수 없다'란 통사적 짜임새를 이루어 사용된다.

'차마'는 (83)과 같이 반어법을 실현하는 긍정의 월에서 꾸밈말로 쓰이기도 한다. 반어법의 긍정의 월은 표면상으로 긍정의 물음월이지만 내용상으로는 부정의 서술월에 해당하기 때문에 일반적인 긍정의 월과 차이를 보인다. 곧 내용상으로도 긍정의 월인 경우에는 '차마'가 꾸밈말로 쓰일 수 없다.

(83) ㄱ. 어린이한테 어찌 **차마** 손찌검을 하겠니?
ㄴ. 어찌 **차마** 그 청을 뿌리칠 수 있겠니?

(83)은 형식상으로는 긍정의 물음월이지만, 내용상으로는 (84)와 같이 부정의 서술월로 해석되기 때문에 적격한 월이 된다.

---

110) '차마'가 극히 일부 형식상으로나 내용상으로도 긍정의 월에서 꾸밈말로 쓰이는 경우도 있다. 곧 다음 보기와 같이 '차마'에 의해 꾸밈을 받는 풀이씨가 부정적 의미를 가지는 월에 한정하여 '차마'가 꾸밈말로 쓰이기도 한다.
ㄱ. 그 사건은 입에 올리기가 **차마 역겨웠다.**
ㄴ. 그 사람 표정은 **차마** 보기에 **안쓰럽다.**
ㄷ. 부모님 얼굴을 쳐다보기가 **차마 민망스러웠다.**

(84) ㄱ. [어린이한테 **차마** 손찌검을 하**지 못**하겠다.]
    ㄴ. [**차마** 그 청을 뿌리칠 수 **없다**.]

'차마'가 긍정의 반어법을 실현하는 물음월로 쓰이는 경우에는 특수한
통사적 짜임새인 '어찌 차마 –물음꼴 씨끝?' 짜임새에 한정된다.
'차마'는 부정의 월을 가려잡는 통사적 특성을 가지고 있지만, 꾸밈말
로 쓰인 월에서 삭제되더라도 '차마'의 뜻만 덜어질 뿐 월의 적격성에는
영향을 미치는 것은 아니기 때문에 월 짜임에서 필수 요소는 아니다.

2.2.20. 채

'채'는 <미처. 제대로. 아직>의 뜻을 지닌 어찌씨로[111], 주로 부정의
월에서 꾸밈말로 쓰인다. '채'는 단순 부정이나 능력 부정의 월을 가려잡
는 부정법 제약 통사 어찌씨에 해당한다. '채'는 시킴월이나 함께함월에
서는 꾸밈말로 쓰이지 않기 때문에 '–지 말–'은 가려잡지는 않는다.

(85) ㄱ. 손에는 먹물이 **채** 마르**지 않**았다.
    ㄴ. 철수는 숙제도 **채** 끝내**지 못**했다.

(85)의 긍정의 월에 해당하는 (86)이 부적격한 월이 되는 것으로 보아
'채'가 부정의 월에서 꾸밈말로 쓰이지만 긍정의 월에서는 쓰이지 않음
이 확인된다.

(86) ㄱ. *손에는 먹물이 **채** 말랐다.

---

111) 같은 꼴의 매인이름씨 '채'가 있지만 <그러한 상태를 유지하면서>의 뜻으로, 어찌
씨 '채'와는 의미상 관련이 없다.

ㄴ. *철수는 숙제도 **채** 끝냈다.

(86)에서 '채'가 삭제되면 적격한 월이 되지만, '채'가 꾸밈말로 쓰여 부적격한 월이 되었기 때문에 '채'가 부정의 월을 가려잡음이 증명된다. '채'는 (87)과 같이 부정의 월 중에서 주로 풀이씨 '되다'를 꾸미는 월에서 자주 쓰인다. 부정 낱말 풀이씨 '아니다', '없다', '모르다'는 가려잡지 않는다.

(87) ㄱ. 그는 서른이 **채** 안 되었다./되지 않았다.
　　　ㄴ. 그 집은 두 평이 **채** 못 된다./되지 못한다.

'채'가 일부 긍정의 월에서 꾸밈말로 쓰이는 일이 있다. '채'가 어찌씨 중에 '덜'을 꾸미는 경우에는 긍정의 월인데도 불구하고 적격한 월이 된다. 또한 '-기 전에'와 호응하는 경우에도 긍정의 월에서 서술어로 쓰인다.

(88) ㄱ. 철수가 잠에서 **채 덜** 깼다.
　　　ㄴ. 날이 **채** 어둡**기 전에** 잠자리에 들었다.

(88ㄱ)에서 '덜'이 <어떤 분량이나 정도에 다 차지 못하게>를 뜻하기 때문에 형식상으로는 긍정의 월이지만 내용상으로 부정적 의미를 함의하는 것으로 보인다. ㄴ에서 '-기 전에'도 <사건이 아직 안 일어났을 때>를 뜻하기 때문에 부정적 의미를 함의하는 것으로 보인다. (88)을 부정적 의미를 가진 월로 다시 쓰면 (89)와 같다.

(89) ㄱ. [철수가 잠에서 온전히 **채** 깨**지 않**았다.]
　　　ㄴ. [날이 **채** 어두워지**지 않**았을 때 잠자리에 들었다.]

따라서 (88)은 형식상으로는 긍정의 월이지만 내용상으로는 부정적 의미를 함의하기 때문에 '채'가 꾸밈말로 쓰인 것으로 설명할 수 있다.

'채'는 부정의 월을 가려잡는 통사적 특성을 가지고 있지만, 꾸밈말로 쓰인 월에서 삭제되더라도 '채'의 뜻만 덜어질 뿐 월의 적격성에는 영향을 미치는 것은 아니기 때문에 월 짜임의 필수 요소에 해당하지는 않는다.

2.2.21. 통

'통'은 <전혀. 도무지>의 뜻을 지닌 어찌씨로[112), 부정의 월에서 꾸밈말로 쓰인다. '통'은 단순 부정이나 능력 부정의 월을 가려잡는 부정법 제약 통사 어찌씨에 해당한다. '통'은 시킴월이나 함께함월에서는 꾸밈말로 쓰이지 않기 때문에 '-지 말-'은 가려잡지 않는다.

> (90) ㄱ. 저번 일은 **통** 기억이 나**지 않**는다.
> ㄴ. 영이는 밥을 **통** 먹**지 못**한다.

(90)의 긍정의 월에 해당하는 (91)이 부적격한 월이 되는 것으로 보아 '통'이 부정의 월에서는 꾸밈말로 쓰이지만 긍정의 월에서는 쓰이지 않음이 확인된다.

> (91) ㄱ. *저번 일은 **통** 기억이 난다.
> ㄴ. *영이는 밥을 **통** 먹는다.

(91)에서 '통'이 삭제되면 적격한 월이 되지만, '통'이 꾸밈말로 쓰여

---

112) 『연세한국어사전』에서는 이 의미 외에 <온통. 전부>의 뜻을 싣고, 보기로 "속옷 좀 갈아입으라고 그래도 통 귓등으로만 듣더니 꼴좋소."를 들고 있다. 이 의미일 때는 긍정의 월에서 쓰여 이 글의 논의 대상에서 제외된다.

부적격한 월이 되었기 때문에 '통'이 부정의 월을 가려잡음이 증명된다.

'통'은 (92)와 같이 부정 풀이씨 중에 '없다'와 '모르다'를 가려잡는다. 따라서 '통'은 (92)에 대립되는 긍정의 월인 경우에는 꾸밈말로 쓰이지 않는다.

> (92) ㄱ. 어린 것들이 **통** 버르장머리가 **없**다.
> ㄴ. 무슨 뜻인지 **통 모르**겠다.

'통'이 특수한 경우에 긍정의 월에서도 꾸밈말로 쓰이기도 한다. 주로 반어법을 실현하는 '-어야지'로 끝맺는 긍정의 월에서 수식어로 쓰일 수 있다.

> (93) ㄱ. 그 사람의 속마음을 **통** 알 수가 있**어야지**.
> ㄴ. 철수가 **통** 말을 들**어야지**.

(93)에서 '통'은 표면상 긍정의 월에서 꾸밈말로 쓰였지만, 내면적으로는 (94)와 같이 부정의 월로 해석되기 때문에 '통'이 부정의 월을 가려잡음이 유지된다.

> (94) ㄱ. [그 사람의 속마음을 **통** 알 수가 **없**어.]
> ㄴ. [철수가 **통** 말을 듣**지 않**아.]

'통'은 부정의 월을 가려잡는 통사적 특성을 가지고 있지만, 꾸밈말로 쓰인 월에서 삭제되더라도 '통'의 뜻만 덜어질 뿐 월의 적격성에는 영향을 미치는 것은 아니기 때문에 월 짜임에서 필수 요소는 아니다.

2.3. 부정법을 가려잡는 어찌씨 2

어찌씨 가운데 둘 이상의 뜻을 지니고 있어 뜻에 따라, 어떤 뜻일 때
는 부정의 월만을 가려잡아 꾸밈말로 쓰이고, 또 다른 뜻일 때는 긍정이
나 부정의 월을 가리지 않고 꾸밈말로 쓰일 수 있는 것들이 2.3의 논의
대상이다. 이에 속하는 어찌씨로는 '결단코', '과히', '굳이', '그렇게', '그다
지', '그리', '끝내', '도대체', '백날', '설마', '아예', '영', '일절', '전연', '전
혀', '절대(로)', '종내' 따위가 있다. 이들 어찌씨에 관하여 각각의 통사적
특성을 살피기로 한다.

2.3.1. 결단(決斷)코

'결단(決斷)코'는 <어떤 일이 있어도 반드시>의 뜻을 지닌 '결단(決斷)
코1'과 <어떤 일이 있어도 절대로>의 뜻을 지닌 '결단(決斷)코2'로 나뉜
다. '결단(決斷)코1'은 (95)와 같이 주로 긍정의 월에서 꾸밈말로 쓰인다.
따라서 '결단(決斷)코1'은 이 글의 연구 대상에서 제외된다.

> (95) ㄱ. 어떤 어려움이 있더라도 이 일은 **결단코** 해 내겠다.
> ㄴ. 이번 경기는 **결단코** 이겨야 한다.

'결단(決斷)코2'는 부정의 월에서 꾸밈말로 쓰이며, '결코'와 뜻과 쓰임
에서 유사하다.[113] 곧 '결코'는 부정의 월에서만 꾸밈말로 쓰이고 <어떤
경우라도 절대로>의 뜻을 지닌 점에서 '결단(決斷)코2'로 의미상 별 차이
없이 교체되어 쓰일 수 있다.

---

113) '결코'는 '결단코2'와는 뜻과 쓰임에서 별 다른 차이가 없지만, '결단코1'과는 차이
를 보인다.

(96) ㄱ. 지나간 시간은 **결단코** 다시 돌아오**지 않**는다.
　⇒ 지나간 시간은 **결코** 다시 돌아오**지 않**는다.
ㄴ. 나는 너를 **결단코** 용서할 수 **없다**.
　⇒ 나는 너를 **결코** 용서할 수 **없다**.

<어떤 일이 있어도 반드시>의 뜻을 지닌 '결단(決斷)코1'은 '결코'와 의미와 용법에서 차이를 보이기 때문에 (95)에서 '결단코'를 '결코'로 대치하면 부적격한 월이 된다. 따라서 '결단코2'만이 '결코'와 의미와 용법에서 유사하여 부정의 월을 가려잡는 통사 어찌씨에 해당한다. '결단코2'의 용법은 '결코'와 같기 때문에 더 이상 논의하지 않는다.

2.3.2. 과(過)히[114]

'과(過)히'는 <지나치게>의 뜻을 지닌 '과(過)히1'과 <그다지>의 뜻을 지닌 '과(過)히2'로 나뉜다. '과(過)히1'은 주로 긍정의 월에서 꾸밈말로 쓰이지만 부정의 월에서 쓰이기도 한다.

(97) ㄱ. 저분은 **과히** 존경할 만하다.
ㄴ. 이번 분양은 조건이 **과히** 파격적이다.

(98) ㄱ. 고의로 한 것이 아니니 **과히** 탓하**지 마**십시오.
ㄴ. 별 일이 아니니 **과히** 걱정하**지 않**아도 된다.

(97)은 '과(過)히1'이 긍정의 월에서 꾸밈말로 쓰였고, (98)은 부정의 월에서 쓰였기 때문에 '과(過)히1'은 부정법 제약 통사 어찌씨에 해당하지 않는다. 따라서 '과히1'은 이 글의 논의 대상에서 제외된다.

---

114) '과(過)히'는 『표준국어대사전』에는 올림말로 올라 있지 않다.

<그다지>의 뜻을 지닌 '과(過)히2'는 부정의 월에서만 꾸밈말로 쓰일 수 있어 부정법 제약 통사 어찌씨에 해당한다. '과(過)히2'는 주로 단순 부정의 월에서 꾸밈말로 쓰이며 능력 부정의 월에서 쓰이기도 한다.

(99) ㄱ. 이 호수는 **과히** 깊**지 않**다.
　　ㄴ. 이 사과는 **과히** 품질이 좋**지 못**하다.

(99)에서 '과히2'는 '그다지'로 대치하더라도 의미상 별 차이가 없다. (99)를 긍정의 월로 바꾸면 부적격한 월이 되거나 적격하더라도 '과히2'의 의미가 <그다지>로 해석되지 않고 '과히1'의 의미인 <지나치게>로 해석되기 때문에 (100)은 (99)의 긍정의 월에 해당되지 않는다.

(100) ㄱ. *이 호수는 **과히** 깊다.
　　ㄴ. *이 사과는 **과히** 품질이 좋다.

'과히2'는 부정의 월에서 주로 그림씨로 이루어진 풀이말을 꾸미며, 움직씨로 이루어진 풀이말이나 '아니다', '없다', '모르다' 따위의 부정 낱말로 이루어진 풀이말을 꾸미는 경우는 별로 없다. '과히'가 부정의 함께함 월과 시킴월에서 꾸밈말로 쓰이면 (101)과 같이 '과히2'가 아니라 <지나치게>의 뜻을 지닌 '과히1'에 해당하게 된다.

(101) ㄱ. 술을 너무 **과히** 마시지 말자.
　　ㄴ. 아이를 너무 **과히** 나무라지 마시오.

'과히2'가 부정의 월만을 가려잡는 것은 <그다지>란 '과히2'의 의미 특성 때문으로 보인다. 곧 '과히2'의 의미 요소인 <그다지>가 부정의 월만을 가려잡는 제약을 가지기 때문인 것 같다. '과히2'가 부정의 월을 가려잡지만 꾸밈말로 쓰인 월에서 삭제되더라도 '과히2'의 뜻만 덜어질 뿐 월의 적격성에는 영향을 미치지 않기 때문에 월 짜임에서 필수 요소는 아니다.

2.3.3. 굳이

'굳이'는 <고집스럽게>의 뜻을 지닌 '굳이1'과 <마음을 써서 꼭. 어려운 데도 일부러>의 뜻을 지닌 '굳이2'로 나뉜다. '굳이1'은 긍정의 월과 부정의 월에서 꾸밈말로 쓰일 수 있어 부정법 제약을 받지 않기 때문에 이 글의 논의 대상에서 제외된다.

(102) ㄱ. 김 선생님은 상석을 **굳이** 사양하셨다.
ㄴ. 김 선생님은 상석을 **굳이** 사양하지 않으셨다.

(102)에서 '굳이'는 <고집스럽게>의 뜻을 나타내는 '굳이1'이기 때문에 긍정의 월과 부정의 월에서 꾸밈말로 쓰였지만 적격한 월이 되었다.
<마음을 써서 꼭. 어려운 데도 일부러>의 뜻을 지닌 '굳이2'는 부정의 월만을 가려잡기 때문에 긍정의 월에서는 꾸밈말로 쓰일 수 없는 제약이 따른다.

(103) ㄱ. *한가하면 **굳이** 와도 된다.
ㄴ. 바쁘면 **굳이** 오**지 않**아도 된다.

'굳이2'는 주로 '-지 않아도'와 어울려 앞마디를 이룬다. '굳이2'는 움직씨를 꾸밀 수 있기 때문에 부정의 시킴월이나 함께함월에서도 꾸밈말로 쓰일 수 있어 '-지 말'을 가려잡는다.

(104) ㄱ. 바쁘니까 **굳이** 가**지 마**라.
ㄴ. 바쁘니까 **굳이** 가**지 말**자.

'굳이2'는 부정의 월을 가려잡는 통사 어찌씨이지만, 반어법을 실현하는 긍정의 물음월에서 꾸밈말로 쓰이기도 한다.

(105) ㄱ. 왜 **굳이** 떠나려고 하느냐?
ㄴ. **굳이** 반대할 필요가 있니?

(105)에서 ㄱ은 축어적 의미와는 반대로 부정의 시킴월로 <굳이 떠나려고 하지 마라>라는 내재적 의미를 나타낸다. ㄴ도 축어적 의미와는 반대로 부정의 서술월로 <굳이 반대할 필요가 없다>라는 내재적 의미를 나타낸다. (105)가 표면적으로는 긍정의 월이지만 내면적으로는 부정의 월로 해석되어 '굳이'가 부정의 월을 가려잡는다는 조건에서 벗어나는 것은 아니다.

<마음을 써서 꼭. 어려운 데도 일부러>의 뜻을 지닌 '굳이2'는 부정의 월만을 가려잡지만, '굳이2'가 쓰인 꾸밈말로 부정의 월을 구성하는 데 필수 요소는 아니다. '굳이2'가 삭제되더라도 월의 적격성에는 영향을 미치지 않기 때문에 수의 요소에 해당한다.[115]

2.3.4. 그렇게

'그렇게'는 그림씨 '그렇다'의 줄기에 씨끝 '-게'가 결합하여 꼴바꿈한

---

115) 반어법을 실현하는 (105)에서 '굳이'가 삭제되면 단순 물음월로도 해석된다.

것과 어찌씨 파생가지 '-게'가 결합하여 파생된 어찌씨가 있다. 파생 어찌씨 '그렇게'는 <그러한 정도로>, <그러한 모양으로. 또는 그러한 방식으로>, <아주> 등의 뜻을 지닌다. <그러한 정도로>나 <그러한 모양으로>의 뜻을 지닌 '그렇게'는 긍정의 월이나 부정의 월을 가리지 않고 꾸밈말로 쓰일 수 있어 부정법 제약 통사 어찌씨에 해당하지 않지만, <아주>의 뜻을 지닌 '그렇게'는 부정의 월에서만 꾸밈말로 쓰여 부정법 제약 통사 어찌씨에 해당한다. <아주>의 뜻을 지닌 '그렇게'에 관한 논의는 제7장 1.에서 논의한 바 있다.

2.3.5. 그다지

'그다지'는 <별로>의 뜻을 지닌 '그다지1'과 <그러한 정도로. 또는 그렇게까지>의 뜻을 지닌 '그다지2'로 나눌 수 있다. 주로 '그다지1'이 많이 쓰이며, '그다지2'는 극히 일부 특정의 월에서 쓰인다.[116) '그다지2'는 긍정의 월에서 꾸밈말로 쓰일 수 있어 부정법 제약 통사 어찌씨에 해당하지 않는다.

(106) ㄱ. 남북통일이 **그다지**도 힘든 일인가?
ㄴ. 어디를 **그다지** 뻔질나게 드나드니?

(106)에서의 '그다지'는 <그렇게까지>의 뜻을 지닌 '그다지2'로 긍정의 월에서 꾸밈말로 쓰이더라도 적격한 월이 되기 때문에 이 글의 논의 대상에서 제외된다.

<별로>의 뜻을 지닌 '그다지1'은 단순 부정이나 능력 부정의 월을 가

---

116) '그닥'은 '그다지1'의 준말로 쓰이지만, '그다지2'의 준말로는 쓰이지 않는다.

려잡는 부정법 제약 통사 어찌씨에 해당한다. '그다지1'은 함께함월과 시킴월에서는 꾸밈말로 쓰이지 않기 때문에 '-지 말-'은 가려잡지 않는다.

(107) ㄱ. 이번 시험은 **그다지** 어렵**지 않**다.
ㄴ. 이번 시험을 **그다지** 잘 보**지 못**했다.

'그다지1'이 긍정의 월에서 꾸밈말로 쓰이면 부적격한 월이 된다. (107)에 대응하는 긍정의 월인 (108)이 부적격한 월이 됨을 통해 '그다지1'이 부정의 월에서 꾸밈말로 쓰임이 확인된다.

(108) ㄱ. *이번 시험은 **그다지** 어렵다.
ㄴ. *이번 시험을 **그다지** 잘 보았다.

'그다지1'은 <정도가 별로 높지 않음>을 뜻하는 정도 어찌씨에 해당하며, 꾸밈의 대상도 일반 정도 어찌씨와 마찬가지로 주로 그림씨나 다른 어찌씨를 꾸민다. 부정의 월이라도 움직씨를 꾸미는 경우에는 (109)와 같이 부적격해진다.117)

(109) ㄱ. *철수가 **그다지** 공부하지 않는다.
ㄴ. *비가 **그다지** 오지 않는다.

(109)가 적격한 월이 되기 위해서는 (110)과 같이 '그다지1'의 꾸밈을 받는 어찌말이 쓰여야 한다. 곧 '그다지1'은 '공부하다', '오다'와 같은 움직씨를 꾸미지 않는다.

---

117) '그다지'가 <그러한 정도로. 또는 그렇게까지>의 뜻을 지닌 '그다지2'이면 적격한 월이 될 수 있다.

(110) ㄱ. 철수가 **그다지 열심히** 공부하지 않는다.

ㄴ. 비가 **그다지 많이** 오지 않는다.

(110)에서 '그다지1'은 움직씨를 직접 꾸미지 않고 어찌씨를 꾸미면서 부정의 월을 가려잡는 통사적 특성을 지닌다.

'그다지1'은 부정 낱말로 이루어진 풀이말 중에 '아니다', '없다'를 가려잡기도 한다. '모르다'는 움직씨이기 때문에 직접적으로 가려잡지는 않고 정도를 나타내는 꾸밈말과 함께 쓰이는 경우에 적격하게 쓰이지만 '모르다'를 꾸미는 것은 아니다.

(111) ㄱ. 저분은 **그다지** 유명한 사람이 **아니다**.

ㄴ. 저분은 **그다지** 돈이 **없다**.

ㄷ. 나는 저분을 **그다지 잘 모른다**.[118]

'아니다'인 경우에 앞에 놓이는 'N+이/가'에서의 'N'이 절대적 의미를 가지면 부적격한 월이 되며, 상대적 의미를 가져야만 적격한 월이 된다. 왜냐하면 '그다지1'이 정도 어찌씨이기 때문에 절대적 의미를 가지는 경우에는 정도성의 차이가 불가능하기 때문이다. (111ㄱ)에서 '사람'은 절대적 의미를 가지지만 꾸밈 받는 월조각 '유명한'에 의해 정도성이 부여되기 때문에 적격한 월이 되었다.

(112) ㄱ. *저분이 **그다지** 사람이 **아니다**.

ㄴ. 저분은 **그다지** 부자가 **아니다**.

(112)에서 '사람'은 절대적 의미를 지니기 때문에 ㄱ이 부적격한 월이

---

118) 이 월에서 '잘'이 삭제되면 '*나는 저분을 **그다지 모른다**.'라는 부적격한 월이 된다.

되었지만 '부자'는 정도성이 반영될 수 있는 상대적 의미를 지니기 때문에 적격한 월이 되었다.

'그다지1'이 단순 부정이나 능력 부정의 월을 가려잡지만, '그다지1'이 월을 짜 이루는 데 필수 요소는 아니다. '그다지1'이 삭제되더라도 '그다지1'의 뜻만 덜어질 뿐 월의 적격성에는 영향을 미치지 않기 때문에 수의 요소에 해당한다.

2.3.6. 그리

'그리'는 <그곳으로 또는 그쪽으로>의 뜻을 지닌 곳 어찌씨와 <그러한 정도로>나 <별로. 그다지>의 뜻을 지닌 성상 어찌씨로 나뉜다.

> (113) ㄱ. **그리** 앉으십시오.
> ㄴ. 무슨 일로 **그리** 바쁜가?
> ㄷ. 이번 시험이 **그리** 쉽지 않다.

(113)에서 ㄱ은 <그쪽으로>를 뜻하는 곳 어찌씨이며, ㄴ은 <그러한 정도로>를, ㄷ은 <별로>를 뜻하는 성상 어찌씨이다. ㄱ과 ㄴ은 긍정의 월에서 꾸밈말로 쓰일 수 있어 부정의 월을 가려잡는 통사 어찌씨에 해당하지 않아 이 글의 논의 대상에서 제외된다. <별로. 그다지>의 뜻을 지닌 ㄷ에서의 '그리'는 긍정의 월에서는 꾸밈말로 쓰일 수 없고, 단순 부정이나 능력 부정의 월에서만 꾸밈말로 쓰일 수 있기 때문에 부정법 제약 통사 어찌씨에 해당한다.

> (114) ㄱ. 요즘은 **그리** 바쁘**지 않**다.
> ㄴ. 집안 살림이 **그리** 넉넉하**지 못**하다.

(114)의 긍정의 월에 해당하는 (115)가 부적격한 월인 것으로 미루어 '그리'는 긍정의 월에서는 꾸밈말로 쓰이지 않고 부정의 월에서만 꾸밈말로 쓰임이 확실하다.

(115) ㄱ. *요즘은 **그리** 바쁘다.
　　 ㄴ. *집안 살림이 **그리** 넉넉하다.

(115)에서 '그리'가 꾸밈말로 쓰이지 않으면 적격한 월이 되지만 '그리'가 꾸밈말로 쓰여 부적격한 월이 되었다. 따라서 '그리'가 (114)와 같이 부정의 월만을 가려잡는 요인으로 작용하지만 '그리'가 월 짜임에서 필수 요소로 작용하는 것은 아니다. (114)에서 '그리'가 삭제되더라도 '그리'의 뜻만 덜어질 뿐 월의 적격성에는 영향을 미치지 않기 때문에 월 짜임에서 수의 요소가 된다.

<그다지. 별로>의 뜻을 지닌 '그리'는 부정의 낱말로 이루어진 풀이말 중에서 '아니다', '없다'를 가려잡기도 한다. '그리'의 통사적 제약은 '그다지'에서와 꼭 같으므로 더 이상 논의하지 않는다.

2.3.7. 끝내[119]

'끝내'는 <마침내 드디어>의 뜻을 지닌 '끝내1'과 <끝까지 내내>의 뜻을 지닌 '끝내2'로 나눌 수 있다. '끝내1'은 (116)과 같이 긍정의 월에서 꾸밈말로 쓰일 수 있어 이 글의 논의 대상에서 제외된다.

(116) ㄱ. 서울에서 취직자리를 알아보다가 **끝내** 시골로 내려갔다.
　　 ㄴ.할아버지는 병원에 입원해 계시다가 **끝내** 돌아가시고 말았다.

---

119) '끝내'의 힘줌말로, 어두반복 합성 낱말 '끝끝내'가 있다.

'끝내2'는 긍정의 월에서는 쓰이지 않고 (117)과 같이 단순 부정이나 능력 부정의 월에서만 꾸밈말로 쓰인다. 따라서 '끝내2'는 단순 부정이나 능력 부정의 월을 가려잡는 부정법 제약 통사 어찌씨에 해당한다. '끝내2'는 시킴월이나 함께함월에서는 꾸밈말로 쓰이지 않기 때문에 '-지 말-'은 가려잡지 않는다.

(117) ㄱ. 날이 저물 때까지 철수는 **끝내** 모습을 드러내**지 않**았다.
ㄴ. 회의가 끝날 때까지 철수는 **끝내** 발언을 하**지 못**했다.

(117)의 긍정의 월에 해당하는 (118)이 부적격한 월이 되는 것으로 보아 '끝내2'가 부정의 월에서만 꾸밈말로 쓰이고 긍정의 월에서는 쓰이지 않음이 확인된다.

(118) ㄱ. *날이 저물 때까지 철수는 **끝내** 모습을 드러냈다.
ㄴ. *회의가 끝날 때까지 철수는 **끝내** 발언을 했다.

'끝내2'는 부정 낱말로 이루어진 풀이말 중에서 '없다', '모르다'를 가려잡기도 하지만, '아니다'는 가려잡지 않는다.

(119) ㄱ. 회의가 끝날 때까지 **끝내** 말이 없었다.
ㄴ. 졸업할 때까지 **끝내** 구구단을 몰랐다.[120]

'끝내2'는 부정의 월에서만 꾸밈말로 쓰이지만 삭제되어도 '끝내2'의 뜻만 덜어질 뿐 월의 적격성에는 영향을 미치지 않기 때문에 월 짜임에

---

120) '끝내'가 능력 부정을 가려잡을 수 있기 때문에 '모르다'만으로 실현되는 것이 아니라 다음 보기와 같이 '알지 못하다'로도 실현될 수 있다.
졸업할 때까지 **끝내** 구구단을 **알지 못했다**.

서 필수 요소에 해당되지 않는다.

2.3.8. 도대체(都大體)

'도대체(都大體)'는 <다른 말은 그만두고 요점만 말하자면>의 뜻을 지
닌 '도대체(都大體)1'[121)과 <유감스럽게도 전혀>의 뜻을 지닌 '도대체(都大
體)2'로 나뉜다. '도대체(都大體)1'은 주로 물음월에서 꾸밈말로 쓰이며 긍
정의 월과 부정의 월을 가리지 않고 꾸밈말로 쓰일 수 있어 이 글의 연
구 대상에서 제외된다.

    (120) ㄱ. 너는 **도대체** 왜 학교에 가니?
          ㄴ. 너는 **도대체** 왜 학교에 안 가니?

(120)에서는 '도대체'가 '도대체(都大體)1'의 뜻으로 해석되며, 긍정의 월
과 부정의 월을 가리지 않고 꾸밈말로 쓰임을 알 수 있다.

<유감스럽게도 전혀>의 뜻을 지닌 '도대체(都大體)2'는 주로 서술월에
서 꾸밈말로 쓰이며, 단순 부정이나 능력 부정의 월을 가려잡는 부정법
제약 통사 어찌씨에 해당한다. '도대체(都大體)2'는 시킴월이나 함께함월
에서는 꾸밈말로 쓰이지 않기 때문에 '-지 말-'을 가려잡지 않는다.

    (121) ㄱ. 난 **도대체** 이해가 **안** 돼.
          ㄴ. 난 **도대체** 이해를 **못** 하겠어.

(121)의 긍정의 월에 해당하는 (122)가 부적격한 월이 되는 것으로 보
아 '도대체(都大體)2'가 부정의 월에서만 꾸밈말로 쓰이고 긍정의 월에서

---

121) '도대체(都大體)1'은 '대체(大體)'의 힘줌말에 해당한다.

는 쓰이지 않음이 확인된다.

(122) ㄱ. *난 **도대체** 이해가 돼.
ㄴ. *난 **도대체** 이해를 하겠어.

이와 같이 '도대체(都大體)2'는 부정의 월만을 가려잡지만, 일부 반어법을 실현하는 긍정의 월에서 꾸밈말로 쓰이기도 한다.

(123) ㄱ. **도대체** 감을 잡을 수가 있어야지.
ㄴ. 내가 **도대체** 누구를 믿겠니?

(123)은 반어법을 실현하는 월로, 표면적으로는 긍정의 월이지만 내재적으로는 (124)와 같이 부정의 서술월로 해석되어, 실제적으로 '도대체(都大體)2'가 부정법을 가려잡는 통사 어찌씨임이 유지된다.

(124) ㄱ. [**도대체** 감을 잡을 수가 없어.]
ㄴ. [내가 **도대체** 아무도 믿지 못하겠다.]

'도대체(都大體)2'는 부정 낱말로 이루어진 풀이씨 중에서 '아니다', '없다', '모르다'를 가려잡지만, 이들의 긍정 대어인 '이다', '있다', '알다'는 반어법 월로 해석되는 경우에만 가려잡고 그 밖에는 가려잡지 않는다.

(125) ㄱ. 그 사람은 **도대체** 정이 가는 사람이 **아니**다.
ㄴ. 그 사람은 **도대체** 이해할 수가 **없**다.
ㄷ. 그 사람이 하는 일을 **도대체 모르**겠어.

'도대체(都大體)2'는 부정의 월을 가려잡는 꾸밈말로만 쓰이지만, (121)

과 (125)에서 삭제되더라도 '도대체2'이 뜻만 덜어질 뿐 월의 적격성에 영향을 미치지 않기 때문에 월 짜임에서 필수 요소에 해당되지 않는다.

2.3.9. 백날

'백날'은 <늘 또는 언제나>의 뜻을 지닌 '백날1'과 <아무리 오랜 시간이 지나도, 또는 아무리 애써 보아도>의 뜻을 지닌 '백날2'로 나눌 수 있다. '백날1'은 (126)과 같이 부정의 월만이 아니라 긍정의 월에서도 꾸밈말로 쓰여 이 글의 논의 대상에서 제외된다.

(126) ㄱ. 그분은 **백날** 말로만 떠든다.
ㄴ. 그분은 **백날** 말로만 떠들지 않는다.

'백날2'는 이은월을 가려잡으며, 이은월에서 긍정의 앞마디에 놓이되 뒷마디는 반드시 부정이어야 하기 때문에 부정법 제약 통사 어찌씨에 해당한다. 곧 '백날2'는 이은월의 앞마디에 놓이되 뒷마디에 영향을 미치는 통사적 특성을 보인다.

(127) ㄱ. 내가 **백날** 타일러도 그 녀석 버릇은 **안** 고쳐진다.
ㄴ. 그의 술버릇은 **백날** 말해 봤자 나아지**지 않**는다.
ㄷ. 그런 책은 **백날** 봐야 도움이 안 된다.

(127)에서와 같이 '백날2'는 이은월에서 쓰이되 특정의 이음씨끝인 '-어도', '-었자', '-어야' 따위를 가려잡는다. 또한 '백날2'는 긍정의 앞마디에 놓이고 뒷마디는 부정이어야 하는 제약이 따른다. 이와 같은 제약은 모두 '백날2'가 꾸밈말로 쓰임으로 말미암은 것이기 때문에 앞마디의 꾸밈말인 '백

날2'가 뒷마디에 영향을 미쳐 부정의 뒷마디를 가려잡는 특성을 가진다.

'백날2'가 꾸밈말로 쓰인 이은월에서 긍정의 뒷마디가 놓이는 경우 부적격한 월이 되지만, 반어법으로 해석되는 경우에 긍정의 뒷마디가 놓이더라도 적격한 월이 된다.

(128) ㄱ. **백날** 떠들어도 누가 들어 주냐?
ㄴ. **백날** 말해 봤자 무슨 소용이 있니?

(128)은 뒷마디가 긍정의 월에 해당하지만 '백날2'가 꾸밈말로 쓰이더라고 적격한 월이 되었다. (128)은 표면적으로는 긍정의 월이지만 내재적으로는 (129)와 같이 부정의 월로 해석되는 반어법을 실현하는 월에 해당하기 때문에 '백날2'가 부정의 뒷마디만을 가려잡는 통사 어찌씨에 해당함은 유지된다.

(129) ㄱ. [**백날** 떠들어도 아무도 들어주**지 않**는다.]
ㄴ. [**백날** 말해 봤자 아무 소용이 **없**다.]

'백날2'가 (130)과 같이 긍정의 뒷마디인 경우에도 꾸밈말로 쓰이는 일이 있다. 그러나 여기서도 뒷마디의 의미는 부정적 내용에 해당하는 경우에 한한다.

(130) ㄱ. **백날** 해 보아야 **그 모양이다**.[백날 해 보아도 나아지지 않는다]
ㄴ. **백날** 기다려도 **헛일이다**.[백날 기다려도 소용이 없다.]

'백날2'은 이은월을 가려잡고 앞마디에서 꾸밈말로 쓰여 부정의 뒷마디를 가려잡는 통사적 특성을 보인다. 이 조건이 갖추어지는 경우에 적절하게 쓰일 수 있지만, '백날2'가 꾸밈말로 쓰인 월에서 삭제되더라도 '백날2'의 뜻만 덜어질 뿐 월의 적격성에는 영향을 미치는 것은 아니기 때문에 월 짜임의 필수 요소는 아니다.

2.3.10. 설마

'설마'는 <앞선 월이나 상대방의 발화에 대한 부정이나 회의>의 뜻이나, <그럴 가능성은 없지만 혹시>, <아무리 그러하기로>의 뜻을 지니는 어찌씨로, 의심이나 추측을 나타내는 월에서 꾸밈말로 쓰인다.[122]

<앞선 월이나 상대방의 발화에 대한 부정이나 회의>의 뜻을 지닌 '설마1'은 (137)과 같이 긍정의 월이나 부정의 월을 가리지 않기 때문에 이 글의 연구 대상에서 제외된다.

    (131) ㄱ. 가 : 김 대리는 일을 잘 못 해.
            나 : **설마** 김 대리도 이번이야 일을 잘 하겠지.
         ㄴ. 가 : 내일 비가 올 것 같아.
            나 : **설마** 내일 비가 안 올 거야.

<그럴 가능성은 없지만 혹시>의 뜻을 지닌 '설마2'도 (132)와 같이 긍정의 월이나 부정의 월을 가리지 않기 때문에 이 글의 연구 대상에서 제외된다.

    (132) ㄱ. 윤 선생님이 **설마** 그들한테 무언가 귀띔을 해 주신 걸까?
         ㄴ. 윤 선생님이 **설마** 암이 아닐까?

---

122) '설마'가 꾸밈말로 쓰인 월에서 '설마'가 중의성을 띨 수 있다.

<아무리 그러하기로>의 뜻을 지닌 '설마3'은 주로 부정의 월에서 꾸밈말로 쓰이기 때문에 이 글의 연구 대상에 포함된다. '설마3'은 단순 부정이나 능력 부정의 월을 가려잡는 부정법 제약 통사 어찌씨에 해당한다. '설마3'은 시킴월이나 함께함월에서는 꾸밈말로 쓰이지 않기 때문에 '-지 말-'은 가려잡지 않는다.

> (133) ㄱ. **설마** 이번 시험에는 **안** 떨어지겠지./떨어지**지 않**겠지.
> ㄴ. **설마** 그가 나를 **못** 잊을 거야./잊**지 못**할 거야.

(133)의 긍정의 월에 해당하는 (134)가 부적격한 월이 되는 것으로 보아 '설마3'이 부정의 월에서만 꾸밈말로 쓰이고 긍정의 월에서는 쓰이지 않음이 확인된다.[123]

> (134) ㄱ. ***설마** 이번 시험에는 떨어지겠지.
> ㄴ. ***설마** 그가 나를 잊을 거야.

'설마3'은 서술월만이 아니라 물음월을 가려잡기도 한다. 물음월인 경우 '설마3'은 일반 물음월인 경우에는 부정의 월만을 가려잡지만, 반어법을 실현하는 물음월인 경우에는 (135)와 같이 표면적으로 긍정의 월을 가려잡기도 한다.

> (135) ㄱ. 부지런히 농사를 지으면 **설마** 배야 곯겠느냐?
> ㄴ. **설마** 거실이 운동장만큼이야 넓을라고?

(135)는 형식상으로 긍정의 월인데 '설마'가 꾸밈말로 쓰여 적격한 월

---

123) (134)가 적격한 월이 되면 '설마'가 '설마3'으로 해석되지 않는다.

이 되었다. 따라서 '설마'가 부정의 월만을 가려잡는 통사 어찌씨라는 전제가 잘못된 것으로 판단하기 쉽다. 그러나 (135)가 비록 형식상으로는 긍정의 월이지만 내재적으로는 (136)과 같이 부정의 월로 해석되어 '설마3'이 부정의 월만을 가려잡는다는 가설은 유효한 셈이다.

(136) ㄱ. [부지런히 농사를 지으면 **설마** 배는 **안** 곯을 거야.]
　　　ㄴ. [**설마** 거실이 운동장만큼이야 넓**지 않**을 거야.]

'설마3'은 (137)과 같이 부정 낱말로 이루어진 풀이말 중에서 '아니다, 없다', '모르다'를 가려잡는다. '설마3'이 부정의 월만을 가려잡기 때문에 (137)에 대립되는 긍정의 월은 부적격한 월이 된다.

(137) ㄱ. 그게 **설마** 독약은 **아니**겠지.
　　　ㄴ. **설마** 그런 사람은 **없**겠지.
　　　ㄷ. 이번 일은 **설마** 아무도 **모르**겠지.

'설마'가 부정의 월을 가려잡는 통사적 특성을 가지고 있지만, 꾸밈말로 쓰인 월에서 삭제되더라도 '설마'의 뜻만 덜어질 뿐 월의 적격성에는 영향을 미치는 것은 아니기 때문에 월 짜임에서 필수 요소는 아니다.

2.3.11. 아예

어찌씨 '아예'는 의미에 따라 <일이 있기 전에 미리. 처음부터>의 뜻을 가진 '아예1', <차라리. 전적으로>의 뜻을 가진 '아예2', <절대로. 조금도. 결코>의 뜻을 지닌 '아예3'으로 가를 수 있다. '아예1'과 '아예2'는 (138)에서와 같이 부정의 월만이 아니라 긍정의 월에서도 꾸밈말로 쓰일 수 있어 이 글의 연구 대상에서 제외된다.

(138) ㄱ. 가. 그 일에 대해서는 **아예** 예상을 하고 있었다.
　　　　나. 그 일에 대해서는 **아예** 예상을 하고 있**지 않**았다.
　　　ㄴ. 가. 조금 쉬라고 했더니 **아예** 잠을 자는군.
　　　　나. 조금 쉬라고 했더니 **아예** 공부를 하**지 않**는군.

　<절대로. 조금도. 결코>의 뜻을 지닌 '아예3'은 부정의 월에서 꾸밈말로 쓰이기 때문에 이 글의 연구 대상에 포함된다. '아예3'은 단순 부정이나 능력 부정의 월을 가려잡는 부정법 제약 통사 어찌씨에 해당한다. '아예3'은 시킴월이나 함께함월에서도 꾸밈말로 쓰일 수 있어 '-지 말-'을 가려잡는다.

(139) ㄱ. 목감기에 걸렸는지 목소리가 **아예** **안** 나온다./나오**지 않**는다.
　　　ㄴ. 장을 담그는 일은 **아예** 엄두를 **못** 낸다./내**지 못**한다.
　　　ㄷ. 이번 여행은 **아예** 가**지 말**자.
　　　ㄹ. 남 듣는 데서는 **아예** 그런 말을 하**지 말**게.

　(139)의 긍정의 월에 해당하는 (140)이 부적격한 월이 되는 것으로 보아 '아예3'이 부정의 월에서만 꾸밈말로 쓰이고 긍정의 월에서는 쓰이지 않음이 확인된다. 만일 적격한 월이 되면, '아예3'이 아니라 '아예1'이나 '아예2'인 경우에 해당한다.

(140) ㄱ. *목감기에 걸렸는지 목소리가 **아예** 나온다.
　　　ㄴ. *장을 담그는 일은 **아예** 엄두를 낸다.
　　　ㄷ. *이번 여행은 **아예** 가자.
　　　ㄹ. *남 듣는 데서는 **아예** 그런 말을 하게.

'아예3'은 (141)과 같이 부정 낱말로 이루어진 풀이말 중에서 '아니다', '없다', '모르다'를 가려잡는다. 따라서 '아예3'은 (141)에 대립되는 긍정의 월인 경우에는 꾸밈말로 쓰이지 않는다.

(141) ㄱ. 이번 사업은 **아예** 기대할 일이 **아니**다.
　　　ㄴ. 집안 일이 어찌 돌아가는지 **아예** 관심이 **없**다.
　　　ㄷ. 그 일에 대해서는 난 **아예 모른**다.

'아예3'이 부정의 월을 가려잡는 통사적 특성을 가지고 있지만, 꾸밈말로 쓰인 월에서 삭제되더라도 '아예3'의 뜻만 덜어질 뿐 월의 적격성에는 영향을 미치는 것은 아니기 때문에 월 짜임에서 필수 요소는 아니다.

2.3.12. 영[124]

'영'은 <더할 나위 없이 완전히. 또는 심하게>의 뜻을 지닌 '영1'과 <전혀 또는 도무지>의 뜻을 지닌 '영2'로 나눌 수 있다. '영1'은 (142)와 같이 긍정의 월에서도 꾸밈말로 쓰여 이 글의 논의 대상에서 제외된다.

(142) ㄱ. 오늘 따라 기분이 **영** 엉망이다.
　　　ㄴ. 오늘은 기분이 **영** 고약하다.

<전혀 또는 도무지>의 뜻을 지닌 '영2'는 부정의 월에서 꾸밈말로 쓰이기 때문에 이 글의 연구 대상에 포함된다. '영2'는 단순 부정이나 능력

---

124) 여기서 다루는 '영'은 토박이말이다. 한자말 '영(永)'은 <영원히 언제까지나>의 뜻을 가진 어찌씨로, 아래 보기와 같이 부정의 월이나 긍정의 월에서 꾸밈말로 쓰일 수 있으며, '영영(永永)'의 준말에 해당한다.
　　(보기) ㄱ. 그 사람은 **영(永)/영영(永永)** 마을을 떠나 버렸다.
　　　　　ㄴ. 나는 그 친구와 **영(永)/영영(永永)** 만나**지 못**했다.

부정의 월을 가려잡는 부정법 제약 통사 어찌씨에 해당한다. '영2'는 시킴월이나 함께함월에서는 꾸밈말로 쓰일 수 없어 '-지 말-'을 가려잡지 않는다.

> (143) ㄱ. 성적이 **영** 오르**지 않**는다.
> ㄴ. 그 친구는 모임에 **영** 나오**지 못**했다.

(143)의 긍정의 월에 해당하는 (144)가 부적격한 월이 되는 것으로 보아 '영2'가 부정의 월에서만 꾸밈말로 쓰이고 긍정의 월에서는 쓰이지 않음이 확인된다.

> (144) ㄱ. *성적이 **영** 오른다.
> ㄴ. *그 친구는 모임에 **영** 나왔다.

'영2'는 (145)와 같이 부정 낱말로 이루어진 풀이말 중에서 '아니다, 없다', '모르다'를 가려잡는다. '영2'가 부정의 월만을 가려잡기 때문에 (145)에 대립되는 긍정의 월은 부적격한 월이 된다.

> (145) ㄱ. 이번 일은 **영** 신기한 게 **아니**다.
> ㄴ. 운동엔 **영** 재주가 **없**다.
> ㄷ. 어머니는 나의 사정을 **영** **모르**신다.

'영2'가 부정의 월을 가려잡는 통사적 특성을 가지고 있지만, 꾸밈말로 쓰인 월에서 삭제되더라도 '영2'의 뜻만 덜어질 뿐 월의 적격성에는 영향을 미치는 것은 아니기 때문에 월 짜임의 필수 요소는 아니다.

2.3.13. 일절(一切)

'일절'은 <전혀. 도무지. 절대로>의 뜻이나 <완전히>의 뜻을 지닌 어찌씨로[125], 부인하거나 금지하는 말에서 주로 쓰인다. <전혀. 도무지. 절대로>의 '일절1'은 부정의 월에서 꾸밈말로 쓰여 부정의 월을 가려잡는 통사 어찌씨에 해당한다. '일절1'은 단순 부정이나 능력 부정의 월을 가려잡는 부정법 제약 통사 어찌씨로, 시킴월이나 함께함월에서도 꾸밈말로 쓰이기 때문에 '-지 말-'를 가려잡는다.

(146) ㄱ. 선생님은 그 문제에 대해선 **일절** 말을 하**지 않**으신다.
ㄴ. 수업 중에는 **일절** 잡담을 하**지 못**한다.
ㄷ. 저분 말에는 **일절** 대꾸하**지 맙**시다.
ㄹ. 이 일에는 **일절** 간섭하**지 마**시오.

(146)의 긍정 월에 해당하는 (147)이 부적격한 월이 되는 것으로 보아 '일절'이 부정의 월에서만 꾸밈말로 쓰이고 긍정의 월에서는 쓰이지 않음이 확인된다.

(147) ㄱ. *선생님은 그 문제에 대해선 **일절** 말을 하신다.
ㄴ. *수업 중에는 **일절** 잡담을 한다.
ㄷ. *저분 말에는 **일절** 대꾸합시다.
ㄹ. *이 일에는 **일절** 간섭하시오.

(147)에서 '일절'이 삭제되면 적격한 월이 되지만 '일절'이 꾸밈말로 쓰여 부적격한 월이 되었기 때문에 '일절'이 부정의 월을 가려잡음이 증명된다.

'일절'은 (148)과 같이 부정 낱말 중에 '아니다'와 '없다', '모르다'를 가

---

125) <완전히>의 뜻을 지닌 '일절'은 말살이에서 자주 쓰이지만 비표준어이다. 표준어는 '일체'이다.

려잡는다. 따라서 '일절'은 (148)에 대립되는 긍정의 월인 경우에는 꾸밈말로 쓰이지 않는다.

    (148) ㄱ. 이번 사건은 **일절** 걱정할 일이 **아니다**.
         ㄴ. 이달부터 용돈은 **일절 없다**.
         ㄷ. 나는 그 일에 대해서는 **일절 모른**다.

  '일절'은 꾸밈 받는 풀이씨가 금하는 의미 특성을 가질 때에는 긍정의 월에서 꾸밈말로 쓰일 수 있으며, 의미적으로도 <완전히>의 뜻을 나타낸다. <완전히>의 '일절2'는 긍정의 월에서도 꾸밈말로 쓰일 수 있어 부정의 월만을 가려잡는 통사 어찌씨에 해당하지 않는다. (149)에서의 '일절'은 비표준말로, '일체'가 표준말이다.

    (149) ㄱ. 면회는 **일절 금한**다.
         ㄴ. 그는 담배를 **일절 끊**었다.
         ㄷ. 실내에서는 담배를 피우는 것이 **일절 금지되**어 있다.
         ㄹ. 화환은 **일절 사양합**니다.

  이와 같이 <전혀. 도무지. 절대로>의 뜻을 지닌 '일절1'은 부정의 월을 가려잡는 통사적 특성을 가지고 있지만, 꾸밈말로 쓰인 월에서 삭제되더라도 '일절1'의 뜻만 덜어질 뿐 월의 적격성에는 영향을 미치지 않기 때문에 월 짜임에서 필수 요소는 아니다.

2.3.14. 전연(全然)[126]

  '전연'은 <전혀. 도무지. 조금도>의 뜻이나 <아주. 완전히>의 뜻을 지

---

126) '전연(全然)'과 '전혀'는 뜻과 쓰임에서 별다른 차이가 나지 않는다.

닌 어찌씨로, <전혀. 도무지. 조금도>의 '전연1'은 부정의 월에서 꾸밈말로 쓰여 부정의 월을 가려잡는 통사 어찌씨에 해당한다. '전연1'은 단순 부정이나 능력 부정의 월을 가려잡는 부정법 제약 통사 어찌씨로, 시킴월이나 함께함월에서는 꾸밈말로 쓰이지 않기 때문에 '-지 말-'을 가려잡지 않는다.

    (150) ㄱ. 꿈의 내용이 **전연** 생각나**지 않**았다.
           ㄴ. 할머니는 그 사실을 **전연** 알**지 못**했다.

  (150)의 긍정의 월에 해당하는 (151)이 부적격한 월이 되는 것으로 보아 '전연'이 부정의 월에서만 꾸밈말로 쓰이고 긍정의 월에서는 쓰이지 않음이 확인된다.

    (151) ㄱ. *꿈의 내용이 **전연** 생각났다.
           ㄴ. *할머니는 그 사실을 **전연** 알았다.

  (151)에서 '전연'이 삭제되면 적격한 월이 되지만 '전연'이 꾸밈말로 쓰여 부적격한 월이 되었기 때문에 '전연'이 부정의 월을 가려잡음이 증명된다.
  '전연'은 (152)와 같이 부정 낱말 중에 '아니다'와 '없다', '모르다'를 가려잡는다. 따라서 '전연'은 (152)에 대립되는 긍정의 월인 경우에는 꾸밈말로 쓰이지 않는다.

    (152) ㄱ. 이번 사건은 **전연** 걱정할 일이 **아니**다.
           ㄴ. 이번 일은 지난번 일과 **전연** 상관이 **없**다.
           ㄷ. 나는 그런 사실을 **전연** **몰랐**다.

<아주. 완전히>의 '전연2'는 긍정의 월에서 꾸밈말로 쓰일 수 있어 부정의 월을 가려잡는 통사 어찌씨에 해당하지 않는다.

(153) ㄱ. 선생님은 오늘 **전연** 딴사람처럼 보였다.
ㄴ. 이번 사건은 지난번 사건과 **전연** 다르다.
ㄷ. 이번 개각은 **전연** 예상 밖이다.

이와 같이 <전혀. 도무지. 조금도>의 뜻을 지닌 '전연1'은 부정의 월을 가려잡는 통사적 특성을 가지고 있지만, 꾸밈말로 쓰인 월에서 삭제되더라도 '전연1'의 뜻만 덜어질 뿐 월의 적격성에는 영향을 미치는 것은 아니기 때문에 월 짜임에서 필수 요소는 아니다.

2.3.15. 전(全)혀

'전혀'는 '전연'과 뜻과 쓰임에서 차이가 없다. 따라서 앞에서 살핀 '전연'의 보기에 '전혀'로 대치하더라도 모두 적격한 월이 되며, 의미상으로도 별다른 차이가 없기 때문에 더이상 논의하지 않는다.

2.3.16. 절대(로)[127]

'절대(로)'는 <어떤 일이 있더라도 결코>의 뜻이나 <무슨 일이 있어도 반드시>의 뜻을 지닌 어찌씨로, <어떤 일이 있더라도 결코>의 '절대(로)1'은 부정의 월에서 꾸밈말로 쓰여 부정의 월을 가려잡는 통사 어찌씨에 해당한다. '절대(로)1'은 단순 부정이나 능력 부정의 월을 가려잡는

---

127) 『고려대한국어대사전』에 따르면, '절대로'는 '절대'를 좀 더 분명하게 이르는 말이다. '절대(絶對)'는 어찌씨만이 아니라 이름씨로도 쓰인다.

부정법 제약 통사 어찌씨로, 시킴월이나 함께함월에서도 꾸밈말로 쓰이기 때문에 '-지 말-'을 가려잡는다.

(154) ㄱ. 너의 주장은 현실적으로 **절대(로)** 가능하**지 않**다.
    ㄴ. 이번 일은 **절대(로)** 용서하**지 못**하겠다.
    ㄷ. **절대(로)** 담배를 피우**지 마라.**

(154)의 긍정의 월에 해당하는 (155)가 부적격한 월이 되는 것으로 보아 '절대(로)'가 부정의 월에서만 꾸밈말로 쓰이고 긍정의 월에서는 쓰이지 않음이 확인된다.

(155) ㄱ. *너의 주장은 현실적으로 **절대(로)** 가능하다.
    ㄴ. *이번 일은 **절대(로)** 용서하겠다.
    ㄷ. ***절대(로)** 담배를 피워라.

(155)에서 '절대(로)'가 삭제되면 적격한 월이 되지만 '절대(로)'가 꾸밈말로 쓰여 부적격한 월이 되었기 때문에 '절대(로)'가 부정의 월을 가려잡음이 증명된다.

'절대(로)'는 (156)과 같이 부정 낱말 중에 '아니다'와 '없다', '모르다'를 가려잡는다. 따라서 '절대(로)'는 (156)에 대립되는 긍정의 월인 경우에는 꾸밈말로 쓰이지 않는다.

(156) ㄱ. 철수 말이 **절대(로)** 틀린 말은 **아니**다.
    ㄴ. 나는 **절대(로)** 네 말에 동의할 수 **없**어.
    ㄷ. 선생님은 이번 일을 **절대(로)** **모를** 거야.

<무슨 일이 있어도 반드시>의 '절대(로)2'는 (157)과 같이 긍정의 월

에서도 꾸밈말로 쓰일 수 있어 부정의 월만을 가려잡는 통사 어찌씨에 해당하지 않는다.

> (157) ㄱ. 다른 사람들에겐 **절대(로)** 비밀을 지켜라.
> ㄴ. 물과 공기는 우리에게 **절대(로)** 필요한 것이다.
> ㄷ. 당신의 협조가 **절대(로)** 필요합니다.

이와 같이 <어떤 일이 있더라도 결코>의 뜻을 지닌 '절대(로)1'은 부정의 월을 가려잡는 통사적 특성을 가지고 있지만, 꾸밈말로 쓰인 월에서 삭제되더라도 '절대(로)1'의 뜻만 덜어질 뿐 월의 적격성에는 영향을 미치는 것은 아니기 때문에 월 짜임의 필수 요소는 아니다.

2.3.17. 종내(終乃)

'종내'는 <끝까지 내내>의 뜻이나 <마지막에 드디어>의 뜻을 지닌 어찌씨이다. <끝까지 내내>의 '종내'는 부정의 월에서만 꾸밈말로 쓰여 부정의 월을 가려잡는 통사 어찌씨에 해당한다. '종내'는 '끝내'와 뜻 및 쓰임에서 차이가 없다. 따라서 앞에서 살핀 '끝내'의 보기에 '종내'로 대치하더라도 모두 적격한 월이 되며, 의미상으로도 별다른 차이가 없게 되기 때문에 더이상 논의하지 않는다.

2.4. 부정법을 가려잡는 어찌씨 3

같은 꼴의 이름씨와 어찌씨로 쓰이는 것들로, 어찌씨인 경우에 부정의 월을 가려잡는 것들이 여기에 해당한다. 이에 속하는 어찌씨로는 '이만저

만'과 '하등'이 있다. 이들 어찌씨에 관하여 각각의 통사적 특성을 살피기
로 한다.

2.4.1. 이만저만[128]

'이만저만'은 <이만하고 저만함>의 뜻을 지닌 이름씨와, <이만하고
저만한 정도로. 아주>의 뜻을 지닌 어찌씨로 쓰인다. 이름씨와 어찌씨
모두 부정의 월을 가려잡는다. 어찌씨 '이만저만'에 관하여는 제7장 1에
서 논의한 바 있다.

2.4.2. 하등(何等)

'하등'은 <아무런 것. 아무것>을 뜻하는 이름씨와 <전혀. 조금도>를
뜻하는 어찌씨 두 가지가 있다.[129] 이름씨 '하등'과 어찌씨 '하등'은 뜻
차이 밖에 토씨 '의'의 결합 가능성 여부, 꾸밈 대상(이름씨인 경우 임자
씨, 어찌씨인 경우 풀이씨)의 차이에 따라 구별된다. 이름씨인 '하등'은
(158)에서와 같이 단순 부정의 월이나 능력 부정의 월, 부정 풀이씨로
이루어진 부정의 월을 가려잡는다.

> (158) ㄱ. 철수는 이 일에 대하여 **하등**의 부끄러움을 느끼**지 않**았다.
>   ㄴ. 그런 건 모두 **하등**의 문젯거리가 되**지 못**했다.
>   ㄷ. 이번 결정은 국민과는 **하등**의 관계가 **없**다.

---

128) 작은말로 '요만조만'이 있다. '이만저만'과 용법이 같다.
129) 『표준국어대사전』에는 이름씨만 올림말로 실려 있다. 『우리말큰사전』과 『고려대한
    국어대사전』에는 한 올림말 아래 이름씨와 어찌씨로 실려 있으며, 『연세한국어사
    전』에는 이름씨 '하등'과 어찌씨 '하등'으로 각각 올림말로 실려 있어 사전류에 따
    라 차이를 보인다.

(158)의 긍정의 월에 해당하는 (159)가 부적격한 월이 되는 것으로 보아 이름씨 '하등'이 부정의 월에서 꾸밈말로 쓰이지만 긍정의 월에서는 쓰이지 않음이 확인된다.

(159) ㄱ. *철수는 이 일에 대하여 **하등**의 부끄러움을 느꼈다.
ㄴ. *그런 건 모두 **하등**의 문젯거리가 되었다.
ㄷ. *이번 결정은 국민과는 **하등**의 관계가 있다.

이름씨 '하등'은 주로 토씨 '의'와 결합하여 매김말로서 뒤에 놓이는 임자씨를 꾸미면서 부정의 월만을 가려잡음을 알 수 있다. 따라서 이름씨 '하등'은 부정법을 가려잡는 이름씨에 속한다.

<전혀. 조금도>를 뜻하는 어찌씨 '하등'도 단순 부정이나 능력 부정의 월을 가려잡는 부정법 제약 통사 어찌씨에 해당한다. '하등'은 시킴월이나 함께함월에서도 꾸밈말로 쓰이기 때문에 '-지 말-'을 가려잡는다.

(160) ㄱ. 핸드폰은 우리들에게 **하등** 신기하**지 않**다.
ㄴ. 이 정도의 실수는 **하등** 문제가 되**지 못한**다.
ㄷ. 그 일에 대해서는 **하등** 염려하**지 마라**.

(160)의 긍정의 월에 해당하는 (161)이 부적격한 월이 되는 것으로 보아 '하등'이 부정의 월에서 꾸밈말로 쓰이지만 긍정의 월에서는 쓰이지 않음이 확인된다.

(161) ㄱ. *핸드폰은 우리들에게 **하등** 신기하다.
ㄴ. *이 정도의 실수는 **하등** 문제가 된다.
ㄷ. *그 일에 대해서는 **하등** 염려해라.

(161)에서 '하등'이 삭제되면 적격한 월이 되지만, '하등'이 꾸밈말로 쓰여 부적격한 월이 되었기 때문에 '하등'이 부정의 월을 가려잡음이 증명된다.

'하등'은 (162)와 같이 부정 풀이씨 중에 '아니다', '없다', '모르다'를 가려잡는다. 따라서 '하등'은 (162)에 대립되는 긍정의 월인 경우에는 꾸밈말로 쓰이지 않는다.

(162) ㄱ. 그 문제는 **하등** 내가 상관할 일이 **아니**다.
 ㄴ. 이번 일은 나와는 **하등** 관계가 **없다**.
 ㄷ. 그 문제에 관하여는 나는 **하등 모르**는 일이다.

어찌씨 '하등'은 부정의 월을 가려잡는 통사적 특성을 가지고 있지만, 꾸밈말로 쓰인 월에서 삭제되더라도 '하등'의 뜻만 덜어질 뿐 월의 적격성에는 영향을 미치는 것은 아니기 때문에 월 짜임에서 필수 요소에 해당하지는 않는다.

2.5. 부정법을 가려잡는 어찌씨 4

움직씨를 꾸미기 때문에 의향법에 제약이 없는 어찌씨 중에 서술월과 물음월에서 꾸밈말로 쓰일 때, 긍정이나 부정의 월을 가리지 않지만 시킴월과 함께함월에서 꾸밈말로 쓰이는 경우에 부정의 월만을 가려잡는 것들이 있다. 이에 속하는 어찌씨로는 '쓸데없이', '만만히', '지레', '함부로' 따위가 있다. 이들 어찌씨에 관하여 각각의 통사적 특성을 살피기로 한다.

2.5.1. 쓸데없이

'쓸데없이'는 '쓸데없다'란 그림씨 줄기에 어찌씨 파생가지 '-이'가 결합하여 만들어진 파생어찌씨로, <아무런 의의나 값어치가 없이>란 뜻을 지닌다. '쓸데없이'는 서술, 물음, 함께함, 시킴월에서 꾸밈말로 쓰일 수 있어 의향법에 제약이 따르지 않는다. '쓸데없이'는 (163)과 같이 서술월과 물음월에서는 긍정이나 부정의 월을 가리지 않고 꾸밈말로 쓰일 수 있기 때문에 이 글의 논의 대상에서 제외된다.

> (163) ㄱ. 가. 철수는 **쓸데없이** 아무 일에나 참견하려 든다.
>   나. 나는 **쓸데없이** 낭비는 **안** 한다./하**지 않**는다.
>   ㄴ. 가. 왜 너는 **쓸데없이** 남의 일에 참견하니?
>   나. 너는 **쓸데없이** 돈을 낭비하**지 않**니?

'쓸데없이'가 함께함월과 시킴월에서 꾸밈말로 쓰이는 경우에는 부정의 월을 가려잡기 때문에 부정법 제약 통사 어찌씨에 해당한다.

> (164) ㄱ. **쓸데없이** 시간을 낭비하**지 말**자.
>   ㄴ. **쓸데없이** 아무 일에나 참견하**지 마라**.

'쓸데없이'가 부정의 함께함월과 시킴월을 가려잡는 것은 '쓸데없이'의 의미 특성에 기인하는 것으로 보인다. 곧 아무런 의의나 값어치가 없는 것을 시키거나 함께 하자고 요청하는 것은 무의미하기 때문이다. 한 월로 의향법만 달리하여 '쓸데없이'의 용례를 들기로 한다.

> (165) ㄱ. 가. 이미 지나간 일로 **쓸데없이** 괴로워한다.
>   나. 이미 지나간 일로 **쓸데없이** 괴로워하**지 않**는다.

ㄴ. 가. 이미 지나간 일로 **쓸데없이** 괴로워하니?
　　나. 이미 지나간 일로 **쓸데없이** 괴로워하**지 않니?**
ㄷ. 가. *이미 지나간 일로 **쓸데없이** 괴로워하자.
　　나. 이미 지나간 일로 **쓸데없이** 괴로워하**지 말자.**
ㄹ. 가. *이미 지나간 일로 **쓸데없이** 괴로워해라.
　　나. 이미 지나간 일로 **쓸데없이** 괴로워하**지 마라.**

‘쓸데없이’는 부정 풀이씨 ‘아니다’, ‘없다’, ‘모르다’를 가려잡지 않는다. 이들 부정 풀이씨는 함께함월과 시킴월에서 풀이말로 쓰이지 않기 때문이다. ‘쓸데없이’가 꾸밈말로 쓰인 함께함월과 시킴월에서 ‘없다’의 긍정 낱말인 ‘있다’인 경우에는 ‘있지 말-’로 실현된다.

(166) ㄱ. **쓸데없이** 여기 **있지 말**자.
　　　ㄴ. **쓸데없이** 여기 **있지 마**라.

‘쓸데없이’가 부정의 함께함월과 시킴월에서 꾸밈말로 쓰이는 특성을 지니지만, 꾸밈말로 쓰인 월에서 삭제되더라도 ‘쓸데없이’의 뜻만 덜어질 뿐 월의 적격성에는 영향을 미치는 것은 아니기 때문에 월 짜임에서 필수 요소는 아니다.

2.5.2. 만만히[130]

<다루거나 대하기에 힘들지 않고 손쉽게>의 뜻을 지닌 어찌씨 ‘만만히’는 ‘만만하다’의 뿌리 ‘만만-’에 어찌씨 파생가지 ‘-히’가 결합하여 결합과정을 거쳐 만들어진 파생 어찌씨이다. ‘만만히’는 서술, 물음, 함께함,

---

130) 같은 꼴이지만 뜻이 다른 것으로 <넘칠 만큼 넉넉히>의 뜻을 지닌 ‘만만(滿滿)히’와 <끝없이 지루하게>의 뜻을 지닌 ‘만만(漫漫)히’가 있다.

시킴월에서 꾸밈말로 쓰일 수 있어 의향법에 제약이 따르지 않는다. '만만히'는 (167)과 같이 서술월과 물음월에서는 긍정이나 부정의 월을 가리지 않고 꾸밈말로 쓰일 수 있기 때문에 부정법만을 가려잡는 어찌씨에 해당되지 않는다. 따라서 이 글의 논의 대상에서 제외된다.

(167) ㄱ. 가. 사람들이 저분을 **만만히** 본다.
　　　 나. 사람들이 저분을 **만만히** **안/못** 본다.
　　 ㄴ. 가. 사람들이 저분을 **만만히** 보니?
　　　 나. 사람들이 저분을 **만만히** **안/못** 보니?

'만만히'가 함께함월과 시킴월에서 꾸밈말로 쓰이는 경우에는 긍정의 월은 가려잡지 않고 부정의 월을 가려잡기 때문에 부정법 제약 통사 어찌씨에 해당한다.

(168) ㄱ. 가. *저분을 **만만히** 보자.
　　　 나. 저분을 **만만히** 보**지 말**자.
　　 ㄴ. 가. *저분을 **만만히** 보아라.
　　　 나. 저분을 **만만히** 보**지 마**라.

'만만히'가 부정의 함께함월과 시킴월만을 가려잡는 것은 앞에서 살핀 '쓸데없이'와 마찬가지로 '만만히'의 의미 특성으로 말미암은 것으로 보인다.

함께함월과 시킴월에서 '만만히'는 부정 풀이씨 '아니다', '없다', '모르다'를 가려잡지 않는다. 이들 부정 풀이씨는 함께함월과 시킴월에서 풀이말로 쓰이지 않기 때문이다. '만만히'가 꾸밈말로 쓰인 함께함월과 시킴월에서 '없다'의 긍정 낱말인 '있다'인 경우에는 '있지 말-'로 실현된다.

(169) ㄱ. 이번에는 **만만히** **있지 말**자.

ㄴ. 이번에는 **만만히 있지 마**라.

‘만만히’가 부정의 함께함월과 시킴월에서 꾸밈말로 쓰이는 특성을 지니지만, 풀이말이 ‘보다’, ‘있다’, ‘여기다’ 따위인 월에서 삭제되면 ‘만만히’의 뜻만 덜어지는 것이 아니라 월 자체의 의미가 불완전해진다.

2.5.3. 지레

<무슨 일이나 때가 되기도 전에 미리>의 뜻을 지닌 어찌씨 ‘지레’는 서술, 물음, 함께함, 시킴월에서 꾸밈말로 쓰일 수 있어 의향법에 제약이 따르지 않는다. ‘지레’는 (170)과 같이 서술월과 물음월에서는 긍정이나 부정의 월을 가리지 않고 꾸밈말로 쓰일 수 있기 때문에 이 글의 논의 대상에서 제외된다.

(170) ㄱ. 가. 경비들은 **지레** 겁을 먹는다.
　　　　나. 경비들은 **지레** 겁을 **안** 먹는다.
　　　ㄴ. 가. 경비들이 **지레** 겁을 먹니?
　　　　나. 경비들이 **지레** 겁을 **안** 먹니?

‘지레’가 함께함월과 시킴월에서 꾸밈말로 쓰이는 경우에는 긍정의 월은 가려잡지 않고 부정의 월을 가려잡기 때문에 부정법 제약 통사 어찌씨에 해당한다.

(171) ㄱ. 가. ***지레** 겁을 먹자.
　　　　나. **지레** 겁을 먹**지 말**자.
　　　ㄴ. 가. ***지레** 겁을 먹어라.
　　　　나. **지레** 겁을 먹**지 마**라.

'지레'가 부정의 함께함월과 시킴월만을 가려잡는 것은 '지레'의 의미 특성으로 말미암은 것으로 보인다.

함께함월과 시킴월에서 '지레'는 부정 풀이씨 '아니다', '없다', '모르다'를 가려잡지 않는다. 이들 부정 풀이씨는 함께함월과 시킴월에서 풀이말로 쓰이지 않기 때문이다.

'지레'가 부정의 함께함월과 시킴월에서 꾸밈말로 쓰이는 특성을 지니지만, 꾸밈말로 쓰인 월에서 삭제되더라도 '지레'의 뜻만 덜어질 뿐 월의 적격성에는 영향을 미치는 것은 아니기 때문에 월 짜임에서 필수 요소는 아니다.

2.5.4. 함부로

<조심하거나 깊이 생각하지 않고 마음 내키는 대로 마구>의 뜻을 지닌 어찌씨 '함부로'는 서술, 물음, 함께함, 시킴월에서 꾸밈말로 쓰일 수 있어 의향법에 제약이 따르지 않는다. '지레'는 (172)와 같이 서술월과 물음월에서는 긍정이나 부정의 월을 가리지 않고 꾸밈말로 쓰일 수 있기 때문에 이 글의 논의 대상에서 제외된다.

(172) ㄱ. 가. 그는 아무 음식이나 **함부로** 먹는다.
　　　　나. 그는 아무 음식이나 **함부로 안/못** 먹는다.
　　 ㄴ. 가. 그는 아무 음식이나 **함부로** 먹니?
　　　　나. 그는 아무 음식이나 **함부로 안/못** 먹니?

'함부로'가 함께함월과 시킴월에서 꾸밈말로 쓰이는 경우에는 긍정의 월은 가려잡지 않고 부정의 월을 가려잡기 때문에 부정법 제약 통사 어찌씨에 해당한다.

(173) ㄱ. 가. *아무 음식이나 **함부로** 먹자.

　　　나. 아무 음식이나 **함부로** 먹**지 말**자.

　　ㄴ. 가. *아무 음식이나 **함부로** 먹어라.

　　　나. 아무 음식이나 **함부로** 먹**지 마**라.

'함부로'가 부정의 함께함월과 시킴월을 가려잡는 것은 '함부로'의 의미 특성으로 말미암은 것으로 보인다.

함께함월과 시킴월에서 '함부로'는 부정 풀이씨 '아니다', '없다', '모르다'를 가려잡지 않는다. 이들 부정 풀이씨는 함께함월과 시킴월에서 풀이말로 쓰이지 않기 때문이다.

'함부로'가 부정의 함께함월과 시킴월에서 꾸밈말로 쓰이는 특성을 지니지만, 꾸밈말로 쓰인 월에서 삭제되더라도 '함부로'의 뜻만 덜어질 뿐 월의 적격성에는 영향을 미치는 것은 아니기 때문에 월 짜임에서 필수 요소는 아니다.

2.6. 마무리

대다수의 어찌씨는 긍정의 월이나 부정의 월을 가리지 않고 꾸밈말로 쓰여 부정법에 영향을 미치지 않는다. 그러나 일부 어찌씨는 부정법에 영향을 미쳐 부정의 월이나 긍정의 월만을 가려잡는 것들이 있다. 이에 속하는 것들을 부정법 제약 통사 어찌씨라 하였다.

부정의 월을 가려잡는 어찌씨 가운데 전적으로 부정의 월만 가려잡는 것, 중의성을 가진 어찌씨로 의미에 따라 부정의 월만 가려잡는 것, 같은 꼴로 부정의 월을 가려잡는 어찌씨만이 아니라 이름씨로도 쓰이는 것, 의향법에 제약이 없으나 시킴월과 함께함월에서만 부정의 월을 가려잡는 것 등 네 가지로 나누어 논의하였다.

전적으로 부정의 월만 가려잡는 어찌씨에는 '간대로', '결코', '구태여', '당최', '더이상', '도무지', '도저히', '도통', '미처', '바이', '변변히', '별달리', '별로', '별반', '비단', '여간', '이루'. '좀처럼/좀체', '차마', '채', '통' 따위가 있다. 이들 어찌씨에 관하여 각각의 통사적 특성을 살폈다.

같은 꼴의 어찌씨이지만 의미에 따라, 어떤 의미일 때는 부정의 월만을 가려잡아 꾸밈말로 쓰이고, 또 어떤 의미일 때는 긍정이나 부정의 월을 가리지 않고 꾸밈말로 쓰일 수 있는 것들이 이에 해당한다. 이에 속하는 어찌씨로는 '결단코', '과히', '굳이', '그렇게', '그다지', '그리', '끝내', '도대체', '백날', '설마', '아예', '영', '일절', '전연', '전혀', '절대(로)', '종내' 따위가 있다. 이들 어찌씨에 관하여 각각의 통사적 특성을 논의하였다.

같은 꼴의 이름씨와 어찌씨로 쓰이는 것들로, 어찌씨인 경우에 부정의 월을 가려잡는 것들이 여기에 해당한다. 이에 속하는 어찌씨로는 '이만저만'과 '하등'이 있다. 이들 어찌씨에 관하여 각각의 통사적 특성을 밝혔다.

움직씨를 꾸미기 때문에 의향법에 제약이 없는 어찌씨 가운데 서술월과 물음월에서 꾸밈말로 쓰이는 경우, 긍정이나 부정의 월을 가리지 않지만 시킴월과 함께함월에서 꾸밈말로 쓰이는 경우에 부정의 월만을 가려잡는 것들이 있다. 이에 속하는 어찌씨로는 '쓸데없이', '만만히', '지레', '함부로' 따위가 있다. 이들 어찌씨에 관하여 각각의 통사적 특성을 규명하였다.

3. 부정법을 가려잡는 '도' 결합 어찌말의 특성[131]

3.1. 들머리

대다수의 어찌말은 긍정이나 부정의 월을 가리지 않고 월에서 꾸밈말로 쓰여 부정법에 영향을 미치지 않지만, 일부 어찌말은 부정의 월만을 가려잡아 부정법에 영향을 미치기도 한다. 어찌말 가운데 말본 범주에 영향을 미치는 것으로, 부정의 월만을 가려잡는 것들을 부정법 제약 통사 어찌말이라고 하기로 한다. 부정의 월에서만 쓰이고 긍정의 월에서 쓰이지 않는 것들이 부정법을 가려잡는 통사 어찌말이고, 긍정의 월에서만 쓰이고 부정의 월에서 쓰이지 않는 것들이 부정법을 안 가려잡는 통사 어찌말에 해당한다.

한길(2013 : 232)에서 밝힌 바와 같이, <그렇게까지. 별로>의 뜻을 지닌 '그다지'는 긍정의 월에서는 쓰이지 않고 부정의 월에서만 쓰이어 부정법을 가려잡는 통사 어찌말에 해당하고, <꽤 잘>의 뜻을 지닌 '곧잘'은 부정의 월에서는 쓰이지 않고 긍정의 월에서만 쓰이기 때문에 부정법을 안 가려잡는 통사 어찌말에 해당한다.

(1) ㄱ. 오늘은 날씨가 **그다지** 덥지 않다.
  *오늘은 날씨가 **그다지** 덥다.
  ㄴ. *저 사람은 운동을 **곧잘** 하지 않는다.
  저 사람은 운동을 **곧잘** 한다.

(1)에서 ㄱ의 '그다지'는 부정의 월에서만 꾸밈말로 쓰여 부정법을 가

---

131) 이 장의 일부인 부정법을 가려잡는 '도' 결합 어찌말에 관하여는 한길(2015ㄴ : 147-171)을 깁고 다듬은 것이다.

려잡는 통사 어찌말이고, ㄴ의 '곧잘'은 긍정의 월에서만 꾸밈말로 쓰여 부정법을 안 가려잡는 통사 어찌말이다.

부정법 제약 통사 어찌말 중에서 부정의 월만을 가려잡게 하는 도움토씨 '도'와 '는'[132]이 긍정의 월이나 부정의 월을 가리지 않는 어찌씨나 어찌씨 이외의 낱말 및 말도막에 덧붙어 부정의 월만을 가려잡는 어찌말이 만들어진다. '조금'과 '도' 결합형 '조금도'를 비교해 보면, 용법과 의미에서 차이가 남을 알 수 있다.

> (2) ㄱ. 나는 점심을 **조금** 먹었다./**조금** 먹지 않았다.
> ㄴ. *나는 점심을 **조금도** 먹었다.[133]/**조금도** 먹지 않았다.

'조금'은 긍정의 월이나 부정의 월을 가리지 않고 꾸밈말로 쓰일 수 있지만, '조금도'는 부정의 월만을 가려잡아 꾸밈말로 쓰인다. 또한 의미에서도 단순히 <조금+도>의 의미가 아니라 새로운 의미인 <전혀>를 나타낸다.[134]

도움토씨 '도'만이 아니라 '는'도 긍정의 월이나 부정의 월을 가리지 않고 꾸밈말로 쓰일 수 있는 일부 어찌씨에 덧붙어 부정 월만을 가려잡는 기능을 가지게 한다. 예컨대 '다'는 긍정이나 부정의 월에서 꾸밈말로 쓰일 수 있지만, '는'이 결합하면 (3)과 같이 부정의 월에서만 적격하게 쓰인다.

---

132) '도'와 '는'의 여러 쓰임 가운데 하나로, 특정의 낱말에 결합하여 부정의 월에서만 쓰이게 한다.
133) '조금'에 강조의 '도'가 결합하면 다음 보기와 같이 긍정의 월에서도 적격하게 쓰인다. 이 경우의 '조금도'는 <전혀>를 뜻하지 않는다.
  ㄱ. 철수가 밥을 조금도 먹었네.
  ㄴ. 성금으로는 조금도 괜찮습니다.
134) 이와 같이 '조금도'는 '조금'과 쓰임 및 뜻에서 달라졌기 때문에 '조금도' 자체를 한 낱말로 보되, 어찌씨와 같은 기능을 하므로 어찌씨에 포함시키기도 한다.

(3) ㄱ. *학생들이 **다는** 왔다.

　　ㄴ. 학생들이 **다는** 안 왔다.

'다'는 긍정이나 부정의 월을 가리지 않고 꾸밈말로 쓰일 수 있지만, '다는'은 부정 월만을 가려잡아 꾸밈말로 쓰인다. 또한 의미에서도 단순히 <다+는>의 의미가 아니라 부정과 어우러져 새로운 의미인 <일부>를 나타낸다.[135]

이와 같이 부정의 월을 가려잡는 어찌말로 처리해야 할 '도' 결합형에는 '조금도', '하나도', '추호도', '털끝만큼도', '눈곱만큼도', '꿈에도' 따위가 있으며, '는' 결합형에는 '다시는'과 '더는', '자주는', '다는' 따위가 있다.[136] 여기에서는 긍정이나 부정의 월을 가리지 않는 어찌씨나 어찌씨 이외의 낱말 및 말도막에 '도'가 결합함으로써 부정의 월을 가려잡는 어찌말의 통사적 특성에 초점을 두어 논의하고자 한다.

3.2. 부정법을 가려잡는 '도' 결합 어찌말의 선정 원칙

도움토씨 '도'의 여러 쓰임 가운데 하나로, '도'가 임자씨나 어찌씨 뒤에 놓여 부정의 월에서만 쓰이며 그 부정의 뜻을 강조하여 나타내는 데 쓰인다.[137]

　　(4) ㄱ. 복권에 당첨되리라고 상상**도** 하**지 않**았다.

---

135) 부정법을 가려잡는 '는' 결합 어찌말에 관한 자세한 논의는 다음 기회로 미룬다.

136) 이들 중에 사전류에서는 『고려대한국어대사전』이 '꿈에도'를 어찌씨로 처리하였으며, 최현배(1971)와 허웅(1995 : 412)은 '조금도'와 '털끝만큼도'를 어찌씨로 처리하였다.

137) '도'는 부정 낱말 풀이씨나 부정법만 가려잡는 풀이씨 안에 끼어들어가 통사적 짜임새로 바꾸는 일을 하기도 한다. 예컨대 '어림없다', '얼씬하지 않다/못하다'에서 '도'가 끼어들어 '어림도 없다', '얼씬도 하지 않다/못하다'란 통사적 짜임새로 바뀌었다.

ㄴ. 어떤 누구**도** 이 방에 들어오**지 못**한다.

ㄷ. 성한 곳이 한 군데**도** **없**다.

ㄹ. 어머니는 일을 잠시**도** 쉬**지 않**으신다.

(4)에서의 '도'가 임자씨(ㄱ, ㄴ, ㄷ)이나 어찌씨(ㄹ)에 덧붙어 부정의 월에서만 쓰이게 함은 (4)에 대립되는 긍정의 월이 부적격한 월이 됨을 통해 확인할 수 있다.

(5) ㄱ. *복권에 당첨되리라고 상상**도** 했다.

ㄴ. *어떤 누구**도** 이 방에 들어온다.

ㄷ. *성한 곳이 한 군데**도** 있다.

ㄹ. *어머니는 일을 잠시**도** 쉬신다.

(4)가 부정의 월에서만 쓰일 수 있는 원인은 '도'가 덧붙은 임자씨나 어찌씨에 있는 것이 아니라 '도' 자체에 있다. 왜냐하면 '상상', '어떤 누구', '한 군데', '잠시'에 '도'가 덧붙지 않고 다른 토씨가 덧붙으면, (6)과 같이 긍정의 월에서 쓰일 수 있기 때문이다.

(6) ㄱ. 복권에 당첨되리라고 상상**을** 했다.

ㄴ. 어떤 누구**라도** 이 방에 들어올 수 있다.

ㄷ. 성한 곳이 한 군데**가** 있다.

ㄹ. 어머니는 일을 잠시**만** 쉬신다.

다시 말해서 '도'가 특정의 임자씨나 어찌씨에 덧붙어 부정의 월에서만 쓰이게 하기 때문에 (3)은 적격한 월이 되었다. (6)에서 밑줄 친 토씨가 '도'로 바뀌게 되면 (5)와 같은 부적격한 월이 되며, 반드시 부정의 월로 바꾸어야만 (4)와 같이 적격한 월이 된다.

긍정의 월이나 부정의 월을 가리지 않는 '상상', '(어떤) 누구', '(한) 군데', '잠시'에 '도'가 덧붙어 부정의 월에서만 쓰이게 되었지만, '상상도', '(어떤) 누구도', '(한) 군데도', '잠시도'가 한 낱말로 만들어지는 것은 아니다. '상상', '(어떤) 누구', '(한) 군데', '잠시'가 본연의 의미를 지니고 있고, '도' 자체도 본연의 의미 및 기능을 가지고 있기 때문에 '도' 자체가 도움토씨로서의 기능을 유지하게 된다.

그러나 일부 임자씨('임자씨+토씨' 포함)이나 어찌씨에, 부정의 월에서만 쓰여 강조의 뜻을 나타내는 '도'가 결합됨으로서 부정의 월을 가려잡을 뿐 아니라 임자씨나 어찌씨 본연의 의미를 유지하지 못하는 것들이 있다. '도' 자체도 본연의 의미를 유지하지 못하고 앞부분과 합쳐져 새로운 의미를 얻게 되며, 아울러 기능상으로도 어찌씨와 같이 꾸밈말로 쓰이는 것들이 있다. 이에 속하는 것으로는 '조금도', '하나도', '추호도', '털끝만큼도', '눈곱만큼도', '꿈에도' 따위가 있다.[138]

이들은 '조금', '꿈에', '추호', '털끝만큼', '눈곱만큼', '하나'의 축어적 의미와 '도' 의미가 단순히 합쳐진 것이 아니라 새로운 뜻인 <전혀>의 의미 특성을 가진 어찌말로 쓰인다.

(7) ㄱ. 그럴 생각은 **조금도** 없다.
    ㄴ. 그럴 생각은 **하나도** 없다.
    ㄷ. 그럴 생각은 **추호도** 없다.
    ㄹ. 그럴 생각은 **털끝만큼도** 없다.
    ㅁ. 그럴 생각은 **눈곱만큼도** 없다.
    ㅂ. 그럴 생각은 **꿈에도** 없다.

---

138) '조금도'와 '털끝만큼도'를 최현배(1971 : 600)에서는 "지우는 것((否定副詞)"이라 하여 어찌씨로 처리하였다.

(6)에서 밑줄 친 부분은 어찌씨와 마찬가지로 부정 낱말 '없다'를 꾸미며, 축어적 의미와 달리 기본적 의미로 <전혀>를 나타내어, 어찌씨 '전혀'로 대치하더라도 의미상 차이를 보이지 않는다. 또한 이들은 한 몸처럼 녹아 붙어 부정의 월에서만 꾸밈말로 쓰이기 때문에 하나의 낱말로 간주하되, 어찌씨에 포함시키는 것도 고려해 볼 수 있다.

이 글에서는 '조금도', '하나도', '추호도', '털끝만큼도', '눈곱만큼도', '꿈에도'가 부정의 월을 가려잡는 어찌말에 해당하는지 구체적으로 논의하고, 각각의 통사적 특성을 살피기로 한다.

3.3. '도' 결합 어찌말의 통사 특성

3.3.1. 조금도

'조금'은 <정도나 분량이 적게. 시간적으로 짧게>를 뜻하는 어찌씨와 <적은 정도나 분량. 짧은 동안>을 뜻하는 이름씨로 쓰인다.[139] 어찌씨 '조금'은 긍정의 월이나 부정의 월을 가리지 않고 꾸밈말로 쓰일 수 있어 이 글의 논의 대상에서 제외된다.

'조금'에 '도'가 덧붙되, (8)과 같이 '조금'의 의미와 '도'의 의미나 용법이 그대로 유지되는 '조금도'는 긍정의 월에서도 적격하게 쓰여 이 글의 논의 대상에서 제외된다.

(8) ㄱ. 철수가 밥을 **조금도** 먹었네.

---

139) 이름씨 '조금'의 보기를 들면 다음과 같다. ㄱ의 '조금'은 <적은 정도나 분량>의 뜻을, ㄴ의 '조금'은 <짧은 동안>의 뜻을 지닌 이름씨이다.
　ㄱ. **조금**의 실수도 용납되지 않는다.
　ㄴ. **조금** 전에 친구가 왔다.

ㄴ. 이 과일은 **조금도** 팝니까?

(8)에서 '조금도'는 '조금'의 의미와 '도'의 의미가 그대로 합쳐져 있으며, 긍정의 월에서 꾸밈말로 쓰였다.

'조금'에 부정의 월만을 가려잡게 하는 도움토씨 '도'가 덧붙음으로써[140] '조금'의 의미와 '도'의 의미가 그대로 유지되는 것이 아니라 <전혀>의 의미를 획득하는 '조금도'는 부정의 월만을 가려잡기 때문에 부정법 제약 통사 어찌말에 속하게 된다. '조금도'가 어찌씨 '조금'에 도움토씨 '도'가 덧붙은 두 낱말인지 아니면 '조금'과 '도'가 결합과정을 거쳐 하나의 어찌씨로 합성되었는지 논의하기로 한다. 최현배(1971 : 600)를 제외한 사전류에는 '조금도'가 어찌씨로 올림말에 올라 있지 않기 때문에 두 낱말로 간주한 것으로 볼 수 있다. 이 글에서는 '조금도'를 합성 어찌씨로 볼 가능성이 충분하지만, 어찌씨 '조금'에 도움토씨 '도'가 덧붙어 구성된 어찌말로 보고, 왜 그렇게 보아야 하는지 살피기로 한다.

조금도'를 합성 어찌씨로 볼 수 있는 근거로 두 가지를 들 수 있다. 첫째, 어찌씨 '조금'에 토씨 '도'가 단순히 덧붙었다면 의미상으로 '조금'의 의미가 유지되어야 하며, 토씨 '도'도 도움토씨로써의 의미를 더하는 것에 국한되어야 한다. 그러나 '조금도'의 의미는 단순히 <조금+도>의 의미와는 그다지 관계없는, 새로운 의미인 <전혀>의 뜻을 지니고 있다.

---

140) '조금' 뒤에는 도움토씨 '도'만이 아니라 '은', '만'도 결합될 수 있지만, '도'만이 부정의 월을 가려잡을 뿐이고 '은'이나 '만'은 긍정의 월이나 부정의 월을 가리지 않고 꾸밈말로 쓰일 수 있다. 또한 '조금은'과 '조금만'에서의 '조금'은 본디 뜻을 유지하고 있다.
조금은 : 이 물건을 **조금은** 판다.
　　　　이 물건을 **조금은** 안 판다.
조금만 : 철수는 밥을 **조금만** 먹는다.
　　　　철수는 밥을 **조금만** 안 먹는다.

따라서 '조금도'가 쓰인 자리에 '전혀'로 대치되어 쓰이더라도 의미적으로나 용법에 있어서 차이가 없게 된다.

(9) ㄱ. 돈이 **조금도** 없다.
→ 돈이 **전혀** 없다.
ㄴ. 저분은 한국어를 **조금도** 모른다.
→ 저분이 한국어를 **전혀** 모른다.

곧 '조금'과 '도'가 결합하여 새로운 의미를 가지게 되었기 때문에 한 낱말로 합쳐진 어찌씨로 볼 수 있는 개연성이 있다.

둘째, <전혀>를 뜻하는 '조금도'는 부정의 월에서만 꾸밈말로 쓰인다는 점이다. '조금'은 부정의 월만이 아니라 긍정의 월에서도 자연스럽게 쓰인다. 도움토씨 '도'가 결합되는 경우에 부정의 월에서만 쓰여야 할 까닭이 없다. 이를테면 '조금'과 반의 관계에 있는 '많이'의 경우를 보기로 한다.

(10) ㄱ. 철수가 밥을 **많이** 먹는다.
ㄴ. 철수가 밥을 **많이** 안 먹는다.

'많이'는 긍정의 월이건 부정의 월이건 가리지 않고 꾸밈말로 쓰일 수 있어 (10)의 ㄱ과 ㄴ이 적격한 월이 되었다. (9)에서 '많이' 다음에 '도'가 결합되더라도 (11)과 같이 둘 다 적격한 월이 된다.

(11) ㄱ. 철수가 밥을 **많이도** 먹는다.
ㄴ. 철수가 밥을 **많이도** 안 먹는다.

(11)에서 '많이' 다음에 도움토씨 '도'가 결합되었지만 모두 적격한 월이 되었다. 의미상으로도 '많이'의 의미에 '도'의 <강조> 의미가 더해져

있고, '도'가 삭제되더라도 <강조>의 의미만 덜어질 뿐 모두 적격한 월이 되기 때문에 '많이도'는 한 낱말이 아니라 어찌씨 '많이'에 도움토씨 '도'가 덧붙은 두 낱말에 해당한다.

'많이'와 마찬가지로 '조금'도 긍정의 월이건 부정의 월이건 가리지 않고 (12)와 같이 꾸밈말로 쓰일 수 있다.

(12) ㄱ. 철수가 밥을 **조금** 먹는다.
ㄴ. 철수가 밥을 **조금** 안 먹는다.

그러나 (12)에서 '조금' 다음에 부정의 월만을 가려잡게 하는 '도'가 결합되면, (13)과 같이 긍정의 월인 경우에는 부적격한 월이 되고 부정의 월인 경우에는 적격한 월이 되지만, <'정도나 분량이 적게. 시간적으로 짧게'의 강조>에서 <전혀>의 뜻으로 의미가 크게 달라지고 만다.

(13) ㄱ. *철수가 밥을 **조금도** 먹는다.141)
ㄴ. 철수가 밥을 **조금도** 안 먹는다.

이와 같이 '조금'에 도움토씨 '도'가 결합함으로서 의미가 달라지고 용법에서 차이를 보이기 때문에 '조금도' 자체를 합성 어찌씨로 보는 것도 타당성이 있다.142) 따라서 '조금도'는 <전혀>를 뜻하는 어찌씨로 부정법을 가려잡는 통사적 특성을 가지는 것으로 볼 수도 있다.143)

---

141) '조금도'가 <전혀>의 뜻이 아니고 '조금'과 '도'의 뜻을 그대로 유지하는 경우에는 적격한 월이 된다.
142) '조금도'를 합성 어찌씨로 처리하는 까닭은 뿌리 '조금'에 낱말에 해당하는 도움토씨 '도'가 합성된 것으로 보기 때문이다.
143) 보조사 '밖에'가 '조금'에 결합하더라도 부정의 월에서만 꾸밈말로 쓰인다. 그러나 '조금밖에'를 한 낱말인 어찌씨로 보지 않는 이유는 '조금밖에'의 '조금'은 본디 뜻을 유지하고 있고 '밖에'도 본디 뜻과 기능을 그대로 유지하고 있기 때문이다. 곧

그러나 '조금도'를 합성 어찌씨로 보는 데 망설여지는 결정적인 근거가 있다. '조금도'가 한 낱말이라면 '조금'과 '도' 사이에 다른 요소가 끼어들어 확대될 수 없어야 한다. <전혀>의 뜻을 지닌 '조금도'는 의미와 용법에서 별다른 차이 없이 확대되어 불연속 형식 '조금의…도'를 이룰 수 있다. 일부 임자말이나 부림말이 쓰인 부정의 월에서의 '조금도'는 ['조금+의'와 임자말/부림말을 구성하고 있는 이름씨+의]로 의미상 차이 없이 바뀌어 쓰일 수 있다.

(14) ㄱ. 그 일에 대해서는 미련이 **조금도** 없다.
→ 그 일에 대해서는 **조금의 미련도** 없다.
ㄴ. 선생님은 실수를 **조금도** 용납하지 않으신다.
→ 선생님은 **조금의 실수도** 용납하지 않으신다.

이렇게 되면 어찌씨 '조금도'는 불연속 형식인 '조금…도'로 바뀌면서 '조금'이 이름씨에 속하게 된다. '조금'에는 반드시 '의'만이 결합되며, '도' 자리에는 어떤 다른 토씨로도 대치될 수 없는 특성을 보이게 되어 마치 한 몸처럼 작용하게 된다. 이를 정리하면 (15)와 같다.

(15) ㄱ. A가 **조금도** 부정
→ **조금의** A**도** 부정
ㄴ. A를 **조금도** 부정
→ **조금의** A**도** 부정
조건 : 단 A는 특정의 이름씨임

따라서 '조금도'는 한 낱말로 보아 합성 어찌씨로 간주할 수 있는 충분한 근거도 있지만, '조금'과 '도'로 분리 확대될 수 있는 점에서 어찌씨 '조금'

'조금밖에'가 부정의 월만을 가려잡는 것은 '밖에'의 본디 기능이다.

과 조사 '도'가 어울려 어찌말로 쓰이는 것으로 보는 것이 합리적이다.

어찌말 '조금도'는 단순 부정이나 능력 부정의 월을 가려잡는다. '조금도'는 의향법에 제약이 없어 시킴월이나 함께함월에서는 '-지 말-'을 가려잡는다.

(16) ㄱ. 철수는 **조금도** 쉬**지 않**는다.
ㄴ. 철수는 **조금도** 움직이**지 못**한다.
ㄷ. **조금도** 쉬**지 마라**./쉬**지 말**자.

(16)에 대립되는 긍정의 월은 (17)과 같이 모두 부적격한 월이 되는 것으로 보아 '조금도'가 부정법을 가려잡는 어찌말에 해당함이 확실하다.

(17) ㄱ. *철수는 **조금도** 쉰다.
ㄴ. *철수는 **조금도** 움직인다.
ㄷ. ***조금도** 쉬어라./*쉬자.

'조금도'는 부정 낱말 풀이씨 가운데 '아니다', '없다', '모르다'를 가려잡는다. 이들의 긍정 대어인 '이다', '있다', '알다'인 경우에는 당연히 가려잡지 않는다.

(18) ㄱ. 이번 일은 **조금도** 우려할 일이 **아니**다.
ㄴ. 나는 사과할 생각이 **조금도 없**다.
ㄷ. 철수는 영어를 **조금도 모른**다.

<전혀>의 의미를 지닌 '조금도'는 부정의 월에서 꾸밈말로만 쓰이지만, 삭제되어도 '조금도'의 뜻만 덜어질 뿐 월의 적격성에 영향을 미치지 않기 때문에 월 짜임에서 필수 요소에 해당되지 않는다. (16)과 (18)에

서 '조금도'가 삭제되더라도 월의 적격성에는 영향을 미치지 않음이 이를 증명해 준다.

3.3.2. 하나도[144]

'하나'는 <수의 처음>을 뜻하는 셈씨로, 도움토씨 '도'가 덧붙으면 두 가지 뜻을 나타낸다. 첫째로, '하나'와 '도'가 본유의 의미를 그대로 유지하는 것으로, 긍정의 월과 부정의 월을 가리지 않고 쓰인다.

> (19) ㄱ. 간식용 사과로는 **하나도** 많다.
> ㄴ. 간식용 사과로는 **하나도** 적지 않다.

(19)에서 '하나도'는 셈씨로서의 '하나'와 도움토씨로서의 '도'가 의미와 기능을 그대로 유지하고 있어 한 낱말로 합쳐진 것으로 볼 수 없다. 곧 셈씨 '하나'와 도움토씨 '도'인 두 낱말이 어울려 있는 것으로 보인다. 또한 '하나도'는 ㄱ과 같이 긍정의 월에서도 쓰이고, ㄴ과 같이 부정의 월에서도 쓰일 수 있어 부정의 월만을 가려잡는 것도 아니기 때문에 이 글의 논의 대상에 해당하지 않는다.

둘째로, '하나도'가 단순히 <하나+도>의 뜻이 아니라 <전혀. 조금도>의 뜻을 나타내는 것이 있다. 이에 속하는 '하나도'를 합성 어찌씨로 볼 수 있지만, 앞에서 살핀 '조금도'에서와 마찬가지로 셈씨 '하나'에 도움토씨 '도'가 어울려 어찌말로 쓰이는 것으로 보고자 한다.

셈씨 '하나'에 도움토씨 '도'가 단순히 덧붙었다면 의미상으로 '하나'의

---

144) 사전류에서는 '하나도'를 어찌씨로 보지는 않았지만, 『표준국어대사전』에서는 셈씨 '하나'에 도움토씨 '도'로 이루어진 두 낱말로, <조금도, 전혀>의 뜻을 가진 것으로 보고 있다.

의미가 유지되어야 하며, 도움토씨 '도'도 도움토씨로서의 의미를 더하는 것에 국한되어야 한다. 그러나 (20)에서 '하나도'의 의미는 단순히 <하나+도>의 의미와는 관계없는, 새로운 의미인 <전혀. 조금도>의 뜻을 지니고 있다. 따라서 '하나도'가 쓰인 자리에 '전혀'나 '조금도'가 대치되어 쓰이더라도 의미적으로나 용법에 있어서 차이가 없게 된다.

> (20) ㄱ. 너한테는 잘못이 **하나도** 없다.
> → 너한테는 잘못이 **전혀/조금도** 없다.
> ㄴ. 이번 영화는 **하나도** 즐겁지 않다.
> → 이번 영화는 **전혀/조금도** 즐겁지 않다.

따라서 '하나'와 '도'가 합쳐져 결합과정을 거쳐 새로운 의미인 <전혀/조금도>란 뜻을 지닌 새로운 낱말로 만들어진 것으로 볼 수도 있다.

또한 용법에서도 <전혀/조금도>의 '하나도'는 '하나'나 '도'의 기능과 달리 부정의 월에서만 꾸밈말로 쓰인다는 점이다. 곧 (20) ㄱ과 ㄴ이 부정의 월이기 때문에 적격한 월이 되었지만, 이에 대립되는 긍정의 월인 경우에는 (21)과 같이 부적격한 월이 된다.

> (21) ㄱ. *너한테는 잘못이 **하나도** 있다.
> ㄴ. *이번 영화는 **하나도** 즐겁다.

'하나'는 부정의 월만을 가려잡지는 않으며, '도'도 마찬가지이지만, '하나도'로 결합함으로써 부정의 월만을 가려잡는다는 점에서, '하나도'를 새로운 기능을 가지게 된 낱말로 보는 것이 가능하다.

<전혀, 조금도>를 뜻하는 '하나도'는 새로운 낱말로서 월에서 어찌씨와 같은 기능을 수행하기 때문에 어찌씨의 범주에 포함시킬 수도 있지

만, '하나도'는 의미와 용법에서 별다른 차이 없이 확대되어 불연속 형식 '하나의…도'를 이루는 경우가 있기 때문에145) 셈씨 '하나'에 도움토씨 '도'가 덧붙어 이루어진 어찌말로 처리한다.

　<전혀. 조금도>를 뜻하는 '하나도'는 단순 부정이나 능력 부정의 월을 가려잡는다. '하나도'는 의향법에 제약이 없기 때문에 시킴월이나 함께함 월에서는 '-지 말-'을 가려잡는다.

　　(22) ㄱ. 나는 **하나도** 부끄럽**지 않**다.
　　　　ㄴ. 나는 시험 준비를 하나도 하**지 못**했다.
　　　　ㄷ. 저분 말은 **하나도** 믿**지 마**라./믿**지 말**자.

　(22)에 대립되는 긍정의 월은 (23)과 같이 모두 부적격한 월이 되는 것으로 보아, '하나도'가 부정법을 가려잡는 어찌말에 해당함이 확실하다.

　　(23) ㄱ. *나는 **하나도** 부끄럽다.
　　　　ㄴ. *나는 시험 준비를 **하나도** 했다.
　　　　ㄷ. *저분 말은 **하나도** 믿어라./*믿자.

　'하나도'는 부정 낱말 풀이씨 가운데 '아니다', '없다', '모르다'를 가려잡는다. 이들의 긍정 대어인 '이다', '있다', '알다'인 경우에는 가려잡지 않는다.

　　(24) ㄱ. 왼손 사용은 **하나도** 부끄러운 일이 **아니**다.
　　　　ㄴ. 너한테는 잘못이 **하나도 없**다.
　　　　ㄷ. 나는 뭐가 뭔지 **하나도 모르**겠다.

---

145) 다음 보기와 같이 '하나도'가 '하나의 … 도'로 바뀌더라도 뜻과 쓰임에서 별다른 차이를 보이지 않는다.
　　ㄱ. 철수는 결점이 **하나도** 없다.
　　ㄴ. 철수는 **하나의** 결점**도** 없다.

<전혀. 조금도>를 뜻하는 '하나도'는 부정의 월에서 꾸밈말로만 쓰여 부정의 월만을 가려잡지만, 삭제되어도 '하나도'의 뜻만 덜어질 뿐 월의 적격성에 영향을 미치지 않기 때문에 월 짜임에서 필수 요소는 아니다. (21)과 (23)에서 '하나도'가 삭제되더라도 월의 적격성에는 영향을 미치지 않음이 이를 증명해 준다.

3.3.3. 추호(秋毫)도

　　<가을에 짐승의 털이 매우 가늘어지는 데에서 '가을 털끝만큼 매우 조금'을 비유적으로 이르는 말>을 뜻하는 '추호(秋毫)'는 이름씨에 해당한다. 대다수 이름씨에는 여러 가지 토씨가 결합될 수 있는 데 반하여, '추호(秋毫)'에는 '의'와 '라도', '도'만이 결합 가능한, 제약이 심한 이름씨로 보는 것이 일반적이다. 이 글에서는 '추호(秋毫)의'와 '추호(秋毫)라도'에서 '추호(秋毫)'는 이름씨이고 '의'와 '라도'는 토씨에 해당하는 것으로 본다.

　　(25) ㄱ. 우리 회사는 **추호의** 실수도 용납하지 않는다.
　　　　ㄴ. **추호라도** 속이는 일이 있으면 용서치 않겠다.

　　(25)에서 '추호(秋毫)'는 <매우 적음>의 뜻을 비유적으로 나타내는 이름씨이고, 여기에 토씨 '의'와 '라도'가 덧붙어 토씨 본연의 기능을 가지고 있기 때문에 '추호(秋毫)의'와 '추호(秋毫)라도'는 이름씨+토씨의 짜임새로 한 낱말에 해당하지 않는다.
　　'추호(秋毫)도'는 <매우 적음>의 뜻을 비유적으로 나타내는 '추호(秋毫)'에 <강조나 마찬가지>의 뜻을 나타내는 도움토씨 '도'가 단순히 덧붙은 것이 아니라, 결합과정을 거쳐 <조금도. 전혀>의 새로운 뜻을 나타내는 어찌씨로 만들어진 것으로 볼 수도 있다. 그 이유는 '조금도'에서와 마찬가지이다. '추호도'는 축어적 의미인 <추호+도>의 뜻이 아니라 <조금도, 전혀>의 의미로 달라진다는 점이다. 또한 '추호도'는 부정의 월만을 가려 잡아 꾸밈말로 쓰인다는 점이다. '도' 결합 전과 후가 의미에서 차이를 보이고 용법에서도 차이를 보이기 때문에 '추호도' 자체를 한 낱말로 보고, 용법상 어찌씨와 같기 때문에 어찌씨에 포함시킬 수도 있다.

'추호도'가 한 낱말라면 '추호'와 '도' 사이에 다른 요소가 끼어들어 확대될 수 없어야 한다. <전혀>의 뜻을 지닌 '추호도'는 의미와 용법에서 별다른 차이 없이 확대되어 불연속 형식 '추호의…도'를 이룰 수 있다.

일부 임자말나 부림말이 쓰인 부정의 월에서 '추호도'는 ['추호+의'와 임자말/부림말을 구성하고 있는 이름씨+도]로 의미상 차이 없이 바뀌어 쓰일 수 있다.

    (26) ㄱ. 오차가 **추호도** 없어야 한다.
            → **추호의** 오차도 없어야 한다.
       ㄴ. 오차를 **추호도** 인정하지 않았다.
            → **추호의** 오차도 인정하지 않았다.

(26)에서와 같이 어찌말 '추호도'는 불연속 형식인 '추호의…도'로 바뀌면서 '추호'가 이름씨에 속하게 된다. '추호'에는 반드시 '의'만이 결합되며, '도' 자리에는 어떤 다른 토씨로도 대치될 수 없는 특성을 보이게 되어 마치 한 몸처럼 작용하게 된다. 이를 정리하면 (27)과 같다.

    (27) ㄱ. A가 **추호도** 부정/**추호도** A가 부정
            → **추호의** A도 부정
       ㄴ. A를 **추호도** 부정/**추호도** A를 부정
            → **추호의** A도 부정

조건 : 단 A는 특정의 이름씨임

따라서 '추호도'는 한 낱말로 보아 합성 어찌씨로 간주할 수 있는 충분한 근거도 있지만, '추호'와 '도'로 분리 확대될 수 있는 점에서 이름씨 '추호'와 도움토씨 '도'가 어울려 어찌말로 쓰이는 것으로 보는 것이 합리적이다.

'추호도'는 단순 부정이나 능력 부정의 월에서 꾸밈말로 쓰이는 특성을 지니기 때문에 부정법 제약 통사 어찌말에 해당한다. '추호도'는 의향법에 제약이 없어 시킴월이나 함께함월에서는 '-지 말-'을 가려잡는다.

(28) ㄱ. 그의 마음은 **추호도** 동요하**지 않**았다.
     ㄴ. 그는 **추호도** 거짓말을 하**지 못**한다.
     ㄷ. **추호도** 겁을 내**지 마**라./내**지 말**자.

(28)의 긍정의 월에 해당하는 (29)가 부적격한 월이 되는 것으로 보아 '추호도'가 부정의 월에서만 꾸밈말로 쓰이고 긍정의 월에서는 꾸밈말로 쓰이지 않음이 확인된다.

(29) ㄱ. *그의 마음은 **추호도** 동요했다.
     ㄴ. *그는 **추호도** 거짓말을 한다.
     ㄷ. ***추호도** 겁을 내라./*내자.

(29)에서 '추호도'가 삭제되면 적격한 월이 되지만, (29)가 부적격한 월이 된 까닭은 '추호도'가 쓰였기 때문이다. 곧 '추호도'가 부정의 월만을 가려잡는 어찌말이기 때문이다.

'추호도'는 부정 낱말 풀이씨 가운데 '아니다', '없다', '모르다'를 가려잡는다. 이들의 긍정 대어인 '이다', '있다', '알다'인 경우에는 당연히 가려잡지 않는다.

> (30) ㄱ. 저 사람은 **추호도** 범인이 **아니**다.
> ㄴ. 용서를 빌 생각은 **추호도 없**습니다.
> ㄷ. 그 일에 대해서는 **추호도 모른**다.

'추호도'는 부정의 월에서 꾸밈말로만 쓰여 부정의 월만을 가려잡지만, 삭제되어도 '추호도'의 뜻만 덜어질 뿐 월의 적격성에 영향을 미치지 않기 때문에 월 짜임에서 필수 요소에 해당되지 않는다. (27)과 (29)에서 '추호도'가 삭제되더라도 월의 적격성에는 영향을 미치지 않음이 이를 증명해 준다.

3.3.4. 털끝만큼도[146)]

'털끝'은 <털의 끝>이란 뜻의 이름씨와 <아주 적거나 작은 것>을 비유적으로 이르는 뜻의 이름씨로 나뉜다. <털의 끝>이란 뜻의 '털끝'에는 대다수의 토씨가 덧붙을 수 있어 별다른 제약이 없지만, <아주 적거나 작은 것>을 비유적으로 이르는 '털끝'에는 극히 일부의 토씨만이 결합될 수 있다. 결합 가능한 토씨로는 도움토씨 '만큼'이 있다.

> (31) ㄱ. 나는 **털끝만큼**의 잘못도 없다.
> ㄴ. 그 아이는 **털끝만큼**이라도 건드리지 마라.

(31)에서와 같이 <아주 적거나 작은 것>을 비유적으로 이르는 '털끝'에는 '만큼'만이 결합된다. 여기서의 '털끝만큼'은 <아주 적거나 적은 것

---

146) '털끝만큼도'와 쓰임 및 뜻이 같은 것으로 '털끝만치도'가 있다.

정도>의 뜻으로, '털끝'의 의미와 도움토씨 '만큼'의 의미가 더하여 있을 뿐이고, 두 의미가 합쳐져 제3의 의미를 만들지 않기 때문에 한 낱말에 해당하지 않는다. 따라서 '털끝'이란 이름씨와 도움토씨 '만큼'이란 두 낱말에 해당한다. '털끝만큼' 자체가 월조각으로는 잘 쓰이지 않고 (31)에서와 같이 조사 '의'나 '이라도'가 덧붙어 월조각으로 쓰이는데, '털끝만큼'과 '의', '이라도'도 각각 본유의 의미적 특성을 지니고 있다. '털끝만큼'에는 이들 토씨 외에 (32)와 같이 도움토씨 '도'가 덧붙을 수 있다.

(32) ㄱ. 이 가게는 **털끝만큼도** 속이**지 않**는다.
　　 ㄴ. 이 아이는 **털끝만큼도** 건드리**지 못**한다.
　　 ㄷ. 그 일에 대해서는 **털끝만큼도** 염려하**지 마**라.

(32)에서 '털끝만큼도'는 의미상 <아주 적거나 적은 것 정도>에 '도'의 의미인 <강조나 마찬가지>가 더해져 있는 것이 아니라, <조금도, 전혀>의 뜻으로 바뀌었다. 만일 단지 더해져 있다면 [이름씨(털끝)+토씨(만큼)+토씨(도)]의 짜임새로 세 낱말에 해당하겠지만, 셋이 합쳐져 새로운 의미가 만들어졌기 때문에 '털끝만큼도' 자체를 한 낱말로 볼 수도 있다. '털끝만큼도'는 어찌씨와 같은 자리에서 풀이씨를 꾸미는 기능을 하기 때문에 어찌씨의 범주에 포함시킬 수도 있다. '털끝만큼도'를 앞에서 살핀 '조금도'나 '전혀'로 대치하더라도 의미와 용법에서 그리 차이를 보이지 않는다. 또한 '털끝만큼도'는 긍정의 월에서는 꾸밈말로 쓰이지 않고, (32)와 같이 부정의 월에서만 꾸밈말로 쓰이는 점에서 새로운 용법을 얻게 된 것으로 보아 어찌씨로 설정될 수도 있다. '털끝만큼도'가 한 낱말이라면 '털끝만큼'과 '도' 사이에 다른 요소가 끼어들어 확대될 수 없어야 한다. <전혀>의 뜻을 지닌 '털끝만큼도'는 의미와 용법에서 별다른

차이 없이 확대되어 불연속 형식 '털끝만큼의…도'를 이룰 수 있기 때문에 '털끝만큼도'를 한 낱말로 보기가 어렵다.

일부 임자말이나 부림말이 쓰인 부정의 월에서의 '털끝만큼도'는 ['털끝만큼+의'와 임자말/부림말을 구성하고 있는 이름씨+도]로 의미상 차이 없이 바뀌어 쓰일 수 있다.

> (33) ㄱ. **털끝만큼도** 빈틈이 없다.
>   → **털끝만큼의** 빈틈도 없다.
>   ㄴ. **털끝만큼도** 잘못을 저지르지 마라.
>   → **털끝만큼의** 잘못도 저지르지 마라.

(33)에서와 같이, 어찌말 '털끝만큼도'는 불연속 형식인 '털끝만큼…도'로 바뀌면서 '털끝만큼'은 두 낱말인 '이름씨+토씨'에 속하게 된다. '털끝만큼'에는 '의'만이 결합될 수 있으며, '도' 자리에는 어떤 다른 토씨로도 대치될 수 없는 특성을 보이게 되어 마치 한 몸처럼 작용하게 된다. 이를 정리하면 (34)와 같다.

> (34) ㄱ. A가 **털끝만큼도** 부정/**털끝만큼도** A가 부정
>   → **털끝만큼의** A도 부정
>   ㄴ. A를 **털끝만큼도** 부정/**털끝만큼도** A를 부정
>   → **털끝만큼의** A도 부정
>   조건 : 단 A는 특정의 이름씨임

'털끝만큼도'는 단순 부정이나 능력 부정의 월에서 꾸밈말로 쓰이는 특성을 지니기 때문에 부정법 제약 통사 어찌말에 해당한다. '털끝만큼도'는 의향법에 제약이 없어 시킴월이나 함께함월에서는 '-지 말-'을 가려잡는다.

'털끝만큼도'가 긍정의 월에서는 꾸밈말로 쓰이지 않음은 (32)에 대립되는 긍정의 월이 (35)와 같이 부적격한 월이 됨을 통해 확인된다.

(35) ㄱ. *이 가게는 **털끝만큼도** 속인다.
ㄴ. *이 아이는 **털끝만큼도** 건드린다.
ㄷ. *그 일에 대해서는 **털끝만큼도** 염려해라.

(35)에서 '털끝만큼도'가 삭제되면 적격한 월이 되지만, '털끝만큼도'가 꾸밈말로 쓰였기 때문에 부적격한 월이 되었다. 따라서 (35)가 부적격한 월이 되게 하는 역할은 '털끝만큼도'가 하였다. 이와 같이 '털끝만큼도'가 부정의 월만을 가려잡지만, (32)에서 '털끝만큼도'가 삭제되더라도 '털끝만큼도'의 뜻만 덜어질 뿐 월의 적격성에는 영향을 미치지 않기 때문에 '털끝만큼도'는 월 짜임에서 필수 요소는 아니다.

'털끝만큼도'는 부정 낱말 풀이씨 중 '아니다', '없다', '모르다'를 가려잡는다. 이들의 긍정 대어인 '이다', '있다', '알다'인 경우에는 당연히 가려잡지 않는다.

(36) ㄱ. 이 문제는 **털끝만큼도** 걱정할 일이 **아니**다.
ㄴ. 네 일에 간섭할 생각은 **털끝만큼도** **없**다.
ㄷ. 나는 그 일에 대해서 **털끝만큼도** **모른**다.

'털끝'이 '하나'와 통합과정을 거쳐 <아무것도. 아무리 작은 것이라도>를 뜻하는 익은말이 만들어진다. 이 익은말도 긍정의 월에서는 쓰이지 않고 부정의 월에서만 쓰이기 때문에 부정법을 가려잡는 통사적 짜임새에 해당한다.

(37) ㄱ. 아군은 전쟁 통에 **털끝 하나** 다치**지 않**았다.

ㄴ. 이 물건은 **털끝 하나** 건드리**지 못**했다.

ㄷ. 내 물건에는 **털끝 하나** 손대**지 마라**.

(37)에 대립되는 긍정의 월이 (38)과 같이 부적격한 월이 됨을 통해 '털끝 하나'가 부정의 월에서만 쓰임이 확인된다.

(38) ㄱ. *아군은 전쟁 통에 **털끝 하나** 다쳤다.

ㄴ. *이 물건은 **털끝 하나** 건드렸다.

ㄷ. *내 물건에는 **털끝 하나** 손대라.

'털끝 하나'가 '털끝 하나 건드렸다가는 혼나는 줄 알아.'와 같이 긍정의 월에 쓰이는 일이 있기도 하지만, 내재적으로는 <털끝 하나 건드리지 마라>를 함의하기 때문에 '털끝 하나'가 부정의 월을 가려잡는다는 원칙에서 벗어나는 것은 아니다.

3.3.5. 눈곱만큼도[147)

'눈곱'은 <눈에서 나오는 진득한 액체>란 뜻의 이름씨와 <아주 적거나 작은 것>을 비유적으로 이르는 뜻의 이름씨로 나뉜다. <눈에서 나오는 진득한 액체>란 뜻의 '눈곱'에는 대다수의 토씨가 덧붙을 수 있어 별다른 제약이 없지만, <아주 적거나 작은 것>을 비유적으로 이르는 '눈곱'에는 극히 일부의 토씨만이 결합될 수 있다. 결합 가능한 토씨로는 도움토씨 '만큼'이 있다.

---

147) '눈곱만큼도'와 쓰임 및 뜻이 같은 것으로 '눈곱만치도'가 있다.

(39) ㄱ. 그 일에 대하여 **눈곱만큼**의 미련도 없다.

ㄴ. **눈곱만큼**이라도 오해가 있으면 안 된다.

ㄷ. 인정이라고는 **눈곱만큼**밖에 없다.

(39)에서와 같이 <아주 적거나 작은 것>을 비유적으로 이르는 뜻의 '눈곱'에는 '만큼'만이 결합된다. 여기서의 '눈곱만큼'은 <아주 적거나 적은 것 정도>의 뜻으로, '눈곱'의 의미와 도움토씨 '만큼'의 의미가 더하여 있을 뿐이고, 두 의미가 합쳐져 제3의 의미를 만들지 않기 때문에 한 낱말에 해당하지 않는다. 따라서 '눈곱'이란 이름씨와 도움토씨 '만큼'이란 두 낱말에 해당한다. '눈곱만큼' 자체가 월조각으로는 잘 쓰이지 않고 (39)에서와 같이 토씨 '의'나 '이라도', '밖에'가 덧붙어 월조각으로 쓰이는데, '눈곱만큼'과 '의', '이라도', '밖에'는 각각 본유의 의미적 특성을 지니고 있다. '눈곱만큼'에는 이들 토씨 외에 (40)과 같이 도움토씨 '도'가 덧붙을 수 있다.

(40) ㄱ. 나는 **눈곱만큼도** 잘못을 저지르**지 않**았다.

ㄴ. 나는 거짓말은 **눈곱만큼도** 하**지 못**한다.

ㄷ. 그 일은 **눈곱만큼도** 염려하**지 마**라.

(40)에서 '눈곱만큼도'는 의미상 <아주 적거나 적은 것 정도>에 '도'의 의미인 <강조나 마찬가지>가 더해져 있는 것이 아니라 <조금도, 전혀>의 뜻으로 바뀌었다. 만일 단순히 '도'의 의미가 더해져 있다면 [이름씨(눈곱)+토씨(만큼)+토씨(도)]의 짜임새로 세 낱말에 해당하겠지만, 셋이 합쳐져 새로운 의미가 만들어졌기 때문에 '눈곱만큼도' 자체를 한 낱말로 볼 수도 있다. '눈곱만큼도'는 어찌씨와 같은 자리에서 풀이씨를 꾸미는 기능을 하기 때문에 어찌씨의 범주에 포함시킬 수도 있다. '눈곱만큼도'

를 앞에서 살핀 '조금도'나 '전혀'로 대치하더라도 의미와 용법에서 그리 차이를 보이지 않는다. 또한 '눈곱만큼도'는 긍정의 월에서는 꾸밈말로 쓰이지 않고, (40)과 같이 부정의 월에서만 꾸밈말로 쓰이는 점에서 새로운 용법을 얻게 된 것으로 보아 어찌씨로 설정할 수도 있다. '눈곱만큼도'가 한 낱말이라면 '눈곱만큼'과 '도' 사이에 다른 요소가 끼어들어 확대될 수 없어야 한다. <전혀>의 뜻을 지닌 '눈곱만큼도'는 의미와 용법에서 별다른 차이 없이 확대되어 불연속 형식 '눈곱만큼의…도'를 이룰 수 있기 때문에 '눈곱만큼도'를 한 낱말로 보기가 어렵다.

일부 임자말이나 부림말이 쓰인 부정의 월에서의 '눈곱만큼도'는 ['눈곱만큼+의'와 임자말/부림말을 구성하고 있는 이름씨+도]로 의미상 차이 없이 바뀌어 쓰일 수 있다.

> (41) ㄱ. 저분은 **눈곱만큼도** 거짓말을 하지 못한다.
> → 저분은 **눈곱만큼의** 거짓말도 하지 못한다.
> ㄴ. **눈곱만큼도** 여유가 없다.
> → **눈곱만큼의** 여유도 없다.

(41)에서와 같이, '눈곱만큼도'는 불연속 형식인 '눈곱만큼…도'로 바뀌면서 '눈곱만큼'은 두 낱말인 '이름씨+토씨'에 속하게 된다. '눈곱만큼'에는 반드시 '의'만이 결합되며, '도' 자리에는 어떤 다른 토씨로도 대치될 수 없는 특성을 보이게 되어 마치 한 몸처럼 작용하게 된다. 이를 정리하면 (42)와 같다.

> (42) ㄱ. A가 **눈곱만큼도** 부정/**눈곱만큼도** A가 부정
> → **눈곱만큼의** A도 부정
> ㄴ. A를 **눈곱만큼도** 부정/**눈곱만큼도** A를 부정
> → **눈곱만큼의** A도 부정

조건 : 단 A는 특정의 이름씨임

'눈곱만큼도'는 단순 부정이나 능력 부정의 월에서 꾸밈말로 쓰이는 특성을 지니기 때문에 부정법 제약 통사 어찌말에 해당한다. '눈곱만큼도'는 의향법에 제약이 없기 때문에 시킴월이나 함께함월에서는 '-지 말-'을 가려잡는다.

'눈곱만큼도'가 긍정의 월에서는 꾸밈말로 쓰이지 않음은 (40)에 대립되는 긍정의 월이 (43)과 같이 부적격한 월이 됨을 통해 확인된다.

(43) ㄱ. *나는 **눈곱만큼도** 잘못을 저질렀다.
ㄴ. *나는 거짓말은 **눈곱만큼도** 한다.
ㄷ. *그 일은 **눈곱만큼도** 염려해라.

(43)에서 '눈곱만큼도'가 삭제되면 적격한 월이 되지만, '눈곱만큼도'가 꾸밈말로 쓰였기 때문에 부적격한 월이 되었다. 따라서 (43)이 부적격한 월이 되게 하는 역할은 '눈곱만큼도'가 하였다. 이와 같이 '눈곱만큼도'가 부정의 월을 가려잡지만, (40)에서 '눈곱만큼도'가 삭제되더라도 '눈곱만큼도'의 뜻만 덜어질 뿐 월의 적격성에는 영향을 미치지 않기 때문에 '눈곱만큼도'는 월 짜임에서 필수 요소에 해당하지는 않는다.

'눈곱만큼도'는 부정 낱말 풀이씨 중에 '아니다', '없다', '모르다'를 가려잡는다. 이들의 긍정 대어인 '이다', '있다', '알다'인 경우에는 당연히 가려잡지 않는다.

(44) ㄱ. 저분은 **눈곱만큼도** 미워할 사람이 **아니다**.
ㄴ. 여행가고 싶은 생각이 **눈곱만큼도 없**다.
ㄷ. 난 그 일에 대해 **눈곱만큼도 모른**다.

'눈곱만큼도'는 앞에서 살핀 '추호도', '털끝만큼도'와 의미와 용법에서 별다른 차이가 드러나지 않음을 알 수 있다.

3.3.6. 꿈에도[148]

'꿈에도'가 축어적 의미와 내재적 의미가 같은 것은 어찌말에 해당하지 않는다. 이름씨 '꿈'에 토씨 '에'와 '도'가 덧붙은 것으로, (44)와 같이 긍정의 월에도 쓰이고 부정의 월에서도 쓰이어 이 글의 논의 대상에서 제외된다.

(45) ㄱ. 그분이 **꿈에도** 나타나셨어.
ㄴ. 북한에 계신 형님이 **꿈에도** 나타나지 않네.

그러나 축어적 의미와 달리 <조금도. 전혀>의 의미를 가진 '꿈에도'는 어찌씨로 합성된 것으로 볼 수도 있는데, 그 까닭은 '조금도'에서와 마찬가지이다. 곧 '꿈에'는 축어적 의미와 내재적 의미가 같지만, '꿈에도'는 단순히 <꿈에+도>의 의미가 아니라 <조금도. 전혀>의 의미로 달라진다는 점이다. 또한 '꿈에'는 긍정의 월이나 부정의 월을 가리지 않고 어찌말로 쓰일 수 있지만, <조금도. 전혀>의 '꿈에도'는 부정의 월만을 가려잡아 꾸밈말로 쓰인다는 점이다. '도' 결합 전과 후가 의미에서 차이를 보이고 용법에서도 차이를 보이기 때문에 '꿈에도' 자체를 한 낱말로 보고, 용법상 어찌씨와 같기 때문에 어찌씨에 포함시킬 수도 있다. '꿈에도'는 의미와 용법상 차이 없이 불연속 형식 '꿈에…도'로 확대되는 것은 아

---

148) '꿈'에 토씨 '에'와 '도'가 결합한 [[[이름씨]+토씨]+토씨]인 짜임새와 달리 <조금도. 전혀>의 뜻을 지닌 '꿈에도'가 있다. 사전류에서 『고려대한국어사전』에만 '꿈에도' 가 어찌씨로 올라 있다.

니지만 '조금도', '하나도', '추호도', '털끝만큼도', '눈곱만큼도'에서와의 동형성에 따라 한 낱말로 보지 않고 이름씨 '꿈'에 토씨 '에'와 '도'가 어울려 어찌말로 쓰이는 것으로 보고자 한다.

<조금도. 전혀>의 뜻을 지닌 어찌말 '꿈에도'는 단순 부정이나 능력 부정의 월에서 꾸밈말로 쓰이는 특성을 지니기 때문에 부정법을 가려잡는 어찌말에 해당한다. '꿈에도'는 의향법에 제약이 없어 시킴월이나 함께함월에서는 '-지 말-'을 가려잡는다.

(46) ㄱ. 그런 생각은 **꿈에도** 하**지 않**았다.
ㄴ. 그런 일은 **꿈에도** 생각하**지 못**했다.
ㄷ. 그런 생각은 **꿈에도** 하**지 마라.**/하**지 말**자.

(46)의 긍정의 월에 해당하는 (47)이 부적격한 월이 되는 것으로 보아 '꿈에도'가 부정의 월에서만 꾸밈말로 쓰이고 긍정의 월에서는 쓰이지 않음이 확인된다.

(47) ㄱ. *그런 생각은 **꿈에도** 했다.
ㄴ. *그런 일은 **꿈에도** 생각했다.
ㄷ. *그런 생각은 **꿈에도** 해라./*하자.

'꿈에도'는 부정 낱말 풀이씨 중에 '없다', '모르다'를 가려잡기도 한다. 이들의 긍정 대어인 '있다', '알다'인 경우에는 당연히 가려잡지 않는다.

(48) ㄱ. 그럴 생각은 **꿈에도 없다**.
ㄴ. 자네가 그러리라고는 **꿈에도 몰랐네**.

'꿈에도'는 부정의 월에서만 꾸밈말로 쓰여 부정의 월을 가려잡지만,

삭제되어도 '꿈에도'의 뜻만 덜어질 뿐 월의 적격성에 영향을 미치지 않기 때문에 월 짜임에서 필수 요소에 해당되지 않는다. (46)과 (48)에서 '꿈에도'가 삭제되더라도 월 적격성에는 영향을 미치지 않음이 이를 증명해 준다.

3.4. 마무리

부정의 월을 가려잡는 어찌말 중에서 부정의 월만을 가려잡게 하는 도움토씨 '도'가 긍정의 월이나 부정의 월을 가리지 않는 어찌씨(조금, 다시, 더)나, 어찌씨 이외의 특정 낱말(하나, 추호)나, 말마디(털끝만큼, 눈곱만큼, 꿈에)에 덧붙어 부정의 월만을 가려잡는 어찌말이 만들어진다. 부정의 월을 가려잡는 '도' 결합형에는 '조금도', '하나도', '추호도', '털끝만큼도', '눈곱만큼도', '꿈에도'가 있다. 이 글에서는 이들이 왜 부정의 월을 가려잡는 어찌말에 해당하는지, '도'가 결합함으로써 이들 어찌말이 어떤 통사적 특성을 보이는지 등에 관하여 논의하였다.

'도' 결합형인 '조금도', '하나도', '추호도', '털끝만큼도', '눈곱만큼도', '꿈에도'는 '조금', '하나', '추호', '털끝만큼', '눈곱만큼', '꿈에'의 축어적 의미와 '도' 의미가 단순히 합쳐진 것이 아니라 새로운 뜻으로 <전혀>의 의미 특성을 가진다. 또한 기능상 어찌씨와 일치할 뿐 아니라 한 몸처럼 합쳐져 부정의 월에서 주로 풀이씨의 꾸밈말로 쓰이지만, 한 낱말인 어찌씨에 속하지 않고 두 낱말 이상으로 이루어진 어찌말의 범주에 포함되었다.

이들 어찌말은 부정의 월만을 가려잡음이 확실하지만, 이들 어찌말이 꾸밈말로 쓰인 월에서 삭제되더라도 월의 적격성에서 문제가 되지 않기 때문에 월 짜임에서 필수 요소는 아니다. 곧 이들 어찌말이 꾸밈말로 쓰이기 위해서는 반드시 부정의 월이어야 하지만, 부정의 월을 짜 이루는 데 필수 요소는 아니다. 이들 어찌말은 부정 낱말 풀이씨 중에서 '아니다'('꿈에도'는 제외), '없다', '모르다'를 가려잡는다.

이들 어찌말 중에 '조금도', '추호도', '털끝만큼도', '눈곱만큼도'는 의미상 차이 없이 불연속형식인 '조금…도', '추호…도', '털끝만큼…도', '눈곱만큼…도'로 바뀌어 쓰일 수 있다. '조금도'는 불연속형식인 '조금…도'로 바뀌면서 '조금'이 이름씨에 속하게 되고, '조금'에는 반드시 '의'만이 결합되며, '도' 자리에는 어떤 다른 토씨로도 대치될 수 없는 특성을 보인다. '추호도'는 ['추호+의'와 임자말/부림말을 구성하고 있는 이름씨+도]로, '털끝만큼도'는 ['털끝만큼+의'와 임자말/부림말을 구성하고 있는 이름씨+도]로, '눈곱만큼도'는 ['눈곱만큼+의'와 임자말/부림말을 구성하고 있는 이름씨+도]로 의미상 차이 없이 바뀌어 쓰일 수 있다.

4. 부정법을 안 가려잡는 어찌씨의 특성

4.1. 들머리

대다수의 어찌씨는 긍정이거나 부정의 월을 가리지 않고 꾸밈말로 쓰이지만, 일부 어찌씨는 긍정의 월에서만 꾸밈말로 쓰이거나 부정의 월에서만 꾸밈말로 쓰이는 제약이 따른다. 부정의 월만을 가려잡는 어찌씨는 긍정의 월에서 꾸밈말로 쓰이면 부적격한 월이 되며, 긍정의 월만을 가려잡는 어찌씨는 부정의 월에서 꾸밈말로 쓰이면 부적격한 월이 된다. 부정의 월만을 가려잡는 어찌씨를 부정법을 가려잡는 어찌씨라고 하고, 이들에 관하여 앞에서 논의하였다. 긍정의 월만을 가려잡는 어찌씨를 부정법을 안 가려잡는 어찌씨라고 하고, 이들의 통사적 특성에 관하여 논의하기로 한다.

정도어찌씨가 주로 긍정의 월을 가려잡지만 반드시 그런 것은 아니다. <보통 정도보다 훨씬 뛰어나게, 상당히>의 뜻을 지닌 '썩'은 (1)과 같이 긍정의 월만이 아니라 부정의 월에서도 꾸밈말로 쓰일 수 있어 제약을 보이지 않는다.

> (1) ㄱ. 배추 겉절이가 **썩** 먹음직스럽다.
> ㄴ. 얼굴이 **썩** 예쁘**지 않**다.

그러나 <보통보다 더한 정도로>의 뜻을 지닌 '꽤'는 (2)와 같이 긍정의 월에서만 꾸밈말로 쓰일 수 있을 뿐이고, 부정의 월에서는 꾸밈말로 쓰일 수 없는 제약이 있다.

> (2) ㄱ. 배추 겉절이가 **꽤** 먹음직스럽다.
> ㄴ. *얼굴이 **꽤** 예쁘**지 않**다.

이 글에서는 (2)와 같이 주로 긍정의 월만을 가려잡는, 곧 부정법을 안 가려잡는 어찌씨로 '곧잘', '굉장(宏壯)히', '꽤', '대단히', '무던히', '무지', '무척', '상당히', '엄청', '자못', '제법', '픽' 따위를 선정하고, 이들 어찌씨들에 관하여 각각의 통사적 특성을 밝히기로 한다.

4.2. 부정법을 안 가려잡는 어찌씨의 선정 원칙

부정법을 안 가려잡는 어찌씨는 긍정의 월에서만 꾸밈말로 쓰이고 부정의 월에서는 꾸밈말로는 쓰일 수 없는 어찌씨가 해당된다. 따라서 어찌씨를 부정의 월 형식에 넣어 부적격한 월이 되면 부정법을 안 가려잡는 어찌씨로 선정된다.

부정의 월 형식으로는, 단순 부정만이 아니라 능력 부정의 형식으로 짧은 부정이거나 긴 부정을 가리지 않는다. 이를테면 '열심히'와 '곧잘'이 부정법을 안 가려잡는 어찌씨에 해당하는지를 검색하기 위해 부정의 월 형식에 꾸밈말로 넣어서 부적격한 월이 되는가에 따라서 확인이 가능하다.

(3) ㄱ. 철수가 운동을 안 한다.
    ㄴ. 철수가 운동을 하지 않는다.
    ㄷ. 철수가 운동을 못 한다.
    ㄹ. 철수가 운동을 하지 못한다.

(3)은 모두 부정의 월로서 적격한 월이다. 여기에 꾸밈말로 '열심히'를 넣으면 모두 적격한 월이 되지만 '곧잘'이 꾸밈말로 쓰이면 모두 부적격한 월이 된다.

(4) ㄱ. 철수가 운동을 **열심히/*곧잘** 안 한다.
    ㄴ. 철수가 운동을 **열심히/*곧잘** 하지 않는다.
    ㄷ. 철수가 운동을 **열심히/*곧잘** 못 한다.
    ㄹ. 철수가 운동을 **열심히/*곧잘** 하지 못한다.

'곧잘'이 꾸밈말로 쓰이지 않으면 (3)과 같이 모두 적격한 월이 되지만 '곧잘'이 꾸밈말로 쓰여 부정의 월인 (4)가 부적격해졌기 때문에 '곧잘'은 부정법을 안 가려잡는 어찌씨에 해당한다. 곧 '곧잘'이 부정법을 안 가려잡게 하는 요인이기 때문에 '곧잘'이 부정법을 안 가려잡는 통사적 특성을 지닌 것으로 판단된다. 긍정의 월인 경우에는 '열심히'와 '곧잘'이 꾸밈말로 쓰이더라도 (5)와 같이 적격한 월이 된다.

(5) 철수가 운동을 **열심히/곧잘** 한다.

따라서 '열심히'는 긍정이나 부정의 월을 가리지 않고 꾸밈말로 쓰이는 데 비하여, '곧잘'은 부정의 월은 가려잡지 않고 긍정의 월만 가려잡는 통사적 특성을 지니고 있음이 확인된다.

이와 같이 부정이나 긍정의 월 짜임에 움직씨를 꾸미는 어찌씨를 꾸밈말로 넣어 봄으로써 부정법을 안 가려잡는 어찌씨를 선별해 낼 수 있다.

그림씨를 꾸미는 어찌씨는 능력 부정의 월에서는 꾸밈말로 쓰이지 않기 때문에 단순 부정의 월 짜임에서 꾸밈말로 넣어 보면 쉽게 확인할 수 있다.

(6) ㄱ. 꽃이 안 예쁘다.
　　 ㄴ. 꽃이 예쁘지 않다.

(6)은 모두 부정의 월로서 적격한 월이다. 여기에 꾸밈말로 '아주'를 넣으면 모두 적격한 월이 되지만 '퍽'이 꾸밈말로 쓰이면 모두 부적격한 문장이 된다.

(7) ㄱ. 꽃이 **아주/*퍽** 안 예쁘다.
　　 ㄴ. 꽃이 **아주/*퍽** 예쁘지 않다.

긍정의 월인 경우에는 '아주'와 '퍽'이 꾸밈말로 쓰이더라도 적격한 월이 된다.

(8) 꽃이 **아주/퍽** 예쁘다.

따라서 '아주'는 긍정이나 부정의 월을 가리지 않고 꾸밈말로 쓰이는 데 비하여 '퍽'은 부정의 월은 가려잡지 않고 긍정의 월만 가려잡는 통사적 특성을 지니고 있음이 확인된다.

위와 같은 방식에 따라 긍정의 월만 가려잡고 부정의 월은 가려잡지 않는 어찌씨로 '곧잘', '굉장히', '꽤', '대단히', '무던히', '무지', '무척', '상당히', '엄청', '자못', '제법', '퍽' 따위를 선정하고, 이들이 어떤 통사적 특성을 가지는지 밝히기로 한다. 이 밖에도 주로 긍정의 월에서 꾸밈말로 쓰이되 극히 일부 부정의 월에서 쓰이는 어찌씨도 이 범주에 포함시켜 논의하기로 한다.

4.3. 부정법을 안 가려잡는 어찌씨의 통사 특성

4.3.1. 곧잘

<제법 잘. 가끔 자주>의 뜻을 지닌 '곧잘'은 긍정의 월에서만 꾸밈말로 쓰이는 부정법을 안 가려잡는 어찌씨에 해당한다.

(9) ㄱ. 저 사람은 공부를 **곧잘** 한다.
ㄴ. 그분은 혼자서도 **곧잘** 영화를 본다.

(9)에서 ㄱ의 '곧잘'은 <제법 잘>의 뜻으로 쓰였고, ㄴ에서의 '곧잘'은 <가끔 자주>의 뜻으로 쓰였는데, 모두 긍정의 월에서 꾸밈말로 쓰여 적격한 월이 되었다. (9)의 부정 월인 경우에는 단순 부정이건 능력 부정이건, 긴 부정이건 짧은 부정이건 (10)과 같이 부적격한 문장이 된다.

(10) ㄱ. *저 사람은 공부를 **곧잘** 안/못 한다.
　　　*저 사람은 공부를 **곧잘** 하지 않는다./*못한다.
　　ㄴ. *그분은 혼자서도 **곧잘** 영화를 안/못 본다.
　　　*그분은 혼자서도 **곧잘** 영화를 보지 않는다./*못한다.

　(10)에서 '곧잘'이 삭제되면 모두 적격한 월이 되는 것으로 미루어, (10)이 부적격한 월이 되게 만든 요소는 '곧잘'임이 확인된다. '곧잘'이 긍정의 월에서만 꾸밈말로 쓰이고 부정의 월에서는 꾸밈말로 쓰일 수 없다.

　'곧잘'이 형식상 부정 물음월에 해당하지만 내재적으로 긍정 서술월로 해석되는, 반어법을 실현하는 물음월에서 꾸밈말로 쓰이기도 한다. 형식상 부정 물음월인 경우에 주로 단순 부정에서 '곧잘'이 꾸밈말로 쓰일 수 있다.

　(11) ㄱ. 철수가 공부를 **곧잘** 하**지 않**습니까?
　　ㄴ. 그분은 혼자서도 **곧잘** 영화를 보**지 않**습니까?

　(11)은 형식상으로는 부정의 물음월이지만 내재적으로 긍정의 서술월에 해당하기 때문에 '곧잘'이 꾸밈말로 적격하게 쓰였다. 내재적으로도 부정의 월에 해당하는 경우에는 '곧잘'이 꾸밈말로 쓰이게 되면 부적격한 월이 된다.

　'곧잘'은 움직씨를 꾸미지만 그림씨나 잡음씨는 꾸미지 않는다. 풀이말이 움직씨인 경우에는 의향법에 제약이 없지만 '곧잘'이 꾸밈말로 쓰이게 되면 서술법과 물음법은 허용되고 함께함법과 시킴법, 약속법은 허용되지 않는 제약이 따른다.

　(12) ㄱ. 공부를 **곧잘** 한다.
　　ㄴ. 공부를 **곧잘** 하니?
　　ㄷ. *공부를 **곧잘** 하자.

ㄹ. *공부를 **곧잘** 하여라.

ㅁ. *공부를 **곧잘** 하마.

'곧잘'이 움직씨 '하다'를 꾸미는 (12)에서 의향법에 따라 서술월과 물음월인 ㄱ과 ㄴ은 적격한 월이 되었지만, 함께함월과 시킴월, 약속월인 ㄷ과 ㄹ, ㅁ은 부적격한 월이 되었다. ㄷ과 ㄹ, ㅁ에서 '곧잘'이 삭제되면 적격한 월이 되지만 '곧잘'이 꾸밈말로 쓰여 부적격한 월이 되었다. 따라서 부적격한 원인은 '곧잘'에 있으며, '곧잘'의 의미 특성과 의향법의 의미 특성이 부조화를 이루기 때문인 것으로 보인다.

이와 같이 '곧잘'은 긍정의 월을 가려잡으며, 풀이씨 중에 움직씨를 수식하되 의향법에 제약을 미쳐 서술법과 물음법은 가려잡지만, 함께함법과 시킴법, 약속법은 가려잡지 않는 통사적 특성을 가진다.

4.3.2. 굉장(宏壯)히

<아주 크고 훌륭하게. 보통 이상으로 대단히>의 뜻을 지닌 '굉장(宏壯)히'는 그림씨 '굉장(宏壯)하다'의 뿌리에 어찌씨 파생가지 '-히'가 결합하여 만들어진 파생 어찌씨로, 긍정의 월에서만 꾸밈말로 쓰이는 긍정의 월을 가려잡는 어찌씨에 해당한다.

(13) ㄱ. 금산 인삼이 **굉장히** 유명하다.

　　 ㄴ. 이 건물은 **굉장히** 높다.

(13)에서 ㄱ의 '굉장히'는 <아주 크고 훌륭하게>의 뜻으로 쓰였고, ㄴ의 '굉장히'는 <보통 이상으로 대단히>의 뜻으로 쓰였는데, 모두 긍정의 월에서 꾸밈말로 쓰여 적격한 월이 되었지만, (13)의 부정의 월인 (14)는

부적격한 월이 되었다.

    (14) ㄱ. *금산 인삼이 **굉장히** 유명하**지 않**다.
        ㄴ. *이 건물은 **굉장히** 높**지 않**다.

  (14)에서 '굉장히'가 삭제되면 적격한 월이 되는 것으로 보아 '굉장히'
가 긍정의 월만을 가려잡는 통사적 특성을 가지고 있음이 증명된다.
  '굉장히'가 형식상 부정 물음월에 해당하지만 내재적으로 긍정 서술월
로 해석되는 반어법을 실현하는 월에서 꾸밈말로 쓰이기도 한다.

    (15) ㄱ. 금산 인삼이 **굉장히** 유명하**지 않**습니까?
        ㄴ. 이 건물은 **굉장히** 높**지 않**습니까?

  (15)는 형식상으로는 부정의 물음월이지만 내재적으로는 (13)과 같은
긍정의 서술월로 해석되기 때문에 '굉장히'가 꾸밈말로 적격하게 쓰였다.
내재적으로도 부정의 월에 해당하는 경우에는 '굉장히'가 꾸밈말로 쓰이
게 되면 부적격한 월이 된다. 따라서 '굉장히'가 긍정의 월만을 가려잡음
은 유효한 셈이다.
  '굉장히'는 어찌말로 쓰이어 풀이씨 중에 주로 그림씨를 꾸미며, 특수한
경우의 잡음씨 '이다'를 가려잡는다.149) 움직씨인 경우에는 '-하다' 파생 움
직씨 중의 일부(중시하다, 노력하다, 주목하다 따위)와 그림씨 줄기에 '-어하다'

---

149) '굉장히'가 모든 '이다' 월에서 꾸밈말로 쓰일 수 있는 것은 아니다. '이다' 앞에 놓
    이는 이름씨가 절대적 개념에 해당하는 경우에는 꾸밈이 불가능하고 상대적 개념
    에 해당하는 경우에 한하여 꾸밈이 가능하다. 이는 정도 어찌씨의 공통적 특성이
    다. 이에 관하여는 한길(1983)참조.
    ㄱ. *저분이 **굉장히** **위인**이다.
    ㄴ. 저분이 **굉장히** **부자**이다.
    ㄷ. 저분은 성격이 **굉장히** **낙관적**이다.

와 '-어지다'가 결합하여 이루어진 합성 움직씨인 경우에는 꾸밀 수 있다.

(16) ㄱ. 우리는 우승을 위하여 **굉장히 노력했다**.
ㄴ. 철수는 음악을 **굉장히 좋아한다**.
ㄷ. 순이가 요즘 **굉장히 예뻐졌다**.

'굉장히'가 (16)과 같이 일부 제한된 움직씨를 꾸미더라도 긍정의 월만
을 가려잡을 뿐 아니라 서술월과 물음월에서만 꾸밈말로 쓰이고 함께함
월이나 시킴월에서는 꾸밈말로 쓰이지 않는 제약이 따른다.

'굉장히'가 다른 어찌씨를 꾸미는 경우에 움직씨를 꾸미는 어찌씨를
꾸미기도 하는데, 다른 어찌씨와 통사적 짜임새를 이루어 의향법에 제약
을 주기도 한다.

(17) ㄱ. 철수가 **굉장히 열심히** 공부한다.
ㄴ. 철수가 **굉장히 열심히** 공부하니?
ㄷ. ***굉장히 열심히** 공부하자.
ㄹ. ***굉장히 열심히** 공부하여라.

(17)에서 함께함월인 ㄷ과 시킴월인 ㄹ이 부적격한 월이 된 것은 '열심히'
의 꾸밈말로 '굉장히'가 쓰였기 때문이다. '굉장히'가 삭제되면 (18)과 같이
ㄷ과 ㄹ이 적격한 월이 되어 '열심히'는 의향법에 제약을 일으키지 않는다.

(18) ㄱ. 철수가 **열심히** 공부한다.
ㄴ. 철수가 **열심히** 공부하니?
ㄷ. **열심히** 공부하자.
ㄹ. **열심히** 공부하여라.

'굉장히'가 '열심히'의 꾸밈말로 쓰임으로 말미암아 (17)의 ㄷ과 ㄹ이

부적격한 월이 된 것으로 보아 '굉장히'가 의향법에 제약을 일으키는 요소임이 확인된다.

이와 같이 '굉장히'는 긍정의 월을 가려잡으며, 풀이씨 가운데 주로 그림씨를 가려잡는다. 풀이말이 움직씨인 월에서 다른 어찌씨를 꾸미는 경우 의향법에 제약을 일으켜 서술월과 물음월에서는 적격한 월이 되지만 함께함월과 시킴월에서는 부적격한 월이 된다.

4.3.3. 꽤[150]

<보통보다 조금 더한 정도로>의 뜻을 지닌 '꽤'는 주로 긍정의 월에서만 꾸밈말로 쓰여, 긍정의 월을 가려잡는 어찌씨에 해당한다.

> (19) ㄱ. 오늘 날씨가 **꽤** 덥다.
> ㄴ. 집에서 학교까지는 **꽤** 멀다.

(19)의 부정의 월인 (20)이 부적격한 월인 것으로 보아 '꽤'가 긍정의 월을 가려잡는 어찌씨임이 증명된다.

> (20) ㄱ. *오늘 날씨가 **꽤** 덥**지 않**다.
> ㄴ. *집에서 학교까지는 **꽤** 멀지 않다.

(20)에서 '꽤'가 삭제되면 모두 적격한 월이 되지만 '꽤'가 꾸밈말로 쓰

---

150) 사전류에서 『고려대한국어대사전』은 '꽤'와 더불어 '꽤나'를 별도의 어찌씨로 설정하였다. '꽤나'는 '꽤'와 용법에서 차이가 없으며, 의미에서도 '꽤'에 도움토씨 '나'의 의미 합계로 이해되기 때문에 '꽤나'를 어찌씨로 보지 않고 어찌씨 '꽤'에 도움토씨 '나'가 어울린 두 낱말로 보는 것이 합리적이다. '꽤'에는 '나'가 덧붙을 수 있다.
ㄱ. 2월이었지만 햇살이 **꽤(나)** 따뜻했다.
ㄴ. 그는 술을 **꽤(나)** 많이 마신 모양이다.

여 부적격한 월이 되었다. 따라서 '꽤'는 부정의 월을 가려잡지 않게 하는 요인임이 분명하다.

'꽤'가 형식상 부정 물음월에 해당하지만 내재적으로 긍정 서술월로 해석되는 반어법을 실현하는 물음월에서 꾸밈말로 쓰이기도 한다.

(21) ㄱ. 오늘 날씨가 **꽤** 덥**지 않**니?
　　 ㄴ. 집에서 학교까지는 **꽤** 멀지 않니?

(21)은 형식상으로는 부정 물음월이지만 내재적으로 긍정의 서술월로 해석되기 때문에 '꽤'가 꾸밈말로 적격하게 쓰였다.[151] 내재적으로도 부정의 월에 해당하는 경우에는 '꽤'가 꾸밈말로 쓰이게 되면 부적격한 월이 된다. 따라서 '꽤'가 긍정의 월만을 가려잡음은 유효하다.

'꽤'는 어찌말로 쓰이어 풀이씨 가운데 주로 그림씨를 수식하지만, (22)와 같이 특수한 경우의 잡음씨 '이다'나 일부 움직씨를 꾸미기도 한다.

(22) ㄱ. 저분이 **꽤** 미남이다.
　　 ㄴ. 이 옷은 **꽤** 실용적이다.
　　 ㄷ. 진기한 물건이 **꽤** 눈에 띈다.

(22)에서 ㄱ과 ㄴ 같이 '이다' 앞에 상대적 개념을 나타내는 이름씨가 놓이면 '꽤'가 꾸밈말로 쓰이더라도 적격한 월이 된다. ㄷ과 같이 '띄다' 등 일부 움직씨인 경우에도 '꽤'가 꾸밈말로 쓰이더라도 적격한 월이 된다. '꽤'가 긍정의 월만을 가려잡기 때문에 (22)는 적격한 월이 되었지만

---

151) (21)은 긍정의 월로 해석되기 때문에 대답에서도 긍정의 물음에서와 동일하게 이루어진다. (21)의 대답으로 ㄱ은 '예, 오늘 날씨가 꽤 더워요.'가 가능하며 ㄴ은 '예, 집에서 학교까지 꽤 멀어요.'가 가능하다.

(22)의 부정의 월인 (23)은 부적격한 월이 된다.

    (23) ㄱ. *저분이 **꽤** 미남이 **아니**다.
        ㄴ. *이 옷은 **꽤** 실용적이**지 않**다.
        ㄷ. *진기한 물건이 **꽤** 눈에 띄**지 않**는다.

  '꽤'가 움직씨를 꾸미지 못하는 경우에 움직씨를 꾸미는 다른 어찌씨를 꾸밈으로써 통사적 짜임새를 이루어 간접적으로 움직씨를 꾸민다. 풀이말이 움직씨인 경우에 대체로 의향법에 제약이 없지만 '꽤'가 영향을 미쳐 시킴법과 함께함법은 가려잡지 않는 제약이 따른다. (24)에서는 의향법에 제약이 없다.

    (24) ㄱ. 학교에 **빨리** 간다.
        ㄴ. 학교에 **빨리** 가니?
        ㄷ. 학교에 **빨리** 가자.
        ㄹ. 학교에 **빨리** 가거라.

  (24)에서 '빨리'는 움직씨 꾸밈 어찌씨로 의향법에 제약을 가하지 않기 때문에 모두 적격한 문장이 되었다. (25)와 같이 '빨리'는 '꽤'의 꾸밈을 받을 수 있지만 '꽤'가 의향법에 영향을 미쳐 시킴월과 함께함월은 부적격한 월이 된다.

    (25) ㄱ. 철수가 학교에 **꽤 빨리** 간다.
        ㄴ. 철수가 학교에 **꽤 빨리** 가니?
        ㄷ. *학교에 **꽤 빨리** 가자.
        ㄹ. *학교에 **꽤 빨리** 가거라.

  이와 같이 '꽤'는 주로 그림씨나 일부 움직씨, 특수한 경우의 '이다' 월에서 긍정의 월을 가려잡으며, 부정의 월에서는 꾸밈말로 쓰이지 않는다. 풀이말이 움직씨인 월에서 다른 어찌씨를 꾸미는 경우 의향법에 제약을 일으켜 서술월과 물음월만을 가려잡는 제약이 있다.

4.3.4. 대단히

<정도가 심하거나 뛰어나게>의 뜻을 지닌 '대단히'는 주로 긍정의 월에서만 꾸밈말로 쓰여152), 긍정의 월을 가려잡는 어찌씨에 해당한다.

(26) ㄱ. 저 선수는 구속이 **대단히** 빠르다.
ㄴ. 이 주제는 **대단히** 철학적이다.
ㄷ. 직원들의 사기가 **대단히** 높아진다.

(26)의 부정의 월인 (27)이 부적격한 월인 것으로 보아 '대단히'가 긍정의 월을 가려잡는 어찌씨임이 증명된다.

(27) ㄱ. *저 선수는 구속이 **대단히** 빠르**지 않**다.
ㄴ. *이 주제는 **대단히** 철학적이**지 않**다.
ㄷ. *직원들의 사기가 **대단히** 높아지**지 않**는다.

(27)에서 '대단히'가 삭제되면 모두 적격한 월이 되지만 '대단히'가 꾸밈말로 쓰여 부적격한 월이 되었다. 따라서 '대단히'는 부정의 월을 가려잡지 않게 하는 요인임이 분명하다.

---

152) 다음과 같이 극히 일부 부정의 월에서 쓰이기도 하지만 일반적이지 않다. '-지' 뒤에 도움토씨 '는'이 덧붙는 경우에도 쓰일 수 있다.
ㄱ. 아이의 발육 상태가 **대단히** 좋**지 않**다.
ㄴ. 구속이 **대단히** 빠르지**는** 않다.

'대단히'가 형식상 부정 물음월에 해당하지만 내재적으로 긍정 서술월로 해석되는 반어법을 실현하는 물음월에서 꾸밈말로 쓰이기도 한다.

(28) ㄱ. 저 선수는 구속이 **대단히** 빠르**지 않**니?
　　 ㄴ. 이 주제는 **대단히** 철학적이**지 않**니?
　　 ㄷ. 직원들의 사기가 **대단히** 높아지**지 않**니?

(28)은 형식상으로는 부정 물음월이지만 내재적으로 긍정의 서술월로 해석되기 때문에 '대단히'가 꾸밈말로 적격하게 쓰였다. 내재적으로도 부정의 월에 해당하는 경우에는 '대단히'가 꾸밈말로 쓰이게 되면 부적격한 월이 된다.

정도 어찌씨인 '대단히'는 여느 정도 어찌씨와 마찬가지로 어찌말로 쓰이어 풀이씨 중에 주로 그림씨를 꾸미지만, (29)와 같이 특수한 경우의 잡음씨 '이다'나 일부 움직씨를 꾸민다.

(29) ㄱ. 이 건축물은 조형성이 **대단히 뛰어나다**.
　　 ㄴ. 그분의 주장이 **대단히** 합리적**이다**.
　　 ㄷ. 한국음식을 **대단히 좋아한다**.

'대단히'가 움직씨를 꾸미지 못하는 경우에 움직씨를 꾸미는 다른 어찌씨를 꾸밈으로써 통사적 짜임새를 이루어 간접적으로 움직씨를 꾸민다. 풀이말이 움직씨인 경우에 대체로 의향법에 제약이 없지만 '대단히'가 영향을 미쳐 시킴법법과 함께함법은 가려잡지 않는 제약이 따른다.

(30) ㄱ. *철수가 밥을 **대단히 먹**는다.
　　 ㄴ. *철수가 학교에 **대단히 간**다.

(30)에서 '대단히'는 움직씨인 '먹다, 가다'를 꾸미지 못함을 알 수 있다. 그러나 움직씨를 꾸밀 수 있는 어찌씨와 통사적 짜임새를 이루면 (31)과 같이 적격한 월이 된다.

(31) ㄱ. 철수가 밥을 **대단히 많이 먹**는다.
     ㄴ. 철수가 학교에 **대단히 빨리 간**다.

'대단히'가 움직씨를 직접적으로 꾸미는 것은 아니지만 움직씨 꾸밈 어찌씨와 어울려 의향법에 영향을 미친다. 일반적으로 움직씨가 풀이말인 경우에 의향법에 제약이 없지만, '대단히'로 말미암아 함께함법과 시킴법은 제한되는 특성을 보인다.

(32) ㄱ. 밥을 **대단히 많이 먹**는다.
     ㄴ. 밥을 **대단히 많이 먹**느냐?
     ㄷ. *밥을 **대단히 많이 먹**자.
     ㄹ. *밥을 **대단히 많이 먹**어라.

(32)에서 '대단히'가 삭제되면 모두 적격한 월이 되지만 '대단히'가 꾸밈말로 쓰임으로써 ㄷ과 ㄹ이 부적격한 월이 되었기 때문에 '대단히'가 의향법 제약을 일으키는 요소임이 분명해진다.

이와 같이 '대단히'는 주로 그림씨나 일부 움직씨, 특수한 경우의 '이다' 월에서 긍정의 월을 가려잡으며, 부정의 월에서는 꾸밈말로 쓰이지 않는다. 풀이말이 움직씨인 월에서 다른 어찌씨를 꾸미는 경우 의향법에 제약을 일으켜 서술월과 물음월만을 가려잡는 제약이 있다.

4.3.5. 무던히

<정도가 어지간히>의 뜻을 지닌 '무던히'는 주로 긍정의 월에서 꾸밈말로 쓰여, 긍정의 월을 가려잡는 어찌씨에 해당한다.[153]

(33) ㄱ. 아들이 **무던히** 속을 썩인다.
ㄴ. 어머니는 **무던히** 책을 좋아하셨다.
ㄷ. 부모님께서 **무던히** 고생을 하셨다.

(33)의 부정의 월인 (34)가 부적격한 월인 것으로 보아 '무던히'가 긍정의 월을 가려잡는 어찌씨임이 증명된다.

(34) ㄱ. *아들이 **무던히** 속을 썩이**지 않**는다.
ㄴ. *어머니는 **무던히** 책을 좋아하**지 않**으셨다.
ㄷ. *부모님께서 **무던히** 고생을 하**지 않**으셨다.

(34)에서 '무던히'가 삭제되면 모두 적격한 월이 되지만 '무던히'가 꾸밈말로 쓰여 부적격한 월이 되었기 때문에 '무던히'는 부정의 월을 가려잡지 않게 하는 요인임에 틀림없다.

'무던히'는 그림씨만이 아니라 움직씨도 꾸밀 수 있으며, (35)와 같이 내재적으로 긍정 서술월로 해석되는, 부정의 반어법을 실현하는 물음월에서도 꾸밈말로 쓰일 수 있다.

(35) ㄱ. 아들이 **무던히** 속을 썩이**지 않**니?
ㄴ. 어머니는 **무던히** 책을 좋아하**지 않**으셨니?

---

153) <(성질이) 너그럽고 수더분하게>(연세한국어사전)의 뜻을 지닌 '무던히'는 다음과 같이 부정의 월에서 꾸밈말로 쓰일 수 있어 이 글의 논의의 대상에서 제외된다.
 무던히 말이 **없는** 아내도 요즈음은 때때로 짜증을 부린다.

ㄷ. 부모님께서 **무던히** 고생을 하**지 않**으셨니?

'무던히'가 움직씨로 이루어진 풀이말을 꾸밀 수 있더라도 서술월과 물음월에 한정되며, 함께함월과 시킴월에서는 꾸밈말로 쓰일 수 없는 제약이 있다. '무던히'가 '좀'을 꾸미는 경우에는 함께함월과 시킴월에서도 적격하게 쓰일 수 있어 제약이 해제된다.

(36) ㄱ. 무던히 좀 먹**자**.
ㄴ. 무던히 좀 먹**어라**.

이와 같이 '무던히'는 긍정의 월을 가려잡는 어찌씨로, 움직씨와 그림씨로 이루어진 풀이말을 꾸미되, 움직씨인 경우에 일반적으로 의향법에 제약이 따라 서술월과 물음월에 한정하여 꾸밈말로 쓰이는 통사적 제약을 가진다.

4.3.6. 무지[154]

<굉장히. 아주 대단히>를 뜻하는 '무지'는 대체로 입말에서 쓰이며, 주로 긍정의 월에서만 꾸밈말로 쓰여, 긍정의 월을 가려잡는 어찌씨에 해당한다.

(37) ㄱ. 나는 태권도를 **무지** 좋아한다.
ㄴ. 오늘 날씨가 **무지** 춥다.
ㄷ. 저 사람은 **무지** 헌신적이다.

---

154) '무지'의 같은 꼴 되풀이 어찌씨인 '무지무지'는 '무지'의 의미에 강조 뜻을 더한다. 주로 입말에서 사용된다.

(37)의 부정의 월인 (38)이 부적격한 월인 것으로 보아 '무지'가 긍정의 월을 가려잡는 어찌씨임이 증명된다.

(38) ㄱ. *나는 태권도를 **무지** 좋아하**지 않**는다.
ㄴ. *오늘 날씨가 **무지** 춥**지** 않다.
ㄷ. *저 사람은 **무지** 헌신적이**지 않**다.

(38)에서 '무지'가 삭제되면 모두 적격한 월이 되지만 '무지'가 꾸밈말로 쓰여 부적격한 월이 되었다. 따라서 '무지'는 부정의 월을 가려잡지 않게 하는 요인임이 분명하다.

'무지'는 그림씨만이 아니라 일부 움직씨, 특수한 경우의 '이다' 월도 꾸밀 수 있으며, (39)와 같이 내재적으로 긍정 서술월로 해석되는 부정의 반어법을 실현하는 물음월에서도 꾸밈말로 쓰일 수 있다.

(39) ㄱ. 너는 태권도를 **무지** 좋아하**지 않**니?
ㄴ. 오늘 날씨가 **무지** 춥**지 않**니?
ㄷ. 저 사람은 **무지** 헌신적이**지 않**니?

(39)는 형식상으로는 부정 물음월이지만 내재적으로 긍정의 서술월로 해석되기 때문에 '무지'가 꾸밈말로 적격하게 쓰였다. 내재적으로도 부정의 월에 해당하는 경우에는 '무지'가 꾸밈말로 쓰이게 되면 부적격한 월이 된다.

'무지'가 일부 움직씨로 이루어진 풀이말을 꾸밀 수 있더라도 서술월과 물음월에 한정되며, 시킴월과 함께함월에서는 꾸밈말로 쓰일 수 없는 제약이 있다.

4.3.7. 무척

<보통 정도를 넘어서 매우. 아주>의 뜻을 지닌 정도 어찌씨 '무척'은 주로 긍정의 월에서만 꾸밈말로 쓰여, 긍정의 월을 가려잡는 어찌씨에 해당한다.

(40) ㄱ. 그녀는 영화를 **무척** 좋아한다.
ㄴ. 커피 향이 **무척** 좋다.
ㄷ. 저분은 **무척** 가정적이다.

(40)의 부정의 월인 (41)이 부적격한 월인 것으로 보아 '무척'이 긍정의 월을 가려잡는 어찌씨임이 증명된다.

(41) ㄱ. *그녀는 영화를 **무척** 좋아하**지 않**는다.
ㄴ. *커피 향이 **무척** 좋**지 않**다.
ㄷ. *저분은 **무척** 가정적이**지 않**다.

(41)에서 '무척'이 삭제되면 모두 적격한 월이 되지만 '무척'이 꾸밈말로 쓰여 부적격한 월이 되었기 때문에 '무척'이 부정의 월을 가려잡지 않게 하는 요인임에 틀림없다.[155)]

'무척'이 형식상 부정 물음월에 해당하지만 내재적으로 긍정 서술월로 해석되는 반어법을 실현하는 물음월에서 꾸밈말로 쓰이기도 한다.

(42) ㄱ. 그녀는 영화를 **무척** 좋아하**지 않**니?
ㄴ. 커피 향이 **무척** 좋**지 않**니?
ㄷ. 저분은 **무척** 가정적이**지 않**니?

---

155) (41)은 부적격한 월이지만 '-지 않-'에서 '-지' 뒤에 도움토씨 '는'이 첨가되면 적격한 월이 된다.

(42)는 형식상으로는 부정 물음월이지만 내재적으로 긍정의 서술월로 해석되기 때문에 '무척'이 꾸밈말로 적격하게 쓰였다. 내재적으로도 부정의 월에 해당하는 경우에는 '무척'이 꾸밈말로 쓰이게 되면 부적격한 월이 된다.

정도 어찌씨인 '무척'은 여느 정도 어찌씨와 마찬가지로 어찌말로 쓰이어 풀이씨 중에 주로 그림씨(ㄴ)를 꾸미지만, (40)과 같이 특수한 경우의 잡음씨 '이다'(ㄷ)나 일부 움직씨(ㄱ)를 꾸민다. 움직씨를 꾸미는 경우에, (43)의 ㄱ과 같이 움직씨가 정도성을 나타낼 수 있는 상대적 개념에 해당하거나, ㄴ과 ㄷ처럼 움직씨를 직접 꾸미지 않고 임자말-풀이말 짜임새이거나 부림말-풀이말 짜임새의 마디, 월을 꾸미게 된다.

(43) ㄱ. 지하철은 학생과 직장인으로 **무척 붐빈다**.
ㄴ. 이 옷이 **무척 애착이 간다**.
ㄷ. 이번 일에 **무척 기대를 걸었다**.

(43)의 ㄴ과 ㄷ에서 '무척'은 풀이말을 직접 꾸미지 않음은 '무척'이 풀이말 앞으로 이동하면 (44)와 같이 부적격한 월이 됨을 통해 확인된다.

(44) ㄱ. *이 옷이 애착이 **무척 간다**.
ㄴ. *이번 일에 기대를 **무척 걸었다**.

'무척'이 움직씨로 이루어진 풀이말을 직접적으로 꾸미거나, 움직씨 꾸밈 어찌씨와 어울려 꾸미더라도 의향법에 영향을 미친다. 일반적으로 움직씨가 풀이말인 경우에 의향법에 제약이 없지만, (45)와 같이 '무척'으로 말미암아 함께함법과 시킴법은 제한되는 특성을 보인다.

(45) ㄱ. 소설을 **무척** 좋아한다./좋아하니?/*좋아하자./*좋아해라.

　　ㄴ. 소설을 **무척 열심히** 읽는다./읽니?/*읽자./*읽어라.

(45)에서 '무척'이 삭제되면 의향법에 관계없이 모두 적격한 월이 되지만 '무척'이 꾸밈말로 쓰임으로 말미암아 함께함월과 시킴월은 부적격한 월이 되었다. 따라서 '무척'은 서술월과 물음월만 가려잡는 통사적 제약이 있음이 분명하다.

4.3.8. 상당히

<정도가 꽤 대단히. 어지간히 많게>의 뜻을 지닌 정도 어찌씨 '상당히'는 주로 긍정의 월에서만 꾸밈말로 쓰여, 긍정의 월을 가려잡는 어찌씨에 해당한다.

(46) ㄱ. 외모가 취직에 **상당히** 영향을 미친다.

　　ㄴ. 이번 시험에서 수학 문제가 **상당히** 어려웠다.

　　ㄷ. 그의 주장은 **상당히** 논리적이다.

(46)의 부정의 월인 (47)이 부적격한 월인 것으로 보아 '무척'이 긍정의 월을 가려잡는 어찌씨임이 증명된다.

(47) ㄱ. *외모가 취직에 **상당히** 영향을 미치**지 않**는다.

　　ㄴ. *이번 시험에서 수학 문제가 **상당히** 어렵**지 않**았다.

　　ㄷ. *그의 주장은 **상당히** 논리적이**지 않**다.

(47)에서 '상당히'가 삭제되면 모두 적격한 월이 되지만 '상당히'가 꾸밈말로 쓰여 부적격한 월이 되었다. 따라서 '상당히'는 부정의 월을 가려

잡지 않게 하는 요인임이 분명하다.

'상당히'는 형식상 부정 물음월에 해당하지만 내재적으로 긍정 서술월로 해석되는 반어법을 실현하는 물음월에서 꾸밈말로 쓰이기도 한다.

> (48) ㄱ. 외모가 취직에 **상당히** 영향을 미치**지 않니**?
> ㄴ. 이번 시험에서 수학 문제가 **상당히** 어렵**지 않**았니?
> ㄷ. 그의 주장은 **상당히** 논리적이**지 않**니?

(48)은 형식상으로는 부정 물음월이지만 내재적으로 긍정의 월로 해석되기 때문에 '상당히'가 꾸밈말로 적격하게 쓰였다. 내재적으로도 부정의 월에 해당하는 경우에는 '상당히'가 꾸밈말로 쓰이게 되면 부적격한 월이 된다.

정도 어찌씨인 '상당히'도 주로 그림씨를 꾸미지만 일부 움직씨나 특수한 경우의 잡음씨 '이다'를 수식하기도 한다.

> (49) ㄱ. 철수가 순이를 **상당히 좋아한다**.
> ㄴ. 철수가 **상당히** 인간적**이다**.

(49)와 같이 '상당히'는 정도성을 나타낼 수 있는 움직씨이거나 '이다' 앞에 정도성을 나타내는 이름씨가 놓이는 경우에 꾸밈말로 쓰일 수 있다. '상당히'가 움직씨로 이루어진 풀이말을 꾸미는 경우에 의향법 제약이 일어나 함께함월과 시킴월에서는 꾸밈말로 쓰이지 않는다.

> (50) ㄱ. 건강에 **상당히** 신경을 쓴다.
> ㄴ. 건강에 **상당히** 신경을 쓰니?
> ㄷ. *건강에 **상당히** 신경을 쓰자.
> ㄹ. *건강에 **상당히** 신경을 써라.

(50)에서 '상당히'가 삭제되면 의향법에 관계없이 모두 적격한 월이 되지만 '상당히'가 꾸밈말로 쓰임으로 말미암아 함께함월과 시킴월은 부적격한 월이 되었다. 따라서 '상당히'는 서술월과 물음월만 가려잡고 함께함월과 시킴월은 가려잡지 않는 의향법 제약을 가지고 있음이 분명하다.

4.3.9. 엄청

<양이나 정도가 훨씬 많거나 대단하게>의 뜻을 지닌 정도 어찌씨 '엄청'은 주로 긍정의 월에서만 꾸밈말로 쓰여, 긍정의 월을 가려잡는 어찌씨에 해당한다.

(51) ㄱ. 시장에는 사람들이 **엄청** 많다.
ㄴ. 어젯밤에 막소주를 **엄청** 마셨다.
ㄷ. 이 글의 내용은 **엄청** 교훈적이다.

(51)의 부정의 월인 (52)가 부적격한 월인 것으로 보아 '엄청'이 긍정의 월을 가려잡는 어찌씨임이 증명된다.

(52) ㄱ. *시장에는 사람들이 **엄청** 많**지 않**다.
ㄴ. *어젯밤에 막소주를 **엄청** 마시**지 않**았다.
ㄷ. *이 글의 내용은 **엄청** 교훈적이**지 않**다.

(52)에서 '엄청'이 삭제되면 모두 적격한 월이 되지만 '엄청'이 꾸밈말로 쓰임으로 말미암아 부적격한 월이 되었기 때문에 '엄청'이 부정의 월을 가려잡지 않는 요소임이 드러난다.

'엄청'은 형식상 부정 물음월에 해당하지만 내재적으로 긍정 서술월로 해석되는, 반어법을 실현하는 물음월에서 꾸밈말로 쓰이기도 한다.

(53) ㄱ. 시장에는 사람들이 **엄청** 많**지 않**니?
ㄴ. 어젯밤에 막소주를 **엄청** 마시**지 않**았니?
ㄷ. 이 글의 내용은 **엄청** 교훈적이**지 않**니?

(53)은 형식상으로는 부정 물음월이지만 내재적으로 긍정의 월로 해석되기 때문에 '엄청'이 꾸밈말로 적격하게 쓰였다. 내재적으로도 부정의 월에 해당하는 경우에는 '엄청'이 꾸밈말로 쓰이게 되면 부적격한 월이 된다.

정도 어찌씨인 '엄청'은 여느 정도 어찌씨와 마찬가지로 어찌말로 쓰이어 풀이씨 중에 주로 그림씨를 꾸미며, 특수한 경우의 잡음씨 '이다'나 움직씨를 꾸미기도 한다. 움직씨를 꾸미지 않는 경우에는 움직씨를 꾸미는 어찌씨를 꾸밈으로서 간접적으로 움직씨를 꾸미지만, 의향법에 영향을 미쳐 함께함법과 시킴법은 가려잡지 않는 제약을 미친다.

(54) ㄱ. 밥을 빨리 먹는다.
ㄴ. 밥을 빨리 먹니?
ㄷ. 밥을 빨리 먹자.
ㄹ. 밥을 빨리 먹어라.

(54)에 '빨리'를 꾸미는 '엄청'이 꾸밈말로 들어가면 (55)에서와 같이 ㄱ과 ㄴ은 적격한 월이 되지만 함께함월인 ㄷ과 시킴월인 ㄹ은 부적격한 월이 된다.

(55) ㄱ. 밥을 **엄청** 빨리 먹는다.
ㄴ. 밥을 **엄청** 빨리 먹니?
ㄷ. *밥을 **엄청** 빨리 먹자.

ㄹ. *밥을 **엄청** 빨리 먹어라.

곧 '엄청'이 꾸밈말로 쓰임으로 말미암아 적격했던 함께함월과 시킴월
이 부적격한 월이 되었기 때문에 '엄청' 자체가 함께함법과 시킴법을 가
려잡지 않는 요인임이 확인된다.

따라서 '엄청'은 주로 긍정의 월에서의 그림씨를 꾸미되, 움직씨 꾸밈
어찌씨와 어울려 움직씨를 꾸미더라도 함께함월과 시킴월은 가려잡지
않는 통사적 특성을 지닌다.

4.3.10. 자못

<생각보다 매우>의 뜻을 지닌 정도 어찌씨 '자못'은 주로 긍정의 월
에서만 꾸밈말로 쓰여, 긍정의 월을 가려잡는 어찌씨에 해당한다.

(56) ㄱ. 아이의 표정이 **자못** 진지하다.
　　　ㄴ. 아이는 발자국 소리에 **자못** 긴장하였다.
　　　ㄷ. 그분의 주장이 **자못** 합리적이다.

(56)의 부정의 월인 (57)이 부적격한 월인 것으로 보아 '자못'이 긍정
의 월을 가려잡는 어찌씨임이 증명된다.

(57) ㄱ. *아이의 표정이 **자못** 진지하**지 않**다.
　　　ㄴ. *아이는 발자국 소리에 **자못** 긴장하**지 않**았다.
　　　ㄷ. *그분의 주장이 **자못** 합리적이**지 않**다.

(57)에서 '자못'이 삭제되면 모두 적격한 월이 되지만 '자못'이 꾸밈말
로 쓰임으로 말미암아 부적격한 월이 되었기 때문에 '자못'이 부정의 월

을 가려잡지 않는 요소임이 명백하다.

'자못'은 형식상 부정 물음월에 해당하지만 내재적으로 긍정 서술월로 해석되는 반어법을 실현하는 물음월에서 꾸밈말로 쓰이기도 한다.

(58) ㄱ. 아이의 표정이 **자못** 진지하**지 않**니?
ㄴ. 아이는 발자국 소리에 **자못** 긴장하**지 않**았니?
ㄷ. 그분의 주장이 **자못** 합리적이**지 않**니?

(58)은 형식상으로는 부정 물음월이지만 내재적으로 긍정의 서술월로 해석되기 때문에 '자못'이 꾸밈말로 적격하게 쓰였다. 내재적으로도 부정의 월에 해당하는 경우에는 '자못'이 꾸밈말로 쓰이게 되면 부적격한 월이 된다.

정도 어찌씨인 '자못'은 여느 정도 어찌씨와 마찬가지로 어찌말로 쓰이어 풀이씨 중에 주로 그림씨를 꾸미며, 특수한 경우의 잡음씨 '이다'나 일부 움직씨를 꾸미기도 한다.

(59) ㄱ. 북핵은 우리에게 **자못** 위협적**이다**.
ㄴ. 시험이 다가오자 나는 **자못** **긴장하였다**.

'자못'이 움직씨로 이루어진 풀이말을 꾸미더라도 의향법에 영향을 미쳐 함께함법과 시킴법은 가려잡지 않는 통사적 제약을 미친다.

4.3.11. 제법[156)

<정도가 어지간하게. 꽤>의 뜻을 지닌 정도 어찌씨 '제법'은 주로 긍정

---

156) '이다'앞에 놓이는 '제법'을 『고려대한국어대사전』에서는 <기대했던 것 이상>의 뜻을 지닌 이름씨로 처리하였다.

의 월에서만 꾸밈말로 쓰여, 긍정의 월을 가려잡는 어찌씨에 해당한다.

(60) ㄱ. 음식 솜씨가 **제법** 훌륭하다.
ㄴ. 이제 **제법** 어른 티가 난다.
ㄷ. 순이가 이제 **제법** 여성적이다.

(60)의 부정의 월인 (61)이 부적격한 월인 것으로 보아 '제법'이 긍정의 월을 가려잡는 어찌씨임이 증명된다.

(61) ㄱ. *음식 솜씨가 **제법** 훌륭하**지 않**다.
ㄴ. *이제 **제법** 어른 티가 나**지 않**는다.
ㄷ. *순이가 이제 **제법** 여성적이**지 않**다.

(61)에서 '제법'이 삭제되면 모두 적격한 월이 되지만 '제법'이 꾸밈말로 쓰임으로 말미암아 부적격한 월이 되었기 때문에 '제법'이 부정의 월을 가려잡지 않는 요소임이 분명하다.

'제법'은 형식상 부정 물음월에 해당하지만 내재적으로 긍정 서술월로 해석되는, 반어법을 실현하는 물음월에서 꾸밈말로 쓰이기도 한다.

(62) ㄱ. 음식 솜씨가 **제법** 훌륭하**지 않**니?
ㄴ. 이제 **제법** 어른 티가 나**지 않**니?
ㄷ. 순이가 이제 **제법** 여성적이**지 않**니?

(62)는 형식상으로는 부정 물음월이지만 내재적으로 긍정의 월로 해석되기 때문에 '제법'이 꾸밈말로 적격하게 쓰였다. 내재적으로도 부정의 월에 해당하는 경우에는 '제법'이 꾸밈말로 쓰이게 되면 부적격한 월이 된다.

정도 어찌씨인 '제법'은 여느 정도 어찌씨와 마찬가지로 어찌말로 쓰이어 풀이씨 중에 주로 그림씨를 꾸미며, 특수한 경우의 잡음씨 '이다'나 상태성 움직씨를 꾸미기도 한다.

움직씨를 꾸미지 않는 경우에는 움직씨를 꾸미는 어찌씨를 꾸밈으로서 간접적으로 움직씨를 꾸미지만, 의향법에 영향을 미쳐 함께함법과 시킴법은 가려잡지 않는 제약을 미친다.

> (63) ㄱ. 글씨를 잘 쓴다.
> ㄴ. 글씨를 잘 쓰니?
> ㄷ. 글씨를 잘 쓰자.
> ㄹ. 글씨를 잘 써라.

(63)에 '잘'을 꾸미는 어찌씨 '제법'이 들어가면 (64)에서와 같이 ㄱ과 ㄴ은 적격한 월이 되지만 함께함월인 ㄷ과, 시킴월인 ㄹ은 부적격한 월이 된다.

> (64) ㄱ. 글씨를 **제법** 잘 쓴다.
> ㄴ. 글씨를 **제법** 잘 쓰니?
> ㄷ. *글씨를 **제법** 잘 쓰자.
> ㄹ. *글씨를 **제법** 잘 써라.

곧 '제법'이 꾸밈말로 쓰임으로 말미암아 적격했던 월이 부적격한 월이 되었기 때문에 '제법' 자체가 함께함법과 시킴법을 가려잡지 않는 요인임이 확인된다.

따라서 '제법'은 주로 긍정의 월에서 그림씨를 꾸미되, 움직씨 꾸밈 어찌씨와 어울려 움직씨를 꾸미더라도 함께함월과 시킴월은 가려잡지 않는 통사적 특성을 지닌다.

4.3.12. 픽[157]

<보통 정도를 훨씬 넘게>의 뜻을 지닌 정도 어찌씨 '픽'은 주로 긍정의 월에서 꾸밈말로 쓰여, 긍정의 월을 가려잡는 어찌씨에 해당한다.

(65) ㄱ. 무늬가 **픽** 예쁘다.
ㄴ. 명절이면 집이 **픽** 북적인다.
ㄷ. 그의 전시회는 **픽** 이색적이었다.

(65)의 부정의 월인 (66)이 부적격한 월인 것으로 보아 '픽'이 긍정의 월을 가려잡는 어찌씨임이 증명된다.

(66) ㄱ. *무늬가 **픽** 예쁘**지 않**다.
ㄴ. *명절이면 집이 **픽** 북적이**지 않**다.
ㄷ. *그의 전시회는 **픽** 이색적이**지 않**았다.

(66)에서 '픽'이 삭제되면 모두 적격한 월이 되지만 '픽'이 꾸밈말로 쓰임으로 말미암아 부적격한 월이 되었기 때문에 '픽'이 부정의 월을 가려잡지 않는 요소임이 분명하다.

'픽'은 형식상 부정 물음월에 해당하지만 내재적으로 긍정 서술월로 해석되는, 반어법을 실현하는 물음월에서 꾸밈말로 쓰이기도 한다.

(67) ㄱ. 무늬가 **픽** 예쁘**지 않**니?
ㄴ. 명절이면 집이 **픽** 북적이**지 않**니?
ㄷ. 그의 전시회는 **픽** 이색적이**지 않**았니?

---

157) '픽'에는 '이나', '도' 따위의 도움토씨가 결합될 수 있다.
지난 시절 난 픽**이나** 외로웠다.
지난 시절 나쁜 짓을 픽**도** 많이 했다.

(67)은 형식상으로는 부정 물음월이지만 내재적으로 긍정의 월로 해석되기 때문에 '퍽'이 꾸밈말로 적격하게 쓰였다. 내재적으로도 부정의 월에 해당하는 경우에는 '퍽'이 꾸밈말로 쓰이게 되면 부적격한 월이 된다.

정도 어찌씨인 '퍽'은 여느 정도 어찌씨와 마찬가지로 어찌말로 쓰이어 풀이씨 중에 주로 그림씨를 꾸미며, 특수한 경우의 잡음씨 '이다'나 상태성 움직씨를 꾸미기도 한다.

움직씨를 꾸미지 않는 경우에는 움직씨를 꾸미는 어찌씨를 꾸밈으로서 간접적으로 움직씨를 꾸미지만, 의향법에 영향을 미쳐 함께함법과 시킴법은 가려잡지 않는 제약을 미친다.

(68) ㄱ. 영화를 자주 본다.
ㄴ. 영화를 자주 보니?
ㄷ. 영화를 자주 보자.
ㄹ. 영화를 자주 보아라.

(68)에 '자주'를 꾸미는 어찌씨 '퍽'이 들어가면 (69)에서와 같이 ㄱ과 ㄴ은 적격한 월이 되지만 함께함월인 ㄷ과, 시킴월인 ㄹ은 부적격한 월이 된다.

(69) ㄱ. 영화를 **퍽** 자주 본다.
ㄴ. 영화를 **퍽** 자주 보니?
ㄷ. *영화를 **퍽** 자주 보자.
ㄹ. *영화를 **퍽** 자주 보아라.

곧 '퍽'이 꾸밈말로 쓰임으로 말미암아 적격했던 월이 부적격한 월이 되었기 때문에 '퍽' 자체가 함께함법과 시킴법을 가려잡지 않는 요인임이 확인된다.

따라서 '퍽'은 주로 긍정의 월에서 그림씨를 꾸미되, 움직씨 꾸밈 어찌씨와 어울려 움직씨를 꾸미더라도 함께함월과 시킴월은 가려잡지 않는 통사적 특성을 지닌다.

4.4. 마무리

긍정의 월만을 가려잡는 어찌씨를 부정법을 안 가려잡는 어찌씨라고 하였다. 부정법을 안 가려잡는 어찌씨는 긍정의 월에서만 꾸밈말로 쓰이고 부정의 월에서는 꾸밈말로는 쓰일 수 없는 어찌씨가 해당된다. 따라서 어찌씨를 부정의 월 형식에 꾸밈말로 넣어 부적격한 월이 되면 부정법을 안 가려잡는 어찌씨로 선정하였다. 긍정의 월만 가려잡는 어찌씨로 '곧잘', '굉장히', '꽤', '대단히', '무던히', '무지', '무척', '상당히', '엄청', '자못', '제법', '퍽' 따위를 선정하고, 이들이 어떤 통사적 특성을 가지는지 밝히고자 하였다.

<제법 잘. 가끔 자주>의 뜻을 지닌 '곧잘'은 긍정의 월을 가려잡으며, 풀이씨 중에 움직씨를 꾸미되 의향법에 제약을 미쳐 서술법과 물음법을 가려잡지만, 함께함법과 시킴법, 약속법은 가려잡지 않는 통사적 특성을 가진다.

<아주 크고 훌륭하게. 보통 이상으로 대단히>의 뜻을 지닌 '굉장(宏壯)히'는 그림씨 '굉장(宏壯)하다'의 뿌리에 어찌씨 파생가지 '-히'가 결합되어 만들어진 파생 어찌씨로, 긍정의 월을 가려잡으며, 풀이씨 중에 주로 그림씨를 가려잡는다. 풀이말이 움직씨인 월에서 다른 어찌씨를 꾸미는 경우 의향법에 제약을 일으켜, 서술월과 물음월에서는 적격한 월이 되지만 함께함월과 시킴월에서는 부적격한 월이 된다.

<보통보다 조금 더한 정도로>의 뜻을 지닌 '꽤'는 주로 그림씨나 일부 움직씨, 특수한 경우의 '이다' 월에서 긍정의 월을 가려잡으며, 부정의 월에서는 꾸밈말로 쓰이지 않는다. 풀이말이 움직씨인 월에서 다른 어찌씨를 꾸미는 경우 의향법에 제약을 일으켜 서술월과 물음월만을 가려잡는다.

<정도가 심하거나 뛰어나게>의 뜻을 지닌 '대단히'는 주로 그림씨나 일부 움직씨, 특수한 경우의 '이다' 월에서 긍정의 월을 가려잡으며, 부정의 월에서는 꾸밈말로 쓰이지 않는다. 풀이말이 움직씨인 월에서 다른 어찌씨를 꾸미는 경우 의향법에 제약을 일으켜 서술월과 물음월만을 가려잡는다.

<정도가 어지간히>의 뜻을 지닌 '무던히'는 움직씨로 이루어진 풀이말을 꾸밀 수 있더라도 서술월과 물음월에 한정되며, 함께함월과 시킴월에서는 꾸밈말로 쓰일 수 없는 제약이 있다. '무던히'가 '좀'을 꾸미는 경우에는 함께함월과 시킴월에서도 적격하게 쓰일 수 있어 제약이 해제된다.

<굉장히. 아주 대단히>를 뜻하는 '무지'는 주로 입말에서 쓰이며, 일부 움직씨로 이루어진 풀이말을 꾸밀 수 있더라도 서술월과 물음월에 한정되며, 시킴월과 함께함월에서는 꾸밈말로 쓰일 수 없다.

<보통 정도를 넘어서 매우. 아주>의 뜻을 지닌 정도 어찌씨 '무척'은 움직씨로 이루어진 풀이말을 직접적으로 꾸미거나, 움직씨 꾸밈 어찌씨와 어울려 꾸미더라도 의향법에 영향을 미쳐 서술월과 물음월만 가려잡으며 함께함월과 시킴월에서는 꾸밈말로 쓰이지 않는다.

<정도가 꽤 대단히. 어지간히 많게>의 뜻을 지닌 정도 어찌씨 '상당히'는 정도성을 나타낼 수 있는 움직씨이거나 '이다' 앞에 정도성을 나타내는 이름씨가 놓이는 경우에 꾸밈말로 쓰일 수 있다.

<양이나 정도가 훨씬 많거나 대단하게>의 뜻을 지닌 정도 어찌씨 '엄청'은 긍정의 월에서 그림씨를 꾸미되, 움직씨 꾸밈 어찌씨와 어울려 움

직씨를 꾸미더라도 함께함월과 시킴월은 가려잡지 않는다.

<생각보다 매우>의 뜻을 지닌 정도 어찌씨 '자못'은 여느 정도 어찌씨와 마찬가지로 어찌말로 쓰이어 풀이씨 중에 주로 그림씨를 꾸미며, 특수한 경우의 잡음씨 '이다'나 일부 움직씨를 꾸미기도 한다.

<정도가 어지간하게. 꽤>의 뜻을 지닌 정도 어찌씨 '자못'은 주로 긍정의 월에서 그림씨를 꾸미되, 움직씨 꾸밈 어찌씨와 어울려 움직씨를 꾸미더라도 함께함월과 시킴월은 가려잡지 않는다.

<보통 정도를 훨씬 넘게>의 뜻을 지닌 정도 어찌씨 '퍽'은 주로 긍정의 월에서 그림씨를 꾸미되, 움직씨 꾸밈 어찌씨와 어울려 움직씨를 꾸미더라도 함께함월과 시킴월은 가려잡지 않는다.

제 8 장

의향법 제약 통사 어찌씨의 특성

1. 들머리

대다수의 어찌씨는 말본 범주 가운데 의향법에 직접적으로 영향을 미치지 않지만 일부 어찌씨는 특정의 의향법만을 가려잡는 제약을 보이기도 한다.[158] 이 장에서는 특정의 의향법에 제약을 미치는 어찌씨를 의향법 제약 어찌씨라 하고, 이에 해당하는 어찌씨를 선정하여 그 통사적 특성을 살피기로 한다.

어찌씨 가운데 풀이말로 쓰인 움직씨를 꾸미는 어찌씨는 대체로 의향법에 제약을 미치지 않아 서술월, 물음월, 함께함월, 시킴월에서 꾸밈말로 쓰일 수 있다. 이를테면 '빨리'는 움직씨를 꾸미는 어찌씨로서 의향법에 제약을 미치지 않는다.

> (1) ㄱ. 철수가 학교에 **빨리** 간다.
>   ㄴ. 철수가 학교에 **빨리** 가니?
>   ㄷ. 학교에 **빨리** 가자.

---

158) 의향법에 제약을 미치는 어찌씨에 관한 간략한 논의는 한길(2014 : 34)에서 이루어졌다.

ㄹ. 학교에 **빨리** 가거라.

　어찌씨 가운데 풀이말로 쓰인 그림씨를 꾸미는 어찌씨는 일반적으로 서술월과 물음월에서는 꾸밈말로 쓰일 수 있지만 함께함월과 시킴월은 가려잡지 않는 제약이 있다. 이를테면 '가장'은 그림씨를 꾸미는 어찌씨로서 서술월과 물음월에서만 쓰이고 함께함월과 시킴월에서는 쓰이지 않지만, 이런 제약은 '가장'이 지니고 있는 고유의 의향법 제약이 아니고 꾸밈 받는 그림씨가 가지는 제약이다. 따라서 그림씨를 꾸미는 어찌씨인 경우 함께함월과 시킴월에서 쓰이지 않는 것은 보편적인 제약이며 그림씨를 꾸미는 어찌씨와는 관계없는 제약이다.

　움직씨를 꾸미는 어찌씨는 (1)에서와 같이 원칙적으로 의향법에 제약을 가하지 않지만, 한길(2014 : 34)에서 의향법 제약 어찌씨로 보기를 든 '어서'는 함께함월과 시킴월을 가려잡지만 서술월과 물음월을 가려잡지 않는 제약이 있다.

　　(2) ㄱ. *철수가 **어서** 학교에 간다.
　　　　ㄴ. *철수가 **어서** 학교에 가니?
　　　　ㄷ. **어서** 학교에 가자.
　　　　ㄹ. **어서** 학교에 가거라.

　(2)에서 서술월인 ㄱ과 물음월인 ㄴ은 부적격한 월이 되었다. '어서'가 꾸밈말로 쓰이지 않으면 적격한 월이 되지만 '어서'가 꾸밈말로 쓰임으로 말미암아 부적격한 월이 되었기 때문에 '어서'가 서술월과 물음월에 쓰일 수 없는 제약을 일으키는 요인임이 증명된다.

　그림씨 꾸밈 어찌씨는 일반적으로 서술월과 물음월에서 꾸밈말로 쓰일 수 있지만 <얼마나 더>의 뜻을 지닌 '더아니'는 그림씨를 꾸미는 어찌씨로서 물음월에서만 꾸밈말로 쓰인다.

(3) ㄱ. *모두 무사하다니 **더아니** 기쁘다.
ㄴ. 모두 무사하다니 **더아니** 기쁜가?

(3)에서 서술월인 ㄱ이 부적격한 월이 되었다. '더아니'가 꾸밈말로 쓰이지 않으면 적격한 월이 되지만 '더아니'가 꾸밈말로 쓰임으로 말미암아 부적격한 월이 되었기 때문에 '더아니'가 서술월에서 쓰일 수 없는 제약을 일으키는 요인임이 증명된다.

이와 같이 '어서'와 '더아니'는 특정의 의향법만을 가려잡는 의향법 제약 어찌씨에 해당한다. 어찌씨 가운데 의향법에 제약을 일으키는 어찌씨를 선정하고 이들 어찌씨들이 의향법에 어떤 제약을 일으키는지 등에 관하여 논의하기로 한다.

2. 서술월을 가려잡는 어찌씨의 통사 특성

의향법에 제약을 가하는 어찌씨 가운데 주로 서술월에서 꾸밈말로 쓰이는 어찌씨가 이에 해당한다. 이와 같은 의향법 제약을 일으키는 원인은 어찌씨의 의미 특성으로 말미암는다. 곧 어찌씨의 의미 특성이 특정의 의향법만을 가려잡기 때문이다. 움직씨를 꾸미는 어찌씨는 대체로 의향법에 제약을 가하지 않으며, 그림씨를 꾸미는 어찌씨도 서술월이나 물음월을 가려잡고 함께함월이나 시킴월은 가려잡지 않지만, 이 범주에 속하는 어찌씨들은 의향법에 영향을 미쳐 서술월만을 가려잡는 통사적 특성을 보인다.

서술월만을 가려잡는 어찌씨로는 '마침', '마침내', '모름지기', '아마', '어쩌면', '어쩐지', '왜냐하면', '이윽고', '필경', '필시', '필연', '흡사' 따위가 있다. 이들 어찌씨가 어떤 통사적 특성을 지니는지 살피기로 한다.

2.1. 마침

<어떤 기회나 경우에 딱 맞게. 우연히 공교롭게도>의 뜻을 지닌 어찌씨 '마침'은 이은월의 앞마디나 뒷마디에서 꾸밈말로 쓰임은 앞에서 살핀 바 있다. '마침'은 움직씨를 꾸미는 어찌씨로, '마침'이 앞마디에서 꾸밈말로 쓰이면 뒷마디의 의향법에 영향을 미치지 않는다. 이음씨끝에 따라 의향법 제약이 일어나기도 하지만, 앞마디의 '마침'이 의향법에 제약을 일으키지는 않는다.

 (4) ㄱ. **마침** 만나고 싶었는데, 잘 오셨습니다.
   ㄴ. **마침** 만나고 싶었는데, 시간이 있으십니까?
   ㄷ. **마침** 만나고 싶었는데, 안으로 들어갑시다.
   ㄹ. **마침** 만나고 싶었는데, 어서 들어오십시오.

(4)에서와 같이 앞마디의 '마침'은 뒷마디의 의향법에 영향을 미치지 않음을 알 수 있다. 그러나 뒷마디에서 꾸밈말로 쓰인 '마침'은 의향법에 제약을 가하여 서술월을 가려잡는 제약이 있다.

 (5) ㄱ. 오늘이 생일인데 **마침** 잘 먹었어.
   ㄴ. *오늘이 생일인데 **마침** 잘 먹었니?
   ㄷ. *오늘이 생일인데 **마침** 잘 먹자.
   ㄹ. *오늘이 생일인데 **마침** 잘 먹어라.

(5)에서와 같이 뒷마디의 '마침'은 의향법에 영향을 미쳐 서술월만을 가려잡음을 알 수 있다. 이와 같은 제약은 '마침'의 의미 특성에 기인하는 것으로 보인다. (5)에서 '마침'이 꾸밈말로 쓰이지 않으면 (6)과 같이 모두 적격한 월이 되는 것으로 보아, (5)의 ㄴ과 ㄷ, ㄹ이 부적격한 월이 되게 한 요인은 '마침'이다. 곧 뒷마디의 '마침'이 의향법에 제약을 가하여 서술월만을 가려잡기 때문이다.

(6) ㄱ. 오늘이 생일인데 잘 먹었어.
ㄴ. 오늘이 생일인데 잘 먹었니?
ㄷ. 오늘이 생일인데 잘 먹자.
ㄹ. 오늘이 생일인데 잘 먹어라.

이와 같이 '마침'은 움직씨를 꾸미는 어찌씨이지만 뒷마디에 꾸밈말로 쓰이게 되면 의향법에 제약을 일으켜 서술월만 가려잡는 통사적 특성을 가진다.

2.2. 마침내

어찌씨 '마침'에 파생가지 '-내'가 덧붙어 결합과정을 거쳐 <드디어. 마지막에는>의 뜻을 지닌 파생 어찌씨 '마침내'가 만들어졌다. '마침내'는 움직씨를 꾸미는 어찌씨로, (7)과 같이 의향법에 영향을 미쳐 서술월만을 가려잡는 통사적 특성을 보인다.

(7) ㄱ. 지루하던 일을 오늘 **마침내** 끝냈다.
ㄴ. *지루하던 일을 오늘 **마침내** 끝냈니?
ㄷ. *지루하던 일을 오늘 **마침내** 끝내자.
ㄹ. *지루하던 일을 오늘 **마침내** 끝내라.

(7)에서와 같이 '마침내'는 의향법에 영향을 미쳐 서술월만을 가려잡음을 알 수 있다. 이와 같은 제약은 '마침내'의 의미 특성에 기인하는 것으로 보인다. (7)에서 '마침내'가 꾸밈말로 쓰이지 않으면 (8)과 같이 모두 적격한 월이 되는 것으로 보아, (7)의 ㄴ과 ㄷ, ㄹ이 부적격한 월이 되게 만든 요인은 '마침내'이다. '마침내'가 의향법에 제약을 가하여 서술월만을 가려잡기 때문이다.

(8) ㄱ. 지루하던 일을 오늘 끝냈다.
    ㄴ. 지루하던 일을 오늘 끝냈니?
    ㄷ. 지루하던 일을 오늘 끝내자.
    ㄹ. 지루하던 일을 오늘 끝내라.

이와 같이 '마침내'는 움직씨를 꾸미는 어찌씨이지만 꾸밈말로 쓰이게 되면 의향법에 제약을 일으켜 서술월만 가려잡는 통사적 특성을 가진다.

2.3. 모름지기

<사리를 따져 보건대 마땅히>의 뜻을 지닌 어찌씨 '모름지기'는 의미 특성상 <당위(當爲)>를 뜻하는 표현들인 '-어야'나 '-어야 한다', '-는 법이다', '-는 것이다' 따위와 어울려 쓰이는 제약이 있다.

(9) ㄱ. **모름지기** 사람은 육체가 건강**해야** 행복하다.
    ㄴ. 너는 **모름지기** 지혜롭게 행동**해야 한다**.
    ㄷ. 시인은 **모름지기** 시로써 말하**는 법이다**.
    ㄹ. 제사는 **모름지기** 정성으로 지내**는 것이다**.

(9)와 같이 '모름지기'는 주로 서술월에서 쓰이되, <당위(當爲)>를 뜻하는 표현들과 어울려 쓰이며 그 중에서도 '-어야 하다'인 ㄴ 유형이 많이 쓰이는 편이다. <당위(當爲)>를 뜻하는 표현이 없는 월에서 '모름지기'가 꾸밈말로 쓰이게 되면 (10)과 같이 부적격하거나 부자연스러운 월이 된다.

(10) ㄱ. ***모름지기** 사람은 육체가 건강하다.
　　 ㄴ. *너는 **모름지기** 지혜롭게 행동한다.
　　 ㄷ. *시인은 **모름지기** 시로써 말한다.159)
　　 ㄹ. *제사는 **모름지기** 정성으로 지낸다.

(10)에서 '모름지기'가 삭제되면 모두 적격한 월이 되지만 '모름지기'가 꾸밈말로 쓰임으로 말미암아 부적격한 월이 되었다. 곧 '모름지기'가 서술월 중에서도 <당위(當爲)>를 뜻하는 표현을 가려잡는 요인임이 분명하다.

'모름지기'는 서술월을 가려잡지만 일반적으로 물음월은 가려잡지 않는다. '모름지기'의 의미 특성이 물음월의 특성과 조화를 이루지 않기 때문에 물음월에서 '모름지기'가 꾸밈말로 쓰이게 되면 (11)과 같이 부적격한 월이 된다.

(11) ㄱ. ***모름지기** 사람은 지혜롭게 행동**해야 하니**?
　　 ㄴ. *제사는 **모름지기** 정성으로 지내**는 것이니**?

(11)에서는 <당위(當爲)>를 뜻하는 표현이 포함되어 있지만, 물음월이기 때문에 부적격한 월이 되었다. 그러나 반어법을 실현하는 물음월인 경우에는 '모름지기'가 꾸밈말로 쓰이더라도 적격한 월이 된다.

---

159) ㄷ과 ㄹ의 풀이말이 <당위성>의 뜻으로 해석되는 경우에는 자연스러운 월이 된다.

(12) ㄱ. **모름지기** 사람이란 겪어 봐야 아는 것 **아니겠는가**?

ㄴ. 학생들은 **모름지기** 학업에 힘써야 하**지 않니**?

(12)는 형식상으로는 부정의 물음월이지만 내용상으로 긍정의 서술월에 해당하기 때문에 '모름지기'가 서술월만을 가려잡고 물음월을 가려잡지 않는다는 전제는 유효한 셈이다. 만일 내용상으로도 물음월이라면 '모름지기'가 꾸밈말로 쓰이게 되면 당연히 부적격한 월이 된다.

'모름지기'는 <당위(當爲)>를 뜻하는 표현을 가려잡는데, <당위(當爲)>를 뜻하는 표현이 실현된 월은 함께함월과 시킴월을 가려잡지 않는 제약이 있다. 예컨대 이음씨끝이 '-어야'로 이루어진 월은 서술월과 물음월만 적격한 월이 되며, 함께함월과 시킴월은 부적격한 월이 된다. 곧 '-어야'는 서술월과 물음월만 가려잡는 제약을 가지고 있다.

(13) ㄱ. 지혜롭게 행동**해야** 성공한다.

ㄴ. 지혜롭게 행동**해야** 성공하니?

ㄷ. *지혜롭게 행동**해야** 성공하자.

ㄹ. *지혜롭게 행동**해야** 성공해라.

(13)에서와 같이 <당위(當爲)>를 뜻하는 표현이 포함된 월은 함께함월이나 시킴월로 쓰일 수 없는 제약이 따른다. '모름지기'는 <당위(當爲)>를 뜻하는 표현이 포함된 월에서 꾸밈말로 쓰이기 때문에 함께함월이나 시킴월을 가려잡지 않음은 당연하다. (13)에서 ㄱ과 ㄴ은 적격한 월이지만 '모름지기'는 서술월만 가려잡기 때문에 '모름지기'가 꾸밈말로 쓰이게 되면 (14)와 같이 서술월인 ㄱ은 적격한 월이 되지만 물음월인 ㄴ은 부적격한 월이 된다.

(14) ㄱ. **모름지기** 지혜롭게 행동**해야** 성공한다.

ㄴ. ***모름지기** 지혜롭게 행동**해야** 성공하니?

이와 같이 '모름지기'는 서술월만을 가려잡되, 모든 서술월을 가려잡는 것이 아니라 <당위(當爲)>를 뜻하는 표현이 포함된 서술월만을 가려잡는 통사적 특성을 가진다.

2.4. 아마[160]

<짐작컨대. 대개>의 뜻을 지닌 어찌씨 '아마'는 확실히 단정하기는 어렵지만 어느 정도 그럴 것이라고 생각하는 경우에 쓰인다. 따라서 '아마'가 단정적이거나 확정적인 월에서 꾸밈말로 쓰이게 되면 부적격한 월이 된다.

(15) ㄱ. *내일은 **아마** 비가 온다.

ㄴ. *그 사람은 **아마** 애인이 있다.

(15)에서 '아마'가 삭제되면 (16)과 같이 적격한 월이 되며, 말할이가 명제 내용을 단정하거나 확정적으로 인식하는 월이 된다.

(16) ㄱ. 내일은 비가 온다.

ㄴ. 그 사람은 애인이 있다.

---

160) '아마'에 도움토씨 '도'가 덧붙어 결합과정을 거쳐 '아마도'란 합성 어찌씨가 만들어 졌다. '아마도'의 의미는 '아마'에 <'강조>의 뜻이 더해지며, '아마'와 '아마도'는 쓰임에서 별 차이가 없다. '아마'와 '도'의 뜻이 분명히 구분되기 때문에 한 낱말로 간주하지 않고 어찌씨와 토씨의 어울림으로 볼 수도 있다. 이를테면 '몹시도', '빨리도', '천천히도' 따위와 같은 짜임새로 보는 것도 가능하다. 대다수 사전류에서는 '아마도'를 어찌씨로 처리하였다.

(16)에 '아마'가 꾸밈말로 쓰이게 되면 (15)와 같은 부적격한 월이 된다. 이와 같은 원인은 '아마'의 의미 특성으로 말미암은 것으로 보인다. 곧 '아마'가 단정적이거나 확정적인 월은 가려잡지 않고, 실히 단정하기는 어렵지만 어느 정도 그럴 것이라고 생각되는 월을 가려잡기 때문이다. (15)가 적격한 월이 되기 위해서는 (17)과 같이 비단정적이고 확정적이지 않은 표현으로 바뀌어야 한다.

> (17) ㄱ. 내일은 **아마** 비가 오**겠**다./올 **거**다./올 **듯하**다./**올지 모른**다.…161)
> ㄴ. 그 사람은 **아마** 애인이 있**을 거**다./있**겠**다./있**을 듯하**다./있**을지 모른**다.…

(15)와 (17)을 대조해 보면, '아마'의 용법이 쉽게 드러난다. '아마'는 단정적이거나 확정적인 서술월은 가려잡지 않고, 비단정적이고 확정적이지 않은 서술월을 가려잡음이 확인된다.

'아마'는 말할이의 짐작이나 추측을 나타내기 때문에 서술월에서만 꾸밈말로 쓰인다. 일반적으로 비단정적이고 확정적이지 않은 물음월에서 '아마'가 꾸밈말로 쓰이면 부적격한 월이 된다.

> (18) ㄱ. *내일은 **아마** 비가 오**겠**니?
> ㄴ. *그 사람은 **아마** 애인이 있**겠**니?

'아마'가 일반적으로 물음월을 가려잡지 않지만 특수한 경우에 물음월을 가려잡기도 한다. 형식상 물음월이지만 내용상 대답을 요구하지 않고 말할이의 추정이나 의혹을 나타내는 경우에 '아마'가 꾸밈말로 쓰이더라

---

161) 이 밖에도 비단정적이거나 확정적이지 않은 표현으로는 '-는 것 같다', '-는 모양이다', '-을걸', '-는가 보다' 따위를 더 들 수 있다.

도 적격한 월이 된다.

(19) ㄱ. 그때가 **아마** 새벽 한 시쯤 되었**을까**?
　　ㄴ. **아마** 나이가 서른쯤 되었**을까**?

(19)가 들을이에게 대답을 요구하는 물음월인 경우에는 부적격한 월이 되지만, 말할이의 추정이나 의혹을 나타내기 때문에 적격한 월이 되었다. 이와 같은 특수한 경우를 제외하면 '아마'는 물음월에서 꾸밈말로 쓰이지 않는다.

'아마'는 말할이의 짐작이나 추측을 나타내기 때문에 함께함월과 시킴월은 가려잡지 않는다.

이와 같이 '아마'는 주로 서술월을 가려잡되, 비단정적이고 확정적이지 않은 월에서 꾸밈말로 쓰이며, 일반적으로 물음월은 가려잡지 않되, 형식상 물음월이지만 내용상 대답을 요구하지 않고 말할이의 추정이나 의혹을 나타내는 월에서도 꾸밈말로 쓰인다.

2.5. 어쩌면[162]

'어쩌면'은 <확실하지 않지만 짐작하여 추측하건대>의 뜻과 <도대체

---

162) '어쩌면'의 준말로 '어쩜'이 있다. '어쩌면'은 어찌씨 밖에 <무엇에 놀라거나 어떤 일을 따지거나 할 때 하는 말>인 느낌씨가 있다. 보기를 들면 다음과 같다.
어쩌면 그렇게 자식 복이 없을까?
어쩌면 우리에게 이런 일이 다 일어난단 말인가!
'어쩌면'은 어찌씨나 느낌씨 밖에 '어찌하면'이 줄어든 말이 있다. 곧 움직씨 '어찌하다'의 줄기에 조건의 '-면'이 결합되어 '어찌하면'으로 꼴바꿈 한 다음 '어쩌면'으로 줄어들었다. 보기를 들면 다음과 같다.
내가 **어쩌면**(←어찌하면) 네 마음이 풀리겠니?
이제 나는 **어쩌면**(←어찌하면) 좋을지 모르겠다.

어떻게 해서>의 뜻163)을 가지고 있다. <확실하지 않지만 짐작하여 추측하건대>의 뜻을 지닌 '어쩌면'은 움직씨와 그림씨를 꾸밀 수 있으며, 말할이가 일을 짐작하여 추정한 것을 진술하는 데 쓰이기 때문에 주로 서술월에서 꾸밈말로 쓰인다. 추정을 나타내는 '-겠-', '-을 것', '-을 것 같다', '-ㄴ/을지 모르다' 따위의 말들과 어울려 쓰인다. 서술월인 경우 부정의 월이건 긍정의 월이건 가리지 않고 꾸밈말로 쓰일 수 있어 부정법 제약은 없다.

(20) ㄱ. 이번 시험에 **어쩌면** 합격할 것 같다.
ㄴ. **어쩌면** 다시는 못 볼 것 같다.
ㄷ. 사실 **어쩌면** 잘된 일인지 모른다.

'어쩌면'은 주로 서술월을 가려잡기 때문에 서술월인 (20)에서 의향법을 물음법으로 바꾸면 (21)과 같이 부적격한 월이 된다.

(21) ㄱ. *이번 시험에 **어쩌면** 합격할 것 같니?
ㄴ. ***어쩌면** 다시는 못 볼 것 같니?
ㄷ. *사실 **어쩌면** 잘된 일인지 모르니?

(20)과 (21)의 차이는 단지 의향법의 차이인데도 불구하고 물음월인 (21)은 부적격한 월이 되었다. 이는 바로 '어쩌면'이 의향법에 제약을 미침을 보여준다. (21)에서 '어쩌면'이 삭제되면 모두 적격한 월이 되는 것으로 미루어 '어쩌면'이 의향법에 제약을 미쳐 물음월을 가려잡지 않음

---

163) 이 뜻인 '어쩐지'는 서술월만이 아니라 물음월에서도 꾸밈말로 쓰일 수 있어 여기서의 논의 대상에서는 제외된다. 이에 해당하는 보기를 들면 다음과 같다.
어쩌면 이야기를 그렇게도 재미있게 하는지 몰라.
할머니 귀는 **어쩌면** 이렇게 크지요?

이 재확인된다. 일반적으로 '어쩌면'이 물음월에서 꾸밈말로 쓰이면 (21)과 같이 부적격한 월이 되는 까닭은 '어쩌면'의 의미 특성상 물음월과는 조화를 이룰 수 없기 때문이다.

'어쩌면'이 일부 물음월에서 꾸밈말로 쓰이기도 한다. 형식상으로는 부정 물음월이지만 내용적으로는 긍정 서술월로 이해되는, 반어법을 실현하는 물음월에서는 '어쩌면'이 꾸밈말로 쓰일 수 있다.

> (22) ㄱ. 이번 시험에 **어쩌면** 합격할 것 같지 않니?
> ㄴ. **어쩌면** 다시는 못 볼 것 같지 않니?
> ㄷ. 사실 **어쩌면** 잘된 일인지 모르지 않니?

(22)는 형식상으로는 부정의 물음월이지만 내용상으로는 (20)과 같이 긍정의 서술월로 이해되기 때문에 일반적인 물음월과는 그 성격이 다르다. (22)가 내용상으로도 부정의 물음월로 이해된다면 당연히 부적격한 월이 된다.

이와 같이 '어쩌면'은 의미적 특성에 따라 의향법에 제약을 가하여 주로 서술월을 가려잡으며, 일부 반어법을 실현하는 물음월에서도 꾸밈말로 쓰일 수 있는 통사적 특성을 보인다.

2.6. 어쩐지

<어찌 된 까닭인지. 무슨 까닭인지는 모르나>의 뜻을 지닌 어찌씨 '어쩐지'는 움직씨나 그림씨를 가리지 않고 꾸밀 수 있다. '어쩐지'는 말할이가 단정적이지는 않으나 짐작한 바를 드러내는 화용적 특성을 지니기 때문에 (23)과 같이 서술월에서만 꾸밈말로 쓰이며, 부정의 월이건

긍정의 월이건 가리지 않아 부정법 제약은 없다.

(23) ㄱ. 그의 뒷모습이 **어쩐지** 쓸쓸해 보였다.
ㄴ. 그분은 **어쩐지** 믿음이 가지 않는다.
ㄷ. *그의 뒷모습이 **어쩐지** 쓸쓸해 보였니?
ㄹ. *그분은 **어쩐지** 믿음이 가지 않니?

(23)에서 물음월인 ㄷ과 ㄹ은 부적격한 월이 되었다. '어쩐지'가 삭제되면 적격한 월이 되지만 '어쩐지'가 꾸밈말로 쓰임으로 말미암아 부적격한 월이 되었기 때문에 '어쩐지'가 물음월을 가려잡지 않는 요소임이 증명된다.

'어쩐지'는 그 의미적 특성으로 말미암아 (24)와 같이 함께함월이나 시킴월에서도 꾸밈말로 쓰일 수 없는 제약이 따른다.

(24) ㄱ. ***어쩐지** 밥을 잘 먹자.
ㄴ. ***어쩐지** 밥을 잘 먹어라.

(24)에서 '어쩐지'가 삭제되면 적격한 월이 되지만 '어쩐지'가 꾸밈말로 쓰임으로 말미암아 부적격한 월이 되었다. (24)와 꼭 같지만 함께함월이나 물음월, 시킴월이 아니라 서술월이라면 '어쩐지'가 꾸밈말로 쓰이더라도 적격한 월이 되는 것으로 보아 '어쩐지'가 물음월만이 아니라 함께함월과 시킴월도 가려잡지 않음이 확인된다.

(25) ㄱ. 철수가 **어쩐지** 밥을 잘 먹는다.
ㄴ. *철수가 **어쩐지** 밥을 잘 먹니?

이와 같이 '어쩐지'는 의미 특성상 서술월만을 가려잡으며, 서술월에서만 꾸밈말로 쓰이되 긍정의 월이나 부정의 월을 가리지 않는 통사 특성을 보인다.

2.7. 왜냐하면

<왜 그런가 하면>의 뜻을 지닌 '왜냐하면'은 홑월 앞에 놓이는 경우 그 자체만으로는 완전한 의미 전달이 안 되고 그 앞에 이유나 원인을 제공하는 월이 놓이거나, 그에 해당하는 앞마디가 놓여야만 한다.

 (26) ㄱ. #**왜냐하면** 너무 바쁘기 때문이다.
   ㄴ. #**왜냐하면** 돈이 없기 때문이다.

(26) 자체만으로는 완전한 의미를 나타내지 못한다. 완결된 의미를 나타내기 위해서는 그 앞에 왜 그런가를 밝혀 줄 월이나 앞마디가 놓여야 한다. (26) 앞에 놓일 수 있는 월이나 앞마디를 상정하여 보완하면 (27)과 같이 의미적으로 완전한 월이 된다.

 (27) ㄱ. 오늘 오후에 모임에 못 간다. **왜냐하면** 너무 바쁘기 때문이다.
   ㄴ. 저 물건을 못 샀는데, **왜냐하면** 돈이 없었기 때문이다.

'왜냐하면'은 앞선 월이나 마디 뒤에 놓여, 그 사실의 이유를 설명하는 데 쓰이기 때문에 서술월만을 가려잡으며, 서술월 중에서도 특정의 요소와만 어울릴 수 있는 제약을 보인다. 주로 '-기 때문이다'와 어울리며, '-니까', '-거든' 따위와 어울리기도 한다.

(28) ㄱ. 나는 여름을 싫어한다. **왜냐하면** 너무 덥**기 때문이다.**

ㄴ. 앞으로 한국말로만 말하자. **왜냐하면** 나는 영어를 잘 모르**니까.**

ㄷ. 나는 겨울을 별로 안 좋아해. **왜냐하면** 추운 건 싫**거든.**

이와 같이 '왜냐하면'은 의미 특성상 서술월만을 가려잡으며, 서술월에서도 공기 관계에 제약이 있어, 주로 '-기 때문이다'나 '-니까', '-거든' 따위와 어울려 쓰이는 통사적 특성을 보인다.

2.8. 이윽고

<얼마쯤 있다가>의 뜻을 나타내는 '이윽고'는 주로 이은월의 뒷마디에서 쓰이며, 홑월에 쓰이게 되면 불완전한 월이 됨은 앞에서 밝힌 바있다. '이윽고'는 앞마디의 내용이 일어난 뒤에 얼마쯤 있다가 일어난 일을 설명하는 데 쓰이기 때문에 서술월에서만 꾸밈말로 쓰이는 제약이있다.

(29) ㄱ. 그는 물을 한 잔 마시더니 **이윽고** 말문을 열었다.

ㄴ. *그는 물을 한 잔 마시더니 **이윽고** 말문을 열었니?

ㄷ. *물을 한 잔 마시고 **이윽고** 말문을 열자.

ㄹ. *물을 한 잔 마시고 **이윽고** 말문을 열어라.

(29)에서 서술월인 ㄱ만이 적격한 월이고, 물음월, 함께함월, 시킴월에서는 '이윽고'가 꾸밈말로 쓰여 부적한 월이 되었다. '이윽고'가 삭제되면 (30)과 같이 모두 적격한 월이 되는 것으로 보아 '이윽고'가 서술월만을 가려잡을 뿐이고, 물음월, 함께함월, 시킴월은 가려잡지 않음을 알 수 있다.

(30) ㄱ. 그는 물을 한 잔 마시더니 말문을 열었다.

　　ㄴ. 그는 물을 한 잔 마시더니 말문을 열었니?

　　ㄷ. 물을 한 잔 마시고 말문을 열자.

　　ㄹ. 물을 한 잔 마시고 말문을 열어라.

곧 모두 적격한 월인 (30)에 '이윽고'가 꾸밈말로 쓰이게 되면 (29)가 되는데, '이윽고'가 서술월을 가려잡기 때문에 (29ㄱ)만이 적격한 월이 되고 나머지는 부적격한 월이 되었다.

이와 같이 주로 이은월의 뒷마디에서 꾸밈말로 쓰이는 '이윽고'는 의향법에 제약을 가하여 서술월만을 가려잡아 꾸밈말로 쓰이는 통사적 특성을 가진다.

2.9. 필경(畢竟)[164)]

<끝에 가서는>의 뜻을 나타내는 '필경'은 움직씨와 그림씨를 꾸밀 수 있으며, 말할이가 일의 끝장을 단정하거나 추정하여 진술하는 데 쓰이기 때문에 주로 서술월에서 꾸밈말로 쓰인다. 서술월인 경우 부정의 월이건 긍정의 월이건 가리지 않고 꾸밈말로 쓰일 수 있어 부정법 제약은 없다.

(31) ㄱ. 놀기만 하면 **필경** 대학시험에 떨어진다.

　　ㄴ. 놀기만 하다가는 **필경** 대학시험에 떨어질 것이다.

---

164) '필경'에는 토씨 '에'와 '은'이 결합되어 '필경에', '필경은'으로 쓰일 수 있으며, '에'와 '는'이 함께 덧붙어 '필경에는'으로 쓰이기도 한다. 이와 같이 토씨가 결합되는 점에서 『연세한국어사전』에서는 '필경'을 <일의 마지막>을 뜻하는 이름씨에 포함시켰다. 어찌씨처럼 쓰이는 경우에는 <결말에 가서는. 결국에는>의 뜻을 나타내는 것으로 보았다. 다른 사전류에서는 이름씨로 처리하지 않고 어찌씨에 포함시켰다.

명제 내용은 (31)과 같으나 서술월이 아니라 물음월인 경우에는 (32)
와 같이 부적격한 월이 된다.

(32) ㄱ. *놀기만 하면 **필경** 대학시험에 떨어지니?
ㄴ. *놀기만 하다가는 **필경** 대학시험에 떨어질 것이니?

(32)에서 '필경'이 삭제되면 (33)과 같이 적격한 월이 되지만, '필경'이
꾸밈말로 쓰여 부적격한 월이 되었다. 따라서 '필경'이 서술월만 가려잡
고 물음월은 가려잡지 않는 요소임이 확인된다.[165]

(33) ㄱ. 놀기만 하면 대학시험에 떨어지니?
ㄴ. 놀기만 하다가는 대학시험에 떨어질 것이니?

'필경'이 일부 물음월에서 꾸밈말로 쓰이기도 한다. 형식상으로는 부정
물음월이지만 내용적으로는 긍정 서술월로 이해되는, 반어법을 실현하는
물음월에서는 '필경'이 꾸밈말로 쓰일 수 있다.

(34) ㄱ. 그분도 **필경** 후회하지 않겠니?
ㄴ. 부부도 헤어지면 **필경** 남남이 아니겠니?

(34)는 형식상으로는 부정의 물음월이지만 내용상으로는 (35)와 같이
긍정의 서술월로 이해되기 때문에 일반적인 물음월과는 그 성격이 다르

---

165) '필경'은 함께함월과 시킴월에서도 꾸밈말로 쓰일 수 없다.
ㄱ. ***필경** 대학시험에 합격하**자**.
ㄴ. ***필경** 대학시험에 합격**해라**.
위 보기에서 '필경'이 삭제되면 모두 적격한 월이지만, '필경'이 꾸밈말로 쓰여 부
적격한 월이 되었기 때문에 '필경'은 함께함월과 시킴월에서도 꾸밈말로 쓰일 수
없음이 확인된다.

다. (34)가 내용상으로도 부정의 물음월로 이해된다면 당연히 부적격한 월이 된다.

(35) ㄱ. [그분도 **필경** 후회할 것이다.]
ㄴ. [부부도 헤어지면 **필경** 남남일 것이다.]

이와 같이 '필경'은 의미적 특성에 따라 의향법에 제약을 가하여 주로 서술월을 가려잡으며, 일부 반어법을 실현하는 물음월에서도 꾸밈말로 쓰일 수 있는 통사적 특성을 가진다.

2.10. 필시(必是)

<(짐작하기에) 틀림없이>의 뜻을 지닌 '필시'는 움직씨와 그림씨를 꾸밀 수 있으며, 말할이가 일이 틀림이 없을 것이라고 짐작하여 진술하는 데 쓰이기 때문에 주로 서술월에서 꾸밈말로 쓰인다. '필시'가 지닌 짐작하거나 추정하는 의미 속성 때문에 주로 '-을 것', '-겠-', '-으리-', '-을 모양' 등 추측을 나타내는 요소와 어울려 쓰인다. '필시'는 서술월인 경우 부정의 월이건 긍정의 월이건 가리지 않고 꾸밈말로 쓰일 수 있어 부정법 제약은 없다.

(36) ㄱ. 저 아이는 **필시** 큰 인물이 **될 것**이다.
ㄴ. 이렇게 늦는 걸 보니 **필시** 무슨 사연이 있**겠**다.
ㄷ. 그는 **필시** 죽음을 각오하고 있었**으리**라.
ㄹ. 하늘을 보니 **필시** 비가 **올 모양**이다.

일반적으로 '필시'가 물음월에서 꾸밈말로 쓰이면 (37)과 같이 부적격한 월이 된다. '필시'가 말할이의 짐작이나 추정을 나타내기 때문에 물음월에서는 꾸밈말로 쓰일 수 없는 것으로 보인다.

(37) ㄱ. *김 선생이 **필시** 여기에 올 것 같니?
　　ㄴ. *저 아이는 **필시** 큰 인물이 되겠니?
　　ㄷ. *오늘 **필시** 비가 올 모양이니?

(37)에서 '필시'가 삭제되면 모두 적격한 월이 되지만, '필시'가 꾸밈말로 쓰여 부적격한 월이 되었다. 따라서 '필시'가 서술월만 가려잡고 물음월은 가려잡지 않게 하는 요소임이 확인된다.166)

'필시'가 일부 물음월에서 꾸밈말로 쓰이기도 한다. 형식상으로는 부정의 물음월이지만 내용적으로는 긍정의 서술월로 이해되는, 반어법을 실현하는 물음월에서는 '필시'가 꾸밈말로 쓰일 수 있다.

(38) ㄱ. 눈에 발자국을 보니 **필시** 이 길로 가지 않았겠니?
　　ㄴ. 이렇게 늦는 것 보니 **필시** 무슨 사연이 있지 않겠니?

(38)은 형식상으로는 부정의 물음월이지만 내용상으로는 (39)와 같이 긍정의 서술월로 이해되기 때문에 일반적인 물음월과는 그 성격이 다르다. (38)이 내용상으로도 부정의 물음월로 이해된다면 당연히 부적격한 월이 된다.

(39) ㄱ. [눈에 발자국을 보니 **필시** 이 길로 갔을 것이다.]
　　ㄴ. [이렇게 늦는 것 보니 **필시** 무슨 사연이 있을 것이다.]

---

166) '필시'도 '필경'과 마찬가지로 함께함월과 시킴월에서도 꾸밈말로 쓰일 수 없다.

이와 같이 '필시'는 의미적 특성에 따라 의향법에 제약을 가하여 주로 서술월을 가려잡으며, 일부 반어법을 실현하는 물음월에서도 꾸밈말로 쓰일 수 있는 통사적 특성을 보인다.

2.11. 필연(必然)[167]

<틀림없이. 꼭. 반드시>의 뜻을 지닌 어찌씨 '필연'은 움직씨나 그림 씨를 꾸밀 수 있으며, 말할이가 일의 결과가 반드시 그렇게 될 것임을 단언하거나 추정 진술하는 데 쓰이기 때문에 주로 서술월에서 꾸밈말로 쓰인다.

> (40) ㄱ. 절대 권력은 **필연** 부패한다.
> ㄴ. 거기에는 **필연** 곡절이 있다.

일반적으로 '필연'이 물음월에서 꾸밈말로 쓰이면 (41)과 같이 부적격한 월이 된다. '필연'의 의미 특성상 물음월과는 조화를 이룰 수 없기 때문이다.

> (41) ㄱ. *절대 권력은 **필연** 부패하니?
> ㄴ. *거기에는 **필연** 곡절이 있니?

(41)에서 '필연'이 삭제되면 (42)와 같이 적격한 월이 되지만, '필연'이 꾸밈말로 쓰여 부적격한 월이 되었다. 따라서 '필연'이 서술월만 가려잡

---

167) '-코'가 결합된 '필연코'는 '필연'을 강조하는 어찌씨이다. 어찌씨인 '필연'과 같은 꼴의 <사물의 관련이나 일의 결과가 반드시 그렇게 됨>의 뜻을 지닌 이름씨가 있다.

고 물음월은 가려잡지 않는 요소임이 확인된다.168)

> (42) ㄱ. 절대 권력은 부패하니?
>   ㄴ. 거기에는 곡절이 있니?

'필연'이 일부 물음월에서 꾸밈말로 쓰이기도 한다. 형식상으로는 부정의 물음월이지만 내용적으로는 긍정의 서술월로 이해되는, 반어법을 실현하는 물음월에서는 '필연'이 꾸밈말로 쓰일 수 있다.

> (43) ㄱ. 절대 권력은 **필연** 부패하지 않겠니?
>   ㄴ. 거기에는 **필연** 곡절이 있지 않겠니?

(43)은 형식상으로는 부정의 물음월이지만 내용상으로는 (44)와 같이 긍정의 서술월로 이해되기 때문에 일반적인 물음월과는 그 성격이 다르다. (43)이 내용상으로도 부정의 물음월로 이해된다면 당연히 부적격한 월이 된다.

> (44) ㄱ. [절대 권력은 **필연** 부패할 것이다.]
>   ㄴ. [거기에는 **필연** 곡절이 있을 것이다.]

이와 같이 '필연'은 의미적 특성에 따라 의향법에 제약을 가하여 주로 서술월을 가려잡으며, 일부 반어법을 실현하는 물음월에서도 꾸밈말로 쓰일 수 있는 통사적 특성을 가진다.

---

168) '필연'도 '필시', '필경'과 마찬가지로 함께함월과 시킴월에서도 꾸밈말로 쓰일 수 없다.

2.12. 흡사(恰似)

<거의 똑같을 정도로 비슷하게>의 뜻을 지닌 어찌씨 '흡사'는 주로 비교의 '처럼, 같다, 듯이' 따위와 함께 쓰이어, 말할이가 일이 거의 같을 정도로 비슷한 모양을 진술하는 데 쓰이기 때문에 (45)와 같이 주로 서술월에서 꾸밈말로 쓰인다.

(45) ㄱ. 뒤뚱거리며 걷는 것이 **흡사** 오리 **같다**.
ㄴ. 걷는 모습이 **흡사** 여자**처럼** 보인다.
ㄷ. 개 주인이 개에게 **흡사** 사람에게 말하**듯** 한다.

'흡사'는 주로 서술월을 가려잡기 때문에 서술월인 (45)에서 의향법을 물음월로 바꾸면 (46)과 같이 부적격한 월이 된다.

(46) ㄱ. *뒤뚱거리며 걷는 것이 **흡사** 오리 **같니**?
ㄴ. *걷는 모습이 **흡사** 여자**처럼** 보이니?
ㄷ. *개 주인이 개에게 **흡사** 사람에게 말하듯 하니?

(45)와 (46)의 차이는 단지 의향법의 차이인데도 불구하고 물음월인 (46)은 부적격한 월이 되었다. 이는 바로 '흡사'가 의향법에 제약을 미침을 보여준다. (46)에서 '흡사'가 삭제되면 모두 적격한 월이 되는 것으로 미루어 '흡사'가 의향법에 제약을 미쳐 물음월을 가려잡지 않음이 재확인된다. 일반적으로 '흡사'가 물음월에서 꾸밈말로 쓰이면 (46)과 같이 부적격한 월이 되는 이유는 '흡사'의 의미 특성상 물음월과는 조화를 이룰 수 없기 때문이다.[169]

---

169) '흡사'는 함께함월과 시킴월에서도 꾸밈말로 쓰일 수 없다.

'흡사'가 일부 물음월에서 꾸밈말로 쓰이기도 한다. 형식상으로는 부정의 물음월이지만 내용적으로는 긍정의 서술월로 이해되는, 반어법을 실현하는 물음월에서는 '흡사'가 꾸밈말로 쓰일 수 있다.

(47) ㄱ. 뒤뚱거리며 걷는 것이 **흡사** 오리 **같지 않니?**
ㄴ. 걷는 모습이 **흡사** 여자**처럼** 보이**지 않니?**
ㄷ. 개 주인이 개에게 **흡사** 사람에게 말하**듯** 하**지 않니?**

(47)은 형식상으로는 부정의 물음월이지만 내용상으로는 (45)와 같이 긍정의 서술월로 이해되기 때문에 일반적인 물음월과는 그 성격이 다르다. (47)이 내용상으로도 부정의 물음월로 이해된다면 당연히 부적격한 월이 된다.

이와 같이 '흡사'는 의미적 특성에 따라 의향법에 제약을 가하여 주로 서술월을 가려잡으며, 일부 반어법을 실현하는 물음월에서도 꾸밈말로 쓰일 수 있는 통사적 특성을 가진다.

3. 물음월을 가려잡는 어찌씨의 통사 특성

의향법에 제약을 가하는 어찌씨 중에 주로 물음월에서 꾸밈말로 쓰이는 어찌씨가 이에 해당한다. 이와 같은 의향법 제약을 일으키는 원인은 어찌씨의 의미 특성으로 말미암는다. 곧 어찌씨의 의미 특성이 특정의 의향법만을 가려잡기 때문이다. 움직씨를 꾸미는 어찌씨는 대체로 의향법에 제약을 가하지 않으며, 그림씨를 꾸미는 어찌씨도 서술월이나 물음월을 가려잡고 함께함월이나 시킴월은 가려잡지 않지만, 이 범주에 속하는 어찌씨들은 의향법에 영향을 미쳐 물음월만을 가려잡는 통사적 특성을 보인다.

물음월만을 가려잡는 어찌씨로는 '더아니', '설마', '여북', '얼마나', '오죽', '왜', '이다지', '작히', '어찌', '언제' 따위가 있다. 이들 어찌씨의 통사적 특성에 관하여 살피기로 한다.

3.1. 더아니

<얼마나 더>의 뜻을 지닌 '더아니'는 통사적 짜임새인 '더 아니'가 결합과정을 거쳐 형태적 짜임새로 줄어들면서 새로운 의미를 획득하여 만들어진 어찌씨이다. '더아니'는 주로 그림씨를 꾸미며, 의향법에 제약이 따라 물음월에서만 꾸밈말로 쓰이고 서술월에서는 쓰이지 않는다. '더아니'는 그림씨를 꾸미기 때문에 '더아니'의 꾸밈을 받는 그림씨가 풀이말인 경우 함께함월과 시킴월에서는 쓰이지 않는다.

> (48) ㄱ. 모두 만났으니 **더아니** 기쁜가?
> ㄴ. 친구가 멀리서 찾아오다니 **더아니** 반갑겠는가?

'더아니'는 주로 물음월을 가려잡기 때문에 물음월인 (48)에서 의향법을 서술법으로 바꾸면 (49)와 같이 부적격한 월이 된다.

> (49) ㄱ. *모두 만났으니 **더아니** 기쁘다.
> ㄴ. *친구가 멀리서 찾아오다니 **더아니** 반갑겠다.

(48)과 (49)의 차이는 단지 의향법의 차이인데도 불구하고 서술월인 (49)은 부적격한 월이 되었다. 이는 바로 '더아니'가 의향법에 제약을 미

침을 보여준다. (49)에서 '더아니'가 삭제되면 모두 적격한 월이 되는 것으로 미루어 '더아니'가 의향법에 제약을 미쳐 서술월을 가려잡지 않음이 재확인된다. 일반적으로 '더아니'가 서술월에서 꾸밈말로 쓰이면 (49)와 같이 부적격한 월이 되는 까닭은 '더아니'의 의미 특성상 서술월과는 조화를 이룰 수 없기 때문이다.

'더아니'는 일반 물음월에서는 쓰이지 않지만 형식상으로는 물음월이되 내재적으로 서술월로 이해되는, 반어법을 실현하는 물음월에서 제한적으로 쓰인다. 곧 (48)은 형식상으로는 물음월이지만 내재적으로는 <모두 만났으니 기쁘다>와 <친구가 멀리서 찾아오다니 반갑겠다>의 속뜻을 강조하는 서술월로 이해된다.

(48)에서 '더아니'가 삭제되면 부적격한 월이 되는 것은 아니지만 반어법을 실현하는 물음월이 아니라 일반 물음월이 되기 때문에 '더아니'는 월 짜임에서 필수 월조각에 해당된다.

'더아니'는 입말에서는 잘 쓰이지 않고 글말에서 주로 쓰이는 화용적 특성을 보인다.

3.2. 설마[170]

<아무리 그러하기로>의 뜻을 지닌 '설마'는 움직씨와 그림씨, 잡음씨를 꾸밀 수 있어 풀이씨 제약은 없다. '설마'는 이들 풀이씨가 풀이말로 쓰인 물음월에서 꾸밈말로 쓰여 의향법 가운데 물음월만 가려잡는 제약

---

170) '설마하니'와 '설마한들'은 '설마'를 바탕으로 생산된 어찌씨로, '설마'와는 용법과 의미에서 별다른 차이를 보이지 않는다. 곧 서로 대치되어 쓰이더라도 뜻과 쓰임이 달라지지 않는다.
    설마하니/설마한들/설마 그녀가 날 속였을까?
    설마하니/설마한들/설마 너까지 나를 의심하는 것은 아니겠지?

을 가진다.

(50) ㄱ. **설마** 이번에도 시험에 떨어지겠어?
ㄴ. 철수가 **설마** 내일도 바쁘다고?
ㄷ. **설마** 암이 아닐까?

(50)은 물음월에서 '설마'가 꾸밈말로 쓰였지만 (50)은 일반 물음월이
아니라 형식상으로는 물음월이지만 내재적으로는 형식상의 뜻과 반대의
뜻을 강조하는 서술월로 해석되어 반어법을 실현하는 물음월에 해당한
다. (50)의 내재적 의미를 다시 쓰면 (51)과 같다.

(51) ㄱ. [이번에는 시험에 떨어지지 않을 거야.]강조
ㄴ. [철수가 내일은 바쁘지 않을 거야.]강조
ㄷ. [암일 거야.]강조

이와 같이 '설마'는 주로 반어법을 실현하는 물음월에서 꾸밈말로 쓰
이지만, 물음월의 씨끝에 따라서는 내재적으로 화자의 추측을 강조하는
서술월로 해석되는 수사 물음월에서 꾸밈말로 쓰이기도 한다. 물음꼴 씨
끝 가운데 '-지'가 이에 해당하며, 추정의 '-겠-'과 결합하여 '설마'와 어
울려 수사 물음월로 쓰인다.

(52) ㄱ. **설마** 이번에는 시험에 떨어지지 않**겠지**?
ㄴ. **설마** 김 대리도 이번에야 잘 하**겠지**?

(52)는 형식상 물음월이지만 내재적으로는 서술월로 이해된다. (52)의
내재적 의미를 다시 쓰면 (53)과 같다.

(53) ㄱ. [이번에는 시험에 떨어지지 않을 거야.]강조
      ㄴ. [김 대리도 이번에는 잘 할 거야.]강조

　(52)에서 '설마'가 삭제되더라도 월의 적격성은 변하지 않지만 수사 물음월로 해석되지 않고 일반 물음월로 해석되어 차이를 보인다. (52)에서 '설마'가 꾸밈말로 쓰임으로 말미암아 수사 물음월이 되었기 때문에 '설마'가 수사 물음월을 가려잡는 요소에 해당함이 분명하다. 반어법을 실현하는 물음월에서도 이와 꼭 같다. 곧 '설마'가 삭제되면 일반 물음월로 해석되지만 '설마'가 꾸밈말로 쓰임으로 말미암아 반어법을 실현하는 물음월이 된다. 따라서 '설마'는 월 짜임에서 필수 월조각에 해당된다.
　'설마'는 의미 특성상 의심이나 추측을 나타내는 요소들('-겠-', '-을까', '-을라고', '-겠지' 등)과 어울려 물음월 중에서 주로 반어법을 실현하는 물음월을 가려잡으며, 특정의 물음꼴 씨끝인 경우 수사 물음월을 가려잡는 통사적 특성을 보인다.

3.3. 여북[171]

　앞에서 논의한 바와 같이 <오죽. 작히나. 얼마나>의 뜻을 지닌 '여북'은 수사 물음월에 속하는 이은월의 앞마디나 뒷마디에 놓이며, 이음씨끝에도 제약이 따라, 앞마디에 놓이는 경우 주로 '-으면'을, 뒷마디에 놓이는 경우 '-으면'이나 '-으니', '-으니까'를 가려잡는 통사 어찌씨에 해당한다. '여북'이 꾸밈말로 쓰이게 되면 월 짜임의 필수 요소로 작용을 하게 된다.

---

171) '여북'에 토씨 '이나'가 결합하여 합성된 어찌씨 '여북이나'는 '여북'을 좀 더 분명하게 이르는 말(『표준국어대사전』)로서 서로 대치되어 쓰이더라도 뜻과 쓰임에서 별다른 차이가 나지 않는다.
　　일이 그렇게만 된다면 **여북/여북이나** 좋겠니?

(54) ㄱ. 남자가 **여북** 못났으면 처자를 굶기겠니?
     ㄴ. 진작 내 말을 들었으면 **여북** 좋았겠니?

(54)에서 '여북'이 ㄱ은 앞마디에서, ㄴ은 뒷마디에서 꾸밈말로 쓰였으며, 움직씨와 그림씨를 꾸밀 수 있다. '여북'이 물음월만을 가려잡기 때문에 물음월인 (54)에서 의향법을 서술법으로 바꾸면 (55)와 같이 부적격한 월이 된다.

(55) ㄱ. *남자가 **여북** 못났으면 처자를 굶기겠다.
     ㄴ. *진작 내 말을 들었으면 **여북** 좋았겠다.

'여북'이 꾸밈말로 쓰인 (54)는 일반 물음월과는 달리 형식상으로는 물음월이지만 내재적으로 말할이의 추측을 강조하는 서술월로 해석되는 수사 물음월에 해당한다. (54)의 내재적 의미를 다시 쓰면 (56)과 같다.

(56) ㄱ. [남자가 아주 못나서 처자를 굶겼을 것이다.]강조
     ㄴ. [진작 내 말을 들었어야 아주 좋았을 것이다.]강조

(54)에서 '여북'이 삭제되더라도 적격한 월이 되지만 삭제 전과 후의 의미가 달라지기 때문에 '여북'은 월 짜임에서 필수 월조각에 해당된다. '여북'이 꾸밈말로 쓰임으로 말미암아 수사 물음월이 되기 때문에 '여북'이 수사 물음월을 가려잡는 요인이 됨을 알 수 있다.

'여북'은 의미 특성상 추측을 나타내는 요소들('-겠-', '-을까', '-으랴' 등)과 어울려 물음월 중에서 수사 물음월을 가려잡는 통사적 특성을 보이며, 말할이의 언짢거나 안타까운 마음(『표준국어대사전』)을 나타낼 때 쓰이는 화용적 특성을 지닌다.

3.4. 얼마나

<①그리 많지 않은 수량이나 정도. ②그리 길지 않은 시간이나 정도>
의 뜻을 지닌 이름씨 '얼마'에 토씨 '나'가 결합하여 합성된 어찌씨 '얼마
나'는 <①얼마가량이나. ②느낌이나 감탄의 정도가 매우 크게>의 뜻을
지닌다.172)

> (57) ㄱ. 재고가 **얼마나** 남아 있습니까?
>   ㄴ. 사랑하는 사람을 만나기가 **얼마나** 어려운 일인가?

(57ㄱ)의 '얼마나'는 ①의 뜻을 지닌 어찌씨로, 주로 물음월에서 꾸밈
말로 쓰인다. 의미 특성상 의향법에 제약을 가하여 물음월을 가려잡는
특성을 지닌다. (57ㄱ)의 '얼마나'가 이음씨끝 '-는지'를 가려잡기도 하여
앞마디에서 꾸밈말로 쓰이기도 한다. 이 때 뒷마디의 의향법에는 영향을
미치지 않는다.

> (58) ㄱ. **얼마나** 숨을 오래 참을 수 있**는지** 시합을 했다.
>   ㄴ. **얼마나** 숨을 오래 참을 수 있**는지** 시합을 했니?
>   ㄷ. **얼마나** 숨을 오래 참을 수 있**는지** 시합을 하자.
>   ㄹ. **얼마나** 숨을 오래 참을 수 있**는지** 시합을 해라.

①의 뜻을 지닌 '얼마나'가 이음씨끝 '-은들, -어야, -으면, -었자' 따
위로 이루어진 이은월의 뒷마디에서 꾸밈말로 쓰이는 경우 반어법을 실

---

172) 『표준국어대사전』에서는 <느낌이나 감탄의 정도가 매우 크게>의 뜻을 지닌 '얼마
나'는 어찌씨로 처리하였지만, <얼마가량이나>의 뜻으로 이해되는 '얼마나'는 두
낱말인 이름씨 '얼마'와 토씨 '나'가 어울린 것으로 보았다. 『연세한국어사전』과 『
고려대한국어대사전』은 둘 다 어찌씨로 본 점에서 차이를 보인다.

현하는 물음월을 가려잡는다.

(59) ㄱ. 아이가 먹**은들 얼마나** 먹겠니?
　　ㄴ. 할머니가 사신**대야 얼마나** 사시겠어?
　　ㄷ. 책이 많**으면 얼마나** 많겠니?
　　ㄹ. 네가 아무리 가꿔 **봤자 얼마나** 예쁘겠어?

(59)는 형식상 물음월이지만 내재적으로는 (59)와 반대의 뜻을 지닌 서술월로 이해되어 반어법을 실현하는 물음월에 해당한다. (59)의 내재적 의미를 다시 쓰면 (60)과 같다.

(60) ㄱ. [아이가 먹어도 많이 먹지 않을 것이다.]
　　ㄴ. [할머니가 사셔도 오래 사시지 못할 것이다.]
　　ㄷ. [책이 많아도 그리 많지 않을 것이다.]
　　ㄹ. [네가 아무리 가꾸어도 그리 예쁘지 않을 것이다.]

이와 같이 <얼마가량이나>의 뜻을 지닌 '얼마나'는 주로 물음월에서 꾸밈말로 쓰여 물음월을 가려잡으며, '-는지'와 어울려 앞마디에서 꾸밈말로 쓰이는 경우에는 뒷마디의 의향법에 영향을 미치지 않는다. 이음씨끝 '-은들, -어야, -으면' 등으로 이루어진 이은월의 뒷마디에서 꾸밈말로 쓰이는 경우 반어법을 실현하는 물음월을 가려잡음이 확인된다.

(57ㄴ)의 '얼마나'는 ②의 뜻을 지닌 어찌씨로, 주로 물음월에서 꾸밈말로 쓰이지만, 내재적으로는 서술월로 해석되는 수사 물음월에 해당한다.

(61) ㄱ. 이 **얼마나** 평화스러운 모습인가?
　　ㄴ. 객지 생활에 **얼마나** 고생이 되겠니?

(61)은 형식상 물음월이지만 내재적으로는 말할이의 느낌을 나타내는 서술월로 이해되어 수사 물음월에 해당한다. (61)의 내재적 의미를 다시 쓰면 (62)와 같다.

    (62) ㄱ. [아주 평화스러운 모습이다.]
        ㄴ. [객지 생활에 아주 고생이 되겠다.]

<느낌이나 감탄의 정도가 매우 크게>의 뜻을 지니기 때문에 '-다고' 등 일부 서술법 씨끝으로 이루어진 서술월에서도 꾸밈말로 쓰일 수 있다.

    (63) ㄱ. 우리 딸이 **얼마나** 착하**다고**
        ㄴ. 우리 아들이 **얼마나** 공부를 잘 한**다고**

(57ㄴ)의 '얼마나'가 이음씨끝 '-는지'를 가려잡기도 하여 앞마디에서 꾸밈말로 쓰이기도 한다. 이 때 뒷마디의 의향법에 영향을 미쳐 주로 서술월을 가려잡는다. '-는지' 뒤에 '모르다'가 놓여 '얼마나 -는지 모르다'란 익은말 짜임새를 이루어 쓰인다.

    (64) ㄱ. 그가 갑자기 나타나서 **얼마나** 놀랐**는지 몰라**.
        ㄴ. **얼마나** 반갑**던지** 눈물이 날 지경이었다.

<느낌이나 감탄의 정도가 매우 크게>의 뜻을 지닌 '얼마나'가 이음씨끝 '-으면'을 가려잡아 앞마디에서 꾸밈말로 쓰이면 뒷마디의 의향법에 영향을 미쳐 물음월을 가려잡는다.

    (65) ㄱ. **얼마나** 놀랐**으면** 아직도 가슴이 뛰겠**니**?
        ㄴ. 어머니는 **얼마나** 반가웠**으면** 버선발로 뛰어나왔**을까**?

(65)는 형식상 물음월이지만 내재적으로는 말할이의 느낌을 나타내는 서술월로 이해되어 수사 물음월에 해당한다. (65)의 내재적 의미를 다시 쓰면 (66)과 같다.

(66) ㄱ. [대단히 놀라서 아직도 가슴이 뛴다.]
ㄴ. [어머니는 대단히 반가워서 버선발로 뛰어나왔다.]

이와 같이 <느낌이나 감탄의 정도가 매우 크게>의 뜻을 지닌 '얼마나'는 주로 물음월에서 꾸밈말로 쓰이지만, 내재적으로는 서술월로 해석되는 수사 물음월에 해당한다. '-다고' 등 일부 서술법 씨끝으로 이루어진 서술월에서도 꾸밈말로 쓰일 수 있다. 이음씨끝 '-는지'를 가려잡아 앞마디에서 꾸밈말로 쓰이면 뒷마디의 의향법에 영향을 미쳐 주로 서술월을 가려잡고, '-으면'을 가려잡아 앞마디에서 꾸밈말로 쓰이면 뒷마디의 의향법에 영향을 미쳐 수사 물음월을 가려잡는다.

3.5. 오죽[173)]

앞에서 살핀 바와 같이, <얼마나. 어떤 정도까지>의 뜻을 지닌 '오죽'은 이은월의 앞마디나 뒷마디에 놓여 물음월을 가려잡으며, 이음씨끝에도 제약을 가해, 앞마디에 놓이는 경우 주로 '-으면'을, 뒷마디에 놓이는 경우 '-으면'이나 '-으니', '-으니까'를 가려잡는다.

(67) ㄱ. **오죽** 답답했**으면** 우리에게 그런 부탁을 했겠어?

---

173) '오죽이'는 뜻과 쓰임에서 '오죽'과 같다. '오죽이나'는 '오죽'을 강조하는 어찌씨이다. 선생님 말씀대로 된다면 **오죽/오죽이/오죽이나** 좋겠습니까?

ㄴ. 마음만이라도 편하게 살**면 오죽** 좋겠는가?

ㄷ. 사흘을 굶었**으니 오죽** 배가 고플까?

(67)은 형식상으로는 물음월이지만 일반 물음월과 달리 내재적으로는 서술월로 이해되어 수사 물음월에 해당한다. (67)의 내재적 의미를 다시 쓰면 (68)과 같다.

(68) ㄱ. [아주 답답해서 우리에게 그런 부탁을 했을 거야.]

ㄴ. [마음만이라도 편하게 살면 아주 좋을 거야.]

ㄷ. [사흘을 굶었으니 아주 배가 고플 거야.]

'오죽'은 수사 물음월에서 주로 추정을 나타내는 때매김씨끝 '-겠-'과 물음법 씨끝 '-을까', '-으랴', '-을라고' 따위와 어울려 쓰인다.

(69) ㄱ. 말벌한테 쏘였으니 **오죽** 아프**겠**니?

ㄴ. 아직 소식이 없으니 **오죽** 속이 **탈까**?

ㄷ. 하늘을 날 수 있다면 **오죽** 좋**으랴**?

ㄹ. 아이가 밖에를 못 나가니 **오죽** 답답**할라고**?

이와 같이 '오죽'은 이은월의 앞마디나 뒷마디에서 꾸밈말로 쓰여 수사 물음월을 가려잡으며, 주로 추정을 나타내는 때매김씨끝 '-겠-'과 물음법 씨끝 '-을까', '-으랴', '-을라고' 따위와 어울려 쓰이는 통사적 특성을 지닌다.

3.6. 왜[174)

<무슨 까닭으로. 또는 어째서>의 뜻을 지닌 어찌씨 '왜'는 물음말이기 때문에 의미 특성상 주로 물음월을 가려잡는다.

    (70) ㄱ. **왜** 나한테 화를 내니?
        ㄴ. 요즘은 **왜** 바쁘니?
        ㄷ. 사람이 **왜** 그렇게 감성적이지?

'왜'가 이음씨끝 '-는지'와 어울려 앞마디에서 꾸밈말로 쓰이기도 한다. 이 때 '왜'가 뒷마디의 의향법에는 영향을 미치지 않아 (71)과 같이 모든 의향법이 허용된다.

    (71) ㄱ. 철수가 **왜** 우**는지** 내가 알아보겠**다**.
        ㄴ. 철수가 **왜** 우**는지** 알아보았**니**?
        ㄷ. 철수가 **왜** 우**는지** 알아보**자**.
        ㄹ. 철수가 **왜** 우**는지** 알아보**아라**.

'왜'는 형식상 물음월이지만 내재적으로는 반대의 뜻을 지닌 서술월, 함께함월, 시킴월로 이해되는, 반어법을 실현하는 물음월에서 꾸밈말로 쓰이기도 한다. 이 용법에서 '왜'는 <무슨 까닭으로. 또는 어째서>의 뜻이 유지되지 못한다.

    (72) ㄱ. 내가 자장면을 **왜** 안 좋아하니?

---

174) 같은 꼴의 느낌씨 '왜'가 있다. 다음의 '왜'는 느낌씨에 속한다.
    왜, 그 친구 있잖아.
    왜, 우리 반에 철수란 아이 있지.

ㄴ. 우리가 북한을 **왜** 도와주니?

ㄷ. 넌 내 말을 **왜** 안 따르니?

(72)는 중의적인 뜻으로 해석되어 일반 물음월로 이해되기도 하고 반어법을 실현하는 물음월로 이해되기도 한다. 반어 물음월인 경우에 (72)의 내재적 의미를 (73)과 같이 다시 쓸 수 있다.

(73) ㄱ. [내가 자장면을 좋아한다.]

ㄴ. [북한을 도와주지 말자.]

ㄷ. [내 말을 따라라.]

(72)에서 ㄱ은 부정의 물음월이지만 (73ㄱ)과 같이 긍정의 서술월로 이해되고, ㄴ은 긍정의 물음월이지만 (73ㄴ)과 같이 부정의 함께함월로 이해되며, ㄷ은 부정의 물음월이지만 (73ㄷ)과 같이 긍정의 시킴월로 이해되어 모두 반어법을 실현하는 물음월에 해당함을 확인할 수 있다.

이와 같이 '왜'는 물음말로 의미 특성상 주로 물음월을 가려잡으며, 이음씨끝 '-는지'와 어울려 앞마디에서 꾸밈말로 쓰이는 경우 뒷마디의 의향법에는 영향을 미치지 않는다. '왜'가 반어 물음월에서 쓰이기도 하는데, 내재적 의미로는 반대의 서술월이나 함께함월, 시킴월로 이해된다.

3.7. 이다지[175]

<이러한 정도로. 또는 이렇게까지>의 뜻을 지닌 '이다지'는 주로 물음월에서 꾸밈말로 쓰인다.

---

175) 대이름씨 '이'에 어찌씨 파생가지 '-다지' 결합하여 파생 어찌씨 '이다지'가 생산되었다. '-다지'는 '이' 밖에 '그'와 '저'에도 결합하여 '그다지'와 '저다지'가 만들어졌다.

(74) ㄱ. 너는 내 마음을 **이다지(도)** 모르느냐?

ㄴ. 고향이 왜 **이다지** 그리울까?

ㄷ. 오늘따라 왜 **이다지** 쓸쓸할까?

(74)는 물음월이지만 들을이에게 대답을 요구하는 일반 물음월과 달리 내재적으로는 서술월로 이해되어 수사 물음월에 해당한다. (74)의 내재적 의미는 (75)로 다시 쓸 수 있다. 이 용법에서 '왜'<무슨 까닭으로. 또는 어째서>와 '이다지'<이러한 정도로. 또는 이렇게까지>의 뜻은 약화되거나 강조의 뜻으로 바뀌게 된다.

(75) ㄱ. [너는 내 마음을 아주 모른다.]

ㄴ. [고향이 대단히 그립다.]

ㄷ. [오늘따라 대단히 쓸쓸하다.]

(74)의 ㄴ과 ㄷ에서처럼 '이다지'는 주로 '왜'와 어울려 '왜 이다지'의 짜임새를 이루어 쓰이는 경우가 많다. '왜'와 어울려 쓰임으로 말미암아 수사 물음월이 더욱 분명해진다.

'이다지'가 수사 물음월만이 아니라 이례적으로 서술월에서 꾸밈말로 쓰이는 경우가 있다. 곧 '-을 줄 모르다', '-을 줄이야' 따위와 어울려 (76)과 같이 서술월에서 꾸밈말로 쓰일 수 있다. 이 용법에서의 '이다지'는 '왜'와 어울리지 않는다.

(76) ㄱ. 부모님이 안 계신 세상이 **이다지** 캄캄하고 쓸쓸**할 줄 몰랐다**.

ㄴ. 가족 여행 한 번 떠나는 것이 **이다지** 힘들 **줄이야**.

(76ㄴ)은 뒷부분에 놓여야 할 월조각이 생략된 월이다. 생략된 부분을 복원한다면 '모르다'를 바탕으로 하여 구성된 표현으로 '미처 몰랐다',

'정말 몰랐다' 따위인 것이다.

이와 같이 '이다지'는 주로 '왜'와 어울려 수사 물음월을 가려잡으며, 이례적으로 '-을 줄 모르다'와 어울려 서술월에서 꾸밈말로 쓰일 수 있는 통사적 특성을 지닌다.

3.8. 작히[176]

앞에서 살핀 바와 같이, <그 정도가 대단하게>의 뜻을 지닌 '작히'는 월 짜임에서 이은월의 뒷마디에 놓이는 통사적 제약을 미칠 뿐 아니라 이음씨끝에도 영향을 미쳐 '-면', '-다니' 등 극히 일부의 이음씨끝만을 가려잡으며, 의향법에도 영향을 미쳐, 주로 수사 물음월을 가려잡는다.

> (77) ㄱ. 내 뜻대로만 된다면 **작히** 좋으랴?
>   ㄴ. 그렇게까지 해 주신다니 **작히** 고맙겠습니까?

(77)은 물음월이지만 들을이에게 대답을 요구하는 일반 물음월과 달리 내재적으로는 서술월로 이해되어 수사 물음월에 해당한다. (77)의 내재적 의미를 다시 쓰면 (78)과 같다.

> (78) ㄱ. [내 뜻대로만 된다면 대단히 좋겠다.]
>   ㄴ. [그렇게까지 해 주신다니 대단히 고맙겠습니다.]

'작히'는 이음씨끝 '-다니'를 가려잡는 경우 한하여 느낌월에서 꾸밈말로 쓰일 수 있다. 일반적으로 서술월은 가려잡지 않지만 느낌월은 가려

---

176) '작히'에 토씨 '나'가 결합하여 생산된 '작히나'는 '작히'를 강조하는 어찌씨이다.

잡음은 (79)를 통해 확인된다.

(79) ㄱ. *그렇게까지 해 주신**다니 작히** 고맙다.
　　 ㄴ. *그렇게까지 해 주신**다면 작히** 고맙구나.
　　 ㄷ. 그렇게까지 해 주신**다니 작히** 고맙구나.

　'작히'는 앞마디의 일에 대하여 말할이 자신의 느낌을 말하는 데 쓰이는 화용적 특성을 지니기 때문에 느낌월에서 꾸밈말로 쓰일 수 있다.
　이와 같이 '작히'는 주로 수사 물음월을 가려잡으며, 이음씨끝 '-다니'인 경우에 한하여 느낌월을 가려잡는 통사 특성을 가진다.

3.9. 어찌

　'어찌'는 다양한 의미를 지니고 있는 어찌씨로, 그 뜻을 크게 물음말로 쓰이는 것과 그렇지 않은 것으로 나눌 수 있다. 물음을 나타내는 '어찌'는 <①어떻게 ②어떤 까닭으로 ③어떤 방법으로>의 의미를 지니고 있으며, 물음말로 쓰이지 않는 '어찌'는 <①어떠한 관점으로 ②감정이나 어떤 상태가 매우 지나치게>의 의미를 지니고 있다.
　물음말로 쓰이지 않는 '어찌'는 (80)과 같이 서술월에서도 쓰이기 때문에 여기서는 논외로 한다.

(80) ㄱ. **어찌** 생각하면 네 말도 일리가 있다.
　　 ㄴ. 요즘 **어찌** 바쁜지 화장실 갈 시간이 없다.

(80)의 ㄱ은 '어찌'가 물음말로 쓰인 것이 아니고 <어떠한 관점으로>

의 뜻을 나타내고, ㄴ은 <감정이나 어떤 상태가 매우 지나치게>의 뜻을 나타내며 서술월에서 꾸밈말로 쓰였다. ㄴ의 '어찌'에는 '나'가 결합되어 '어찌나'로도 쓰인다.[177]

<①어떻게 ②어떤 까닭으로 ③어떤 방법으로>의 의미를 지닌 '어찌'는 물음말로 쓰이기 때문에 (81)과 같이 주로 물음월을 가려잡는다.

> (81) ㄱ. 그 동안 **어찌** 지냈니?
> ㄴ. 더 놀지 않고 **어찌** 벌써 가니?
> ㄷ. 그를 **어찌** 다루어야 하니?

(81)에서 ㄱ의 '어찌'는 <어떻게>를, ㄴ의 '어찌'는 <어떤 까닭으로>를, ㄷ의 '어찌'는 <어떤 방법으로>를 뜻하며, 물음월에서 꾸밈말로 쓰였다. (81)에서 물음법 씨끝을 서술법 씨끝으로 바꾸면 모두 부적격한 월이 되는 것으로 보아 '어찌'가 물음월을 가려잡는 요소임이 분명하다.

물음말로 쓰이는 '어찌'가 '-는지'와 함께 쓰이는 경우에는 의향법에 영향을 미치는 제약이 해제된다. (81ㄱ)의 '어찌'를 '-는지'와 어울리는 문장으로 재구조화하면 (82)와 같이 의향법에 제약이 없음을 확인할 수 있다.

> (82) ㄱ. 그 동안 **어찌** 지냈는지 궁금하다.
> ㄴ. 그 동안 **어찌** 지냈는지 말해 주겠니?
> ㄷ. 그 동안 **어찌** 지냈는지 함께 이야기해 보자.
> ㄹ. 그 동안 **어찌** 지냈는지 말해 보아라.

<어떻게>의 '어찌'만이 아니라 <어떤 까닭으로>, <어떤 방법으로>의 '어찌'도 '-ㄴ지'와 함께 쓰이는 경우에는 의향법에 영향을 미치지 않는다.

---

177) '어찌나'는 <감정이나 어떤 상태가 매우 지나치게>의 뜻을 지닌 '어찌'를 강조하는 말이다.

물음말로 쓰이는 '어찌'가 형식상으로는 물음월이지만 내재적으로 반대의 뜻을 지닌 서술월로 이해되는, 반어법을 실현하는 물음월에서 꾸밈말로 쓰이기도 한다.

(83) ㄱ. 그날의 치욕을 **어찌** 잊겠니?
     ㄴ. 사정도 모르면서 **어찌** 그런 말을 하니?
     ㄷ. 그 먼 곳을 차 없이 **어찌** 가니?

(83)은 형식상 물음월이지만 들을이에게 대답을 요구하는 일반 물음월과 달리 내재적으로는 반대 뜻의 서술월로 이해되어 반어법을 실현하는 물음월에 해당한다. (83)의 내재적 의미를 다시 쓰면 (84)와 같다. 반어법을 실현하는 물음월에서 '어찌'는 물음말로서의 의미를 유지하지 못한다.

(84) ㄱ. [그날의 치욕을 잊지 않겠다.]
     ㄴ. [사정도 모르면서 그런 말을 하면 안 된다.]
     ㄷ. [그 먼 곳을 차 없이 가지 못한다.]

(83)에서 '어찌'가 삭제되면 반어법을 실현하는 물음월이 아니라 들을이에게 대답을 요구하는 일반 물음월에 해당하기 때문에 '어찌'는 월 짜임에서 필수 월조각에 해당된다. '어찌'가 꾸밈말로 쓰임으로 말미암아 반어법을 실현하는 물음월이 되기 때문에 '어찌'가 반어법을 실현하는 물음월을 요구하는 요인임이 증명된다.

이와 같이 물음말로 쓰이는 '어찌'는 의미 특성상 주로 물음월을 가려 잡는다. '-는지'와 함께 쓰이는 경우에는 의향법에 영향을 미치지 않으며, 반어법을 실현하는 물음월에서 꾸밈말로 쓰일 수 있는 통사적 특성을 보인다.

3.10. 언제[178]

'언제'는 다양한 의미를 지고 있는 어찌씨로, 그 뜻을 크게 물음말로 쓰이는 것과 그렇지 않은 것으로 나눌 수 있다. 물음을 나타내는 '언제'는 <어느 때에>의 의미를 지니고 있으며, 물음말로 쓰이지 않는 '언제'는 <①(정해지지 않은 막연한 때인) 어떤 때에. ②(특별히 정해지지 않은 때인) 어느 때에나>의 의미를 지고 있다.

물음말로 쓰이지 않는 <(정해지지 않은 막연한 때인) 어떤 때에>의 '언제'는 (85)와 같이 모든 의향법에서 꾸밈말로 쓰여 이 글의 논의 대상에서 제외된다.

(85) ㄱ. 내가 **언제** 말해 주겠**다**.
ㄴ. 철수를 **언제** 한번 만나겠니?
ㄷ. 우리 **언제** 술이나 한잔 하**자**.
ㄹ. **언제** 한번 내 사무실에 들**러라**.

물음말로 쓰이지 않는 <(특별히 정해지지 않은 때인) 어느 때에나>의 '언제'는 주로 이음씨끝 '-어도'와 함께 쓰여 (86)과 같이 서술월과 물음월을 가려잡기 때문에 여기서는 논외로 한다.

(86) ㄱ. 불고기는 **언제** 먹**어도** 맛이 있다.
ㄴ. 옛날이야기는 **언제** 들**어도** 재미있니?

---

178) 같은 꼴의 대이름씨 '언제'<잘 모르는 때를 가리킴>가 있다. 다음의 '언제'는 대이름씨에 속한다.
언제가 어머니 생신이니?
방학이 **언제**입니까?

<어느 때에>의 의미를 지닌 '언제'는 물음말로 쓰이기 때문에 (87)과 같이 주로 물음월을 가려잡는다.

(87) ㄱ. **언제** 서울에 가니?
　　 ㄴ. 너는 **언제** 제일 바쁘냐?

<어느 때에>의 '언제'가 '-는지'와 함께 쓰이는 경우에는 의향법에 영향을 미치지 않는다. 곧 뒷마디의 의향법으로 서술월, 물음월, 함께함월, 시킴월이 모두 가능하여 '언제'로 말미암은 의향법 제약은 해제된다.

(88) ㄱ. 철수가 **언제** 서울에 가는지 내가 알아보겠다.
　　 ㄴ. 철수가 **언제** 서울에 가는지 아무도 모르니?
　　 ㄷ. 철수가 **언제** 서울에 가는지 알아보자.
　　 ㄹ. 철수가 **언제** 서울에 가는지 알아보아라.

물음말로 쓰이는 '언제'가 형식상으로는 물음월이지만 내재적으로 반대의 뜻을 지닌 서술월로 이해되는, 반어법을 실현하는 물음월에서 꾸밈말로 쓰이기도 한다.

(89)[179] ㄱ. 내가 **언제** 그런 말을 했니?
　　 ㄴ. 우리가 **언제** 싸웠니?

(89)는 형식상 물음월이지만 들을이에게 대답을 요구하는 일반 물음월과 달리 내재적으로는 반대 뜻을 지닌 서술월로 이해되어 반어법을 실현하는 물음월에 해당한다. (89)의 내재적 의미는 (90)과 같이 다시

---

179) (89)는 반어 물음월만이 아니라 일반 물음월로도 쓰여 중의성을 보인다.

쓸 수 있다. 반어법을 실현하는 물음월에서 '언제'는 물음말로서의 의미를 유지하지 못한다.

(90) ㄱ. [내가 그런 말을 하지 않았다.]
ㄴ. [우리가 싸우지 않았다.]

이와 같이 물음말로 쓰이는 '언제'는 의미 특성상 주로 물음월을 가려잡는다. '-는지'와 함께 쓰이는 경우에는 의향법 제약이 해제되며, 반어법을 실현하는 물음월의 꾸밈말로 쓰일 수 있는 통사적 특성을 보인다.

4. 시킴월을 가려잡는 어찌씨의 통사 특성

의향법에 제약을 가하는 어찌씨 중에 주로 시킴월에서 꾸밈말로 쓰이되, 일부 [기원]이나 [희망]의 의미 특성을 가지는 서술월에서 꾸밈말로 쓰이는 어찌씨가 이에 해당한다. 이와 같은 의향법 제약을 일으키는 까닭은 어찌씨의 의미 특성으로 말미암는다. 곧 어찌씨의 의미 특성이 특정의 의향법만을 가려잡기 때문이다.

시킴월만을 가려잡는 어찌씨로는 '작작'이 있으며, 시킴월과 일부 서술월을 가려잡는 어찌씨로 '모쪼록/아무쪼록, 부디, 원(願)컨대, 제발' 따위가 있다. 이들 어찌씨의 통사적 특성을 살피기로 한다.

4.1. 작작

<너무 지나치지 아니하게 적당히>의 뜻을 지닌 '작작'은 (91)과 같이

시킴월 이외의 월에 쓰이면 부적격한 월이 되는 것으로 보아 시킴월만을 가려잡는 어찌씨임이 확실하다.

> (91) ㄱ. *철수가 술 좀 **작작** 마신다.
> ㄴ. *철수가 술 좀 **작작** 마시니?
> ㄷ. *술 좀 **작작** 마시자.180)
> ㄹ. 술 좀 **작작** 마셔라.

(91)에서 '작작'이 꾸밈말로 쓰이지 않으면 모두 적격한 월이 되지만, '작작'이 꾸밈말로 쓰임으로 말미암아 ㄹ만이 적격한 월이 되었다. 따라서 '작작'이 의향법에 영향을 미쳐 시킴월만을 가려잡는 통사적 특성을 가지고 있음이 확인된다. 이런 제약은 '작작'이 <남의 지나친 행동을 말림>의 의미적 특성으로 말미암는다.

'작작'은 남의 지나친 행위를 말리는 특성을 지니기 때문에 긍정의 시킴월에서 꾸밈말로 쓰이지만 내재적으로는 부정의 시킴월로 해석되는 특성을 보인다.

> (92) ㄱ. 밥 좀 **작작** 먹어라.
> ㄴ. 농담도 **작작** 해라.
> ㄷ. 어머님 속을 **작작** 썩여라.

(92)는 긍정의 시킴월이지만 내재적으로는 (93)과 같이 부정의 시킴월로 해석된다.

> (93) ㄱ. [밥을 **지나치게** 먹**지 마라.**]
> ㄴ. [농담도 **지나치게** 하**지 마라.**]

---

180) '함께함'이 아니라 '시킴'의 수행력을 나타내는 경우에는 적격한 월이 된다.

ㄷ. [어머님 속을 **지나치게** 썩이**지 마라.**]

(92)가 (93)과 같이 내재적으로는 부정의 시킴월로 해석되어 <남의 지나친 행동을 말림>의 특성을 가지기 때문에 '작작'은 부정의 시킴월에서 꾸밈말로 쓰이면 (94)와 같이 부적격한 월이 된다.

(94) ㄱ. *밥 좀 **작작** 먹**지 마라.**
ㄴ. *농담도 **작작** 하**지 마라.**
ㄷ. *어머님 속을 **작작** 썩이**지 마라.**

이와 같이 '작작'은 의미·화용적 특성에 따라 긍정의 시킴월에서 꾸밈말로 쓰이되, 내재적으로는 부정의 시킴월로 해석되게 하며, 부정의 시킴월은 가려잡지 않는 통사 특성을 나타낸다.

4.2. 모쪼록[181]

<될 수 있는 대로>의 뜻을 지닌 '모쪼록'은 (95)와 같이 주로 긍정이나 부정의 시킴월에서 꾸밈말로 쓰인다.

(95) ㄱ. **모쪼록** 몸조심하여라.
ㄴ. **모쪼록** 제 성의를 거절하지 마시오.

'모쪼록'이 (96)과 같이 대다수의 서술월이나 물음월, 함께함월에서 꾸밈말로 쓰이면 부적격한 월이 되는 것으로 보아, '모쪼록' 자체가 의향법에 제약을 일으키는 요소임이 확실하다.

---

181) '아무쪼록'은 뜻과 쓰임에서 '모쪼록'과 별 차이를 보이지 않는다.

(96) ㄱ. *모두 **모쪼록** 몸조심한다.
　　 ㄴ. *모두 **모쪼록** 몸조심하니?
　　 ㄷ. *모두 **모쪼록** 몸조심하자.

(96)에서 '모쪼록'이 삭제되면 모두 적격한 월이 되지만 '모쪼록'이 꾸 밈말로 쓰임으로 말미암아 부적격한 월이 되었다. 이를 통해 '모쪼록'이 의향법에 제약을 일으키는 통사적 특성을 지니고 있음이 확인된다.

대다수의 서술월에서 '모쪼록'이 꾸밈말로 쓰일 수 없지만, 일부 기원 이나 희망을 나타내는 서술월에서는 (97)과 같이 꾸밈말로 쓰이더라도 적격한 월이 된다.

(97) ㄱ. **모쪼록** 건강에 유의하시**기 바랍니다**.
　　 ㄴ. **모쪼록** 많은 학생들이 공부에 재미를 느꼈으**면 좋겠다**.
　　 ㄷ. **모쪼록** 좋은 성과가 있어야 **합니다**.

(97)은 형식상 서술월에 해당하지만 내용적으로는 시킴월의 수행력을 가지는 것으로 보인다. 곧 형식상 서술월이더라도 기원이나 희망 등 시 킴월의 수행력을 지닌 경우에 한하여 '모쪼록'이 꾸밈말로 쓰일 수 있다.

이와 같이 '모쪼록'은 시킴월을 가려잡으며, 기원이나 희망을 나타내는 일부 서술월에서 꾸밈말로 쓰일 수 있는 통사적 특성을 지닌다.

4.3. 부디[182]

<바라건대. 꼭. 아무쪼록>의 뜻을 지닌 '부디'는 앞에서 살핀 '모쪼록'

---

182) '부디부디'는 '부디'를 강조하는 어찌씨로, '부디'가 같은 꼴로 되풀이되어 결합과정 을 거쳐 만들어진 합성 어찌씨이다. 쓰임은 '부디'와 같다.

과 유의 관계에 있으며, 용법에서도 그리 차이가 나지 않는다. '부디'도 (98)과 같이 긍정이나 부정의 시킴월에서 꾸밈말로 쓰인다.

(98) ㄱ. **부디** 감기에 조심하십시오.
ㄴ. **부디** 이번 기회를 놓치지 마십시오.

'부디'가 (99)와 같이 대다수의 서술월이나 물음월, 함께함월에서 꾸밈말로 쓰이면 부적격한 월이 되는 것으로 보아, '부디' 자체가 의향법에 제약을 일으키는 요소임이 확실하다.

(99) ㄱ. *철수는 **부디** 감기에 조심한다.
ㄴ. *철수는 **부디** 감기에 조심하나?
ㄷ. ***부디** 감기에 조심하자.

(99)에서 '부디'가 삭제되면 모두 적격한 월이 되지만 '부디'가 꾸밈말로 쓰임으로 말미암아 부적격한 월이 되었다. 이를 통해 '부디'가 의향법에 제약을 일으키는 통사적 특성을 지니고 있음이 확인된다.

대다수의 서술월에서 '부디'가 꾸밈말로 쓰일 수 없지만, 일부 기원이나 희망을 나타내는 서술월에서는 (100)과 같이 꾸밈말로 쓰이더라도 적격한 월이 된다.

(100) ㄱ. **부디** 잘 살기 **바라네**.
ㄴ. 이번 모임에 **부디** 참석해 주시면 **좋겠습니다**.
ㄷ. **부디** 잘 살아야 **한다**.

(100)은 형식상 서술월에 해당하지만 내용적으로는 시킴월의 수행력을 가지는 것으로 보인다. 곧 형식상 서술월이더라도 기원이나 희망 등

시킴월의 수행력을 지닌 경우에 한하여 '부디'가 꾸밈말로 쓰일 수 있다.

이와 같이 '부디'는 시킴월을 가려잡으며, 기원이나 희망을 나타내는 일부 서술월에서 꾸밈말로 쓰일 수 있는 통사적 특성을 지닌다.

4.4. 원(願)컨대[183]

<바라건대>의 뜻을 지닌 '원컨대'는 앞에서 살핀 '모쪼록. 부디'와 마찬가지로 주로 긍정이나 부정의 시킴월에서 꾸밈말로 쓰인다.

> (101) ㄱ. **원컨대** 빠른 시일 안에 답장을 주십시오.
> ㄴ. **원컨대** 옛날의 정분을 잊지 마십시오.

'원컨대'가 (102)와 같이 대다수의 서술월이나 물음월, 함께함월에서 꾸밈말로 쓰이면 부적격한 월이 되는 것으로 보아, '원컨대' 자체가 의향법에 제약을 일으키는 요소임이 확실하다.

> (102) ㄱ. ***원컨대** 이제부터는 사업에 전념합니다.
> ㄴ. ***원컨대** 이제부터는 사업에 전념합니까?
> ㄷ. **원컨대** 이제부터는 사업에 전념합시다.

대다수의 서술월에서 '원컨대'가 꾸밈말로 쓰일 수 없지만, 일부 기원이나 희망을 나타내는 서술월에서는 (103)과 같이 꾸밈말로 쓰이더라도 적격한 월이 된다.

---

183) 사전류에서 '원컨대'를 '바라건대'와 같은 뜻으로 풀이하였다. '바라건대'가 어찌씨로 올림말에 올라 있는 사전으로는 『고려대한국어대사전』이 있다.

(103) ㄱ. **원컨대** 선생님의 지도를 받고 **싶습니다**.

ㄴ. **원컨대** 이제부터는 정신을 차리시기 **바랍니다**.

ㄷ. **원컨대** 이번 모임에는 꼭 참석하셔야 **합니다**.

이와 같이 '원컨대'는 시킴월을 가려잡으며, 기원이나 희망을 나타내는 일부 서술월에서 꾸밈말로 쓰일 수 있는 통사적 특성을 지닌다.

4.5. 제발[184)

<간절히 바라건대>의 뜻을 지닌 '제발'도 앞에서 살핀 '모쪼록. 부디. 원컨대'와 마찬가지로 주로 긍정이나 부정의 시킴월에서 꾸밈말로 쓰인다.

(104) ㄱ. **제발** 신중하게 행동해라.

ㄴ. **제발** 쓸데없이 나서지 마라.

'제발'이 (105)와 같이 대다수의 서술월이나 물음월, 함께함월에서 꾸밈말로 쓰이면 부적격한 월이 되는 것으로 보아, '제발' 자체가 의향법에 제약을 일으키는 요소임이 확실하다.

(105) ㄱ. *철수가 **제발** 신중하게 행동한다.

ㄴ. *철수가 **제발** 신중하게 행동하니?

ㄷ. ***제발** 신중하게 행동하자.[185)

---

184) '제발'은 이름씨처럼 '이다' 앞에 놓여, <요청하는 것이 간절함>을 나타내거나(**제발**이지, 다시는 이런 일이 일어나지 않기를 바랍니다.), <거절하거나 하고 싶지 않음>을 나타내기도 한다(이제 술이라면 **제발**일세.).『고려대한국어대사전』

185) 함께함월인 경우에 부적격한 월이 되는 것이 원칙이지만, 시킴월의 수행력을 나타내면 적격한 월이 된다.

(105)에서 '제발'이 삭제되면 모두 적격한 월이 되지만 '제발'이 꾸밈말로 쓰임으로 말미암아 부적격한 월이 되었다. 이를 통해 '제발'이 의향법에 제약을 일으키는 통사적 특성을 지니고 있음이 확인된다.

대다수의 서술월에서 '제발'이 꾸밈말로 쓰일 수 없지만, 일부 기원이나 희망을 나타내는 서술월에서는 (106)과 같이 꾸밈말로 쓰이더라도 적격한 월이 된다.

(106) ㄱ. 내일은 **제발** 비가 왔으면 **좋겠다**.
ㄴ. **제발** 제 이야기를 들어주시기 **바랍니다**.
ㄷ. **제발** 무사히 돌아와야 **한다**.

이와 같이 '제발'은 주로 시킴월을 가려잡으며, 기원이나 희망을 나타내는 일부 서술월에서 꾸밈말로 쓰일 수 있는 통사적 특성을 지닌다.

5. 함께함월과 시킴월을 가려잡는 어찌씨의 통사 특성

의향법에 제약을 가하는 어찌씨 중에 함께함월과 시킴월은 가려잡으나 서술월과 물음월은 가려잡지 않는 어찌씨는 극히 드물다. '어서'와 이의 힘줌말로, '어서'가 같은 꼴로 되풀이되어 생산된 합성 어찌씨 '어서어서'가 있다. '어서'와 '어서어서'는 용법이 같고 <강조>를 제외하고는 의미 차이가 나지 않기 때문에 '어서'에 국한하여 논의하기로 한다.

'어서'는 <①(일이나 행동을 서둘러 하기를 재촉하는 말로) 지체 없이 빨리. ②(반갑게 맞아들이거나 간절히 권하는 말로) 조금도 거리낌 없이>의 뜻을 지닌다. ②의 '어서'는 주로 시킴월을 가려잡는다. 상대방을 반갑게 맞아들이거나 간절히 권하는 데 쓰이는 화용적 특성 때문에 (107)과 같이 시킴월에서 꾸밈말로 쓰이는 제약이 있다.

(107) ㄱ. **어서** 오십시오.
ㄴ. **어서** 드십시오.

①의 '어서'는 말할이가 상대방에게 혹은 상대방과 함께 일이나 행동을 서둘러 하기를 재촉하는 화용적 특성을 가지기 때문에 시킴월과 함께함월에서 꾸밈말로 쓰일 수 있다.

(108) ㄱ. **어서** 대답해라.
ㄴ. **어서** 갑시다.

이와 같이 '어서'는 의미 특성상 함께함월과 시킴월을 가려잡으며, 일반적으로 서술월과 물음월에서 '어서'가 꾸밈말로 쓰이게 되면 (109)와 같이 부적격한 월이 된다.

(109) ㄱ. *나는 **어서** 학교에 간다.
ㄴ. *철수는 **어서** 학교에 가니?

(109)에서 '어서'가 삭제되면 적격한 월이 된다. '어서'가 꾸밈말로 쓰였기 때문에 (109)가 부적격한 월이 되었다. 따라서 '어서'가 의향법에 영향을 미쳐 서술월과 물음월을 가려잡지 않고 함께함월과 시킴월을 가려잡는 통사적 특성을 지니고 있음이 증명된다.
'어서'는 주로 함께함월과 시킴월을 가려잡지만, (110)과 같이 일부 서술월을 기려잡기도 한다. 형식상 서술월이지만 내재적으로 함께함월과 시킴월의 수행력을 가진 월에서 꾸밈말로 쓰인다.

(110) ㄱ. **어서** 빨리 도망을 가야겠다.

ㄴ. 기차 시간이 다 되었으니 **어서** 서둘러야지.

(110)은 형식상 서술월이지만 내재적으로 (111)과 같이 함께함월과 시킴월로 이해되기 때문에 '어서'가 함께함월과 시킴월을 가려잡는다는 전제는 유효하다.

(111) ㄱ. [빨리 도망을 가거라./가자]

ㄴ. [기차 시간이 다 되었으니 빨리 서둘러라./서두르자.]

그러나 '어서'가 특수한 경우 형식상으로만이 아니라 내재적으로도 서술월로 이해되는 월에서 꾸밈말로 쓰이기도 한다. (112)와 같이 '-어야 하다', '-으면 좋겠다', '-고 싶다' 등의 월에서 제한적으로 쓰인다.

(112) ㄱ. 우리도 **어서** 통일을 이루어야 한다.

ㄴ. **어서** 통일이 되었으면 좋겠다.

ㄷ. 나도 **어서** 아빠가 되고 싶다.

주로 함께함월과 시킴월에서 꾸밈말로 쓰이는 '어서'가 형식상으로 부정의 물음월이지만 내재적으로 반대의 뜻을 지닌 시킴월로 이해되는, 반어법을 실현하는 물음월에서 꾸밈말로 쓰이기도 한다.

(113) ㄱ. **어서** 가지 못하니?/못 가니?

ㄴ. **어서** 그 애를 붙잡지 못하니?/못 붙잡니?

(113)은 형식상으로는 능력 부정의 물음월이지만 내재적으로는 긍정의 시킴월로 이해된다. (113)의 내재적 의미를 다시 쓰면 (114)와 같다.

(114) ㄱ. [어서 가라.]

  ㄴ. [어서 그 애를 붙잡아라.]

'어서'가 반어법을 실현하는 물음월에서 꾸밈말로 쓰일 때에는 주로 부정 물음월 중 능력 부정인 경우에 한하여 적격하게 쓰일 수 있다. 곧 일반적으로 단순 부정인 경우에는 '어서'가 꾸밈말 쓰이면 부적격한 월이 된다. 능력 부정 물음월인 (113)을 단순 부정 물음월로 바꾸면 (115)와 같이 부적격한 월이 됨을 통해 이를 확인할 수 있다.

(115) ㄱ. ***어서** 가지 않니?/안 가니?

  ㄴ. ***어서** 그 애를 붙잡지 않니?/안 붙잡니?

일반적으로 단순 부정 물음월인 경우 (115)와 같이 부적격한 월이 되지만 '-고' 등 극히 일부 물음법 씨끝인 경우 적격한 월이 되기도 한다.

(116) ㄱ. **어서** 가지 않고?/안 가고?

  ㄴ. **어서** 그 애를 붙잡지 않고?/안 붙잡고?

(116)은 형식상으로는 물음월이지만 내재적으로는 (114)로 해석되어 긍정의 시킴월로 이해된다.

(116)에서의 '-고'는 물음법 씨끝으로 쓰였지만 본디 이음씨끝이었던 것이 뒷마디가 삭제되어 마침씨끝으로 전용된 것으로 보인다. 뒷마디를 상정하여 보완하면 (117)과 같을 것이다.

(117) ㄱ. **어서** 가지 않고?/안 가고 (**뭘 해**)?

  ㄴ. **어서** 그 애를 붙잡지 않고?/안 붙잡고 (**무얼 꾸물거려**)?

위에서 살핀 바와 같이, '어서'는 의미 특성상 주로 함께함월과 시킴월을 가려잡아 꾸밈말로 쓰이는 통사적 특성을 보인다. 서술월인 경우에 함께함월과 시킴월로 이해되는 수사 물음월이나 특수한 월 짜임새에서 꾸밈말로 쓰이기도 한다. 형식상 능력 부정의 물음월이지만 내재적으로 긍정의 시킴월로 이해되는, 반어법을 실현하는 물음월에서도 꾸밈말로 쓰일 수 있다.

6. 서술월과 물음월을 가려잡는 움직씨 꾸밈 어찌씨의 통사 특성

움직씨 꾸밈 어찌씨는 원칙적으로 의향법에 제약을 가하지 않는다. 대체로 풀이말이 움직씨인 월은 서술월, 물음월, 함께함월, 시킴월을 가리지 않기 때문에 움직씨로 이루어진 풀이말을 꾸미는 어찌씨도 의향법 제약을 가하지 않고 모든 월에서 꾸밈말로 쓰일 수 있다. 그러나 일부 움직씨 꾸밈 어찌씨는 의향법에 제약을 가하여 서술월과 물음월만 가려잡는다. 이에 속하는 어찌씨로는 '곧잘', '그래서', '그래야', '여태', '이제껏/이제야', '지금껏', '이때껏', '막', '아까', '아직껏', '벌써', '이미', '고작', '감히', '드디어', '비로소', '으레', '결국', '저절로' 따위가 있다. 이들 어찌씨에 관하여 통사적 특성을 살피기로 한다.

6.1. 곧잘

'곧'과 '잘'이 결합과정을 거쳐 생산된 합성 어찌씨 '곧잘'은 <①제법

잘. ②가끔 잘>의 뜻을 가지고 움직씨를 꾸미는 기능을 한다. (118)에서
ㄱ의 '곧잘'은 ①의 뜻이고, ㄴ의 '곧잘'은 ②의 뜻이다.

(118) ㄱ. 그 친구는 운동을 **곧잘** 한다.
ㄴ. 나도 야구장에 **곧잘** 간다.

'곧잘'이 합성되기 전 밑말인 '곧'과 '잘'도 움직씨를 꾸미는 어찌씨이
지만 이들은 의향법에 제약을 일으키지 않는다. <시간적인 간격을 두지
않고 바로>의 뜻을 지닌 '곧'은 (119)와 같이 모든 의향법의 월에서 꾸
밈말로 쓰일 수 있어 의향법 제약 어찌씨에 해당하지 않는다.

(119) ㄱ. 나는 **곧** 학교에 간다.
ㄴ. 철수가 **곧** 학교에 가니?
ㄷ. **곧** 학교에 가자.
ㄹ. **곧** 학교에 가거라.

<익숙하고 능란하게>의 뜻을 지닌 '잘'도 (120)과 같이 모든 의향법의
월에서 꾸밈말로 쓰일 수 있어 의향법 제약 어찌씨에 해당하지 않는다.

(120) ㄱ. 철수가 운동을 **잘** 한다.
ㄴ. 철수가 운동을 **잘** 하니?
ㄷ. 운동을 **잘** 하자.
ㄹ. 운동을 **잘** 해라.

이와 같이 '곧'과 '잘'은 움직씨 꾸밈 어찌씨로 의향법에 제약이 없이
움직씨로 이루어진 풀이말을 꾸밀 수 있지만, '곧'과 '잘'을 밑말로 생산
된 '곧잘'은 (121)과 같이 의향법에 제약을 가하여 서술월과 물음월을 가

려잡고 함께함월과 시킴월은 가려잡지 않는다.

(121) ㄱ. 철수가 운동을 **곧잘** 한다.
　　ㄴ. 철수가 운동을 **곧잘** 하니?
　　ㄷ. *운동을 **곧잘** 하자.
　　ㄹ. *운동을 **곧잘** 해라.

(121)에서 '곧잘'이 삭제되면 모두 적격한 월이 되지만, '곧잘'이 꾸밈말로 쓰임으로 말미암아 ㄷ과 ㄹ이 부적격한 월이 되었다. 따라서 '곧잘'이 함께함월과 시킴월을 가려잡지 않고 서술월과 물음월만을 가려잡게 하게 요소임이 분명하다.

'곧잘'은 움직씨 꾸밈 어찌씨이지만 서술월과 물음월만을 가려잡는 통사적 특성을 지니는데, 이와 같은 제약은 '곧잘'의 의미 특성으로 말미암는 것으로 보인다.

6.2. 그래서[186)]

대다수의 이음어찌씨는 의향법에 제약을 가하지 않는다. 예컨대 <(앞의 내용이 뒤의 내용의 이유나 근거 따위로 이어 주는 말로) 그러한 이유로. 그러한 근거로>의 뜻을 지닌 '그러므로'는 (122)와 같이 서술월, 물음월, 함께함월, 시킴월에서 쓰일 수 있어 의향법에 제약을 가하지 않는다.

---

186) '그래서'는 어찌씨 밖에 '그러하다'와 '그리하다'의 끝바꿈꼴 '그러하여서'와 '그리하여서'가 줄어든 말이 있다.
　　사정이 **그래서**(그러하여서) 못 왔습니다.
　　철수가 **그래서**(그리하여서) 순이가 화를 냈다.

(122) ㄱ. 비가 온다. **그러니까** 우산을 가지고 간다.
ㄴ. 비가 온다. **그러니까** 우산을 가지고 가니?
ㄷ. 비가 온다. **그러니까** 우산을 가지고 가자.
ㄹ. 비가 온다. **그러니까** 우산을 가지고 가거라.

'그러니까'와 용법과 의미가 비슷한 <(앞의 내용이 뒤의 내용의 원인이나 근거, 조건 따위로 이어 주는 말) 그러한 이유에서. 그렇게 해서>의 뜻을 지닌 '그래서'는 서술월과 물음월을 가려잡지만 함께함월과 시킴월은 가려잡지 않는다. (122)에서 어찌씨 '그러니까'를 '그래서'로 바꾸면 (123)과 같이 함께함월과 시킴월은 부적격한 월이 된다.

(123) ㄱ. 비가 온다. **그래서** 우산을 가지고 간다.
ㄴ. 비가 온다. **그래서** 우산을 가지고 가니?
ㄷ. *비가 온다. **그래서** 우산을 가지고 가자.
ㄹ. *비가 온다. **그래서** 우산을 가지고 가거라.

(123)에서 '그래서'가 삭제되면 ㄷ과 ㄹ도 적격한 월이 되지만, '그래서'가 꾸밈말로 쓰임으로 말미암아 ㄷ과 ㄹ이 부적격한 월이 되었다. 따라서 '그래서'가 함께함월과 시킴월을 가려잡지 않고 서술월과 물음월만을 가려잡게 하게 요소임이 분명하다.[187)]

'그래서'는 의미 특성상 서술월과 물음월만을 가려잡는 통사적 특성을 지니며, 앞 월이나 상대방의 발화를 전제하는 경우에 사용되는 화용적 특성을 가진다.

---

187) 이유나 원인을 나타내는 이음씨끝 '-니까'와 '-어서'에서도 마찬가지로 '-니까'는 의향법 제약이 없고, '-어서'는 서술법과 물음법만 가려잡는다.

6.3. 그래야[188]

<①(앞에서 말한 내용이 뒤에서 말할 내용의 조건이 됨을 나타내어) 그렇게 하여야. ②아무리 그렇다고 하더라도. 또는 그렇게 해 보아야>의 뜻을 지닌 '그래야'도 '그래서'와 마찬가지로 서술월과 물음월을 가려잡지만 함께함월과 시킴월은 가려잡지 않는다.

(124) ㄱ. 비가 온다. **그래야** 우산을 가지고 간다.
ㄴ. 비가 온다. **그래야** 우산을 가지고 가니?
ㄷ. *비가 온다. **그래야** 우산을 가지고 가자.
ㄹ. *비가 온다. **그래야** 우산을 가지고 가거라.

(124)에서 '그래야'가 삭제되면 ㄷ과 ㄹ도 적격한 월이 되지만, '그래야'가 꾸밈말로 쓰임으로 말미암아 ㄷ과 ㄹ이 부적격한 월이 되었다. 따라서 '그래야'가 함께함월과 시킴월을 가려잡지 않고 서술월과 물음월만을 가려잡게 하게 요소임이 분명하다.

'그래야'는 의미 특성상 서술월과 물음월만을 가려잡는 통사적 특성을 지니며, 앞 월이나 상대방의 발화를 전제하는 경우에 사용되는 화용적 특성을 가진다.

---

188) 『표준국어대사전』에는 '그래야'가 어찌씨로 올라 있지 않다. '그래야'는 어찌씨 밖에 '그러하다'와 '그리하다'의 끝바꿈꼴 '그러하여야'와 '그리하여야'가 줄어든 말이 있다.
성적이 **그래야**(그러하여야) 일류대학에 간다.
네가 **그래야**(그리하여야) 동생도 잘 따른다.

6.4. 여태[189]

의향법 중에 서술법과 물음법은 시간과 관련된 제약이 없다. 현재건 과거건 미래건 사건을 서술하거나 물을 수 있기 때문이다. 그러나 함께 함법과 시킴법은 시간과 관련된 제약이 있다. 함께함법은 말할이가 현재 나 앞으로의 행동을 들을이와 함께 하기를 요구하고, 시킴법법은 들을이 가 하기를 요구하기 때문에 때 어찌씨에도 제약이 따른다. 함께함월과 시킴월에서는 현재 이전이나 현재까지의 시간을 의미하는 어찌씨는 꾸 밈말로 쓰일 수 없다. 현재나 앞으로의 시간을 의미하는 어찌씨만 꾸밈 말로 쓰일 수 있는 제약이 있다. 곧 시킴이나 함께함은 현재나 앞으로의 일에만 가능하기 때문이다.

<지금에 이르기까지. 이때까지>의 뜻을 지닌 '여태'는 현재 이전부터 지금에 이르기까지의 의미 특성 때문에 (125)와 같이 서술월과 물음월에 서는 꾸밈말로 쓰일 수 있지만, 함께함월과 시킴월에서는 꾸밈말로 쓰일 수 없다.

(125) ㄱ. 철수가 **여태** 기다리고 있다.
 ㄴ. 철수가 **여태** 기다리고 있나?
 ㄷ. ***여태** 기다리고 있자.
 ㄹ. ***여태** 기다리고 있어라.

현재나 앞으로의 시간을 의미하는 어찌씨는 함께함월과 시킴월에서 꾸밈말로 쓰일 수 있기 때문에 (125)에서 때 어찌씨를 '지금'으로 교체하

---

189) '여태'에 어찌씨 파생가지 '-껏'이 결합하여 생산된 파생 어찌씨 '여태껏'은 '여태'를 강조하는 말이다. '여태'와 '여태껏'은 강조의 차이 밖에 뜻과 쓰임에서 별다른 차 이가 없다.

면 (126)과 같이 모두 적격한 월이 된다.

    (126) ㄱ. 철수가 **지금** 기다리고 있다.
        ㄴ. 철수가 **지금** 기다리고 있나?
        ㄷ. **지금** 기다리고 있자.
        ㄹ. **지금** 기다리고 있어라.

  (125)와 (126)을 통해 의향법이 때 어찌씨를 가려잡는 데 영향을 미치지만, 반대로 때 어찌씨가 의향법을 가려잡는 데 관여하는 것으로 볼 수 있다. 곧 '지금'은 의향법에 영향을 미치지 않지만 '여태'는 의미 특성상 의향법 중에 서술법과 물음법만 가려잡아 서술월과 물음월에서 꾸밈말로 쓰이는 통사적 특성을 지니는 것으로 본다. 또한 때매김 씨끝 중에서 주로 '-었-'과 어울려 쓰인다.

6.5. 이제껏/이제야

  <①바로 지금. ②지금부터 앞으로>의 뜻을 지닌 어찌씨 '이제'에 파생가지 '-껏'이 결합되어 <지금에 이르기까지>의 뜻을 지닌 파생 어찌씨 '이제껏'이 생산되었다. 또한 도움토씨 '야가 결합되어 <이때에 이르러서야 비로소>의 뜻을 지닌 '이제야'가 만들어졌다.
  '이제'는 의미 특성상 지금이나 앞으로의 시간과 관계되기 때문에 (127)과 같이 당연히 모든 의향법의 월에서 꾸밈말로 쓰일 수 있다.

    (127) ㄱ. 철수가 **이제** 학교에 간다.
        ㄴ. 철수가 **이제** 학교에 가니?
        ㄷ. **이제** 학교에 가자.

ㄹ. **이제** 학교에 가거라.

'이제껏'은 과거에서부터 지금에 이르기까지의 시간과 관계되기 때문에 현재나 앞으로의 시간과 관련을 맺는 함께함월과 시킴월에서는 꾸밈말로 쓰일 수 없는 제약이 따른다.

(128) ㄱ. 철수가 **이제껏** 친구를 기다리고 있다.
　　　ㄴ. 철수가 **이제껏** 친구를 기다리고 있니?
　　　ㄷ. ***이제껏** 친구를 기다리고 있자.
　　　ㄹ. ***이제껏** 친구를 기다리고 있어라.

(128)에서 '이제껏'이 삭제되면 모두 적격한 월이 되지만 '이제껏'이 꾸밈말로 쓰여 ㄷ과 ㄹ이 부적격한 월이 되었기 때문에 '이제껏'이 서술월과 물음월만을 가려잡는 요소임이 분명하다.

'이제야'도 과거부터 지금에 이르러서의 시간관 관련되기 때문에 '이제껏'과 마찬가지로 서술월과 물음월만을 가려잡고 함께함월과 시킴월을 가려잡지 않는 통사적 특성을 가진다.

(129) ㄱ. 철수가 **이제야** 방학 숙제를 한다.
　　　ㄴ. 철수가 **이제야** 방학 숙제를 하니?
　　　ㄷ. ***이제야** 방학 숙제를 하자.
　　　ㄹ. ***이제야** 방학 숙제를 해라.

이와 같이 '이제껏'과 '이제야'는 의미적 특성상 서술월과 물음월만을 가려잡을 뿐 함께함월과 시킴월은 가려잡지 않는 통사적 특성을 지닌다.

6.6. 지금껏

<바로 이제>의 뜻을 지닌 '지금'에 어찌씨 파생가지 '-껏'이 결합되어 <말하는 바로 이때에 이르기까지 내내>의 뜻을 지닌 파생 어찌씨 '지금껏'이 생산되었다. '지금껏'과 '이제껏'은 의미와 용법상 그리 차이가 나지 않는다.

'지금'은 현재의 시간과 관련되기 때문에 의향법 제약은 없다. '이제껏'과 마찬가지로 '지금껏'은 과거부터 현재에 이르기까지의 시간과 관련되기 때문에 (130)과 같이 서술월과 물음월만을 가려잡고 함께함월과 시킴월을 가려잡지 않는다.

(130) ㄱ. 철수가 **지금껏** 기다리고 있다.
　　　 ㄴ. 철수가 **지금껏** 기다리고 있나?
　　　 ㄷ. ***지금껏** 기다리고 있자.
　　　 ㄹ. ***지금껏** 기다리고 있어라.

이와 같이 '지금껏'은 의미적 특성상 서술월과 물음월만을 가려잡을 뿐 함께함월과 시킴월은 가려잡지 않는 통사적 특성을 지닌다.

6.7. 이때껏

<바로 지금의 때>의 뜻을 지닌 이름씨 '이때'에 어찌씨 파생가지 '-껏'이 결합하여 <지금에 이르기까지>의 뜻을 지닌 파생 어찌씨 '이때껏'이 생산되었다. '이때껏'은 앞에서 살핀 '여태껏', '이제껏', '지금껏'과 의미와 용법에서 별다른 차이를 보이지 않는다.

'이때껏'도 과거부터 현재에 이르기까지의 시간과 관련되기 때문에 (131)과 같이 서술월과 물음월만을 가려잡고 함께함월과 시킴월을 가려잡지 않는다.

(131) ㄱ. 철수가 **이때껏** 공부하고 있다.
ㄴ. 철수가 **이때껏** 공부하고 있니?
ㄷ. *이때껏 공부하고 있자.
ㄹ. *이때껏 공부하고 있어라.

이와 같이 '이때껏'은 의미적 특성상 서술월과 물음월만을 가려잡을 뿐 함께함월과 시킴월은 가려잡지 않는 통사적 특성을 지닌다.

6.8. 막[190]

<바로 지금>의 뜻을 지닌 '막'은 의미 특성상 동작이 현재 바로 완결됨을 나타내기 때문에 주로 완결을 뜻하는 '-었-'과 어울려 쓰인다.

(132) ㄱ. 내가 역에 도착하자 기차가 **막** 떠나고 있**었**다.
ㄴ. 아이가 **막** 잠이 들**었**니?

'막'은 의미 특성상 동작이 현재 바로 완결됨을 나타냄으로 말미암아 함께함월과 시킴월은 가려잡지 않고 서술월과 물음월만을 가려잡는다.

---

190) 꼴 같고 뜻 다른 말로 <앞뒤를 가리지 않고 함부로>의 '막'이 있다. '마구'의 준말로 의향법에 제약이 없어 서술월, 물음월, 함께함월, 시킴월에서 꾸밈말로 쓰일 수 있다.
ㄱ. 철수가 책상을 막 부순다.
ㄴ. 철수가 책상을 막 부수니?
ㄷ. 책상을 막 부수자.
ㄹ. 책상을 막 부수어라.

'막'이 함께함월과 시킴월에서 꾸밈말로 쓰이게 되면 (133)과 같이 부적격한 월이 된다.

> (133) ㄱ. ***막** 집에 가자.
> ㄴ. ***막** 집에 가거라.

이와 같이 '막'은 의미 특성상 서술월과 물음월만을 가려잡을 뿐 함께함월과 시킴월은 가려잡지 않는 통사적 특성을 지닌다. '막'이 현재 이전의 시간과 관련을 맺기 때문이다.

6.9. 아까[191]

<조금 전에>의 뜻을 지닌 '아까'는 의미 특성상 동작이나 상태가 현재의 발화 시점 이전에 이루어짐을 나타내기 때문에 주로 '-었-'과 어울려 쓰인다.

> (134) ㄱ. 철수가 **아까** 학교에 **갔**다.
> ㄴ. **아까** 내가 너무 미안**했**다.

(134)에서와 같이 '아까'는 움직씨와 그림씨를 수식할 수 있다. 그림씨로 이루어진 풀이말을 꾸미는 경우에 함께함월과 시킴월은 가려잡을 수 없음은 일반적 제약이다. 움직씨로 이루어진 풀이말을 꾸미는 경우에 일

---

191) 꼴 같고 뜻 다른 말로 <조금 전>의 뜻을 지닌 이름씨 '아까'가 있다. 이름씨 '아까' 뒤에는 토씨가 결합될 수 있는 점에서 어찌씨 '아까'와 차이를 보인다. 아래 보기에서의 '아까'가 이름씨에 해당한다.
아까의 내 말은 잊어버려.
지금의 내 생각도 **아까와** 같다.

반적으로 의향법 제약이 일어나지 않지만, '아까'의 경우 서술월과 물음월만 가려잡는다. (134)는 '아까'가 서술월에서 꾸밈말로 쓰였으며, (135)는 물음월에서 꾸밈말로 쓰인 보기이다.

(135) ㄱ. 철수가 **아까** 학교에 **갔**니?
ㄴ. **아까** 너무 피곤**했**니?

'아까'가 움직씨로 이루어진 풀이말을 꾸밀지라도 함께함월과 시킴월은 가려잡지 않기 때문에 (136)은 부적격한 월에 해당한다.

(136) ㄱ. ***아까** 학교에 가자.
ㄴ. ***아까** 학교에 가거라.

이와 같이 '아까'는 의미 특성상 움직씨로 이루어진 풀이말을 꾸미더라도 서술월과 물음월만 가려잡는 통사적 특성을 가진다.

6.10. 아직껏

<①(때가 되지 못하였거나 이르지 못하여) 미처. ②변함없이 지금도. 계속하여 지금도>의 뜻을 지닌 '아직'에 어찌씨 파생가지 '-껏'이 결합하여 <①아직까지. ②지금에 이르기까지>의 뜻을 지닌 파생 어찌씨 '아직껏'이 생산되었다. '아직껏'은 '아직'을 강조하는 말에 해당하지만, 용법에서 약간의 차이를 보인다. ①의 뜻인 '아직'은 부정의 월을 가려잡아 부정법에서 제약이 따르지만192) 의향법에서는 (137)과 같이 제약이 없다.

---

192) <변함없이 지금도. 계속하여 지금도>의 뜻인 '아직'은 다음 보기와 같이 긍정의

(137) ㄱ. 철수가 **아직** 밥을 **안** 먹는다.

　　ㄴ. 철수가 **아직** 밥을 **안** 먹니?

　　ㄷ. **아직** 밥을 먹**지 말**자.

　　ㄹ. **아직** 밥을 먹**지 마**라.

　'아직'은 발화시인 현재와 관계되기 때문에 의향법에 제약이 없지만 '아직껏'은 발화시 이전부터 지금에 이르기까지의 시간과 관련을 맺기 때문에 서술월과 물음월만 가려잡을 뿐 함께함월과 시킴월은 가려잡지 않는다. 따라서 (137)에서 '아직'을 '아직껏'으로 교체하면 (138)과 같이 ㄷ과 ㄹ은 부적격한 월이 된다.

(138) ㄱ. 철수가 **아직껏** 밥을 **안** 먹는다.

　　ㄴ. 철수가 **아직껏** 밥을 **안** 먹니?

　　ㄷ. ***아직껏** 밥을 먹**지 말**자.

　　ㄹ. ***아직껏** 밥을 먹**지 마**라.

　②의 뜻인 '아직껏'은 긍정의 서술월과 물음월에서 꾸밈말로 쓰일 수 있지만, 발화시 이전부터 지금에 이르기까지의 시간과 관련을 맺는 의미 특성상 함께함월과 시킴월은 가려잡지 않는다.

(139) ㄱ. 철수가 **아직껏** 밥을 먹고 있다.

　　ㄴ. 철수가 **아직껏** 밥을 먹고 있니?

　　ㄷ. ***아직껏** 밥을 먹고 있자.

　　ㄹ. ***아직껏** 밥을 먹고 있어라.

서술월과 물음월에서도 꾸밈말로 쓰이기도 한다.

철수는 **아직** 서울에 있다.

철수는 **아직** 자고 있니?

'아직'은 함께함월과 시킴월인 경우 부정의 월에서만 꾸밈말로 쓰인다.

이와 같이 ①의 뜻인 '아직껏'은 의미 특성상 부정의 서술월과 물음월만 가려잡고, ②의 뜻인 '아직껏은 긍정이나 부정의 서술월과 물음월을 가려잡지만 함께함월과 시킴월은 가려잡지 않는 통사적 특성을 가진다.

6.11. 벌써

<①이미 오래 전에. ②예상보다 빠르게>의 뜻을 지닌 '벌써'는 뜻에 따라 용법에서 차이를 보인다. ①의 뜻인 경우에는 '-었-'과 어울려 쓰인다.

(140) ㄱ. 해뜨기 전에 철수가 **벌써** 떠났다.
ㄴ. *해뜨기 전에 철수가 **벌써** 떠난다.
ㄷ. *해뜨기 전에 철수가 **벌써** 떠나겠다.

<이미 오래 전에>의 '벌써'는 어떤 일이나 동작이 일어난 시각이나 시기보다 앞서는 시간과 관련되기 때문에 '-었-'과만 어울릴 수 있다. 이런 의미 특성상 서술월과 물음월에서만 꾸밈말로 쓰일 수 있다.

(141) ㄱ. 해뜨기 전에 철수가 **벌써** 떠났니?
ㄴ. *해뜨기 전에 **벌써** 떠나자.
ㄷ. *해뜨기 전에 **벌써** 떠나라.

<이미 오래 전에>의 '벌써'는 서술월인 (140ㄱ)과 물음월인 (141ㄱ)에서는 꾸밈말로 적격하게 쓰였지만, 함께함월과 시킴월인 (141)의 ㄴ과 ㄷ은 부적격한 월이 되었다. (141)의 ㄴ과 ㄷ에서 '벌써'가 삭제되면 적격한 월이 되지만 '벌써'가 꾸밈말로 쓰여 부적격한 월이 되었기 때문에 '벌써'가 의향법을 가려잡는 통사적 특성을 지니는 요소임이 분명하다.

<예상보다 빠르게>의 '벌써'는 때매김에 제약을 받지 않아, (142)와 같이 '-었-'만이 아니라 현실, 미정, 회상의 때매김씨끝과도 어울릴 수 있다.

(142) ㄱ. 철수가 **벌써** 집에 오네.
ㄴ. 철수가 **벌써** 집에 왔네.
ㄷ. 철수가 **벌써** 집에 오겠네.
ㄹ. 철수가 **벌써** 집에 오더라.

<예상보다 빠르게>의 '벌써'도 의향법에 제약이 있다. 서술월과 물음월에서만 꾸밈말로 쓰이고 함께함월과 시킴월은 가려잡지 않다. 서술월인 (142)와 물음월인 (143ㄱ)은 적격한 월이 되지만 함께함월과 시킴월인 (143)의 ㄴ과 ㄷ은 부적격한 월이 되었음을 통해 확인된다.

(143) ㄱ. 철수가 **벌써** 집에 오니?
ㄴ. ***벌써** 집에 오자.
ㄷ. ***벌써** 집에 와라.

이와 같이 <예상보다 빠르게>의 '벌써'도 서술월과 물음월만을 가려잡는 통사적 특성을 지닌다.[193]

6.12. 이미

<(일이 다 끝나거나 지난 일임을 이를 때 쓰여) 일정한 시간보다 앞서>의 뜻을 지닌 '이미'는 <이미 오래 전에>의 뜻을 지닌 '벌써'와 의미와 용법에

---

[193] '벌써'에 토씨 '부터'가 결합되면 특수한 경우에 한하여 시킴월에서 꾸밈말로 쓰일 수 있다.
벌써부터 서두르지 마십시오.

서 별다른 차이가 없다. 따라서 '이미'도 '벌써'에서와 꼭 같은 이유로 '-었-'과만 어울릴 수 있으며, 서술월과 물음월에서만 꾸밈말로 쓰일 수 있다.

(144) ㄱ. 철수가 **이미** 학교에 갔다.
ㄴ. 철수가 **이미** 학교에 갔니?
ㄷ. ***이미** 학교에 가자.
ㄹ. ***이미** 학교에 가거라.

'이미'가 움직씨로 이루어진 꾸밈말을 꾸밀지라도 의미 특성상 함께함월과 시킴월은 가려잡지 않기 때문에 (144)의 ㄷ과 ㄹ은 부적격한 월이 되었다. ㄷ과 ㄹ에서 '이미'가 삭제되면 적격한 월이 되지만 '이미'가 꾸밈말로 쓰임으로 말미암아 부적격한 월이 되었기 때문에 '이미'가 함께함월과 시킴월은 가려잡지 않게 하는 요소임이 분명하다.

이와 같이 '이미'는 움직씨를 꾸미더라도 함께함월과 시킴월은 가려잡지 않는 통사적 특성을 지닌다.

6.13. 고작

<기껏 하여야>의 뜻을 지닌 '고작'은 움직씨나 잡음씨를 꾸민다. 움직씨로 이루어진 풀이말을 꾸미는 경우에 서술월과 물음월에서만 꾸밈말로 쓰일 수 있다.

(145) ㄱ. 아버지가 용돈으로 **고작** 천원을 준다.
ㄴ. 아버지가 용돈으로 **고작** 천원을 주니?
ㄷ. *용돈으로 **고작** 천원을 주자.
ㄹ. *용돈으로 **고작** 천원을 주어라.

'고작'은 말할이가 일에 대하여 따져 보거나 헤아려 보아 기대에 크게 미치지 못함을 나타내는 의미 특성으로 말미암아 함께함월과 시킴월은 가려잡지 않고 서술월과 물음월만을 가려잡는다. 곧 기대에 크게 미치지 못하는 것을 함께 하자고 요구하거나 들을이에게 시키는 것은 자연스럽지 않기 때문이다. (145)의 ㄷ과 ㄹ에서 '고작'을 삭제하면 적격한 월이 되지만 '고작'이 꾸밈말로 쓰여 부적격한 월이 되었기 때문에 '고작'이 함께함월과 시킴월은 가려잡지 않게 하는 요소임이 분명하다.

이와 같이 '고작'은 움직씨를 꾸미더라도 의미 특성상 서술월과 물음월만을 가려잡는 통사적 특성을 지닌다.

6.14. 감히

<①송구함을 무릅쓰고. ②주제넘게 함부로>의 뜻을 지닌 '감히'는 움직씨로 이루어진 풀이말을 꾸미는 경우에 서술월과 물음월에서만 꾸밈말로 쓰일 수 있다. ①의 뜻을 지닌 '감히'가 함께함월과 시킴월에서 꾸밈말로 쓰일 수 없음을 (146)에서 확인 할 수 있다.

(146) ㄱ. 제가 **감히** 아뢰겠습니다.
　　　ㄴ. 네가 **감히** 아뢰겠니?
　　　ㄷ. *우리가 **감히** 아뢰자.
　　　ㄹ. ***감히** 아뢰어라.

②의 뜻을 지닌 '감히'도 서술월과 물음월에서 꾸밈말로 쓰일 수 있을 뿐, 함께함월과 시킴월에서 꾸밈말로 쓰일 수 없음을 (147)에서 확인할 수 있다.

(147) ㄱ. 철수가 깡패에게 **감히** 대든다.

　　　ㄴ. 철수가 깡패에게 **감히** 대드니?

　　　ㄷ. *깡패에게 **감히** 대들자.

　　　ㄹ. *깡패에게 **감히** 대들어라.

(146)과 (147)에서 함께함월인 ㄷ과 시킴월인 ㄹ은 부적격한 월이지만, '감히'가 삭제되면 적격한 월이 된다. '감히'가 꾸밈말로 쓰여 부적격한 월이 되었기 때문에 '감히'가 함께함월과 시킴월은 가려잡지 않게 하는 요소임이 분명하다.

이와 같이 '감히'는 움직씨를 꾸미더라도 의미 특성상 서술월과 물음월만을 가려잡는 통사적 특성을 지닌다.

6.15. 드디어

<(여러 고비를 거친) 끝에 이르러. 그런 결과로. 마침내>의 뜻을 지닌 '드디어'는 움직씨로 이루어진 풀이말을 꾸미는 경우에 서술월과 물음월에서만 꾸밈말로 쓰일 수 있다.

(148) ㄱ. 철수가 **드디어** 취직을 하였다.

　　　ㄴ. 철수가 **드디어** 취직을 하였니?

움직씨로 이루어진 풀이말을 꾸미는 '드디어'는 (148)과 같이 의미 특성상 주로 '-었-'과 어울려 쓰인다. 미래의 일을 현실에서 이루어진 것으로 인식하여 표현하는 경우에는 (149)와 같이 현실법 월에서 꾸밈말로 쓰이기도 한다.

(149) ㄱ. 선영이는 **올 겨울에 드디어** 면사포를 쓴다.
ㄴ. **내일 드디어** 내 작품들이 전시된다.

'드디어'가 (149)와 같이 현실법 월에서 쓰일 수 있더라도 이미 이전부터 계속되던 것의 결과를 나타내기 때문에, 현재 및 그 이후의 일에 대하여 쓰일 수 있는 함께함월이나 시킴월에서는 꾸밈말로 쓰일 수 없다.

(150) ㄱ. ***내일 드디어** 내 작품들을 전시하자.
ㄴ. ***내일 드디어** 내 작품들을 전시해라.

(150)에서 '드디어'가 삭제되면 함께함월과 시킴월로서 적격한 월이 된다. (150)은 '드디어'가 꾸밈말로 쓰임으로 말미암아 부적격한 월이 되었기 때문에 '드디어'가 함께함월과 시킴월은 가려잡지 않게 하는 요소임이 분명하다.

이와 같이 '드디어'는 의미 특성상 서술월과 물음월만 가려잡을 뿐이고 함께함월과 시킴월은 가려잡지 않는 통사적 특성을 지닌다.

6.16. 비로소

<그 전까지 이루어지지 않았던 일이 이루어지거나 변화하기 시작하여>의 뜻을 지닌 '비로소'는 움직씨로 이루어진 풀이말을 꾸미는 경우에 서술월과 물음월에서만 꾸밈말로 쓰일 수 있다.

(151) ㄱ. 종소리를 듣고 철수는 **비로소** 정신을 차렸다.
ㄴ. 전화를 받은 후에야 **비로소** 안심이 되었니?

‘비로소’도 (151)과 같이 의미 특성상 주로 ‘-었-’과 어울려 쓰이지만, (152)와 같이 극히 일부 현실법과 미정법의 문장에서 꾸밈말로 쓰이기도 한다.

> (152) ㄱ. 올빼미는 해질녘이 되어서 **비로소** 날개를 편다.
> ㄴ. 인생의 황혼에 이르니 **비로소** 인생의 묘미를 알겠다.

‘비로소’가 비록 현실법에서 꾸밈말로 쓰이는 경우가 있더라도 의향법에 제약이 따라 (151)과 같이 서술월과 물음월에서만 꾸밈말로 적격하게 쓰이고, (153)과 같이 함께함월과 시킴월에서는 적격하게 쓰일 수 없다.

> (153) ㄱ. *해질녘이 되었으니까 **비로소** 날개를 펴자.
> ㄴ. *해질녘이 되었으니까 **비로소** 날개를 펴라.

(153)에서 ‘비로소’가 삭제되면 함께함월과 시킴월로서 적격한 월이 된다. (153)은 ‘비로소’가 꾸밈말로 쓰임으로 말미암아 부적격한 월이 되었기 때문에 ‘비로소’가 함께함월과 시킴월은 가려잡지 않게 하는 요소임이 분명하다.

이와 같이 ‘비로소’는 의미 특성상 서술월과 물음월만 가려잡을 뿐이고 함께함월과 시킴월은 가려잡지 않는 통사적 특성을 보인다.

6.17. 으레

<①두 말할 것 없이 마땅히. ②언제나 다름없이>의 뜻을 지닌 ‘으레’

는 움직씨로 이루어진 풀이말을 꾸미는 경우에 서술월과 물음월에서만 꾸밈말로 쓰일 수 있다.

(154) ㄱ. 윗사람에게는 **으레** 인사를 한다.
ㄴ. 배가 아프면 **으레** 죽을 먹니?

'으레'는 의미 특성상 (154)와 같이 현실법 월에서 꾸밈말로 쓰이며, 완결법 월에서도 꾸밈말로 쓰일 수 있지만 미정법 월에서는 꾸밈말로 쓰일 수 없는 제약이 있다.

(155) ㄱ. 윗사람에게는 **으레** 인사를 했다.
ㄴ. *윗사람에게는 **으레** 인사를 하겠다.

'으레'는 시간적으로 이전부터 지금에 이르기까지와 관계되기 때문에 (156)과 같이 지금이나 지금 이후의 시간과 관계되는 함께함월과 시킴월에서는 꾸밈말로 쓰일 수 없다.

(156) ㄱ. *윗사람에게는 **으레** 인사를 하자.
ㄴ. *윗사람에게는 **으레** 인사를 하여라.

(156)에서 '으레'가 삭제되면 적격한 월이지만 '으레'가 꾸밈말로 쓰였기 때문에 부적격한 월이 되었다. 따라서 '으레'가 함께함월과 시킴월은 가려잡지 않게 하는 요소임이 분명하다.

이와 같이 '으레'는 의미 특성상 서술월과 물음월만 가려잡을 뿐이고 함께함월과 시킴월문은 가려잡지 않는 통사적 특성을 보인다.

6.18. 결국(結局)[194]

<마지막에 이르러. 끝에 가서>의 뜻을 지닌 '결국'은 움직씨로 이루어진 풀이말을 꾸미는 경우에 서술월과 물음월에서만 꾸밈말로 쓰일 수 있다.

(157) ㄱ. 연장전 끝에 **결국** 우리 팀이 이겼다.
　　　 ㄴ. 너도 **결국** 그 일을 그만두었니?

'결국'은 의미 특성상 주로 (157)과 같이 완결법 월에서 꾸밈말로 쓰이며, (158)과 같이 현실법이나 미정법 월에서도 꾸밈말로 쓰이기도 한다.

(158) ㄱ. 인간은 **결국** 자연으로 돌아간다.
　　　 ㄴ. 열심히 일을 하면 **결국** 성공할 것이다.

'결국'은 시간적으로 이전부터 계속되다가 마지막에 이르기까지와 관계되기 때문에 (159)와 같이 지금이나 지금 이후의 시간과 관계되는 함께함월과 시킴월에서는 꾸밈말로 쓰일 수 없다.

(159) ㄱ. ***결국** 그 일을 하자.
　　　 ㄴ. ***결국** 그 일을 하여라.

(159)에서 '결국'이 삭제되면 적격한 월이지만 '결국'이 꾸밈말로 쓰였기 때문에 부적격한 월이 되었다. 따라서 '결국'이 함께함월과 시킴월은

---

194) 같은 꼴로 <일의 마지막 단계>의 뜻을 지닌 이름씨 '결국'이 있다. 『표준국어대사전』에는 이름씨로만 올라 있다.
　　이러나저러나 **결국**에 가서는 마찬가지이다.

가려잡지 않게 하는 요소임이 분명하다.

이와 같이 '결국'은 움직씨를 꾸미더라도 의미 특성상 서술월과 물음월만 가려잡을 뿐이고 함께함월과 시킴월은 가려잡지 않는 통사적 특성을 보인다.

6.19. 저절로

<다른 힘을 빌리지 않고 제 스스로. 또는 인공의 힘을 더하지 않고 자연적으로>의 뜻을 지닌 '저절로'는 움직씨로 이루어진 풀이말을 꾸미는 경우에 서술월과 물음월에서만 꾸밈말로 쓰일 수 있다.

(160) ㄱ. 문이 **저절로** 열린다.
ㄴ. 감기가 **저절로** 나았니?

'저절로'는 의미 특성상 풀이말로 쓰인 움직씨가 주체의 행위에 의해 이루어지는 동작에 해당하는 경우에 (161)과 같이 꾸밈말로 쓰일 수 없다.

(161) ㄱ. *철수가 문을 **저절로** 열었다.
ㄴ. *철수가 눈물을 **저절로** 흘렸니?

(161)에서 '저절로'가 삭제되면 적격한 월이 되지만 '저절로'가 꾸밈말로 쓰여 부적격한 월이 되었다. '열다'와 '흘리다'는 주체의 행위에 의해 이루어지는 동작이기 때문에 제 스스로, 자연적으로 이루어지는 행동을 뜻하는 '저절로'와는 의미상 상충되어 부적격한 월이 되었다.

함께함월과 시킴월은 주체가 행동에 옮길 것을 요구하는 특성을 지니기 때문에 '저절로'와는 의미상 조화를 이루지 못해 '저절로'가 꾸밈말로 쓰이면 (162)와 같이 부적격한 월이 된다.

(162) ㄱ. *문을 **저절로** 열자.
　　　ㄴ. *문을 **저절로** 열어라.

이와 같이 '저절로'는 의미 특성상 서술월과 물음월만 가려잡을 뿐이고 함께함월과 시킴월은 가려잡지 않는 통사적 특성을 보인다.

7. 마무리

대다수의 어찌씨는 그 자체가 의향법에 제약을 가하지 않는다. 그러나 극히 일부 어찌씨는 특정의 의향법에 제약을 미치는데 이를 의향법 제약 어찌씨라 하고, 이에 해당하는 어찌씨를 선정하여 그 특성을 살폈다.

의향법 제약 어찌씨가 의향법에 제약을 일으키는 원인은 어찌씨의 의미 특성으로 말미암는다. 곧 어찌씨의 의미 특성이 특정의 의향법만을 가려잡기 때문이다.

의향법에 제약을 가하는 어찌씨 가운데 서술월을 가려잡는 어찌씨로는 '마침', '마침내', '모름지기', '아마', '어쩌면', '어쩐지', '왜냐하면', '이윽고', '필경', '필시', '필연', '흡사' 따위가 있다. 움직씨를 꾸미는 어찌씨는 대체로 의향법에 제약을 가하지 않으며, 그림씨를 꾸미는 어찌씨도 서술월과 물음월을 가려잡고 함께함월과 시킴월은 가려잡지 않지만, 이 범주에 속하는 어찌씨들은 의향법에 영향을 미쳐 서술월만을 가려잡는 통사적 특성을 보인다.

물음월만을 가려잡는 어찌씨로는 '더아니', '설마', '여북', '얼마나', '오죽', '왜', '이다지', '작히', '어찌', '언제' 따위가 있다. 움직씨를 꾸미는 어찌씨는 대체로 의향법에 제약을 가하지 않으며, 그림씨를 꾸미는 어찌씨도 서술월과 물음월을 가려잡고 함께함월이나 시킴월은 가려잡지 않지만, 이 범주에 속하는 어찌씨들은 의향법에 영향을 미쳐 물음월만을 가려잡는 통사적 특성을 보인다.

시킴월과 일부 서술월을 가려잡는 어찌씨로, '모쪼록/아무쪼록, 부디, 원(願)컨대, 제발' 따위가 있다. 이들 어찌씨는 주로 시킴월에서 꾸밈말로 쓰이되, 일부 [기원]이나 [희망]의 의미 특성을 가지는 서술월에서 꾸밈말로 쓰인다. 이런 의향법 제약은 이들 어찌씨의 의미 특성으로 말미암는 것으로 보인다.

함께함월과 시킴월은 가려잡으나 서술월과 물음월은 가려잡지 않는 어찌씨는 극히 드물다. 이에 속하는 어찌씨로는 '어서'와 '어서어서'가 있다. '어서'와 '어서어서'는 용법이 같고 <강조>를 제외하고는 의미 차이가 나지 않는다. '어서'는 의미 특성상 주로 함께함월과 시킴월을 가려잡아 꾸밈말로 쓰인다. 서술월인 경우에 함께함월과 시킴월로 이해되는 수사 물음월이나 형식상 능력 부정의 물음월이지만 내재적으로 긍정의 시킴월로 이해되는, 반어법을 실현하는 물음월에서도 꾸밈말로 쓰일 수 있다.

움직씨 꾸밈 어찌씨 중에 서술월과 물음월만 가려잡는 어찌씨로는 '곧잘', '그래서', '그래야', '여태', '이제껏/이제야', '지금껏', '이때껏', '막', '아까', '아직껏', '벌써', '이미', '고작', '감히', '드디어', '비로소', '으레', '결국', '저절로' 따위가 있다. 대체로 풀이말이 움직씨인 월은 서술월, 물음월, 함께함월, 시킴월을 가리지 않기 때문에 움직씨로 이루어진 풀이말을 꾸미는 어찌씨는 의향법에 제약을 가하지 않지만, 이들 움직씨 꾸밈 어찌씨는 의향법에 제약을 가하여 서술월과 물음월만 가려잡는다.

제 9 장

높임법 제약 통사 어찌씨의 특성

1. 들머리

높임법은 말할이가 말에 등장하는 사람을 높임의 정도에 따라 높낮이를 표시하는 말본 범주에 해당한다.195) 월에서 임자말로 등장하는 사람이 주체이고, 주체에 대해 높임법이 주체높임법이다. 어찌말이나 부림말로 등장하는 사람이 객체이며, 객체에 대한 높임법이 객체높임법이다. 말을 듣는 사람이 들을이이며, 들을이에 대한 높낮이를 표시하는 높임법이 들을이높임법이다.

대다수의 어찌씨는 높임법과 무관하지만, 극히 일부 어찌씨는 높임법에 영향을 미치기도 한다. 한길(2014 : 37)에서 밝힌 바와 같이 '안녕히'는 들을이높임법에 관여하고 있다. '안녕히'는 (1)과 같이 들을이를 높이는 문장에서 꾸밈말로 쓰이는 제약이 있다.

    (1) ㄱ. **아버지**, **안녕히** 다녀오셨습니까?
        ㄴ. *__철수__야, **안녕히** 다녀왔니?

---

195) 우리말의 높임법에 관한 전반적인 논의는 한길(2002)에서 이루어진 바 있다.

(1)에서 ㄴ이 부적격한 월이 된 까닭은 들을이인 '철수'가 높임의 대상이 아니기 때문이다. '안녕히'가 삭제되면 적격한 월이 되지만 '안녕히'가 꾸밈말로 쓰임으로 말미암아 부적격한 월이 되었기 때문에 '안녕히'가 들을이높임법에 영향을 미치고 있음이 분명하다.

한길(2014 : 37)에서 언급한 바와 같이 '친히'는 주체높임법에 관여하여, 월의 주체가 높임의 대상으로 주체를 높이는 월에서 꾸밈말로 쓰이는 제약이 있다.

(2) ㄱ. **선생님**께서 **친히** 역까지 나오셨다.
 ㄴ. ***철수**가 **친히** 역까지 나왔다.

(2)에서 ㄴ이 부적격한 월이 된 까닭은 월의 주체인 '철수'가 높임의 대상이 아니기 때문이다. '친히'가 삭제되면 적격한 월이 되지만 '친히'가 꾸밈말로 쓰임으로 말미암아 부적격한 월이 되었기 때문에 '친히'가 주체높임법에 영향을 미치고 있음이 분명하다.

'삼가'는 객체높임법에 관여하여, 월에서 어찌말로 등장하는 객체가 높임의 대상으로, 객체를 높이는 월에서 꾸밈말로 쓰이는 제약이 있다.

(3) ㄱ. 이 꽃을 **삼가 사장님**께 드린다.
 ㄴ. *이 꽃을 **삼가 철수**에게 준다.

(3)에서 ㄴ이 부적격한 월이 된 까닭은 객체인 '철수'가 높임의 대상이 아니기 때문이다. '삼가'가 삭제되면 적격한 월이 되지만 '삼가'가 꾸밈말로 쓰임으로 말미암아 부적격한 월이 되었기 때문에 '삼가'가 주체높임법에 영향을 미치고 있음이 분명하다.

이와 같이 높임법에 영향을 미치는 어찌씨로는 이 밖에도 '몸소', '손수', '정중히' 따위가 있다. 이 장에서는 높임법에 영향을 미치는 어찌씨들이 어떤 용법으로 쓰이는지 살피기로 한다.

2. 주체높임법 제약 어찌씨의 통사 특성

2.1. 몸소[196]

<①직접 제 몸으로. ②(윗사람이 남을 시키지 않고) 자기 스스로>의 뜻을 지닌 '몸소'는 ①의 의미일 때는 높임법과 무관하다.

> (4) ㄱ. **학생들**이 **몸소** 농촌 체험을 하였다.
> ㄴ. **아이들**은 작은 일부터 **몸소** 실천하는 훈련이 필요하다.

(4)에서는 월의 주체가 높임의 대상이 아닌 '학생들'과 '아이들'로, '몸소'가 주체나 객체, 들을이의 높임과 관련이 없다.

②의 의미일 때는 주체높임법과 관계되기 때문에 (5)와 같이 높임의 대상이 주체여야 하는 제약이 따른다.

> (5) ㄱ. **선생님**께서 **몸소** 찾아주셨다.
> ㄴ. 무슨 일로 **사장님**께서 **몸소** 오셨습니까?

(5)에서는 월의 주체가 높임의 대상인 '선생님'과 '사장님'으로, '몸소'가 주체를 높이는 주체높임법과 관계가 있다. 따라서 (5)에서 주체가 높임의 대상이 아니면 (6)과 같이 부적격한 월이 된다.

---

196) '몸소'가 주체높임법에 관여함은 한길(2002 : 400-402)에서 이미 논의한 바 있다.

(6) ㄱ. ***철수**가 **몸소** 찾아주었다.

　　ㄴ. *무슨 일로 **네**가 **몸소** 왔니?

이와 같이 '몸소'는 <(윗사람이 남을 시키지 않고) 자기 스스로>의 뜻을 지니는 경우에 한하여 주체높임법에 관여하는 통사적 특성을 지닌다.

2.2. 손수[197)]

<①직접 자기 손으로. ②(윗사람이) 자기 손으로 직접>의 뜻을 지닌 '손수'는 '몸소'와 의미와 용법에서 별다른 차이가 나지 않는다. ①의 의미일 때는 높임법과 무관하다.

(7) ㄱ. **철수**가 **손수** 이 시를 지었다.

　　ㄴ. 이 빵은 **네**가 **손수** 만들었니?

(7)에서는 월의 주체가 높임의 대상이 아닌 '철수'와 '너'로, '손수'가 주체나 객체, 들을이의 높임과 관련이 없다.

②의 의미일 때는 주체높임법과 관계되기 때문에 (8)과 같이 높임의 대상이 주체여야 하는 제약이 따른다.

(8) ㄱ. **할머니**께서 **손수** 손자를 돌보신다.

　　ㄴ. 이 책은 **할아버지**께서 **손수** 가져오셨다.

(8)에서는 월의 주체가 높임의 대상인 '할머니'와 '할아버지'로, '손수'

---

197) '손수'는 '몸소'와 유의 관계에 있는 어찌씨로, 주체높임법에 관여하고 있음을 한길(2002 : 400-402)에서 언급하였다.

가 주체를 높이는 주체높임법과 관계가 있다. 따라서 (8)에서 주체가 높임의 대상이 아니면 (9)와 같이 부적격한 월이 된다.

(9) ㄱ. ***철수**가 **손수** 동생을 돌본다.
    ㄴ. *이 책은 **철수**가 **손수** 가져왔다.

이와 같이 '손수'는 <(윗사람이) 자기 손으로 직접>의 뜻을 지니는 경우에 한하여 주체높임법에 관여하는 통사적 특성을 지닌다.

2.3. 친(親)히[198]

<(윗사람이) 자기 손으로 직접>의 뜻을 지니는 '친히'는 월의 주체가 높임의 대상인 월에서 꾸밈말로 쓰이는 제약이 있다.

(10) ㄱ. **선생님**께서 **친히** 답장을 보내셨다.
    ㄴ. **할아버지**께서 **친히** 배웅해 주셨다.

(10)은 주체가 높임의 대상이기 때문에 그를 높이기 위해 '친히'가 꾸밈말로 쓰이더라도 적격한 월이 되지만, 주체가 높임의 대상이 아니면 (11)과 같이 부적격한 월이 된다.

(11) ㄱ. ***철수**가 **친히** 답장을 보냈다.
    ㄴ. ***철수**가 **친히** 배웅해 주었다.

---

198) '친히'가 주체높임법에 관여하고 있음은 한길(2002 : 401, 2014 : 37)에서 논의한 바 있다.

(11)에서 '친히'를 삭제하면 적격한 월이 되지만 '친히'가 꾸밈말로 쓰임으로 말미암아 부적격한 월이 되었기 때문에 '친히'가 주체를 높이는 월에서만 꾸밈말로 쓰여 주체높임법에 관여하고 있음이 분명하다.

3. 객체높임법 제약 어찌씨의 통사 특성

3.1. 정중(鄭重)히[199]

<예의를 갖추어 점잖고 엄숙하게>의 뜻을 지닌 '정중히'는 월의 객체가 높임의 대상인 월에서 꾸밈말로 쓰이는 제약이 있다.

　　(12) ㄱ. **학생들**이 **선생님**께 **정중히** 인사했다.
　　　　 ㄴ. **철수**가 **할머니**를 **정중히** 모시고 왔다.

(12)에서 ㄱ은 객체인 '선생님'이 어찌말 자리에 쓰였으며, ㄴ은 객체인 '할머니'가 부림말 자리에 쓰였다. '선생님'과 '할머니'인 객체가 높임의 대상이기 때문에 그를 높이기 위해 '정중히'가 꾸밈말로 쓰이더라도 적격한 월이 되지만, 객체가 높임의 대상이 아니면 (13)과 같이 부적격한 월이 된다.

　　(13) ㄱ. ***철수**가 **동생**에게 **정중히** 인사했다.
　　　　 ㄴ. ***할머니**가 **철수**를 **정중히** 데리고 왔다.

(13)에서 '정중히'를 삭제하면 적격한 월이 되지만 '정중히'가 꾸밈말

---

199) '정중히'가 객체높임법에 관여함은 한길(2014 : 38)에서 논의한 바 있다.

로 쓰임으로 말미암아 부적격한 월이 되었기 때문에 '정중히'가 객체를 높이는 월에서만 꾸밈말로 쓰여 객체높임법에 관여하고 있음이 분명하다.

3.2. 삼가

<겸손하고 정중한 태도로>의 뜻을 지닌 '삼가'는 예의를 갖출 때 쓰는 옛 말투로, 월의 객체가 높임의 대상인 월에서 꾸밈말로 쓰이는 제약이 있다.

    (14) ㄱ. **선생님**께 **삼가** 여쭙겠습니다.
        ㄴ. 이 탄원서를 **삼가 사장님**께 올립니다.

(14)에서 객체인 '선생님'과 '사장님'이 어찌말 자리에 쓰였으며, '선생님'과 '사장님'인 객체가 높임의 대상이기 때문에 그를 높이기 위해 '삼가'가 꾸밈말로 쓰이더라도 적격한 월이 되지만, 객체가 높임의 대상이 아니면 (15)와 같이 부적격한 월이 된다.

    (15) ㄱ. ***너**에게 **삼가** 묻겠다.
        ㄴ. *이 탄원서를 **삼가 너**에게 주겠다.

(15)에서 '삼가'를 삭제하면 적격한 월이 되지만 '삼가'가 꾸밈말로 쓰임으로 말미암아 부적격한 월이 되었기 때문에 '삼가'가 객체를 높이는 월에서만 꾸밈말로 쓰여 객체높임법에 관여하고 있음이 분명하다.

4. 들을이높임법 제약 어찌씨의 통사 특성

4.1. 안녕(安寧)히

<아무 탈 없이 편안하게>의 뜻을 지닌 '안녕히'는 주로 '가다, 계시다, 다녀오다, 주무시다, 지내다' 따위와 어울려 쓰이며, 들을이에게 안부를 전하거나 물을 때 쓰이기 때문에 시킴월과 물음월에서 꾸밈말로 쓰이는 제약이 있다.200) '안녕히'가 안부를 전하는 월은 (16)과 같이 시킴월로 실현된다.

> (16) ㄱ. **안녕히** 가십시오.
> ㄴ. **안녕히** 계십시오.
> ㄷ. **안녕히** 다녀오십시오.
> ㄹ. **안녕히** 주무십시오.

(16)은 들을이가 높임의 대상으로 그를 높이는 들을이높임법 월에 해당한다. 들을이가 높임의 대상이 아니면 (17)과 같이 부적격한 월이 된다.

> (17) ㄱ. ***안녕히** 가거라./가./가게.
> ㄴ. ***안녕히** 있어라./있어./있게.
> ㄷ. ***안녕히** 다녀오너라./다녀와./다녀오게.
> ㄹ. ***안녕히** 자라./자./자게.

---

200) '안녕히'는 서술월과 함께함월을 가려잡지 않음을 다음 보기를 통해 확인할 수 있다.
ㄱ. ***안녕히** 다녀오셨습니다.
ㄴ. **안녕히** 다녀오셨습니까?
ㄷ. ***안녕히** 다녀옵시다.
ㄹ. **안녕히** 다녀오십시오.

(16)과 (17)의 차이는 들을이가 높임의 대상인가 아닌가인데, 높임의 대상이 아닌 (17)은 모두 부적격한 월이 되었다. (17)에서 '안녕히'를 삭제하면 적격한 월이 되지만, '안녕히'가 꾸밈말로 쓰였기 때문에 부적격한 월이 되었다. 이를 통해 '안녕히'가 들을이높임법에 영향을 미침이 확인된다.

'안녕히'가 안부를 묻는 월은 (18)과 같이 물음월로 실현된다.

(18) ㄱ. 그 동안 **안녕히** 지내셨습니까?
ㄴ. 그 동안 **안녕히** 계셨습니까?
ㄷ. **안녕히** 다녀오셨습니까?
ㄹ. **안녕히** 주무셨습니까?

(18)은 들을이가 높임의 대상으로 그를 높이는 들을이높임법 월에 해당한다. 들을이가 높임의 대상이 아니면 (19)와 같이 부적격한 월이 된다.

(19) ㄱ. *그 동안 **안녕히** 지냈니?/지냈어?/지냈는가?
ㄴ. *그 동안 **안녕히** 있었니?/있었어?/있었는가?
ㄷ. ***안녕히** 다녀왔니?/다녀왔어?/다녀왔는가?
ㄹ. ***안녕히** 잤니?/잤어?/잤는가?

(18)과 (19)의 차이는 들을이가 높임의 대상인가 아닌가인데, 높임의 대상이 아닌 (19)는 부적격한 월이 되었다. (19)에서 '안녕히'를 삭제하면 적격한 월이 되지만, '안녕히'가 꾸밈말로 쓰였기 때문에 부적격한 월이 되었다. 이를 통해 '안녕히'가 들을이높임법에 영향을 미침이 확인된다.

'안녕히'가 꾸밈말로서 적격하게 쓰인 (16)과 (18)은 들을이가 월의 주체인 둘째가리킴 월에 해당된다. 따라서 주체도 높임의 대상이기 때문에 '안녕히'가 주체높임법에 관여하는 것은 아닌가 생각할 수도 있다. 그러나 주체가 높임의 대상이더라도 셋째가리킴 월에서는 (20)과 같이 '안녕히'가 꾸밈말로 쓰일 수 없다.[201]

(20) ㄱ. *할머니께서 **안녕히** 지내시니?
ㄴ. *할머니께서 **안녕히** 계시니?
ㄷ. *할머니께서 **안녕히** 다녀오셨니?
ㄹ. *할머니께서 **안녕히** 주무셨니?

(20)에서 주체가 '할머니'로 주체높임법이 실현되었지만, '안녕히'가 꾸밈말로 쓰여 부적격한 월이 되었다. 이를 통해 '안녕히'는 주체높임법에 관여하는 것이 아니라 들을이높임법에 관여하는 통사적 특성을 보인다.

5. 마무리

대다수의 어찌씨는 높임법과 무관하지만, 극히 일부 어찌씨는 높임법에 영향을 미치기도 한다. 높임법 가운데 주체높임법 제약 어찌씨로는 '몸소', '손수', '친히'가 있으며, 객체높임법 제약 어찌씨로는 '정중히', '삼가'가 있다. 들을이높임법 제약 어찌씨로는 '안녕히'가 있다.

<①직접 제 몸으로. ②(윗사람이 남을 시키지 않고) 자기 스스로>의 뜻을 지닌 '몸소'는 ①의 의미일 때는 높임법과 무관하지만, ②의 의미일 때는 주체높임법에 관여하여 주체를 높이는 월에서만 꾸밈말로 쓰여 주체높임법에 제약을 미친다.

---

201) 그림씨인 '안녕하다'는 주체높임법에 관여한다. 월의 주체가 높임의 대상일 때 쓰이며, 높임의 대상이 아니면 쓰이지 않는다.
할아버지께서도 안녕하시다.
***철수**도 안녕하다.

<①직접 자기 손으로. ②(윗사람이) 자기 손으로 직접>의 뜻을 지닌 '손수'는 '몸소'와 의미와 용법에서 별다른 차이가 없다. ①의 의미일 때는 높임법과 무관하지만, ②의 의미일 때는 주체높임법에 관여한다.

<(윗사람이) 자기 손으로 직접>의 뜻을 지니는 '친히'는 월의 주체가 높임의 대상인 월에서 꾸밈말로 쓰인다. '친히'는 주체를 높이는 월에서만 꾸밈말로 쓰여 주체높임법에 관여한다.

<예의를 갖추어 점잖고 엄숙하게>의 뜻을 지닌 '정중히'는 월의 객체가 높임의 대상인 월에서 꾸밈말로 쓰인다. '정중히'는 객체를 높이는 월에서만 꾸밈말로 쓰여 객체높임법에 관여한다.

<겸손하고 정중한 태도로>의 뜻을 지닌 '삼가'는 예의를 갖출 때 쓰는 옛 말투로, 객체가 높임의 대상인 월에서 꾸밈말로 쓰인다. '삼가'는 어찌말 자리에 놓이는 객체를 높이지만, 매김말 자리에 놓이는 사람을 높이기도 한다.

<아무 탈 없이 편안하게>의 뜻을 지닌 '안녕히'는 주로 '가다, 계시다, 다녀오다, 주무시다, 지내다' 따위와 어울려 월의 들을이를 높일 때 쓰이며, 들을이에게 안부를 전하거나 물을 때 쓰이기 때문에 시킴월과 물음월에서 꾸밈말로 쓰이는 제약이 있다.

제10 장

때매김법 제약 통사 어찌씨의 특성

1. 들머리

대다수의 어찌씨는 그 자체만으로 특정의 때매김만을 가려잡거나 배제하지 않아 때매김법 제약과 무관하다. 예컨대, '아주'는 어떤 때매김법 월에서도 꾸밈말로 쓰일 수 있어 (1)과 같이 때매김법에 영향을 미치지 않는다.

(1) ㄱ. 시험문제가 **아주** 어렵다.
　　ㄴ. 시험문제가 **아주** 어려웠다.
　　ㄷ. 시험문제가 **아주** 어렵겠다.
　　ㄹ. 시험문제가 **아주** 어렵더라.

의미 특성상 시간과 관련된 때어찌씨는 때매김법에 영향을 미쳐 특정의 때매김씨끝만 취하기도 한다. 시간은 기준시점을 바탕으로 하여 그 시점을 나타내거나, 그 이전 시점, 그 이후 시점을 나타낸다. 또한 기준시점에 끝남을 나타내거나, 그 이전 시점부터 지속되다가 기준시점에 바로 끝남을 나타내거나, 기준시점부터 그 이후까지 계속됨을 나타내기도 하고, 기준시점 이전부터 이후까지 계속됨을 나타내기도 한다. 어떤 때 어찌씨는 양태와 관련하여 추정이나 의도를 나타내기도 한다. 때어찌씨마다 의미 특성에 따라 때매김법에 가하는 제약이 달라진다.

때어찌씨 가운데 <말하는 바로 이때에> 곧 발화시점을 뜻하는 '지금'은 모든 때매김씨끝과 어울릴 수 있다. '-겠-'과 어울리는 경우 미래시를 나타내는 것은 아니고 추정이나 의도의 양태를 나타낸다.

(2) ㄱ. 철수가 **지금** 학교에 **간다**.
ㄴ. 철수가 **지금** 학교에 **갔다**.
ㄷ. 철수가 **지금** 학교에 **가겠다**.
ㄹ. 철수가 **지금** 학교에 **가더라**.
ㅁ. 철수가 **지금** 학교에 **가고 있다**.

(2)에서와 같이 '지금'은 모든 때매김씨끝과 결합될 수 있어 제약이 따르지 않지만 때매김법에서는 제약이 따라 미래와 과거에는 어울릴 수 없다. '지금'의 의미 특성상 미래와 과거와는 부조화를 이루기 때문이다. ㄴ에서는 '지금'이 '-었-'과 어울렸지만, 여기서의 '-었-'은 과거를 나타내지 않고 완료를 나타내며, ㄴ에서는 '지금'이 '-겠-'과 어울렸지만, 여기서의 '-겠-'은 미래를 나타내지 않고 추정을 나타낸다. 곧 '지금'은 과거와 미래 때매김법과 어울릴 수 없는 제약이 따른다.

같은 때어찌씨이더라도 <조금 전에>의 뜻을 지닌 '아까'는 특정에 때매김씨끝과 어울림에 제약을 일으켜 '지금'과 차이를 보인다. '아까'는 때매김씨끝 가운데 '-었-', '-더-'와 어울릴 수 있지만 '-겠-'과는 어울릴 수 없는 제약이 따른다. 또한 현재의 때매김법으로 쓰일 수 없는 제약이 있다.

(3) ㄱ. 철수가 **아까** 학교에 **갔다**.
ㄴ. 철수가 **아까** 학교에 **가더라**.
ㄷ. *철수가 **아까** 학교에 **간다**.
ㄹ. *철수가 **아까** 학교에 **가겠다**.

<조금 뒤에>의 뜻을 지닌 '이따가'는 때매김씨끝 가운데 '-겠-'과 결합할 수 있지만, '-었-'과 '-더-'와는 결합할 수 없으며, 현재의 때매김법으로는 쓰일 수 있다.

(4) ㄱ. *철수가 **이따가** 학교에 **갔다**.
ㄴ. *철수가 **이따가** 학교에 **가더라**.
ㄷ. 철수가 **이따가** 학교에 **간다**.
ㄹ. 철수가 **이따가** 학교에 **가겠다**.

이와 같이 때어찌씨는 의미 특성에 따라 때매김법에 영향을 미쳐 특정의 때매김씨끝을 가려잡기 때문에 통사 어찌씨에 해당한다. 이 장에서는 때매김씨끝에 제약을 가하는 때어찌씨를 선정하여 각각의 때어찌씨들의 통사적 특성을 밝히기로 한다.

2. 발화시 이전을 가리키는 때매김 어찌씨

2.1. 막[202]

<바로 지금. 바로 그때>의 뜻을 지닌 '막'은 시간적으로 발화시나 사

---

202) 꼴 같고 뜻 다른 말의 어찌씨로 <앞뒤를 가리지 않고 함부로>의 뜻을 지닌 '마구'의 준말인 '막'이 있다.

건시에 바로 완료되었음을 나타낸다.

(5) ㄱ. 철수가 지금 **막** 도착**했**다.
ㄴ. 내가 역에 도착했을 때, 가차가 **막** 떠나고 있**었**다.
ㄷ. 이제 **막** 도착**한** 기차는 어디에서 왔니?

(5)에서 ㄱ의 '막'은 발화시에 바로 완료되었음을 나타내고, ㄴ의 '막'은 발화시가 아니라 앞마디의 시점에서 바로 완료되었음을 나타낸다. 따라서 '막'은 주로 때매김씨끝 중 완료를 나타내는 '-었-'을 가려잡는다. 매김마디에서의 '막'은 매김꼴씨끝으로 '-은/ㄴ'을 가려잡고 '-는'과 '-을'을 가려잡지 않는데, 그 원인은 바로 '막'이 완료를 나타내기 때문이다.

이와 같이 '막'은 의미 특성상 때매김씨끝 중에서 주로 완료를 나타내는 '-었-'을 가려잡으며, 매김마디에서의 '막'은 매김꼴씨끝으로 '-은'을 가려잡는 때매김법 제약을 가진다.

2.2. 방금(方今)

<발화시보다 조금 전에>의 뜻을 지닌 '방금'은 시간적으로 발화시 바로 이전의 시점을 나타낸다.

(6) ㄱ. 기차가 **방금** 떠났다.
ㄴ. **방금** 들어**온** 사람이 누구니?

(6)에서 '방금'이 발화시 바로 이전의 시점을 나타내기 때문에 때매김씨끝 가운데 주로 '-었-'과 어울린다. '-겠-'만은 단독으로 어울릴 수 없고 '-었-'을 앞세워야 어울릴 수 있다. 매김마디에서의 '방금'은 매김꼴

씨끝으로 '-은'을 가려잡고 '-는'과 '-을'을 가려잡지 않는다. 이를 지키지 않으면 (7)과 같이 부적격한 월이 된다.

(7) ㄱ. *기차가 **방금** 떠나**겠**다.
ㄴ. ***방금** 들어오**는**/*들어**올** 사람이 누구니?

'방금'이 발화시 바로 이전의 시점을 나타내지만 발화시를 나타내는 '지금'과도 어울려 쓰일 수 있다. 통합되는 순서는 '지금 방금'이며, '방금 지금'은 허용되지 않는다.

(8) ㄱ. 기차가 **지금 방금** 도착했다.
ㄴ. *기차가 **방금 지금** 도착했다.

이와 같이 '방금'은 의미 특성상 주로 '-었-'을 가려잡으며 매김마디에서의 '방금'은 매김꼴씨끝으로 '-은'을 가려잡는 때매김법 제약을 가진다.

2.3. 아까

<발화시보다 조금 전에>의 뜻을 지닌 어찌씨 '아까'는[203] 주로 때매김씨끝 '-었-'과 '-더-'를 가려잡는다. '아까'의 의미 특성상 발화시 이전의 사건을 나타내는 월에서만 꾸밈말로 적격하게 쓰일 수 있는 때매김법 제약을 지닌다.

---

203) 어찌씨 '아까'와 같은 꼴로, <조금 전>의 뜻을 지닌 이름씨 '아까'가 있다.
아까는 죄송했습니다.
철수가 **아까**부터 기다리고 있다.

(9) ㄱ. *철수가 **아까** 학교에 **간**다.

ㄴ. *철수가 **아까** 학교에 가**겠**다.

ㄷ. 철수가 **아까** 학교에 **갔**다.

ㄹ. 철수가 **아까** 학교에 가**더**다.

(9)에서 '아까'가 삭제되면 모두 적격한 월이 되지만, '아까'가 꾸밈말로 쓰임으로 말미암아 ㄱ과 ㄴ이 부적격한 월이 되었기 때문에 '아까'가 때매김법 제약을 일으키는 통사적 특성을 가지고 있음이 확인된다.

매김마디에서의 '아까'도 의미 특성상 매김꼴씨끝으로 '-은'을 가려잡는 때매김법 제약을 가진다. '-는'과 '-을'은 가려잡지 않기 때문에 이 매김꼴씨끝이 쓰인 월에 '아까'가 꾸밈말로 쓰이게 되면 부적격한 월이 된다.

(10) ㄱ. **아까** 먹은 음식이 무슨 음식이니?

ㄴ. **아까** 먹**던** 음식이 무슨 음식이니?

ㄷ. ***아까** 먹**는** 음식이 무슨 음식이니?

ㄹ. ***아까** 먹**을** 음식이 무슨 음식이니?

곧 '아까'는 <발화시보다 조금 전에>의 의미와 조화를 이룰 수 있는 때매김씨끝은 가려잡지만 조화를 이룰 수 없는 때매김씨끝은 가려잡지 않는 통사적 특성을 보인다.

'아까'에는 도움토씨 '부터'가 결합될 수 있다. '부터'가 결합되면 <발화시보다 조금 전부터 계속해서>의 뜻을 나타내기 때문에 진행의 '-고 있-'을 가려잡을 수 있다.

(11) ㄱ. *철수가 **아까** 기다리**고 있**다.

ㄴ. 철수가 **아까** 기다리**고 있었**다.

ㄷ. 철수가 **아까부터** 기다리**고 있**다.

ㄹ. 철수가 **아까부터** 기다리**고 있었**다.

곧 '아까'는 의미 특성상 '-고 있-'만은 가려잡지 못하고 '-었-'을 동반
하여야 '-고 있-'을 가려잡을 수 있지만, '아까부터'는 의미 특성상 '-었
-'을 동반하지 않더라도 '-고 있-'을 가려잡을 수 있다.

2.4. 이미

'이미'는 <어떤 사건시나 발화시보다 전에>의 뜻을 지닌다. <발화시
보다 전에>의 뜻을 지닌 '이미'는 발화시 이전의 시간과 관련을 맺기 때
문에 주로 때매김씨끝으로 '-었-'과 '-더-'를 가려잡는다.

(12) ㄱ. *그녀는 **이미** 서울을 떠**난**다.
ㄴ. *그녀는 **이미** 서울을 떠나**겠**다.
ㄷ. 약속 시간이 **이미** 지**났**다.
ㄹ. 그 사실을 철수도 **이미** 알고 있**더**라.

(12)에서 '이미'가 삭제되면 모두 적격한 월이 되지만, '이미'가 꾸밈말
로 쓰임으로 말미암아 ㄱ과 ㄴ이 부적격한 월이 되었기 때문에 '이미'가
때매김법 제약을 일으키는 통사적 특성을 가지고 있음이 확인된다.

매김마디에서의 '이미'도 의미 특성상 매김꼴씨끝으로 '-은'을 가려잡는
때매김법 제약을 가진다. '-는'과 '-을'은 가려잡지 않기 때문에 이 매김꼴
씨끝이 쓰인 월에 '이미'가 꾸밈말로 쓰이게 되면 부적격한 월이 된다.

(13) ㄱ. ***이미** 지나가는 일이다.
ㄴ. ***이미** 깨**질** 거울이다.

ㄷ. 그 일은 **이미** 물 건너**간** 일이다.
ㄹ. 그 일은 내가 이미 알고 있**던** 사실이다.

발화시 이전의 시간과 관련을 맺는 어찌씨 '아까'에는 도움토씨 '부터'가 덧붙어 진행의 '-고 있-'을 가려잡을 수 있었지만, '이미'에는 '부터'가 결합될 수 없다. 특이한 경우에 '이미'는 '부터'와 결합되지 않은 상태에서 '-고 있-'과 '-어 있-'을 가려잡기도 한다.

(14) ㄱ. 그 일은 나도 **이미** 알고 **있**다.
ㄴ. 재난의 징후가 **이미** 곳곳에 나타**나 있**다.

(14)에서도 '이미'는 '-었-'을 가려잡는 것이 적격한 쓰임이지만, '이미' 자체가 <발화시 이전부터>의 뜻을 지니는 것으로 보면 '-었-'이 쓰이지 않은 (14)가 적격한 월에 해당된다. (14)에서 '이미'를 '아까'로 대치하면 부적격한 월이 되지만 '아까부터'로 대치하면 적격한 월이 되는 것으로 보아 (14)의 '이미'에는 '부터'의 뜻이 포함되어 있는 것으로 보는 것이 합리적이다.

2.5. 벌써

부사 '벌써'는 <①어느 틈에. ②예상보다 빠르게. ③이미 오래 전에>의 뜻을 지닌다. 이 가운데 ③의 의미로, <발화시 한참 이전에>의 뜻을 지닌 '벌써'는 발화시 이전의 시간과 관련을 맺기 때문에 주로 때매김씨 끝으로 '-었-'과 '-더-'를 가려잡는다.[204]

---

204) <①어느 틈에. ②예상보다 빠르게>의 뜻을 지닌 '벌써'는 ③의 '벌써'와 달리 현재

(15) ㄱ. *철수가 **벌써** 학교에 **간**다.205)

　　ㄴ. *철수가 **벌써** 학교에 가**겠**다.

　　ㄷ. 철수가 **벌써** 학교에 **갔**다.

　　ㄹ. 철수가 **벌써** 학교에 가**더**라.

<발화시 한참 이전에>의 뜻을 지니는 '벌써'는 의미 특성상 (15)에서와 같이 때매김씨끝으로 '-었-'과 '-더-'를 가려잡는 통사적 제약을 보인다.

매김마디에서 <발화시 한참 이전에>의 뜻을 지닌 '벌써'도 의미 특성상 매김꼴씨끝으로 '-은'을 가려잡는 때매김법 제약을 가진다. '-는'과 '-을'은 가려잡지 않기 때문에 이 매김꼴씨끝이 쓰인 월에 '벌써'가 꾸밈말로 쓰이게 되면 부적격한 월이 된다.

(16) ㄱ. ***벌써** 도착하는 사람들로 북새통을 이루었다.

　　ㄴ. ***벌써** 도착할 사람들로 북새통을 이루었다.

　　ㄷ. **벌써** 도착한 사람들로 북새통을 이루었다.

발화시 이전의 시간과 관련을 맺는 어찌씨 '벌써'에는 도움토씨 '부터'가 덧붙어 진행의 '-고 있-'과 상태 지속의 '-어 있-'을 가려잡을 수 있다. '벌써부터'가 <발화시 한참 전부터 계속해서>의 뜻을 나타내기 때문에 가능하다.

(17) ㄱ. 나는 그 일을 **벌써부터** 알**고 있**다.

　　ㄴ. 아이가 **벌써부터** 깨**어** 있다.

의 때매김도 가려잡는다.

①의 보기 : **벌써** 눈이 내**린**다.

②의 보기 : **벌써** 집에 가**니**?

205) ㄱ과 ㄴ에서 '벌써'의 뜻이 ①과 ②인 경우에는 적격한 월이 된다.

이와 같이 <발화시 한참 이전에>의 뜻을 지닌 '벌써'는 주로 때매김 씨끝 '-었-'과 '-더-'를 가려잡으며, 매김마디에서는 매김꼴씨끝 '-은'을 가려잡고, 도움토씨 '부터'가 덧붙으면 진행의 '-고 있-'과 상태 지속의 '-어 있-'을 가려잡을 수 있는 통사적 특성을 보인다.

3. 발화시 이전부터 발화시까지를 가리키는 때매김 어찌씨

3.1. 지금껏

'지금'은 <말하고 있는 바로 이때>의 뜻을 지닌 이름씨와 <말하는 바로 이때에>의 뜻을 지닌 어찌씨가 있다. 어찌씨인 '지금'은 발화 순간만을 나타내지 않고 발화시를 전후한 시간적 폭을 가진 것으로 보인다. 따라서 어찌씨 '지금'은 때매김씨끝과의 어울림에 크게 제약을 가하지 않는다.

(18) ㄱ. 철수가 **지금** 밥을 먹**었**다.
ㄴ. 철수가 **지금** 밥을 먹**더**라.
ㄷ. 철수가 **지금** 밥을 먹**는**다.
ㄹ. 철수가 **지금** 밥을 먹**고 있**다.
ㅁ. 철수가 **지금** 밥을 먹**겠**다.

또한 가까운 미래를 나타내는 '곧'이나 방금 전의 완결을 나타내는 '막'과도 통합 관계를 이룰 수 있다. '지금'이 '곧'이나 '막'과 통합 관계를 이룰 때 '지금'이 앞자리를 차지하며, 이를 지키지 않으면 부적격한 월이 된다.

(19) ㄱ. 철수가 **지금 곧** 도착하**겠**다.
　　ㄴ. 철수가 **지금 막** 도착하**였**다.

　'지금'에 파생가지 '-껏'이 덧붙어 파생된 '지금껏'은 <말하고 있는 바로 이때까지>의 뜻을 나타낸다. 곧 발화시 이전부터 발화시까지의 시간을 나타내기 때문에 '지금'과 달리 때매김씨끝에 제약이 따라 주로 '-었-'과 '-더-'를 가려잡는다. 또한 이전부터 발화시까지의 계속되는 시간을 나타내기 때문에 '-고 있-'도 가려잡을 수 있다.

(20) ㄱ. 이런 일은 **지금껏** 보지 못하**였**다.
　　ㄴ. 철수는 10년 전 핸드폰을 **지금껏** 쓰**더**라.
　　ㄷ. 그 일에 대해서는 **지금껏** 우리도 모르**고 있**다.

　'지금' 자체가 의향법에 제약을 가하는 경우는 없지만, '지금껏'은 의향법에 영향을 미쳐 함께함월이나 시킴월에서는 꾸밈말로 쓰이지 않는 제약이 있음은 앞에서 논의한 바 있다. 함께함월이나 시킴월은 발화시 이후의 시간과 관련을 맺는데 '지금껏'은 발화시까지의 시간을 나타내기 때문에 부조화를 이루어 함께함월이나 시킴월에서 '지금껏'이 꾸밈말로 놓이게 되면 부적격한 월이 된다.

(21) ㄱ. ***지금껏** 학교에 가**자**.
　　ㄴ. ***지금껏** 학교에 가**거라**.

　이와 같이 '지금껏'은 의미 특성상 때매김씨끝으로 주로 '-었-'과 '-더-'를 가려잡으며, 진행의 '-고 있-'과 통합 관계를 이룰 수 있다. 의향법 가운데 함께함월과 시킴월을 가려잡지 않는 통사적 특성을 가진다.

3.2. 이제껏[206)

어찌씨 '이제'는[207) '지금'과 의미와 용법에서 그리 큰 차이를 보이지 않는다. 곧 의미상 <말하는 바로 이때에>의 뜻을 지니며, 발화 순간만을 나타내지 않고 발화시를 전후한 시간적 폭을 가진 것으로 보인다. 따라서 어찌씨 '이제'도 때매김씨끝과의 어울림에 크게 제약을 가하지 않는다. '지금'의 쓰임인 (18)에서 '지금'을 '이제'로 교체하더라도 별다른 차이가 없다.

> (22) ㄱ. 철수가 **이제** 밥을 먹**었**다.
> ㄴ. 철수가 **이제** 밥을 먹**더**라.
> ㄷ. 철수가 **이제** 밥을 먹**는**다.
> ㄹ. 철수가 **이제** 밥을 먹**고 있**다.
> ㅁ. 철수가 **이제** 밥을 먹**겠**다.

'지금'이 '막'이나 '곧'과 통합 관계를 이룰 수 있었던 것과 같이 '이제'도 '막'이나 '곧'과 통합 관계를 이룰 수 있다.

> (23) ㄱ. 철수가 **이제** 곧 도착하**겠**다.
> ㄴ. 철수가 **이제 막** 도착하**였**다.

이와 같이 '이제'는 '지금'과 의미 차이 없이 교체되어 쓰일 수 있지만, '이제'는 '지금'과 달리 (24)와 같이 <지금부터 앞으로>의 뜻도 지니고 있다.

---

206) '이제껏'과 동일한 뜻과 쓰임의 '여태껏', '입때껏'도 모두 표준말에 해당한다.
207) 어찌씨 '이제'와 같은 꼴로, <바로 이때>의 뜻을 지닌 이름씨 '이제'가 있다.

(24) ㄱ. **이제** 나는 무엇을 하지?
　　　ㄴ. **이제** 누구를 믿어야 하나?

(24)에서 '이제'를 '지금'으로 치환하면 의미가 달라진다. 곧 '지금'에는 '이제'의 의미 가운데 <지금부터 앞으로>의 뜻은 포함되어 있지 않다.

'지금'과 같은 의미의 '이제'에 파생가지 '-껏'이 덧붙어 파생된 '이제껏'은 <말하고 있는 바로 이때까지>의 뜻을 나타낸다. 곧 발화시 이전부터 발화시까지의 시간을 나타내기 때문에 '이제'와 달리 때매김씨끝에 제약이 따라 주로 '-었-'과 '-더-'를 가려잡는다. 또한 이전부터 발화시까지의 계속되는 시간을 나타내기 때문에 '-고 있-'도 가려잡을 수 있다.

(25) ㄱ. 철수는 **이제껏** 아무 것도 먹지 않**았**다.
　　　ㄴ. 철수는 **이제껏** 아무 것도 먹지 않**더라**.
　　　ㄷ. 철수는 **이제껏** 아무 것도 먹지 않**고 있**다.

'이제' 자체가 의향법에 제약을 가하는 경우는 없지만, '이제껏'은 의향법에 영향을 미쳐 함께함월이나 시킴월에서는 꾸밈말로 쓰이지 않는 제약이 있다. 함께함월이나 시킴월은 발화시 이후의 시간과 관련을 맺는데 '이제껏'은 발화시까지의 시간을 나타내기 때문에 부조화를 이루어 함께함월이나 시킴월에서 '이제껏'이 꾸밈말로 놓이게 되면 부적격한 월이 된다.

(26) ㄱ. ***이제껏** 운동을 하자.
　　　ㄴ. ***이제껏** 운동을 하여라.

'지금껏'과 마찬가지로 '이제껏'은 의미 특성상 때매김씨끝으로 주로 '-

었-'과 '-더-'를 가려잡으며, 진행의 '-고 있-'과 통합 관계를 이룰 수 있다. 의향법 중 함께함월과 시킴월을 가려잡지 않는 통사적 특성을 가진다.

3.3. 이때껏

'이때껏'은 <발화시 이전부터 지금에 이르기까지>의 뜻을 지닌 어찌씨로, '지금껏'이나 '이제껏'과 용법 및 뜻에서 차이가 나지 않는다.

3.4. 여태껏

'여태껏'도 <발화시 이전부터 지금에 이르기까지>의 뜻을 지닌 어찌씨로, '지금껏'이나 '이제껏', '이때껏'과 용법 및 뜻에서 차이가 나지 않는다.

4. 발화시 이후를 가리키는 때매김 어찌씨

4.1. 이따가[208]

<발화시보다 조금 후에>의 뜻을 지닌 '이따가'는 의미 특성상 주로 미래의 '-겠-'과 어울리며, 현재의 때매김과도 어울릴 수 있지만, '-었-'과 '-더-'와는 어울리지 못한다.

   (27) ㄱ. 나는 **이따가** 집에 가**겠**다.

―――――――――――――

208) 준말로 '이따'가 있다.

ㄴ. 나는 **이따가** 집에 **간다**.

ㄷ. *나는 **이따가** 집에 **갔다**.

ㄹ. *철수가 **이따가** 집에 가**더**라.

　매김마디에서의 '이따가'도 의미 특성상 매김꼴씨끝으로 '-을'을 가려 잡는 시제법 제약을 가진다. '-는'과 어울릴 수 있지만 '-은'과 '-던'은 가려잡지 않기 때문에 이 매김꼴씨끝이 쓰인 월에 '이따가'가 꾸밈말로 쓰이게 되면 부적격한 월이 된다.

(28) ㄱ. **이따가** 학교에 **갈** 사람이 누구냐?

　　ㄴ. **이따가** 학교에 가**는** 사람이 누구냐?

　　ㄷ. ***이따가** 학교에 **간** 사람이 누구냐?

　　ㄹ. ***이따가** 학교에 가**던** 사람이 누구냐?

　'이따가'가 <발화시보다 조금 후에>의 뜻을 지니기 때문에 의향법에 제약을 가하지 않는다. 곧 발화시 이후와 관련되는 함께함월과 시킴월에서 '이따가'가 꾸밈말로 쓰이더라도 적격한 월이 되어 <발화시보다 이전에>의 뜻을 지닌 '아까'가 함께함월과 시킴월에서 쓰이게 되면 부적격한 월이 되는 것과 대비된다.

(29) ㄱ. **이따가** 학교에 가**자**./***아까** 학교에 가**자**.

　　ㄴ. **이따가** 학교에 가**거라**./***아까** 학교에 가**거라**.

　(28)에서 '이따가'가 삭제되면 모두 적격한 월이 된다. '이따가'가 꾸밈말로 쓰임으로 말미암아 ㄷ과 ㄹ이 부적격한 월이 되었음을 통해 '이따가'가 때매김법과 의향법에 제약을 일으키는 통사적 특성을 지니고 있음이 확인된다.

4.2. 머지않아[209]

'머지않아'를 표준국어대사전(1999)에서는 어찌씨로 처리하지 않고 그림씨 '머지않다'의 끝바꿈꼴로 보았다.[210] 우리말큰사전(1992)에서는 '머지않아'만이 아니라 '머지않다'도 올림말로 올라 있지 않기 때문에 '머지않아'를 어찌씨로 보지 않고 통사적 짜임새로 간주한 것 같다. 연세한국어사전(1998)에서는 '머지않아'를 <오래 걸리지 아니하여>의 뜻을 지닌 어찌씨로 처리하였으며, 고려대한국어대사전(2009)에서도 <가까운 장래에. 또는 오래지 않아>의 뜻을 지닌 어찌씨로 다루었다.

이 글에서는 '머지않아'가 <발화시 이후 오래지 않아>의 뜻을 지닌 어찌씨로 보기로 한다. 그 까닭은 '머지않아'가 '머지않다'의 끝바꿈꼴이라면 '머지않아'가 풀이말로서의 기능도 수행하여야 하지만 풀이말에 대한 임자말을 상정하기가 마땅하지 않기 때문이다.

(30) ㄱ. 그는 **머지않아** 복직될 것이다.
ㄴ. 석유는 **머지않아** 고갈될 것이다.

(30)에서 '머지않아'가 '머지않다'의 끝바꿈꼴이라면 임자말에 해당될 수 있는 것을 (31)의 ( ) 속에 채워 넣을 수 있어야 하지만 마땅한 임자말을 찾아 넣기가 쉽지 않다.

(31) ㄱ. 그는 [( ) **머지않아**] 복직될 것이다.
ㄴ. 석유는 [( ) **머지않아**] 고갈될 것이다.

---

209) 준말로 '머잖아'가 있다.
210) 『표준국어대사전』(1999)에는 '머지않다'만이 그림씨로 올라 있다.

따라서 (30)을 (31)의 짜임새로 볼 수 없기 때문에 '머지않아'를 '곧'이나 '조만간'과 용법이나 의미가 비슷한 <발화시 이후 오래지 않아>의 뜻을 지닌 어찌씨로 처리하는 것이 합리적이다.

'머지않아'의 의미 특성상 주로 미래의 때매김과 관련된 '-을 것'이나 '-겠-'. '-리-'를 가려잡으며, '-었-'과 '-더-'는 가려잡지 않는다. '-었-'과 '-더-'가 쓰인 월에 '머지않아'가 꾸밈말로 쓰이게 되면 부적격한 월이 된다.

(32) ㄱ. 약 효과가 **머지않아** 나타**날 것**이다.
ㄴ. 약 효과가 **머지않아** 나타나**겠**지.
ㄷ. *약 효과가 **머지않아** 나타**났**다.
ㄹ. *약 효과가 **머지않아** 나타나**더**라.

(32)의 ㄷ과 ㄹ은 부적격한 월이지만 '머지않아'가 삭제되면 적격한 월이 되는 것으로 보아 '머지않아'는 때매김법에 영향을 미쳐 '-었-'과 '-더-'를 가려잡지 않는 통사 특성을 지니고 있음이 확인된다. '머지않아'가 '-을 것'과 '-겠-', '-리-'를 가려잡지만 '-을 것'과 어울리는 경우가 대부분이다.

매김마디에서의 '머지않아'도 의미 특성상 매김꼴씨끝으로 '-을'을 가려잡는 때매김법 제약을 가진다. '-는'과 '-은', '-던'은 가려잡지 않기 때문에 이 매김꼴씨끝이 쓰인 월에 '머지않아'가 꾸밈말로 쓰이게 되면 부적격한 월이 된다.

(33) ㄱ. **머지않아** 닥**칠** 겨울을 준비한다.
ㄴ. ***머지않아** 닥치**는** 겨울을 준비한다.
ㄷ. ***머지않아** 닥**친** 겨울을 준비한다.
ㄹ. ***머지않아** 닥치**던** 겨울을 준비한다.

이와 같이 <발화시 이후 오래지 않아>의 뜻을 지닌 어찌씨 '머지않아'는 의미 특성상 '-을 것'과 '-겠-', '-리-'를 가려잡으며, 매김꼴씨끝으로 '-을'을 가려잡는 통사적 특성을 지닌다.

4.3. 조만간(早晩間)[211]

'조만간'은 한자 그대로의 뜻에 해당하는 ①<이르든지 늦든지 간에>의 뜻과 ②<앞으로 얼마 안 지나서. 머지않아>의 뜻이 있다. ②의 뜻인 '조만간'은 발화시 이후의 시간과 관련을 맺어 주로 미래의 때매김과 관련된 '-을 것'이나 '-겠-'. '-리-'를 가려잡으며, '-었-'과 '-더-'는 가려잡지 않는다. 따라서 '-었-'과 '-더-'가 쓰인 월에 '조만간'이 꾸밈말로 쓰이게 되면 부적격한 월이 된다.

> (34) ㄱ. **조만간** 인사이동이 있**을 것**이다.
> ㄴ. 둘 사이의 오해는 **조만간** 풀리**겠**지요.
> ㄷ. 그 약속은 **조만간** 지켜지**리**다.
> ㄹ. *회담 결과가 **조만간** 발표되**었**다.
> ㅁ. *그녀는 **조만간** 일자리를 찾**더**라.

매김마디에서의 '조만간'도 의미 특성상 매김꼴씨끝으로 '-을'을 가려잡는 때매김법 제약을 가진다. '-는'과 '-은', '-던'은 가려잡지 않기 때문에 이 매김꼴씨끝이 쓰인 월에 '조만간'이 꾸밈말로 쓰이게 되면 부적격한 월이 된다.

---

211) 『표준국어대사전』에서는 '조만간'은 '머잖아'로 순화되어야 하는 말로 처리하였지만, '머잖아'가 올림말로 올라 있지는 않다.

(35) ㄱ. **조만간** 발표**될** 인사이동으로 신경이 쓰인다.
    ㄴ. ***조만간** 발표되**는** 인사이동으로 신경이 쓰인다.
    ㄷ. ***조만간** 발표**된** 인사이동으로 신경이 쓰인다.
    ㄹ. ***조만간** 발표되**던** 인사이동으로 신경이 쓰인다.

(34)와 (35)의 부적격한 월에서 '조만간'을 삭제하면 적격한 월이 된다. '조만간'이 꾸밈말로 쓰였기 때문에 부적격한 월이 되었음을 통해 '조만간'이 때매김씨끝을 가려잡는 통사적 특성을 지니고 있음이 확인된다.

(34)와 (35)에서 '조만간'을 '머지않아'로 교체하더라도 뜻과 용법에서 차이를 보이지 않는다. '조만간'은 함께함월과 시킴월에서 꾸밈말로 쓰여 의향법에 제약이 따르지 않는다.

(36) ㄱ. **조만간** 한 번 만나**자**.
    ㄴ. **조만간** 내 사무실에 들러**라**.

이와 같이 <앞으로 얼마 안 지나서. 머지않아>의 뜻을 지닌 어찌씨 '조만간'은 의미 특성상 '-을 것'과 '-겠-', '-리-'를 가려잡으며, 매김꼴씨 끝으로 '-을'을 가려잡는 통사적 특성을 지닌다.

4.4. 장차(張次)

<앞으로>의 뜻을 지닌 '장차'는 발화시 이후의 시간과 관련을 맺기 때문에 의미 특성상 주로 미래의 때매김과 관련된 '-을 것'이나 '-겠-'. '-리-'와 어울리며, '-었-'과 '-더-'와는 어울리지 못한다. '-었-'과 '-더-'가 쓰인 문장에 '장차'가 꾸밈말로 쓰이게 되면 부적격한 월이 된다.

(37) ㄱ. 그 아이는 **장차** 큰 인물이 **될 것**이다.
ㄴ. **장차** 이 일을 어떻게 했으면 좋**겠**니?
ㄷ. 저 아이는 **장차** 훌륭한 인물이 되**리**라.
ㄹ. *이번 사건이 **장차** 큰 화근이 되**었**다.
ㅁ. *이번 사건이 **장차** 큰 화근이 되**더**라.

　매김마디에서의 '장차'도 의미 특성상 매김꼴씨끝으로 '-을'을 가려잡는 때매김법 제약을 가진다. '-는'과 '-은', '-던'은 가려잡지 않기 때문에 이 매김꼴씨끝이 쓰인 월에 '장차'이 꾸밈말로 쓰이게 되면 부적격한 월이 된다.

(38) ㄱ. 이 아이는 **장차** 큰 인물이 **될** 상이다.
ㄴ. *이 아이는 **장차** 큰 인물이 되**는** 상이다.
ㄷ. *이 아이는 **장차** 큰 인물이 **된** 상이다.
ㄹ. *이 아이는 **장차** 큰 인물이 되**던** 상이다.

　'장차'가 <발화시 이후에 앞으로>의 뜻을 지니기 때문에 의향법에 제약을 가하지 않는다. 곧 발화시 이후와 관련되는 함께함월과 시킴월에서 '장차가 꾸밈말로 쓰이더라도 적격한 월이 된다.

(39) ㄱ. 여행 계획은 **장차** 의논하**자**.
ㄴ. **장차** 큰 인물이 되**어라**.

　이와 같이 <발화시 이후에 앞으로>의 뜻을 지닌 어찌씨 '장차'는 의미 특성상 '-을 것'과 '-겠-', '-리-'를 가려잡으며, 매김꼴씨끝으로 '-을'을 가려잡는 통사적 특성을 지닌다.

5. 발화시 이전이나 이후를 가리키는 때매김 어찌씨

5.1. 금방(今方)

<①발화시보다 조금 전에. ②발화시보다 조금 후에. ③순식간에>의 뜻을 지닌 '금방'은 의미에 따라 때매김법 제약이 다르게 나타난다. 이들 세 의미의 '금방'은 월에서의 쓰임에 따라 식별된다. ①의 뜻인 '금방'은 주로 때매김씨끝 '-었-'을 가려잡으며, 매김마디에서는 매김꼴씨끝으로 '-은'을 가려잡는 때매김법 제약을 가진다.

(40) ㄱ. 이 토마토는 밭에서 **금방** 따**왔**다.
　　 ㄴ. 밭에서 **금방** 따**온** 토마토를 먹었다.

(40)에서의 '금방'은 의미와 용법에서 <발화시보다 조금 전에>의 뜻을 지닌 '방금'과 같아 서로 치환되어 쓰일 수 있다.

②의 의미일 때는 주로 '-겠-'을 가려잡으며 매김마디에서의 '금방'은 매김꼴씨끝으로 '-을'을 가려잡는다.

(41) ㄱ. 하늘을 보니 비가 **금방** 내리**겠**다.
　　 ㄴ. 비가 **금방** 내**릴** 기세이다.

(41)에서의 '금방'은 <발화시보다 조금 후에>의 뜻을 지니기 때문에 '방금'으로 치환되면 부적격한 월이 된다.

③의 의미일 때는 발화시를 기준으로 하여 앞서거나 뒤서거나 같거나를 나타내지 않고 <순식간에>의 뜻만 나타내기 때문에 때매김씨끝에 특별한 제약은 따르지 않는다.

(42) ㄱ. 통증이 **금방** 사라**진**다.
　　ㄴ. 통증이 **금방** 사라**졌**다.
　　ㄷ. 통증이 **금방** 사라지**겠**다.
　　ㄹ. 통증이 **금방** 사라지**더**라.

　매김마디에서 꾸밈말로 쓰이는 ③의 의미인 '금방'도 의미 특성상 매김꼴씨끝에 특별한 제약은 따르지 않는다.

(43) ㄱ. **금방** 사라지**는** 통증이다.
　　ㄴ. **금방** 사라**진** 통증이다.
　　ㄷ. **금방** 사라**질** 통증이다.
　　ㄹ. **금방** 사라지**던** 통증이 도졌다.

　③의 '금방'은 ①과 ②의 '금방'과 달리 '이다' 앞에 놓여 이름씨처럼 쓰일 수 있으며, 같은 꼴로 되풀이되어 합성 어찌씨 '금방금방'이 생산되었다.

(44) ㄱ. 자연을 훼손하는 것은 **금방**이다.
　　ㄴ. 노는 시간은 **금방금방** 지나간다.

　이와 같이 '금방'은 의미에 따라 때매김법 제약이 다르게 나타난다. ①의 '금방'은 주로 때매김씨끝 '-었-'을 가려잡으며, 매김마디에서는 매김꼴씨끝으로 '-은'을 가려잡는다. ②의 '금방'은 주로 '-겠-'을 가려잡으며, 매김마디에서는 매김꼴씨끝으로 '-을'을 가려잡는다. ③의 '금방'은 때매김씨끝에 제약이 따르지 않는다.

6. 마무리

대다수의 어찌씨는 그 자체만으로 특정의 때매김만을 가려잡거나 배제하지 않아 때매김법 제약과 무관하지만 일부 어찌씨는 때매김법에 제약을 일으켜 특정의 때매김만을 가려잡는 제약을 지닌다. 의미 특성상 시간과 관련된 때어찌씨는 때매김법에 영향을 미쳐 특정의 때매김씨끝만 취한다. 때어찌씨마다 시간적 특성에 따라 때매김법에 가하는 제약이 달라진다.

발화시 이전 시간을 나타내는 어찌씨로는 '막', '방금', '아까', '이미', '벌써' 따위가 있다. 이들 어찌씨는 의미 특성상 때매김씨끝 가운데 주로 '-었-'을 가려잡으며, 매김마디에서 매김꼴씨끝으로 '-은'을 가려잡는 때매김법 제약을 가진다.

발화시 이전부터 발화시까지의 시간을 나타내는 어찌씨로는 '지금껏', '이제껏', '이때껏', '여태껏' 따위가 있다. 이들 어찌씨는 의미 특성상 때매김씨끝으로 주로 '-었-'과 '-더-'를 가려잡으며, 진행의 '-고 있-'과 통합 관계를 이룰 수 있다.

발화시 이후의 시간을 나타내는 어찌씨로는 '이따가', '머지않아', '조만간', '장차' 따위가 있다. 이들 어찌씨는 의미 특성상 주로 미래의 '-겠-'을 가려잡으며, 현재의 때매김도 가려잡을 수 있지만, '-었-', '-더-'와는 어울리지 못한다.

발화시 이전이나 이후 시간을 나타내는 어찌씨로는 '금방'이 있다. <발화시보다 조금 전에>의 '금방'은 주로 때매김씨끝 '-었-'을 가려잡으며, 매김마디에서는 매김꼴씨끝으로 '-은'을 가려잡는다. <발화시보다 조금 후에>의 '금방'은 주로 '-겠-'을 가려잡으며, 매김마디에서는 매김꼴씨끝으로 '-을'을 가려잡는다. <순식간에>의 '금방'은 때매김씨끝에 제약이 따르지 않는다.

제11장

사동법 제약 통사 어찌씨의 특성

말본 범주 가운데 사동법을 가려잡는 어찌씨로는 '하여금'이 유일하다. '하여금'은 사동월에서만 꾸밈말로 쓰일 수 있는 사동법 제약 통사 어찌씨에 해당한다. <바로 앞에 놓인 이름씨가 뒤에 놓인 풀이말에 사역의 행동을 행하는 주체가 됨을 표시>하는 어찌씨 '하여금'은 월에서 꾸밈말로 쓰이지만 수의 월조각이 아니라 필수 월조각으로 월 짜임에 중요한 역할을 맡고 있기 때문에 삭제하면 부적격한 월이 됨을 앞에서 논의한 바 있다. 앞에서 논의한 내용을 간추리면 다음과 같다.

대다수의 어찌씨가 월 짜임에서 수의 월조각으로 쓰이지만, '하여금'은 어찌씨일지라도 월에서 필수 월조각으로 기능을 한다. '하여금'이 월에서 꾸밈말로서 적절히 쓰이기 위해서는 (1)과 같이 긴 꼴 사동 짜임새인 '-게 하다'나 '-도록 하다', '-게 만들다', '-도록 만들다'와 함께 쓰여야 하는 제약이 있다. 이는 '하여금'이 앞에 놓인 이름씨를 사역의 행위를 하는 주체로 표시하는 특성을 가지고 있기 때문이다.

(1) ㄱ. 고목은 보는 사람으로 **하여금** 신령한 느낌을 갖**게 하**였다.
　　ㄴ. 김 부장으로 **하여금** 회사의 비리를 발설하**도록 하**였다.
　　ㄷ. 그녀의 눈물은 관객들로 **하여금** 죄책감을 느끼**게 만들**었다.
　　ㄹ. 그는 마을 사람들로 **하여금** 그 작물을 가꾸**도록 만들**었다.

'하여금'은 사동월에서 필수 월조각으로 기능을 하지만 모든 사동월에서 필수 월조각으로 쓰이는 것은 아니다. (1)과 같은 긴 꼴 사동월에서만 꾸밈말로 쓰일 수 있을 뿐이다. (2)와 같이 사동가지 '-이-, -히-, -리-, -기-' 따위에 의한 짧은 꼴 사동월에서는 쓰일 수 없는 제약이 따른다.

　　(2) ㄱ. *어머니가 아들로 **하여금** 밥을 먹이었다.
　　　　ㄴ. *선생님이 학생들로 **하여금** 자리에 앉히었다.
　　　　ㄷ. *그 영화는 관객들로 **하여금** 울리었다.
　　　　ㄹ. *아이가 어른들로 **하여금** 웃기었다.

　(2)가 짧은 꼴 사동월이기 때문에 부적격한 월이 되었지만, '-게 하다'나 '-도록 하다', '-게 만들다', '-도록 만들다' 등 긴 꼴 사동월로 바꾸게 되면 적격한 월이 되는 것으로 보아 '하여금'이 긴 꼴 사동월만을 가려잡는 통사적 특성을 지니고 있음이 분명하다.
　'하여금'이 월 안에서 적절히 쓰이기 위해는 앞에서 살핀 제약 외에 보충 낱말로 'N+으로'를 필요로 한다. 이 보충 낱말은 '하여금'에 의해 필수적으로 요구되며, 항상 '하여금' 앞에 놓여 'N+으로 하여금'을 구성하여 한 몸처럼 긴밀하게 통합되어 있다. 따라서 'N+으로'와 '하여금' 사이에 어떤 요소도 끼어들 수 없는 제약이 있다. 'N'은 비사동월의 주체로서 임자말 자리를 차지하였던 것이 사동월로 바뀌면서 'N+으로'의 어찌말 자리로 바뀌게 되었다.

제4부
맺음말

우리말 어찌씨는 17,000여 낱말로, 전체 낱말 가운데 4% 정도를 차지하여 그리 많은 편은 아니지만, 쓰임의 잦기에서는 꽤 높은 편에 해당한다. 대다수의 어찌씨는 월에서 꾸밈말로 쓰이면서 꾸밈 받는 말(낱말, 마디, 월)을 의미적으로 한정하는 기능을 하며, 다채로운 뜻을 더하여 말살이를 풍성하게 해 주는 역할을 한다. 곧 대다수의 어찌씨는 의미적으로 꾸밈 받는 말을 한정할 뿐이고, 월 짜임이나 말본 범주에 제한을 가하거나 월 사이의 걸림 관계에 영향을 미치지 않는다. 이에 해당하는 어찌씨를 단순 어찌씨라 하였다.

단순 어찌씨와 달리 일부 어찌씨는 월에서 꾸밈말로 쓰여 의미적으로 꾸밈 받는 말을 한정할 뿐만 아니라 월 짜임이나 말본 범주에 제한을 가하는데, 이들 어찌씨를 통사 어찌씨라고 하였다. 이 글에서는 우리말의 통사 어찌씨를 선정하여 각각의 통사적 특성을 규명하고자 하였다. 월 짜임에 영향을 미치는 통사 어찌씨를 월 짜임 제약 어찌씨라고 하였다. 이에 관한 논의는 제2부에서 이루어졌다. 말본 범주에 영향을 미치는 통사 어찌씨를 말본 범주 제약 어찌씨라 하였다. 이에 관한 논의는 제3부에서 이루어졌다.

제2부에서는 정도 어찌씨 '훨씬', '가장', '더/덜'의 통사 특성과 부가말을 요구하는 어찌씨의 통사 특성, 겹월을 가려잡는 어찌씨의 통사 특성에 관하여 논의하였다.

제4장에서는 정도 어찌씨 '훨씬', '가장', '더/덜'의 통사 특성에 관해 논의하였다. 정도 어찌씨 가운데 단지 부가말로서의 기능만을 수행하지 않고 통사적으로 다른 부가말을 필요로 하는 '훨씬', '가장', '더/덜'에 관하여 이들의 통사적 특성을 규명하였다. '훨씬'은 견줌말이 명시적으로 나타나는 월에 쓰여야 완전한 월이 된다. 따라서 '00보다'란 견줌의 대상이 '훨씬'에 의해 필수적으로 요구되는 부가말에 해당한다. '가장'은 '대상이

속한 부류 중에서'란 월조각이 명시적으로 실현되어야 완전한 월이 된다. 곧 이 월조각이 '가장'에 의해 필수적으로 요구되는 부가말이다. '더/덜'은 비교말이 명시적으로 나타나는 월에 쓰여야 완전한 월이 된다. 견줌말이 '더/덜'에 의해 필수적으로 요구되는 부가말에 해당한다.

제5장에서는 부가말을 요구하는 어찌씨의 통사 특성에 관해 논의하였다. 월조각으로 특정의 부가말을 요구하는 어찌씨인 '더불어', '아울러', '하여금', '같이', '함께', '고사하고'의 통사적 특성을 규명하였다. '더불어'가 꾸밈말로 쓰이기 위해서는 'N+과'나 'N+으로'의 부가말이 필요하며, 부가말이 없이 '더불어'만 쓰이면 부적격하거나 불완전한 월이 된다. 아울러'가 월 안에서 꾸밈말로 적절하게 쓰이려면 반드시 'N+과'의 부가말이 필요하다. '아울러' 앞에 부림말이 있으면 '아울러'는 어찌씨에 해당되지 않고 남움직씨 '아우르다'의 끝바꿈꼴에 해당한다. 어찌씨 '아울러'는 'N+를'을 부가말로 취하지 않는다. '하여금'은 '-게 하다', '-도록 하다'로 짜인 긴꼴 사동월에서 필수 월조각으로 작용하며, '사역 행동의 주체인 'N+으로'를 필수 부가말로 요구한다. '하여금'은 긴꼴 사동월에서만 쓰일 수 있고, 짧은꼴 사동월에서는 쓰일 수 없는 제약이 따른다. '같이'와 '함께'는 월 짜임에서 필수적인 요소는 아니며, 꾸밈말로 월 안에서 적절하게 쓰이기 위해서는 'N+과'의 부가말이 필요하다. '같이'와 '함께'가 수의 월조각이기 때문에 생략이 가능하지만, 생략되는 경우에는 부가말도 함께 생략되어야 한다. 고사(姑捨)하고'는 온전한 월에 들어가 꾸밈말로 쓰이기 위해서는 반드시 'N+는'이나 'Vst+기는'이란 부가말이 필요하다. '고사하고' 뒤에 놓이는 이름씨에는 주로 토씨 '도', '이나', 까지 따위가 결합된다. '도'인 경우에는 뒤에 부정형이 따르고, '이나'인 경우에는 '-으면 좋다'가 따르는 것이 일반적이다.

제6장에서는 겹월을 가려잡는 어찌씨의 통사 특성에 관하여 논의하였

다. 겹월 가운데 이은월만을 가려잡는 통사 어찌씨에 국한하였다. 이은월의 앞마디만을 가려잡는 어찌씨로, '만일', '가령', '그까지로', '막상', '비록', '설령', '아무리', '제아무리', '하도', '어찌나', '행여' 따위를 선정하고 이들의 통사적 특성을 밝혔다. 이은월의 뒷마디만을 가려잡는 어찌씨로, '대뜸', '부득이', '이내', '이윽고', '차라리', '하물며', '작히', '실(實)은' 따위를 선정하고 이들의 통사적 특성을 밝혔다. 이은월만을 가려잡을 뿐 앞·뒷마디에 모두 놓일 수 있는 어찌씨로, '딱히', '마침', '오죽', '여북' 등을 선정하고 이들의 통사적 특성을 밝혔다. 이은월만을 가려잡는 통사 어찌씨들은 이은월 안에서의 놓이는 위치 제약이 다르기도 하며, 가려잡는 이음씨끝의 종류 제약에서 차이를 보이고, 월 짜임에서 필수적 요소냐, 아니냐에서도 차이를 보였다.

제3부에서는 말본 범주에 제약을 가하는 어찌씨의 통사적 특성으로, 부정법 제약 통사 어찌씨, 의향법 제약 통사 어찌씨, 높임법 제약 통사 어찌씨, 때매김법 제약 통사 어찌씨, 사동법 제약 통사 어찌씨의 특성에 관하여 논의하였다.

제7장에서는 부정법 제약 통사 어찌씨에 관하여 논의하였다. 부정 월을 가려잡는 월 짜임 필수 어찌씨의 특성, 부정 월을 가려잡는 기타 어찌씨의 특성, 부정 월을 가려잡는 '도' 결합 어찌말의 특성, 부정 월을 안 가려잡는 어찌씨의 특성을 규명하고자 하였다.

부정 월을 가려잡는 월 짜임 필수 어찌씨의 특성에서는 부정의 월만을 가려잡으면서 월 짜임에서 필수 요소에 해당하는 어찌씨로서, '꼼짝', '꼼짝달싹', '얼씬', '옴짝', '옴짝달싹', '여간', '그렇게', '이만저만'을 선정하고, 이들 어찌씨의 통사적 특성을 밝혔다.

부정 월을 가려잡는 기타 어찌씨의 특성에서는 첫째, 부정의 월을 가려잡는 어찌씨 가운데 오로지 부정의 월만 가려잡는 어찌씨로 '간대로',

'결코', '구태여', '당최', '더이상', '도무지', '도저히', '도통', '미처', '바이', '변변히', '별달리', '별로', '별반', '비단', '여간', '이루', '좀처럼/좀체', '차마', '채', '통'을 들고, 그 통사적 특성을 밝혔다. 둘째, 중의성을 가진 어찌씨로 의미에 따라 부정의 월만 가려잡는 것으로 '결단코', '과히', '굳이', '그렇게', '그다지', '그리', '끝내', '도대체', '백날', '설마', '아예', '영', '일절', '전연', '전혀', '절대(로)', '종내'를 들고, 그 통사적 특성을 살폈다. 셋째, 같은 꼴로 부정의 월을 가려잡는 어찌씨만이 아니라 이름씨로도 쓰이는 어찌씨로 '이만저만'과 '하등'을 들고, 그 통사적 특성을 밝혔다. 넷째, 의향법에 제약이 없으나 시킴월과 함께함월에서만 부정의 월을 가려잡는 것으로 '쓸데없이', '만만히', '지레', '함부로'를 들고, 그 통사적 특성을 밝혔다.

부정 월을 가려잡는 '도' 결합 어찌말의 특성에서는 부정의 월을 가려잡는 어찌말 중에서 부정의 월만을 가려잡게 하는 도움토씨 '도'가 긍정의 월이나 부정의 월을 가리지 않는 어찌씨나 어찌씨 이외의 특정 낱말(하나, 추호)나, 말마디(털끝만큼, 눈곱만큼, 꿈에)에 덧붙어 부정의 월만을 가려잡는 어찌말인 '조금도', '하나도', '추호도', '털끝만큼도', '눈곱만큼도', '꿈에도'의 통사적 특성을 밝혔다.

부정 월을 안 가려잡는 어찌씨의 특성에서는 부정 월을 안 가려잡고 긍정 월만 가려잡는 어찌씨로 '곧잘', '굉장히', '꽤', '대단히', '무던히', '무지', '무척', '상당히', '엄청', '자못', '제법', '픽'을 들고, 그 통사적 특성을 밝혔다.

제8장에서 의향법 제약 통사 어찌씨에 관하여 논의하였다. 의향법 제약 어찌씨가 의향법에 제약을 일으키는 원인은 어찌씨의 의미 특성으로 말미암는다. 의향법에 제약을 일으키는 어찌씨 가운데 서술월만 가려잡는 어찌씨로는 '마침', '마침내', '모름지기', '아마', '어쩌면', '어쩐지', '왜

나하면', '이윽고', '필경', '필시', '필연', '흡사' 따위가 있다. 물음월만 가려잡는 어찌씨로는 '더우니', '설마', '여북', '얼마나', '오죽', '왜', '이다지', '작히', '어찌', '언제' 따위가 있다. 시킴월과 일부 서술월만 가려잡는 어찌씨로는 '모쪼록/아무쪼록', '부디', '원(願)컨대', '제발' 따위가 있다. 함께 함월과 시킴월은 가려잡으나 서술월과 물음월은 가려잡지 않는 어찌씨로는 '어서'와 '어서어서'가 있다. 움직씨 꾸밈 어찌씨 가운데 서술월과 물음월만 가려잡는 어찌씨로는 '곧잘', '그래서', '그래야', '여태', '이제껏/이제야', '지금껏', '이때껏', '막', '아까', '아직껏', '벌써', '이미', '고작', '감히', '드디어', '비로소', '으레', '결국', '저절로' 따위가 있다. 이 장에서는 의향법에 제약을 가하는 이들 어찌씨의 통사적 특성을 밝혔다.

제9장에서 높임법 제약 통사 어찌씨에 관하여 논의하였다. 높임법 가운데 주체높임법 제약 어찌씨로는 '몸소', '손수', '친히'가 있으며, 객체높임법 제약 어찌씨로는 '정중히', '삼가'가 있다. 들을이높임법 제약 어찌씨로는 '안녕히'가 있다. '몸소'는 <①직접 제 몸으로. ②(윗사람이 남을 시키지 않고) 자기 스스로>의 뜻 중 ②일 때는 주체를 높이는 월에서만 꾸밈말로 쓰여 주체높임법에 제약을 미친다. '손수'는 <①직접 자기 손으로. ②(윗사람이) 자기 손으로 직접>의 뜻 중 ②일 때는 주체를 높이는 월에서만 꾸밈말로 쓰여 주체높임법에 제약을 미친다. '친히'는 주체를 높이는 월에서만 꾸밈말로, '삼가'는 예의를 갖출 때 쓰는 옛 말투로, 문장의 객체가 높임의 대상인 월에서 꾸밈말로 쓰인다. '정중히'는 월의 객체가 높임의 대상인 월에서 꾸밈말로 쓰인다. '안녕히'는 주로 '가다, 계시다, 다녀오다, 주무시다, 지내다' 따위와 어울려 월의 들을이를 높일 때 쓰이며, 들을이에게 안부를 전하거나 물을 때 쓰이기 때문에 시킴월과 물음월에서 꾸밈말로 쓰이는 제약이 있다.

제10장에서 때매김법 제약 통사 어찌씨에 관하여 논의하였다. 의미 특

성상 시간과 관련된 때어찌씨는 때매김법에 영향을 미쳐 특정의 때매김 씨끝만 가려잡는다. 때어찌씨마다 시간적 특성에 따라 때매김법에 가하는 제약이 달라진다. 발화시 이전 시간을 나타내는 어찌씨로는 '막', '방금', '아까', '이미', '벌써'가 있다. 주로 '-었-'을 가려잡고, 매김꼴씨끝 '-은'을 가려잡는 때매김법 제약을 가진다. 발화시 이전부터 발화시까지의 시간을 나타내는 어찌씨로는 '지금껏', '이제껏', '이때껏', '여태껏'이 있다. 주로 '-었-'과 '-더-'를 가려잡고, 진행의 '-고 있-'과 통합 관계를 이룰 수 있다. 발화시 이후의 시간을 나타내는 어찌씨로는 '이따가', '머지않아', '조만간', '장차'가 있다. 주로 미래의 '-겠-'을 가려잡으며, 현재의 때매김도 가려잡을 수 있지만, '-었-'과 '-더-'는 가려잡지 않는다. 발화시 이전이나 이후 시간을 나타내는 어찌씨로는 '금방'이 있다. <발화시보다 조금 전에>의 '금방'은 주로 '-었-'을 가려잡으며, 매김꼴씨끝으로 '-은'을 가려잡고, <발화시보다 조금 후에>의 '금방'은 주로 '-겠-'을 가려잡으며, 매김꼴씨끝으로 '-을'을 가려잡는다.

제11장에서 사동법 제약 통사 어찌씨에 관하여 논의하였다. 사동법을 가려잡는 어찌씨로는 '하여금'이 유일하다. '하여금'은 사동월에서만 꾸밈말로 쓰일 수 있는 사동법 제약 통사 어찌씨에 해당한다. <바로 앞에 놓인 이름씨가 뒤에 놓인 풀이말에 사역의 행동을 행하는 주체가 됨을 표시>하는 어찌씨 '하여금'은 월에서 꾸밈말로 쓰이지만 월 짜임에서 필수 월조각에 해당한다. '하여금'은 보충 낱말로 'N+으로'를 필요로 한다. 이 보충 낱말은 '하여금'에 의해 필수적으로 요구되며, 항상 '하여금' 앞에 놓여 'N+으로 하여금'을 짜 이루어 한 몸처럼 긴밀하게 통합되어 있다.

••• 참고문헌

고려대학교 민족문화연구원(편)(2009), 『고려대 한국어대사전』, 고려대학교 민족문화연구원.

고영근(1989), 『국어 형태론 연구』, 탑출판사.

고영근·구본관(2008), 『우리말 문법론』, 집문당.

국립국어연구원(편)(2001), 『표준국어대사전』, 두산동아.

권재일(1992), 『한국어 통사론』, 민음사.

금성판(1991), 『국어대사전』, 금성출판사.

김경훈(1996), 『현대 국어 부사어 연구』, 서울대학교 박사학위논문.

김계곤(1996), 『현대 국어의 조어법 연구』, 박이정.

김기혁(1995), 『국어 문법 연구』, 박이정.

김민수(1982), 『국어문법론』, 일조각.

김봉주(1984), 『형태론』, 한신문화사.

김석득(1992), 『우리말 형태론』, 탑출판사.

김승곤(1996), 『현대 나라 말본』, 박이정.

김영석·이상억(1998), 『현대형태론』, 학연사.

김영희(1985), 「셈숱말로서의 정도부사」, 『한글』 190, 한글학회.

김윤경(1985), 『나라말본』(한결김윤경전집3), 연세대학교출판부.

김진형(2000), 『형태론』, 아카넷(Eugene A. Nida 지음).

김택구(1984), 「우리말 부사어의 통어 기능」, 『두메 박지홍 선생 회갑기념논문집』, 문성출판사.

남기심(2001), 『현대국어 통사론』, 태학사.

남기심·고영근(1993), 『표준국어문법론』, 탑출판사.

남기심(외)(2006), 『왜 다시 품사론인가』, 커뮤니케이션북스.

민현식(1999), 『국어문법연구』, 역락.

박선자(1983), 『한국어 어찌말 연구』, 부산대학교 박사학위논문.

_____(1996), 『한국어 어찌말의 통어의미론』, 세종출판사.

박승빈(1935), 『조선어학』, 통문관.

박창해(2007), 『현대 한국어 통어론 연구』. 연세대학교출판부.

서상규(1984), 「부사의 통사적 기능과 부정의 해석」, 한글 186, 한글학회.

서정수(1994), 『국어문법』, 뿌리깊은나무.

_____(2005), 『한국어의 부사』, 서울대학교출판부.

성기철(2007), 『한국어 문법 연구』, 글누림.

성낙수(외)(2015), 『국어학과 국어교육학』, 채륜.

손남익(1995), 『국어 부사 연구』, 도서출판 박이정.

_____(1996), 「국어 부사의 수식 대상」, 한국어학 제4집, 한국어학회.

_____(1997), 「서법부사와 호응어」, 인문학보 제23집, 강릉대학교 인문과학연구소..

_____(1998), 「국어 상징부사어와 공기어 제약」, 한국어 의미학 3, 한국어 의미학회.

_____(1999), 「국어 부사어와 공기어 제약」, 한국어학 제9집, 한국어학회.

신기철·신용철(편)(1977), 『새우리말큰사전』, 삼성출판사.

안상철(1998), 『형태론』, 민음사.

연세대학교 언어정보개발원(편)(2001), 『연세한국어사전』, 두산동아.

이석규(1988), 『현대 국어 정도 어찌씨의 의미 연구』, 건국대학교박사학위논문.

이석주(1989), 『국어 형태론』, 한샘.

이익섭(2007), 『한국어 문법』, 서울대학교출판부.

이희승(1982), 『국어대사전』, 민중서림.

임유종(1999), 『한국어 부사 연구』, 한국문화사.

전상범(1999), 『형태론』, 한신문화사.

정인승(1956), 『표준 고등말본』, 신구문화사.

주시경(1992), 『국어문법』(주시경전서3), 탑출판사.

최낙복(2009), 『개화기 국어문법의 연구』, 역락.

최현배(1971), 『우리말본』, 정음사.

하치근(1989), 『국어 파생형태론』, 남명문화사.

한글학회(편)(1992), 『우리말큰사전』, 어문각.

한 길(1983), 「정도어찌씨에 관한 의미론적 연구」, 새국어교육 37·38, 한국국어교육학회.

_____(2002), 『현대 우리말의 높임법 연구』, 역락.

_____(2005), 『현대 우리말의 반어법 연구』, 역락.

_____(2006), 『현대 우리말의 형태론』, 역락.

_____(2009), 『현대 우리말의 되풀이법 연구』, 역락.

_____(2012), 「정도부사 '훨씬', '가장', '더/덜'의 용법」, 인문과학연구 제35집, 강원대학교 인문과학연구소.

_____(2013), 「보충어를 요구하는 통사 부사의 용법」, 인문과학연구 제39집, 강원대학교 인문과학연구소.

_____(2014), 『우리말 어찌씨의 짜임새 연구』, 역락.

_____(2015ㄱ), 「문장 구성을 제약하는 통사 부사의 용법」, 『국어학과 국어교육학』, 채륜.

_____(2015ㄴ), 「부정문을 가려잡는 '도 결합 부사어 연구」, 인문과학연구 제46집, 강원대학교 인문과학연구소.

_____(2016), 「부정문을 가려잡는 필수 부사의 통사적 특성」, 정신문화연구 제143집, 한국학중앙연구원.

한말연구학회(1997), 『건재정인승전집』, 박이정.

허   웅(1981), 『언어학』, 샘문화사.

_____(1983), 『국어학』, 샘문화사.

_____(1995), 『20세기 우리말의 형태론』, 샘문화사.

_____(1999), 『20세기 우리말의 통어론』, 샘문화사.

Wallace L. Chafe1973, *Meaning and the Structure of Language*. The University of Chicago Press.

찾아보기

저자 **한 길**

　　연세대학교 문과대학 국어국문학과 마침(76)
　　같은 대학교 대학원 문학석사(78), 문학박사(87)
　　미국 슬리퍼리 록 대학교 교환교수(91~92)
　　미국 브리검 영 대학교 객원교수(98~99)
　　일본 천리대학 초빙교수(04~05)
　　요르단대학교 해외한국학 파견교수(12~13)
　　강원대학교 인문대학 국어국문학과 교수(81~　)

저서 『국어 종결어미 연구』(1991, 강원대학교출판부)
　　『현대 우리말의 높임법 연구』(2002, 역락)
　　『현대 우리말의 마침씨끝 연구』(2004, 역락)
　　『현대 우리말의 반어법 연구』(2005, 역락)
　　『현대 우리말의 형태론』(2006, 역락)
　　『우리말의 낱말 생성 되풀이법 연구』(2009, 강원대학교출판부)
　　『현대 우리말의 되풀이법 연구』(2009, 역락)
　　『우리말의 비슷한 꼴 되풀이 낱말 연구』(2010, 역락)
　　『외국인 대상 한국의 언어와 문화』(2011, 역락)
　　『우리말 어찌씨의 짜임새 연구』(2014, 역락) 외 다수

논문 「월조각의 되풀이법 연구」 외 다수

우리말의 통사 어찌씨 연구

　인 쇄　2016년 12월 19일
　발 행　2016년 12월 26일
　지은이　한 길
　펴낸이　이대현
　편 집　홍혜정
　디자인　이홍주
　펴낸곳　도서출판 역락
　　　　　서울 서초구 반포4동 577-25 문창빌딩 2층
　　　　　전화 02-3409-2058(영업부), 2060(편집부) ǀ FAX 3409-2059
　　　　　이메일 youkrack@hanmail.net
　　　　　등록 1999년 4월 19일 제303-2002-000014호
　ISBN　979-11-5686-715-9 93710

　정 가　34,000원